中華文化總會
國家教育研究院 主編

抱朴子外篇今註今譯（下）

陳飛龍 註譯

臺灣商務印書館

目次

【下冊】

省煩篇 第三十一

【篇旨】 本篇認為「安上治民，莫善於禮」，但對於煩碎的禮儀應加以「減省」，「務令約儉」。作者欣賞墨子「譏葬厚、刺禮煩」的觀點，讚頌曹操的「送終之制，務在儉薄」。強調指出：「約則易從，儉則用少。易從則不煩，用少則費薄。不煩則涖事者無過矣，費薄則調求者無苛矣。」從此文可以看到，葛洪是持歷史進化的觀點，認為「三王不相沿樂，五帝不相襲禮」，或革或因，事物總是向前發展的，總是今勝於昔。

抱朴子曰：「安上治民，莫善於禮。彌綸㊀人理，誠為曲備。然冠、婚、飲、射㊁，何煩碎之甚邪！人倫㊂雖以有禮為貴，但當令足以敘等威而表情敬，何在乎升降揖讓㊃之繁重，拜起俯伏㊄之無已邪？」

【今註】 ㊀彌綸：包含，統攝。《易經・繫辭・上》：「易與天地准，故能彌綸天地之道。」 ㊁冠、婚、飲、射：指〈士冠禮〉、〈士婚禮〉、〈鄉飲酒禮〉、〈鄉射禮〉等，詳見《儀禮》。㊂人倫：指人與人之間的關係。㊃升降揖讓：指各種禮儀的動作。㊄拜起俯伏：指禮儀的動作。

【今譯】抱朴子說：「安定君王的統治，治理好民眾，沒有比禮制更好的東西了。禮包含著人際關係的道理，確實是很全面的。然而，士冠禮、士婚禮、飲酒禮、鄉射禮等，為什麼極其繁瑣呢？在人與人的關係中雖然以禮為貴重，但應當足以使禮維護上下等級的威嚴並表達感情上的尊敬，為何在升降揖讓等禮節方面如此繁重，在拜起俯伏等禮節方面如此繁多呢？」

「往者天下乂安㊀，四方無事，好古官長，時或修之，至乃講試累月，督以楚㊁撻，晝夜修習，廢寢與食。經時學之，一日試之，執卷從事，案文舉動，黜謫之罰，又在其間。猶有過誤，不得其意。而欲以此為生民之常事，至難行也。此墨子㊂所謂『累世不能盡其學，當年不能究其事』者也。」

【今註】㊀乂安：安定。㊁楚：荊條，用以鞭打人。㊂墨子：春秋戰國之際思想家，墨家學派創始人。姓墨名翟，魯國人。墨家代表作《墨子》一書，多出自墨子弟子的記錄。

【今譯】「從前天下安定，四方無事，喜好古代禮儀的官長，不時地修習禮制，甚至累月講試，用鞭打的方法來督促，晝夜修習，廢寢忘食。經常學習，每天試驗，執書卷做事情，案文舉動，黜謫處罰，都要遵照禮制來辦理。即使這樣，尚有過失與錯誤，不得其旨意。而要把這種繁瑣的禮節作為百姓生活中的常事，是很難行得通的。這也是墨子所說的『累世不能盡其學，當年不能究其事。』」

「古人詢于芻蕘㈠，博採童謠，狂夫之言，猶在擇焉。至於墨子之論，不能非也。但其張刑網，開塗徑，浹㈡人事，備王道，不能曲述耳。至於譏葬厚刺禮煩，未可棄也。自建安㈢之後，魏之武、文㈣，送終之制，務在儉薄。此則墨子之道，有可行矣。」

【今註】㈠芻蕘：音ㄔㄨˊ ㄖㄠˊ，割草打柴的人，《詩經・大雅・板》：「先民有言，詢於芻蕘。」後多用以指草野鄙陋之人。㈡浹：全，周遍，通徹的意思。㈢建安：漢獻帝年號，其時由曹操執掌朝政。㈣武、文：武，魏武帝曹操。文，魏文帝曹丕。

【今譯】「當然，古人要向草野小人請教，廣泛地採集童謠，即使是狂夫說的話，還是加以採擇。至於墨子的意見，是不能加以非難的。但是，墨子提倡加強刑網，開闢途徑，通徹人事，以備王道，是不能曲述的。至於墨子譏評厚葬，諷刺繁瑣的禮儀，是不可以棄置的。自建安以來，魏武帝曹操和魏文帝曹丕，倡導送終喪制，務必儉省簡樸。這就是墨子的辦法，證明是可以行得通的。」

「余以為喪亂㈠既平，朝野無為，王者所制，自君作古㈡，可命精學洽聞之士，才任損益，免於拘愚者，使刪定《三禮》㈢，割棄不要，次其源流，總合其事，類集以相從。其煩重遊說，辭異而義同者存之，不可常行除之，無所傷損，卒可斷約而舉之，勿令沈隱，復有凝滯。」

【今註】㈠喪亂：指西晉末年動亂。㈡自君作古：陳其榮案盧本作「自今」。㈢《三禮》：指《周禮》、《儀禮》、《禮記》。

【今譯】「我認為，西晉末年喪亂既然已經平定，如今朝野上下，無為而治，君王制訂的儀節，自應以古代的作為榜樣。可以任命精學博聞的人士，以及才能可以損益禮制並而不至於拘泥愚陋的人，去做刪定《三禮》的工作，割棄不重要的內容，次其源流，綜合其事，按類歸納相從。把那些煩重遊說，辭異而義同的內容保存下來，把那些不可常行的內容刪除掉，無所損傷，最終可以把簡約的條文例舉出來，不使它沉隱埋沒，不使它再有凝滯不用的東西。」

「其吉凶器用之物，俎豆觚觶之屬㊀，衣冠車服之制，旗章采色之美，宮室尊卑之品，朝饗㊁賓主之儀，祭奠殯葬之變，郊祀禘祫之法㊂，社稷山川之禮，皆可減省，務令約儉。」

【今註】㊀俎豆觚觶之屬：俎，祭祀時盛放祭品的器具。豆，祭祀時放食物的器具。觚，酒器。觶，音ㄓˋ，飲酒用的器皿。㊁朝饗：以禮祭祀於宗廟。饗，通「享」。㊂郊祀禘祫之法：郊祀，古代祭禮，在郊外祭天地。禘，天子諸侯宗廟五年一次的祭祀。祫，音ㄒㄧㄚˊ，天子諸侯宗廟祭禮之一。

【今譯】「至於那些吉凶器用的物具，如俎豆觚觶之類的祭器，衣冠車服的制度，旗章采色的華美，宮室尊卑的品等，朝饗賓主的儀節，祭奠殯葬的細節，郊祀禘祫的方法，祭祀社稷山川的禮儀，如此等等，都可以減省，務必做到簡約節儉。」

「夫約則易從，儉則用少。易從則不煩，用少則費薄。不煩則涖事者無過矣；費薄則調求者無苛矣。拜伏揖讓之節㊀，升降盤旋之容，使足敘事，無令小碎；條牒各別，令易案用。」

【今註】㊀拜伏揖讓之節：拜，行敬禮。伏原本作「休」，罷。揖讓，賓主相見拱手互讓的禮節。

【今譯】「禮制簡約就容易遵照實行，節儉就減少費用。容易遵行就不會繁瑣，用少就可使經費節省。只要禮儀不繁瑣，當事者就不會有過失了；費用減省，調徵賦稅的就不會苛刻了。至於拜休揖讓的禮儀，升降盤旋的儀節，便足敘事，不要過於細碎，分別條牒，使之容易使用。」

「今五禮㊀混撓，雜飾紛錯，枝分葉散，重出互見，更相貫涉。舊儒尋案，猶多所滯，駁難漸廣，異同無已，殊理兼說，歲增月長。自非至精，莫不惑悶。躊躇歧路之衢，愁勞群疑之藪。」

【今註】㊀五禮：指吉禮、凶禮、軍禮、賓禮、嘉禮等五種禮制。《周禮・地官・大司徒》：「以五禮防萬民之偽而教之中。」

【今譯】 「當今五禮（吉禮、凶禮、軍禮、賓禮、嘉禮）混亂，雜飾紛錯，枝分葉散，重出互見，互相貫涉。從前的儒生們尋研考察，尚多有疑難之處，互相反駁的情況逐漸增多，以致異同的說法沒完沒了。各種不同的道理與說法，隨著歲月的推移而增多，自然不是極其精至的道理，無不使人感到疑惑與納悶，在歧路上躊躇不前，在疑問的淵藪中愁思不展。」

「煎神瀝㈠思，考校判例，嘗有窮年竟不豁了。治之勤苦，決㈡嫌無地，呻吟尋析，憔悴決角㈢。修之華首不立。妨費日月，廢棄他業。愁困後生，真未央㈣矣。長致章句㈤，多於本書。」

【今註】 ㈠瀝：猶「漉」。㈡決：衝決。㈢角：額骨。㈣未央：未盡。《詩經・小雅・庭燎》：「夜如何其？夜未央。」㈤章句：指對古籍的分析之注釋。

【今譯】 「雖然煎神瀝思，考校以往判例，經年累月，仍不能弄明白。勤苦地研究，沒有地方可以解決嫌疑，呻吟尋析，憔悴衝決額骨。這樣修習，即使頭髮花白還不能有所建樹，耗費時光，廢棄其他的事業，使後生們感到憂愁與困惑，真是沒有盡頭。結果使解釋禮制的文章繁多冗長，超過了有關禮制的原典。」

「今若破合雜俗，次比種稷㊀，刪削不急，抗其綱，較其令㊁，炳若日月之著明，灼若五色㊂之有定，息學者萬倍之役，弭諸儒爭訟之煩。」

【今註】㊀次比種稷：次比，並列。稷，粟。㊁令：美，善。㊂五色：《禮記・禮運篇》：「五色，六章，十二衣，還相為質也。」孔穎達《疏》：「五色謂青、赤、黃、白、黑，據五方也。」

【今譯】「今天如果破除並綜合舊的禮儀雜俗，像種粟似的排比並列，刪削不重要的內容，抓住綱領，比較出好的禮制，那就會如日月一樣大放光明，如五色有一定的光彩，學者們無數的無用之功也就停止了，諸儒爭訟之煩擾也就平息了。」

「將來達者觀之，當美於今之視周矣。此亦改燒石、去血食㊀之比，無所憚難，而悢悢㊁於惜懷推車，遲於去巢居也。然守常之徒，而卒㊂聞此義，必將愕然創見，謂之狂生矣。」

【今註】㊀血食：祭祀用牲，因為帶有毛血，所以叫做血食。㊁悢悢：疑當作「悢悢」。眷念、惆悵也。㊂卒：同「猝」，突然。

【今譯】「將來通情達理的人看到這種情況，應當比現在看到周代還要美好。這也就像是改燒石頭為炊而去除帶血生食的對比，不應有什麼害怕與困難，而眷念於過去的珍惜懷想，認為推車延誤了脫離穴居。但是，恪守常俗的人，突然聽到這種說法，必將愕然，以為是創見，而把我說成是狂生的了。」

「夫三王㊀不相沿樂，五帝㊁不相襲禮，而其移風易俗，安上治民，一也。或革或因，損益懷善㊂，何必當乘船以登山㊃，策馬以涉川，被甲以升廟堂，重裘以當隆暑乎？若謂古事終不可變，則棺槨㊄不當代薪㊅埋，衣裳不宜改裸袒矣。」

【今註】㊀三王：三皇，傳說中的三位遠古帝王。㊁五帝：傳說中的五位遠古帝王。三皇五帝的具體說法甚多，恕不一一陳述。㊂損益懷善：楊明照《抱朴子外篇校箋・下》按「懷」字誤。當依盧本、柏筠堂本、文溯本、《叢書》本、《崇文》本改作「壞」。㊃何必當乘船以登山：楊明照《抱朴子外篇校箋・下》：按「當」字似不必有，蓋涉次行「重裘以當隆暑乎」句誤衍。㈤棺槨：即棺槨。槨，棺外的套棺。《論語・先進篇》：「鯉也死，有棺而無槨。」㈥薪：指柴草。

【今譯】　「三皇不相沿習一種音樂，五帝也不相承襲一種禮制。但他們移風易俗和安上治民的宗旨，是一樣的。或者變革，或者因襲，損益壞善，為什麼要求乘著船去登山峰，騎著馬去渡河，披著兵甲去廟堂祭祀，穿著厚毛裘去抵擋隆暑烈炎呢？如果說古事終究是不可以改變的，則棺槨不應當代替柴草埋葬死人，衣裳不宜改變遠古赤身露體的生活情況了。」

尚博篇 第三十二

【篇旨】 此篇強調：儒家的經典固然是積儲道義的淵海，但是諸子百家之書也是擴張思想領域的川流，與聖賢經典同樣重要。漢、魏以來，對於文儒、經師的看法，逐漸有了明晰的劃分，但是一般人還是有著文章為學問的枝節末葉之觀念，忽略了深美富博的子書，實在有著不容忽視的力量。所以葛洪在本篇中，花費甚多篇幅、思考，強調諸子百家之書的可觀性，以使學者能夠達到真正的「博學」境界。

篇中引用聖賢事蹟與自然現象的載錄，說明自己「以文章為博學基礎」之理論的可行性，如「上天之所以垂象，唐、虞之所以為稱，……昌、旦定聖謚於一字，仲尼從周之郁，莫非文也」。可見「文」是自然產生而且甚符人類之需求。諸子書當然也是許多「文」中的一種，其特色則是「變化不繫滯於規矩之方圓，旁通不凝閡於一塗之逼促」。非議古事的人多拘於己見，以其有限的思想及經歷，當然不能盡悟子書之精粹。

但是葛洪並非一味的偏執好古，而是經過一番精心擇選，對於時人盲目的崇拜古人、古籍，他也提出了不以為然的呼籲，認為「世俗率神貴古昔，而黷賤同時。……雖有超群之人，猶謂之不及竹帛之所載也；雖有益世之書，猶謂之不及前代之遺文也」。這種心態影響之下，想要「尚博」，當然是緣木求魚，無法達成的事。

抱朴子曰：「正經[1]為道義之淵海，子書為增深[2]之川流[3]。仰而比之[4]，則景星[5]之佐三辰[6]也[7]；俯而方[8]之，則林薄[9]之裨[10]嵩嶽[11]也[12]。雖津塗殊闢，而進德同歸[13]；雖難[14]於舉趾[15]，而合於興化[16]。故通人[17]總原本[18]以括[19]流末[20]，操綱領[21]而得一致[22]焉。古人歎息於才難，故謂百世為隨踵[23]。不以璞[24]非崑山[25]，而棄耀夜之寶[26][27]；不以書不出聖，而廢助教之言[28]。是以閭陌[29]之拙詩[30]，軍旅[31]之鞫誓[32]，或詞鄙喻陋，簡[33]不盈十[34]，猶見撰錄[35]，亞次典誥[36]。百家之言，與善一揆[37]。譬操[38]水者，器[39]雖異而救火[40]同焉[41]；猶針灸者，術雖殊而攻[42]疾均[43]焉[44]。」

【今註】㊀正經：謂「孔子手定的經籍」，一般所謂「一本正經」的「正經」，也就是這個意思。㊁增深：「增加」思想的「深度」、或「增廣」思想的「層面」。深，有「大」、「長」和「盛」……的意思。㊂以上三句，除「抱朴子曰」四字外，其餘的文字均重見於〈百家篇〉。㊃仰而比之：謂「抬起頭來把它和所看到的東西相比」。「之」字，指「子書」和「抬起頭所看到的東西」。㊄景星：大星。《白虎通・封禪》：「景星者，大星也。」㊅三辰：謂「太陽、月亮、和星星」。《左傳》桓公二年：「三辰旂旗（畫有「三辰」的旌旗），昭其明也（為的是表示明亮）。」杜預《注》：「三辰，日月星也。」㊆以上二句，除後句末尾有「也」字外，其餘都重見於〈百家篇〉。㊇方：「比」的意思。㊈林薄：謂「草木叢雜的處所」。《楚辭・九章・涉江》：「露申（帶有香氣的「瑞香」花）辛夷（又名木筆花）死林薄兮。」王逸《注》：「叢木曰『林』，草木交錯曰『薄』。」㊉裨：有「增益」、「輔助」的意思。⑪嵩嶽：和「嵩山」相同，是五嶽中的中嶽，在河南登封縣北。⑫以上二句，除後句末尾有「也」字外，其餘都重見於〈百家篇〉。⑬「津塗」「進德」二句：謂「通過不同的道路，都可以到達增進品德的特定目標」。二句實在是「殊塗同歸」（或作「殊塗同致」、「殊塗同會」）成語的引用。津塗，謂「道路」。《三國志》卷三十八〈蜀書・許靖傳〉：「津塗四塞（四方阻塞）。」進德，謂「增進品德」。《易經・乾卦》：「君子進德脩業。」⑭難：原作「離」，依《百子》本改。⑮舉趾：猶「舉足」，謂「動足」。在這裏有考慮後「加以選擇」的意思。⑯興化：謂「昌盛教化」。《後漢書》卷二十六〈蔡茂傳〉：「臣聞：興化致教（獲致教化的目的），必由進善（進善言、或進善人）。」⑰通人：謂「博覽多識的人」。《論衡・超奇篇》：「博覽古今者為通人。」《抱朴子・逸文》：「余嘗問嵇生曰：左太沖、張茂先，可謂通人乎？君道答曰：通人者，聖人之次也，其間無所復容。」（見《意林》卷四）⑱總原本：和下句的「操綱領」相應。總，謂「總管」，這裏有「掌握」的意思。《尚書・商書・伊訓》：「百官總己（總攝己職——掌管自己所主管的職務），以聽（聽命於）冢宰（宰相）。」原本，謂「本源」、或「源頭」。⑲括：謂「概括」。⑳流末：即「末流」，謂「河水的下游」。㉑操綱領：和上句的「總原本」相應。操，謂「控制」。㉒一致：謂「相同」。在這裏指「相同的結果」。《易經・繫辭・下》：「天下同歸而殊塗，一致而百慮。」《注》：「慮雖百，其致不二。」㉓「古人」「百世」二句：〈百家篇〉有「先民歎息於才難，故百世為隨踵」兩句，文字雖稍有不同，但含意卻完全相似。古人，謂「上古的人君」。隨踵，謂「跟隨在腳跟後面走」，比喻「隨後跟著來的人」。《韓非子・難勢篇》：「且夫堯、舜、桀、紂千世而一出，是比肩隨踵而生也，世之治者不絕於中。」㉔璞：謂未經琢磨的「玉石」。在這裏用來比喻「正經」中所含的「道理」。㉕崑山：崑崙山的簡稱，此指「崑山之玉」。《呂氏春秋・重己篇》：「人不愛崑山之玉，江、漢之珠，而愛己之一蒼璧（青色璧玉）小璣（不圓的珠），有之（為了擁有）利（有利於己）故也。」高誘《注》：「崑山之玉，燔（燒）以爐炭，三日三夜，色澤不變，玉之美者也。」㉖耀夜之寶：猶「夜光之璧」，謂「黑夜發光的貴重璧玉」。在這裏比喻「道義」之外有價值的事物。《戰國策》卷十四〈楚策・一〉：「張儀為秦破從連橫，說楚王……（楚王）乃遣使車百乘，獻雞駭（雞嚇得驚慌逃走）之犀、夜光之璧於秦王。」㉗此句，〈百家篇〉加以變化，改成：「不以璞不生板桐之嶺，而捐曜夜之寶」兩句，除將「崑山」改作「板桐」之外，其餘文義也約略相同。㉘此句，〈百家篇〉加以變化，改成：「不以書不出周、孔之門，而廢助教之言」兩句。㉙閭陌：謂「閭里阡陌」，此指「鄰里鄉村之間」。㉚拙詩：謂「粗劣的歌謠」。㉛軍旅：和「軍隊」相似。㉜鞫誓：謂「粗陋簡短的文書」。鞫，即鞫，音ㄐㄩˊ，指「勘驗刑案所用的文辭」。誓，文體的一種，為古代誓師時所用。㉝簡：竹簡，猶木牒，都是用來書寫文字的。這裏當「篇章」、「篇幅」解。㉞十：和「什」通，作「篇什」解，後來用以泛指「詩篇」或「文卷」。唐柳宗元《柳河東先生集》卷九〈唐故兵部郎中楊君墓碣〉：「君之文若千什，皆可以傳於世。」㉟撰錄：謂「收集抄錄」。《文選》卷五十六潘岳〈楊仲武誄〉：「撰錄先訓（祖父舊作文章），俾無損墜（失落）。」㊱典誥：謂古代「典與誥」兩種詔命之塗，編近世之道於《三墳》㉓之末也。拘繫㉔之徒，桎梏㉕淺隘㉖之中，挈瓶㉗訓詁㉘之間，輕奇㉙賤異㉚，謂為不急。或云小道㉛不足觀，或云廣博亂人思。而不識合錙銖㉜可以齊重於山陵，聚百十可以致數於億兆㉝；群色會而衮藻㉞麗，眾音雜而《韶》、《濩》㉟和也。或貴愛詩賦淺近之細文㊱，忽薄深美富博㊲之子書㊳，以磋切㊴之至言㊵為駮拙㊶，以虛華㊷之小辯㊸為妍巧㊹。真偽顛倒，玉石㊺混淆㊻，同廣樂㊼於桑間㊽，鈞㊾龍章㊿於卉服(51)，悠悠(52)皆然，可歎可慨者也(53)。」

【今註】㊀彌：當「愈」、「益（更加）」講。㊁繁：當「多」講，是「簡」的相反辭。㊂義：和下面「辭贍」句的「辭」字相應，當「立意」講，指文章的內容而言。參見〈辭義篇〉「義」字注。㊃玄淵：謂「深遠之處」。《文選》卷二十顏延之〈皇太子釋奠會作詩〉：「澡身（沐浴）玄淵，宅心（居心）道秘。」劉良《注》：「玄淵、道秘，皆道德深遠之處。」玄，謂「深隱」。㊄辭：和上面「義深」句的「義」字相應，指「口說的『言辭』」、或「手寫的『文辭』」。㊅贍：當「富」（豐富）講。㊆臻：音ㄓㄣ，當「至」（到達）講。㊇徵祥：謂「吉祥的預兆」。漢劉向《說苑・善說篇》：「天瑞（天上顯現吉祥之兆）並至，徵祥畢見（全都顯現出來）。」㊈嘉瑞：和「嘉祥」含義相同，謂「祥瑞」。《漢書》卷八〈宣帝紀〉：「元康元年……三月……獲蒙嘉瑞，賜茲祉福。」㊉后土：古代稱「地神」或「土神」為「后土」。㊁環雉：城牆高一丈叫堵，長三丈（也就是「三堵」）叫雉。環雉，謂「環繞的城牆」。這裏用來比喻捍衛國土的勇士。㊂大荒：泛稱「遼闊的原野」或「邊遠的地區」。《抱朴子・外篇・博喻篇》：「逸麟（散失的大牡鹿）逍遙大荒之表（外），故無機穽（捉獸的機關和陷穽）之禍；靈鶬（一種九頭九尾的鳥）振翅玄圃（崑崙山上仙人所居之地），以違（遠離）罩羅（捕鳥的篾罩和羅網）之患。」㊂圜堵：猶「環堵」，謂「包圍著的土牆」。《莊子・讓王篇》：「原憲（孔子弟子）居魯，環堵之室，茨（用草蓋房子）以生草；蓬戶（蓬草蓋成的門戶）不完（完整）。」唐成玄英《疏》：「周環各一堵，謂之『環堵』，猶方丈之室也。」在這裏用來比喻防衛堅強的堡壘。㊃函夏：謂「華夏」或「中國」。《晉書》卷三十一〈左貴嬪傳〉：「群黎（眾多老百姓）欣戴（歡欣擁戴），函夏同慶。」在這裏泛指「畿輔」或「重要地區」。㊄弭：音ㄇㄧˇ，謂「停止」。㊅階：謂「階梯」，引申有「憑藉」的意思。㊆垂：謂「傳

「《韶》，舜樂也；《濩》，湯樂也；《大武》，武王樂也；……《象》，周公樂也。」㊱細文：謂「精緻」、「瑣屑」的篇章，和〈百家篇〉「詩賦」中的「瑣碎之文」相似。㊲富博：謂識見「豐富廣博」。《南史》卷五十九〈王僧孺傳〉：「少篤志精力，於書無所不覩，其文麗逸，多用新事，人所未見者，時重其富博。」㊳「貴愛」「忽薄」二句：〈百家篇〉作「惑詩賦瑣碎之文，而忽子論深美之言」。㊴磋切：和「切磋」相似，作「商討」、「研究」講。古時稱骨材的加工叫切；稱象牙的加工叫磋（音ㄘㄨㄛ）；稱玉材的加工叫琢；稱石材的加工叫磨。《詩經・衛風・淇奧》：「如切如磋，如琢如磨。」㊵至言：謂「合乎真理」、「達於至極」的言論。《莊子・知北遊篇》：「至言『去言』（無須言語說明）。」唐成玄英《疏》：「至理之言，無言可言，故去言也。」㊶騃拙：謂「癡呆迂拙」。騃，音ㄞˊ，「癡呆」的意思。㊷虛華：和「虛文」相似，謂儀禮的「不切實際」。㊸小辯：謂「小型的辯說」。《荀子・非相篇》：「小辯不如『見端』（發現事件的端倪）。」㊹妍巧：謂「妍麗巧妙」。妍，「美」的意思。㊺玉石：比喻「精華」、「糟粕」。㊻「真偽」「玉石」二句：重見於〈百家篇〉，僅「淆」字改作「殽」字罷了。㊼廣樂：謂「盛大的仙樂」。《史記》卷四十三〈趙世家〉：「居二日半，簡子寤（醒）。語大夫曰：我之（往）帝所（天帝居所）甚樂，與百神游於『鈞天』（天帝所居，是「九天」的「中天」），廣樂九奏萬舞，不類三代之樂，其聲動人心。」㊽桑間：指「流行於鄭、衛兩地的淫靡音樂」。《呂氏春秋・音初篇》：「鄭、衛之聲，桑間之音，此亂國（動亂的國家）之所好（喜好），衰德（敗壞的道德）之所說（悅）。」㊾鈞：「均」的意思，作「看成一樣」解。㊿龍章：指「天子的服飾」，或「服飾上的龍形圖案」。《後漢書》卷十六〈鄧禹傳〉：「褫（奪去）龍章於『終朝』（一個上午）。」唐李賢《注》：「龍章，『袞龍』（本「天子的禮服」，在這裡代替「天子」）之服也。」(51)卉服：和「草服」相似，謂「用草編織的衣服」。《尚書・禹貢》：「島夷卉服。」孔《傳》：「南海島夷，草服葛越（古代南方用草纖維編織的布）。」(52)悠悠：謂「眾多」。《後漢書》卷五十二〈崔駰傳〉：「悠悠罔極（無窮），亦各有得。」唐李賢《注》：「悠悠，眾多也。」(53)以上四句，〈百家篇〉作「同廣樂於桑間，均龍章於素質，可悲可慨，豈一條哉」，文義相似。

【今譯】「從漢、魏時代開始，社會上流傳的各家學說，更加繁多。這些言論，立意的深遠，常常可以達於玄海；文辭變化的豐富，幾乎可以和波濤相比擬。照這些言論去實施，可以讓天上獲致吉祥的徵兆；可以地上興發各種祥瑞的徵象。（一個國家有了這些傑出的人才，）在遼遠的地方，彷彿召來許多捍衛邊疆的勇士；在畿輔地區，有如設置了若干堅攻不破的堡壘。如此，從眼前來說，利用這些言論，可以作為止息災禍的憑藉；從遠處來看，利用它們，也可以為後世留下永遠的福祉。然而由於當時缺乏明聖的君王，對於傑出的人才無法加以品評，鑒定他們品類和等級之後再予以網羅，因而在千里的途程之中，不能發現『騂、騄』馳騁的蹤影；在《三墳》的古籍之後，從無編著近世的治道。堅守某一學派的人，彷彿拘禁在牢獄中的囚徒，在精神上受了重重的桎梏，因而在見聞方面，表現得既膚淺又狹隘，好像『挈瓶』的人，知識非常淺薄，平日只知從事文義注釋的訓詁工作，對於那些奇異的見解，特殊的創見，卻認為對自己都是不急之務，不知加以吸收。有人說：諸子百家的學說算是小道，不值得我們觀看；有人說學問研究得太廣博了，也會徒然擾亂人的思想。可是一般人卻不曉得：合併許許多多的錙銖，可以讓物體變得和山陵一般踪重；一個又一個的『百』和『千』集聚起來，也可以變成億兆的巨大數目。各種采色會聚在一起，就會讓古天子的袞衣禮服變得十分華麗；許多聲響混雜在一起，虞舜和湯王的樂章就會變得十分和諧。有人看重愛好詩賦中的瑣屑篇章，卻忽視看輕深邃華美而又豐富廣博的子書，竟然把尚待商討、仍須研究的所謂『至理名言』，當成癡呆迂拙的言論；把不切實際徒具虛文的辯說，認作細密巧妙的研究。上面所說的這些事，可說是真實和虛假相互顛倒，精華和糟粕兩相混淆，怎麼可以把鈞天的仙樂，看成桑間濮上的靡靡之音？把天子所穿配上龍形圖案的服飾和百姓所著用草類編織的衣物看得完全沒有分別？悠悠眾口，說法卻幾乎全都一樣；實在是可悲可歎的啊！」

或曰：「著述雖繁，適可以騁辭㈠耀藻㈡，無補救於得失，未若德行㈢不言之訓㈣。故顏、閔㈤為上，而游、夏㈥乃次。四科㈦之格㈧，學本而行末，然則綴文㈨固為餘事㈩。而吾子不褒崇㈡其源㈢，而獨貴其流㈢，可乎？」抱朴子答曰：「德行為有事㈣，優劣易見；文章微妙，其體㈤難識。夫易見者，粗也；難識者，精也。夫唯粗也，故銓衡㈥有定焉；夫唯精也，故品藻難一焉。吾故捨易見之粗，而論難識之精，不亦可乎？」

【今註】㈠騁辭：謂「在言辭方面作施展」。《文選》卷三十七孔融〈薦禰衡表〉：「飛辯（雄辯）騁辭。」㈡耀藻：謂「在文采（文辭）方面作炫耀」。㈢德行：謂「道德、品行」。㈣不言之訓：和「不言之教」相似，謂「不用言語所作的訓示」，有如「身教」。老子《道德經・第二章》：「是以聖人處無為之事（以無為的態度來處事），行（實行）不言之教（教誨）。」第四十三章：「吾是以（因此）知無為之有益。不言之教，無為之益，天下希（「少」的意思）及之（做得到）。」第五十六章：「知（智）者不言，言者不知（智）。」㊄顏、閔：指顏淵和閔子騫。在孔子門中，以德行著稱。㊅游、夏：指子游和子夏。在孔子門中，以文學著稱。㊆四科：謂「孔門教學課程中的四個科目」，指的就是德行、言語、政事和文學。《論語・先進篇》曾列舉了四科各有特殊成就的學生姓名。《後漢書》卷三十五〈鄭玄傳〉：「仲尼之門，考以四科。」㊇格：謂「法則」，在這裏指考核的「標準」。㊈綴文：謂「著述」或「連綴字句以成文辭」。《漢書》卷三十六〈楚元王傳・贊〉：「自孔子後，綴文之士眾矣。」㊉餘事：和「末事」（不是主要工作）相似。㈡褒崇：謂「褒獎」和「推崇」。㈢源：比喻「根本」，指「行為表現」。㈢流：比喻「變化」，指「文辭成就」。㈣有事：指「有具體事實的行為」。㈤體：謂「文章的形質」（包括「體性」和「體式」）。㈥銓衡：和「品評」相似。

【今譯】　有人這麼說：「世間流行的著述雖然繁雜而眾多，但是它們所說的往往只能表示各自在言辭上所施展的工夫非常深，在辭藻安排上的本領非常強；可是在人事得失，以及風俗改正方面，常常一無補益，實在比不上那些在德行方面有所表現的人，對世道人心所作的『無言的訓示』來得那般重要。所以認為顏淵和閔子騫比較重要，至於子游和子夏，卻要居於次等的地位。孔門教學課程中分四個科目，用來做考核標準的，是以學業為根本，行為表現為第二步，至於連綴文字的工夫，本來就只能算是不甚重要的事項。可是先生你，不從事情的源頭——行為的表現——去加以褒獎或推崇；怎麼可以僅僅苛責它後來的變化——重視文辭上的安排呢！」抱朴子答道：「德行是有具體事實的行為，優劣可以立刻加以判別；可是有關文章的事卻非常微妙。文章的體性或體式，實在難於識別，不易捉摸。一般說來，容易讓人看到的必定是粗重顯著的部分；讓人難於辨識、不易認清的，必定是精細微妙的部分。我們唯有透過粗重顯著的部分，才能對事物加以適當的品評；我們不透過精細微妙的部分，對事物等級的鑒定，很難獲得一致的品評標準。可是我們要曉得：有時存心捨棄易見的粗顯部分，卻去專門討論難識的精微部分，不也是很有意義的事嗎？」

或曰：「德行者本也，文章者末也。故四科之序㊀，文不居上㊁。然則著紙㊂者，糟粕㊃之餘事；可傳者，祭畢之芻狗㊄㊅。卑㊆高㊇之格，是可識矣㊈。文之體略㊉，可得聞乎？」

【今註】㊀序：謂「次序」。㊁以上文字，都重見於〈文行篇〉。㊂著紙：猶言「著筆」，謂「落筆撰述」。㊃糟粕：本指「酒滓」，用來比喻「廢棄的物品或惡食」，常和「精華」對稱。《晉書》卷五十五〈潘尼傳〉：「名位為糟粕，勢利為埃塵。」㊄芻狗：古時編結草類做成狗的形狀，供祭祀時應用，用完以後，就隨手丟棄。一般常用「芻狗」來比喻廢棄的物品。老子《道德經・第五章》：「天地不仁，以萬物為芻狗；聖人不仁，以百姓為芻狗。」㈥以上文字，都重見於〈文行篇〉。㈦卑：指「文章」的「卑下」，和前句「文章者末也」的「末」字，以及「文不居上」、「糟粕之餘事」、「祭畢之芻狗」等句相應。㈧高：指「德行」之「高」，和前句之「本」相應。㈨以上二句，重見於〈文行篇〉。㈩體略：謂「體裁大要」。

【今譯】　有人說：「在我們全部的生活中，德行的表現是根本，至於文章，比較起來實在是不怎麼重要的事。因為這個緣故，孔門四科的次序，文學並不放在前面，居於重要的地位。如此說來，下筆撰述的著作，常常只是糟粕之類、不甚重要的事物；我們不妨說：得以傳流下來的作品，也只不過是祭祀完畢以後就該隨手拋棄的芻狗罷了。如此判別卑下、高超的標準，大致的情形，我們是足夠加以辨識的了。至於文章的體裁大要，先生能說一些讓我們聽聽嗎？」

抱朴子答曰：「筌㈠可以棄，而魚未獲則不得無筌；文可以廢，而道未行則不得無文㈡。若夫㈢翰迹㈣韻略㈤之宏促㈥，屬辭㈦比事㈧之疏密㈨，源流㈩至到⑪之脩短，蘊藉⑫汲引⑬之深淺⑭。其懸絕⑮也，雖天外(一六)毫內(一七)，不足以喻其遼邈(一八)(一九)。其相傾(二〇)也，雖三光(二一)熠耀(二二)，不足以方其巨細。龍淵(二三)鉛鋌(二四)，未足譬其銳鈍；鴻羽(二五)積金(二六)，未足比其輕重(二七)。清濁(二八)參差(二九)，所秉有主。朗昧(三〇)不同科(三一)，強弱各殊氣。而俗士唯見能染毫(三二)畫紙者，便概之一例(三三)。斯伯牙(三四)所以永思鍾子(三五)，郢人(三六)所以格斤不運(三七)也(三八)。蓋刻削(三九)者比肩(四〇)，而班、狄(四一)擅(四二)絕手(四三)之稱(四四)；援琴(四五)者至眾，而夔(四六)、襄(四七)專(四八)知音(四九)之難(五〇)；廄馬(五一)千駟(五二)，而騏驥(五三)有邈群(五四)之價(五五)；美人萬計，而威(五六)、施(五七)有超世之容。蓋有遠過眾者也(五八)。且文章之與德行(五九)，猶十尺之與一丈(六〇)，謂之餘事，未之前聞(六一)。」

【今註】 (一)筌：音ㄑㄩㄢˊ，或作「荃」，竹製的捕魚器具，一種瓠形的篊罟，可以讓魚自由游進去，但卻無法游出來。《莊子・外物篇》：「荃者所以在魚（在於捕得魚類），得魚而忘荃。」(二)以上四句，〈文行篇〉作「筌可棄而魚未獲，則不得無筌；文可廢而道未行，則不得無文」，文義相似。

㊂若夫：轉語詞，有「至於」、「譬如」的意思。㊃翰迹：謂「筆墨留下的痕跡」，在這裏指一般「文章」。㊄韻略：謂「韻律的法則」，在這裏指合乎韻律的「詞賦」。韻，與「韵」字相同；略，「法」的意思。㊅宏促：「廣大」或「狹小」。在這裏指「文章」「辭賦」的「體製」和「氣局」而言，有的「體製」、「氣局」很廣大；有的「體製」、「氣局」卻很狹小。㊆屬辭：謂「綴會文辭」（連綴會集文章所用的辭語）來撰寫文稿。《禮記・經解篇》：「屬辭比事（排比史事），《春秋》教（所包含的「訓誨」作用）也。」孫希旦《集解》：「屬辭者，連屬其辭，以月繫年，以日繫月，以事繫日也。」㊇比事：謂「比次事類」，本指「排列史事」，一般用來泛指「記事」。《禮記・經解篇》：「屬辭比事，《春秋》教也。」孫希旦《集解》：「比事者，比次列國之事而書之也。」㊈疏密：指「應用『故實』」或「組合『辭詞』」等的疏散或緊密。㊉源流：比喻「思想的根源」、或「內涵的源流」。⑪至到：「到達」的意思，在這裏比喻「思想的引伸」或「內涵的發揮」。⑫蘊藉：一作「醞藉」或「温藉」，謂「含蓄有餘」（和「顯露無遺」相反）。《史記》卷一百二十二〈酷吏・義縱列傳〉：「治（治理政事）敢行（敢作敢當），少蘊藉。」⑬汲引：謂「汲取引用」。⑭以上四句，〈文行篇〉作「若夫翰迹韻略之廣逼；屬辭比義之妍媸；源流至到之修短；醞藉汲引之深淺」；文義相似。⑮懸絕：謂相差「懸殊（遠甚）」。《論衡・知實篇》：「聖賢之

實同（實質相同）而名號（姓名稱號）殊，未必才（才華）相懸絕，智（智慧）相兼倍（兩倍）也。」懸，「遠」的意思；絕，「極」、「盡」的意思。⑯天外：謂「天邊之外」，比喻「極遠的地方」。《文選》卷十五張衡〈思玄賦〉：「廓（空）盪盪（空的樣子）其無涯兮，乃今窺乎天外。」⑰毫內：和「筆下」相似，也有「眼前」的意思。毫，謂「筆」；內，猶「下」字。⑱遼邈：謂「遼遠」。遼，「遠」的意思。⑲以上文字，都重見於〈文行篇〉。⑳相傾：和上面「懸絕」三句相應。傾，謂「高」或「下」。「相傾」，就是因高下相差而「傾倚」（傾斜倚靠）的意思。老子《道德經・第二章》：「故有無相生（相對待而生長），難易相成（相對待而完成），長短相形（相對待而顯形），高下相傾。」《淮南子・齊俗篇》：「故高下之相傾也，短修之相形也。」㉑三光：稱「日、月、星」三種星球所發出來的光。《莊子・說劍篇》：「上法（效法）圓天（渾圓的天象），以順（順應……秩序）三光。」㉒熠耀：即「熠燿」，謂發放燐光的「螢火」。《詩經・豳風・東山》：「熠燿宵行。」毛《傳》：「熠燿，燐也；燐，螢火也。」㉓龍淵：楚國寶劍的名稱，相傳為歐冶子所鑄造。《文選》卷四十二曹植〈與楊德祖書〉：「有龍淵之利（鋒利），乃可以議（議論）於斷割。」呂向《注》：「龍淵，寶劍也。」㉔鉛鋌：謂「鉛片」。鋌，音ㄉㄧㄥˋ或ㄊㄧㄥˇ，鍛鍊成條的金屬。㉕鴻羽：和「鴻翼」相似，謂「鴻鳥的羽毛」。㉖積金：謂「聚積金銀財物」。

《新唐書》卷八十九〈尉遲敬德傳〉：「公之心如山岳然，雖積金至斗，豈能移之？」㉗以上七句，〈文行篇〉作「其相傾也：雖三光熠燿，不足以方其巨細；龍淵鉛鋌，未足譬其銳鈍；鴻羽積金，未足以方其輕重」，文義相似。㉘清濁：謂「氣質」與「氣性」的「澄澈」和「潔淨」或「混濁」和「污穢」。㉙參差：謂「不齊的樣子」。㉚朗昧：謂「明朗」或「暗昧」。㉛科：謂「品類」。㉜染毫：猶「染筆」，謂「書畫著色落墨」。㉝末尾兩句，〈文行篇〉作「而俗士唯見能染毫畫紙，便概以一例」，文義相似。㉞伯牙：春秋時代楚國人。傳說中因為精於琴藝而享有盛名。依照《呂氏春秋・本味篇》記載，伯牙善於鼓琴，可是最後他發現：只有知友鍾子期完全理解琴曲的寓意。等到子期死後，伯牙終身就不再鼓琴。㉟鍾子：即春秋時代楚國人鍾子期。伯牙鼓琴，意在高山，或在流水，子期一一俱能心領神會。子期死後，伯牙以為世間不再有知音，從此再不鼓琴。㊱郢人：照文義推測，「郢人」當指揮釜的「匠石」。郢，音ㄧㄥˇ，春秋戰國時代楚國的都城，在今湖北江陵縣北。㊲格斤不運：當由「運斤成風」變化而來。原成語是說：揮動斧頭去削擊郢人鼻尖上的「堊慢」（塗在鼻上的『薄薄一層石灰』。堊，音ㄜˋ，白土；慢，亦作『漫』，塗）。揮斧的動作乾淨俐落，毫釐不差，卻像沒有揮動斧頭一樣的迅速。用在這裏，是說：神乎其技的匠石既已不在世間，因而郢人不會去找普通工匠為他削去鼻上的「堊慢」。這個成語源出《莊子・徐无鬼篇》：「郢人堊慢其鼻端若蠅翼（薄如蠅翼），使匠石（石工）斲（音ㄓㄨㄛˊ，砍削）之。匠石運斤（斧）成風（風一般地迅速），聽而斲之，盡堊而鼻不傷，郢人立不失容（不變臉色）。」格，作「擊（削擊）」解；斤，「斧頭」；格斤，作「找人去『運用斧頭』削擊鼻上的堊慢」講；不運，因為神乎其技的匠石已不在人世，所以再也「不去找人運用釜斤」的意思。運，謂「旋轉」，作「揮動」講。㊳以上兩句，除「伯牙」作「伯氏」外，都重見於〈文行篇〉。㊴刻削：謂「雕刻」。《韓非子・說林下》：「刻削之道（方法、或技巧），鼻莫如大，目莫如小。鼻大可小，小不可大也；目小可大，大不可小也。」㊵比肩：謂「肩相近」（肩膀挨著肩膀，比喻「接連而來」，有「眾多」的意思。比，音ㄅㄧˋ。㊶班、狄：指魯國的巧匠魯班和齊國的名廚狄牙。魯班，春秋魯哀公時代的巧匠。狄牙，是齊桓公時代能辨味的名廚師。㊷擅：謂「據而有之（擁有）」。㊸絕手：謂「具有絕等技藝的高手」。《抱朴子・外篇・譏惑篇》：「吳之善書者，則有皇象、劉纂、岑伯然、朱季平，皆一代之絕手。」㊹以上兩句，〈文行篇〉作「夫斲削者比肩，而班、狄擅絕手之名」，文義相似。㊺援琴：謂「引琴」。援，謂「引」（「牽引」琴絃）。《北史》卷六十四〈韋夐傳〉：「死生命也，去來常事，亦何足悲！援琴撫之如舊。」㊻夔：唐堯時代的音樂家。《尚書・舜典》：「帝曰：夔，命汝典（掌管）樂，教胄子（帝王的「長子」）。」㊼襄：就是師襄，也叫做「師襄子」，春秋時代魯國的樂官。孔子曾跟他學習鼓琴。《韓詩外傳・卷五》：「孔子學鼓琴於師襄子。」《淮南子・主術篇》、《史記・孔子世家》、《孔子家語・辨樂篇》都有類似的記載。㊽專：「專擅」（「獨享」、「專長」）的意思。㊾知音：謂「精通音律」，後世引伸為「知己」。《呂氏春秋・本味篇》記伯牙善鼓琴，鍾子期善聽琴，鍾子期死，伯牙破琴絕絃，終身不復鼓琴。㊿以上兩句，〈文行篇〉作「援琴者至多，而夔、襄專清聲之稱」，文義相近。(51)廄馬：謂「馬廄裏飼養的馬匹」。(52)駟：音ㄙˋ，本指「一車四馬」，這裏泛指「馬匹」。《禮記・三年問篇》：「若駟之過隙。」《釋文》：「駟，馬也。」(53)騏驥：謂「駿馬」。《大戴禮記・勸學篇》：「騏驥一躒（音ㄌㄧˋ，謂「動」，「跳躍」的意思），不能千里。」(54)逸群：謂「凌駕（超越）群倫（同群朋輩）」。逸，「遠」（「遠遠」超越）的意思。(55)以上兩句，〈文行篇〉作「廄馬千駟，而騏騮有逸群之價」，文義相似。(56)威：指晉文公的美姬南之威（省稱「南威」）。《戰國策・魏策・二》：「晉文公得南之威，三日不聽朝，遂推南之威而遠之，曰『後世必有以色亡其國者。』」(57)施：指吳王夫差的美姬西施。《吳越春秋》卷九〈句踐陰謀外傳〉：「（越王）乃使相者（相士在……品選）國中，得苧蘿山鬻（音ㄩˋ，出賣）薪之女，曰西施、鄭旦，飾以羅縠（穿上羅布和縐紗衣裳），教以容步（儀容和步履），習於土城（模擬城市），臨於都巷（都市中的巷道之間），三年學服（穿著衣裝），而獻於吳。」㊄以上三句，〈文行篇〉作「美人萬計，而威、施有超世之色者，蓋遠過衆也」，文義相似。㊄文章之與德行：文章謂「文辭」，德行謂「道德品行」，作者在本文前段，曾有「德行者本也，文章者末也」問題的提出。㊅猶十尺之與一丈：意思說兩相比較，不分高下，完全相等，真所謂半斤與八兩。㊁以上四句，除末句句尾無「也」字外，其餘都重見於〈文行篇〉。

【今譯】　抱朴子答道：「文章彷彿捕魚的『魚筌』——瓠形的篾罟，在沒有捕得魚兒之前，我們可不能沒有這種捕魚的工具；文章製作的事可以廢除，在大道未得充分推行之前，可不能沒有這種製作文章的工具。至於普通的文章和有韻律的詩賦，有的篇幅非常長，有的篇幅卻又十分短；寫作的時候，連綴文辭，比次事類，所用的詞語有時十分疏落，有時又極為細密；所引用的故實，發揮的層次、長短有無，也不完全一樣；文字有無含蓄，汲引故實的深淺多少，每每也不相同。其間的差別是十分相差甚遠的，所想像的事物，雖然遠在天外，可是表現出來的文辭，卻又近在筆下；儘管可以用天外眼前作比喻，可也無法說明它們相距的邈遠啊！篇章高下的懸殊，雖有日月星三種發光體和燐火螢光那般巨細的分別；可也不能比喻它們差距的遠大。龍淵寶劍的銳利和鉛質條片的鈍敝，兩者之間的差別，也無法加以形容；鴻鳥的羽毛和累積的金銀，兩相比較，也很難形容它們輕重的不同。上天給人的秉賦，各有其專長，有的氣質清澈，有的氣質混濁。性格上爽朗、愚暗，也各有差別；品類互不相同；氣性的強勁或柔弱，也各自相殊。可是一般世俗人士只要看到在畫紙上能夠點畫塗抹的人，就把他們一例看成畫人或藝匠。由於人與人間差別很大，真正的判別一件事更不容易，伯牙是精於琴藝的高手，因為重視鍾子期這樣的知音難求，為了永遠思念鍾氏，決意終身不再彈琴；郢人鼻端生有堊慢的病症，因為神乎其技的匠石難於尋求，從此也就不敢找人為他運斧削割。一般說來，雕刻人像的藝匠比肩皆是；可是只有巧匠魯班和名廚狄牙才擁有『頂尖高手』的稱號。精於彈奏琴絃的人非常眾多，可是像堯帝時代音樂家夔、和春秋時代魯國樂官師襄子那樣可以獨享知音稱號的，卻很難發現。馬廄中所飼養的馬匹雖有上千，可是只有騏驥駿馬才有超越群倫的高貴身價。天下的美女可以用萬來計數，可是像晉文公的美姬南威、以及吳王夫差的愛妾西施那般有超凡脫俗容貌的女子，實在也是遠遠超越眾人的啊！而且文章和德行兩相比較，彷彿十尺和一丈，長度完全相等，如果認為文章是德行的餘事，我可從來沒聽說過啊！」

「夫上天之所以垂象㈠，唐、虞之所以為稱㈡，大人虎炳㈢，君子豹蔚㈣，昌、旦定聖諡於一字㈤，仲尼從周之郁㈥，莫非文㈦也。八卦㈧生鷹隼㈨之所被㈩，六甲⑾出靈龜⑿之所負⒀。文之所在，雖賤猶貴(一四)(一五)，犬羊之鞟(一六)，未得比焉。且夫本(一七)不必皆珍(一八)，末(一九)不必悉薄(二〇)(二一)。譬若錦繡(二二)之因(二三)素地(二四)，珠玉之居蜯、石(二五)(二六)，雲雨(二七)生於膚寸(二八)，江河(二九)始於咫尺(三〇)(三一)。爾(三二)則(三三)文章雖為德行之弟，未可呼為餘事也。」或曰：「今世所為，多不及古；文章著述，又亦如之。豈氣運(三四)衰殺(三五)，自然之理乎？」

【今註】 (一)垂象：謂「垂示天象」。《易經・繫辭傳・上》：「天垂（由上而下叫「垂」，這裏作「展示」解）象（占兆），見（表現）吉凶，聖人象之（對「形態象貌」加以解釋）。」(二)唐、虞之所以為稱：謂「唐、虞兩代的所以被人讚美」。唐、虞，指「古唐國的堯帝」和「古虞國的舜帝」。《論語》中讚美唐、虞的文字甚多，舉之如下：〈泰伯篇〉：「子曰：大哉！堯之為君也！巍巍乎！唯天（只有天）為大（是最高大的），唯堯則之（可以和天相齊）。（他對人民的恩惠真是）蕩蕩乎（廣博啊），民無能名（稱讚）焉。巍巍乎（非常崇高啊）其（在事業上）有成功也！煥乎（非常光明啊）其有文章（指「禮樂典章」的「設施」）！」〈泰伯篇〉：「子曰：巍巍乎！舜、禹之有天下也而不與（可是沒有參與）焉！」〈泰伯篇〉：「舜有臣五人而天下治。武王（亦）曰：『予有亂臣

（治臣）十人。』孔子（因此）曰：『（常言說得好）才難（人才難得），不其然乎（不是真的嗎）？唐、虞之際（一直到周武王時代），於斯（在人才方面）為盛（最為興盛）。』」㊂大人虎炳：大人，稱「在位者」。《左傳》昭公十八年：「而後及其大人。」杜《注》：「大人，在位者。」虎炳，比喻「威武鮮明」。《易經・革卦》九五〈象辭〉：「大人虎變（虎一般地由完全靜止變而為動），其（事理的明著，彷彿虎皮上的）文（理那般）炳（煥曜、鮮明）也。」㊃君子豹蔚：君子，稱「在位者」（多指「推行政治的人」）。豹蔚，謂「豹皮紋采深盛」。蔚，音ㄨㄟˋ，謂「紋采深盛」。《易經・革卦・上六・象傳》：「君子豹變（豹一般地變換身段、動作敏捷），其（事理的明著，彷彿豹皮上的）文（理那般）蔚（深切、明顯、神采奕奕）也。」㊄昌、旦定聖謚於一字：昌，指周文王姬昌；旦，指周公姬旦。從以下兩段記載來看，「昌」字當是「尚」字的錯寫。尚誤為昌，是「聲誤」。尚，指太公望姜尚。這項錯誤，有兩點可以證明：一、《逸周書・謚法解》：「維三月既生魄（「既生魄」，指月上弦到月望間的一段時間），周公旦、大師望相嗣王發（做嗣王發的相），既賦憲（天子布治天下的大法），……乃制作謚。」（王應麟《困學記聞》卷二引）二、唐張守節《史記正義・謚法解》：「惟周公旦、太公望開嗣王業，建功于牧野，終將葬，乃制謚，遂敘謚法。」謚，謂「君王死後的謚號」。按謚法始於周代，到了秦代一度廢止，漢朝恢復舊制，以後歷代採用，到清代一直都沒有廢除。《容齋續筆・謚法》說：「周王謚以一字。至（周）威烈、周（貞定）益以兩。而衛武公曰叡聖武公，見于《楚語》；孔文子曰，貞惠文子，見于〈檀弓〉；各三字。……唐……由高祖至明皇，皆七字。其後多少不齊，代宗以四字，肅（宗）、順（宗）、憲（宗）以九字，餘以五字，唯宣宗獨十八字。……」㈥仲尼從周之郁：謂「孔子監於周代的禮儀制度是根據夏、商兩代變出來的，認為十分光彩，所以主張實行周代的制度。」《論語・八佾篇》：「子曰：周監於二代，郁郁乎文哉！吾從周。」（孔子說：「周代的禮儀制度是視察了夏、商二代然後制定出來的，既豐富又美好！在禮儀制度方面我主張周朝的。」）《論語集解》：「孔曰：監，視也，言周文章（指禮儀制度）備於二代（比夏、商二代完備），當從之。」郁，音ㄩˋ，借為「彧」，謂典章制度的「明著（光彩）」。㈦文：謂「文章」。一般包括「紋理」、「文辭」、「文化」、「典章制度」。和本文前面所說的「文」，以及「細文」、「綴文」、「文章」等的「文」，指狹義的「文」（「文章」或「文辭」）不同。參看本段「譯文」。㈧八卦：指《周易》中的八種符號，相傳為伏羲氏所作。㈨鷹隼：謂「鷹」和「隼」（音ㄓㄨㄣˇ，就是「鶻鳥」，鷹類的猛禽）。㈩被：同「披」，當「披覆」解。㈡六甲：謂「隱遁自身的一種方術」。晉葛洪《神仙傳》：「左慈，……乃學道，尤明六甲，能役使鬼神。」㈢靈龜：謂「神龜」。《爾雅・釋魚》：「一曰神龜，二曰靈龜。」晉郭璞

《注》：「涪陵郡出大龜，甲可以卜，緣中（沿甲片的中線）文似瑇瑁（玳瑁），俗呼為靈龜。」㈢以上兩句，〈文行篇〉作「八卦生乎鷹隼之飛，六甲出於靈龜之負」，文義相似。㈣文之所在，雖賤猶貴：文，包括「文章」、「紋理」、「文辭」、「文化」與「典章制度」。「所在」，指「所作的表現」或「所形成的效果」。賤，是說「和『德行』（文章所要談論或表現的「主題」）比較起來，雖然不怎麼重要」。貴，是說「寫作的成功與否，『文』常佔有極重要的地位」。㈤以上兩句，〈文行篇〉作「文之所在，雖賤且貴」，文義相似。㈥犬羊之鞟：謂「犬羊的皮毛」。鞟，音ㄍㄨㄛˊ，指「完完整整剝下來晾乾的帶毛的皮革」。《論語・顏淵篇》：「虎豹之鞟，猶犬羊之鞟。」（虎豹的皮毛如果沒有斑紋，那就和犬羊的皮毛完全一樣）。㈦本：指「德行」（前文有「德行者本也」句）。㈧珍：謂「珍視（看重）」。㈨末：指「文章」（前文有「文章者末也」句）。㈩薄：謂「賤視（看輕）」。㈡以上兩句，〈文行篇〉作「本不必便疏，末不必皆薄」，文義相似。㈢錦繡：謂「織錦」和「刺繡」，都是精緻華麗的服飾材料。㈢因：謂「依」、「賴」。㈣素地：謂「素色的底絲或底線」。㈤蚌、石：蚌，音ㄅㄥˋ，與「蚌」同。《集韻》上聲三〈講〉韻：「蚌，或作蜯。」蜯、石，即「蚌、石」，謂「珠所寄生的蚌殼，玉所生存的岩石」。㈥以上兩句，〈文行篇〉作「譬錦繡之因素地，珠玉之託蜯、石」，文義相似。㈦雲雨：和下句的「江河」相似，在這裏用來比喻「創作的文章」。㉘膚寸：指「有限的長度」，在這裏比喻文章的每一句、每一個辭藻。古以一指寬為「寸」，四指寬為「膚」。㉙江河：和上句的「雲雨」相似，在這裏用來比喻「創作的文章」。㉚咫尺：謂「距離很近」，在這裏比喻文章中每一句、每一個辭藻。《左傳》僖公九年：「天威（天上的威嚴）不違顏咫尺（不離開咫尺之間顏面上所作的表現）。」杜《注》：「八寸曰咫。」㉛以上兩句，都重見於〈文行篇〉。㉜爾：和「如此」相似。㉝則：和「故」（所以）相似。㉞氣運：謂「隨自然推移的氣數和命運」。㉟衰殺：謂「老病」。《莊子・知北遊篇》：「彼（指「道」）為（雖然寄託在）衰殺（之中，但它並）非（就是）衰殺。」唐成玄英《疏》：「老病為衰殺。」

【今譯】　「上天為了表現吉凶，常常向人世間垂示種種『天象』，作為一種『占兆』；要知道，這種占兆所根據的『天象』，實在就是自然界所洩露的『文理』。唐、虞兩代所以被人稱美，是因為他們兩位聖君在『禮樂典章』上的設施非常成功，都有很高的成就；要知道，所謂『禮樂典章』，屬於『文化』範圍，所謂『文化』，也就是一般所說的『文章』。在位者的威儀，十分英挺神武，讓人看起來彷彿虎皮的彩色紋理一般鮮明；執行政治的人，十分精靈敏捷，所表現出來的手采，有如豹紋那般深切明顯。這裏所謂『大人』的『虎炳』，所謂『君子』的『豹蔚』，指的都是皮毛所顯現出來的

『文理』。姜尚和姬旦兩位賢臣，開始選擇一個字去褒揚崩殂的天子，給先君加上謚號，這實在是運用文字對死者所作的最崇高的表揚、或最恰切的讚美與同情。孔子鑒於周代的禮儀制度是根據夏、商兩代的制度所改變出來的，認為十分豐富光彩。所以『仲尼從周之郁』，就是：主張實行周代的典章制度。要知道，『典章制度』，屬於『文化』的範圍，也可以稱它叫『文章』。上面所說的這許多事，或者許多種類的人，沒一件、沒一位不和『文章』、或『文化』的『文』有關啊！八卦形象的創制，產生於鷹和隼所披覆的羽毛上的紋理；隱身遁形的六甲方術，出生於神龜所背負的甲片上的花紋。在立言的過程中，文辭的表現和所要表現的『德行』兩相比較起來，雖然不算怎麼重要，但一般來說，仍然值得我們加以重視，那些缺少紋理的犬羊皮毛，是難得和一般所謂的『文』相提並論的。說到『德行』，它雖然是文章的根本，但每篇文章所談論到的不必字字全加珍視；『文辭』在創作的過程中，雖然是不怎麼重要的部分，但也不能完全輕視，不加斟酌。彷彿錦繡必須依賴素色的底絲底線，才能發揮它的精緻華麗來；珍珠寶玉不寄生在平常的蚌殼或崖石中，不能表現它的珍貴一樣；雲和雨的大小、久暫、或濃淡，決定於發生雲雨的每一寸山林或每一處巖穴；江河水流的長短、寬狹、和急徐，常常決定於各處河源的許許多多咫尺之間。文章篇幅的長短、情感的濃淡等等，也決定所用的每一個文句、每一個辭藻。如此說來，由於這許多事實，文辭雖然只是『德行』的附屬品，但我們卻不能說它完全不重要。」或者有人說：「現代人的成就，往往比不上古人那麼多；文章著述，情形也是如此。難道說：這是氣數和命運的安排，天地間果真有逐步走上衰殺的必然天理嗎？」

抱朴子答曰：「百家之言，雖有步起㈠，皆出碩儒㈡之思，成才士之手，方之古人，不必悉減也。或有汪濊㈢玄曠㈣，合契㈤作者；內闢㈥不測㈦之深源，外播㈧不匱㈨之遠流。其所祖宗㈩也高，其所紬繹⑪也妙。變化不繫滯⑫於規矩之方圓⑬，旁通⑭不凝閡⑮於一塗之逼促⑯。是以偏嗜酸鹹者，莫能知其味；用思有限者，不能得其神也。」

【今註】㈠步起：和「起步」相似，喻「思想的發源」；又有「步趨」的意思，作「追隨的目標」講。㈡碩儒：謂「偉大的學問家、或思想家」。㈢汪濊：謂「寬廣深邃」。《漢書》卷五十七下〈司馬相如傳・下〉：「湛思（謂「深大的恩惠」）汪濊。」唐顏師古《注》：「汪濊，深廣。」㈣玄曠：謂「深邃而又廣闊」。曠，當「大」講。《文選》卷二十四陸機〈贈馮文羆遷斥丘令詩〉：「邁心（謂「所行心事」）玄曠，矯志（謂「立志」）崇邈（謂「高遠」）。」㊄合契：和「契合」相似，謂「相互契合」。《後漢書》卷五十九〈張衡列傳〉：「驗之以事，合契若神。」㊅內闢：謂「運用思想，向內心深處盡量開發」。闢，當「開發」講。㊆不測：謂「不可測度」。《易經・繫辭傳・上》：「陰陽不測之謂神。」㊇外播：謂「利用語言文字，充分向外擴散」。播，當「擴散」講。㊈不匱：謂「不竭」。《禮記・祭義篇》：「大孝不匱。」㊉祖宗：謂「效法、尊敬」。本謂「源始」、「尊敬」，這裏當「仿效」、「尊敬」講。㊁紬繹：音ㄔㄡ　ㄧˋ，謂「理出頭緒來」，這裏當「發揮」講。《二程全書》卷四十二〈伊川先生語錄・卷十〉：「吾四十歲以前讀誦，五十以前研究其義，六十以前反覆紬繹，六十以後著書。」㊂繫滯：謂「拴縛、拘泥」。㊂規矩之方圓：「很難用規和矩來範圍它的方和圓」。㊃旁通：謂「觸類旁通」。㊄凝閡：謂「凝結、滯留」。㊅一塗之逼促：謂「強迫人走同一途徑」。一塗，和「一途」相同，謂「唯一的方法」；逼促，謂「強迫」。

【今譯】　抱朴子回答道：「諸子百家的言論，雖然各有它的活水源頭，或追隨的目標，但一般說來，都出於偉大學人的手筆，都是思想家的心血，因而所寫成的著作，和古人比較起來，不一定完全都比不上！在這許多百家的言辭中，有些是內容既寬廣又深邃，和作者本身的思想，完全相契合。他們一方面運用思想，向內心深處不斷地運思，盡量地開發；一方面利用語文，像水流一樣，充分地向外傳播，向遠擴散。他們所崇尚的目標、所效法的對象，都非常崇高；他們所推演的理論、發揮的見解，都十分美妙。文辭富於變化，難於捉摸，不能使用任何規矩來範圍它的方圓；內涵觸類旁通，不能強迫他人行走於同一途徑，也就難於獲得一致的結論。因為這個緣故，在文辭方面有特別偏好的人，不能懂得百家學說中的真正滋味；在內涵方面，不能長考深思的人，也難於發現諸子中所蘊含的神妙思想。」

「夫應龍㈠徐舉㈡，顧眄㈢凌雲㈣；汗血㈤緩步，呼吸㈥千里㈦。而螻螘㈧怪其無階而高致㈨，駑蹇㈩患其過己之不漸⑪也⑫。」

【今註】㈠應龍：一種「有翼的龍」。《楚辭・天問》：「應龍何畫（如何用尾巴畫地），河海（河川海洋，流域廣闊）何歷（如何「經歷」其間）。」王逸《注》：「有鱗曰蛟龍，有翼曰應龍。」㈡徐舉：謂「徐徐舉起頭來在天空中遊行」。舉，當「揚」講。㈢顧眄：「顧」，本作「還視」解；「眄」，本作「斜視」解；在這裏有「驚視」的意思。《文選》卷十一王延壽〈魯靈光殿賦〉：「俯仰顧眄，東西周章。」李周翰《注》：「顧眄、周章，言『驚視』也。」㈣凌雲：和「凌霄」相同，謂「乘駕雲朵」。㊄汗血：西漢時代西域大宛國所產的「駿馬」名。《漢書》卷六〈武帝紀〉：「（太初）四年春，貳師將軍（李）廣利斬大宛王首，獲汗血馬來，作〈西極天馬之歌〉。」㊅呼吸：本指「波潮的進退」，在這裏用來比喻「時間的短促」。《文選》卷十二郭璞〈江賦〉：「（江瀆）呼吸萬里，吐納靈潮。」呂向《注》：「呼吸、吐納，謂『作潮波而納群流，須臾萬里，自然往復』。」㊆以上四句，〈文行篇〉作「又曰：應龍徐舉，顧眄而淩雲；汗血緩步，呼吸而千里」，文義相似。㊇螻蠪：音ㄌㄡˊ ㄧˇ，俗作「螻蟻」，謂「螻蛄和蚍蜉」。螻蛄（音ㄍㄨ），俗稱「土狗」，是一種直翅類的昆蟲，有足三對，適宜於掘土，常常棲息於泥土之中，到了夜晚就出來活動，喜歡撲向燈火。蚍蜉，是大螞蟻的一種。㊈高致：謂「最高的極致」——（飛到）極高處。致，當「極」講。㊉駑蹇：比喻「庸劣」。駑，音ㄋㄨˊ，謂「劣等的馬」。蹇，音ㄐㄧㄢˇ，謂「跛足」。《漢書》卷一百上〈敘傳・上〉「是故駑蹇之乘（馬匹），不騁（不能馳騁）千里之塗（途）。」⑪漸：謂「行進徐緩」。⑫以上兩句，〈文行篇〉作「故螻蠪怪其無階而高致，駑蹇驚過己之不漸也」，文義相似。

【今譯】　「要知道有翼的應龍慢慢抬起頭來，就可以騰雲駕霧，左顧右盼，在天空中到處遊行；西域的汗血名馬展開緩緩的步伐，一呼一吸之間，就能夠馳騁千里。可是螻蛄和蚍蜉，卻不免要怨恨沒有階梯的設備，讓它能夠像應龍一樣，登上天空的極高處，然後可以遨遊四方；跛腳的劣馬，煩惱的只是血汗名駒，天賦超過自己，跑起路來不像它們那般行動遲緩。」

「若夫馳騁㈠於《詩》、《論》㈡之中，周旋㈢於傳記㈣之間，而以常情㈤覽㈥巨異㈦，以褊量㈧測㈨無涯㈩，以至粗求至精，以甚淺揣⑪甚深，雖始自髫齔⑫，訖于振素⑬，猶不得也⑭。」

【今註】㈠馳騁：和下句的「周旋」相應，意思也相仿。謂「乘馬疾馳」，比喻「研究」《詩》《論》。《後漢書》卷七十三〈公孫瓚傳〉：「汝當碎首於張燕（當時黑山賊帥），馳騁以告急。」騁，音ㄕㄡˋ，謂「馬急步」。㈡《詩》、《論》：和下句的「傳記」相應。謂「《詩》（詩經）」和「《論》（論語）」。用《詩》、《論》兩經來代替當時通行的《七經》（依《後漢書》卷三十五〈張純傳〉「《七經》」）李賢《注》：「《七經》謂《詩》、《書》、《禮》、《樂》、《易》、《春秋》及《論語》也。」或依清人皮錫瑞《經學歷史》：《樂經》亡佚，於《六經》減《樂經》，增《論語》《孝經》，合稱《七經》）。㈢周旋：謂「運轉」、「追逐」、「交往」、「應酬」、「打交道」。和上句的「馳騁」相應，意思也相仿。㈣傳記：指「《詩》《論》」以外所有賢人的著述。《論衡・量知篇》：「大者為經，小者為傳記。」㊄常情：謂「通常的人情」、或「人情的通常現象」。《莊子・人間世篇》：「傳其常情，無傳其溢言（溢美之言）。」㊅覽：當「觀看」講，這裏有「觀測」的意思。㊆巨異：指「巨大」或「奇特」的問題。㊇褊量：謂「狹小的氣量」。褊，音ㄅㄧㄢˇ，「狹小」的意思。㊈測：謂「測量」、或「測度」。㊉無涯：謂「無邊際」。㊀揣：謂「忖度」、「探求」。㊁髫齔：音ㄊㄧㄠˊ ㄔㄣˋ，謂「幼童」。《後漢書》卷八十下〈文苑列傳・邊讓傳〉：「髫齔夙（早）孤。」唐李賢《注》：「髫，翦髮為鬌（音ㄊㄨㄛˇ，三月為嬰兒剪髮，留下不剪的叫做鬌）也。齔，毀齒（毀洗乳齒，換生新齒）也。」㊂振素：謂「生化白髮」，有「老年」或「白頭」的意思。振，當「開」、「發」講。素，謂「白色生絹」，這裏也指「白髮」。㊃以上九句，〈文行篇〉作「若夫馳騁《詩》、《論》之中，周旋一經之內；以常情覽巨異，以褊量測無涯，始自髫齔，詣于振素，不能得也。」，兩相比較，雖少「以至粗求至精，以甚淺揣甚深」兩句，文義仍甚相似。

【今譯】　「至於在諸多經書之中追逐推究，往來鑽研；或者對經書以外賢人所著述的傳記反覆周旋（專攻），酬對交接；如果不具備獨立的眼光和客觀的標準，卻只用一種世俗的常情去觀測許多巨大奇特的問題；用非常粗疏的態度去處理十分精細的疑點；用非常膚淺的方法去瞭解深邃的情況；即使從幼童時代一直研求到垂暮之年，也難發現事實的真相。」

「夫賞其快(一)者，必譽之以好；而不得曉者，必毀(二)之以惡，自然之理也。於是以其所不解者為虛誕(三)，慺誠(四)以為爾(五)，未必違情以(六)傷物(七)也。又世俗率(八)神貴(九)古昔而黷賤(一〇)同時：雖有追風(一一)之駿，猶謂之不及造父(一二)之所御也(一三)；雖有連城之珍(一四)，猶謂之不及楚人之所泣(一五)也(一六)；雖有擬斷(一七)之劍，猶謂之不及歐冶(一八)之所鑄(一九)也(二〇)；雖有起死(二一)之藥，猶謂之不及和(二二)、鵲(二三)之所合(二四)也(二五)；雖有超群(二六)之人，猶謂之不及竹帛(二七)之所載也(二八)；雖有益世之書，猶謂之不及前代之遺文(二九)也。是以仲尼不見重於當時(三〇)，《大玄》見蚩薄於比肩(三一)也。俗士多云：今山不及古山之高，今海不及古海之廣，今日不及古日之熱，今月不及古月之朗(三二)。何肯(三三)許(三四)今之才士，不減古之枯骨(三五)？重所聞，輕所見，非一世之所患(三六)矣。昔之破琴剿弦(三七)者，諒(三八)有以(三九)

而然乎？」

【今註】㈠快：謂「稱心」、「滿意」。㈡毀：「毀謗」的意思。㈢虛誕：謂「虛偽妄誕」。王羲之〈蘭亭集序〉：「固知一死生（把死生看成一樣）為虛誕，齊（看得完全相等）彭（彭祖，古代長壽的人）殤（未成年而夭折）為妄作（胡言亂語）。」㈣慺誠：謂「謹慎恭敬的樣子」。慺，音ㄌㄡˊ，明魯藩刊本原注：「敬也。」誠，亦有「敬」的意思。㈤爾：和「也」相似。㈥以：和「而」字相似。㈦物：謂「事物」，在這裏指「作品」。㈧率：有「皆」、或「大都」的意思。㈨神貴：謂「認為神奇」、「加以重視」。㈩黷賤：謂「看輕」或「賤視」。⑪追風：良馬名。《古今注》：「秦始皇有名馬，曰追風。」《抱朴子・外篇・君道篇》：「市（買進）馬骨（千里馬的頭骨）以招追風之駿（像『追風』一般的名馬）。」（燕昭王「市馬骨」的故事，參見《戰國策・燕策・一》。）⑫造父：人名，善御，很得周穆王的寵幸。穆王使造父御車，西向巡狩，樂而忘歸。時徐偃王謀反，王於是乘坐了千里馬的兵車，趕去攻擊徐偃王，打敗之後，把趙城賞賜給造父，從此造父改稱趙氏。因而造父就成為趙國的先祖。事蹟詳見《史記》卷四十三〈趙世家〉。⑬以上四句，〈文行篇〉作「又世俗率貴古昔而賤當今，敬所聞而黷所見：同時雖有追風絕景之駿，猶謂不及伯樂之所御也」，文義相似。㊃連城之珍：和「十數座城市價值相當」的珍寶。指的是秦昭王想用十五座城池向趙惠文王交換楚國和氏璧玉。《史記》卷八十一〈廉頗藺相如列傳〉：「趙惠文王時，得楚和氏璧。秦昭王聞之，使人遺趙王書（給趙王寫信），願以十五城請易（交換）璧。」連城，謂「並列十數座城市」。㊄楚人之所泣：指楚人卞和所呈獻的玉璞（因為楚王認定那塊玉璞只是普通的石塊，在楚山下大哭不止）。《韓非子・和氏篇》：「楚人和氏得玉璞楚山中，奉而獻之厲王。厲王使玉人相之，玉人曰：『石也。』王以和為誑，而刖（音ㄩㄝˋ，斷也）其左足。及厲王薨，武王即位，和又奉其璞而獻之武王，武王使玉人相之，又曰：『石也』，王又以和為誑，而刖其右足。武王薨，文王即位，和乃抱其璞而哭於楚山之下，三日三夜，泣盡而繼之以血。王聞之，使人問其故，曰：『天下之刖者多矣，子奚哭之悲也？』和曰：『吾非悲刖也，悲夫寶玉而題之以石，貞士而名之以誑，此吾所以悲也。』王乃使玉人理其璞而得寶焉，遂命曰：『和氏之璧』。」㊅以上兩句，〈文行篇〉作「雖有宵朗兼城之璞，猶謂不及楚和之所泣也」，文義相似。㊆擬斷：謂「所向皆斷」。擬，音ㄋㄧˇ，有「向」的意思。㊇歐冶：又作「區（音ㄡ）冶」。春秋時代有名的冶工。曾接受越王的聘請，鑄造了湛盧、巨闕、勝邪、魚腸、純鉤五支劍；後來又和干將替楚王鑄造了龍淵、泰阿、工布三支劍。事蹟詳見《吳越春秋・闔閭內傳》、《越絕書》卷十一〈記寶劍〉、及《韓非子・顯學篇》。⑲鑄：音ㄓㄨˋ，謂「鑄造」。⑳以上兩句，〈文行篇〉作「雖有斷馬指離之劍，猶謂不及歐冶之所鑄也」，文義相似。㉑起死：謂「令死者復起為生人」，也就是俗云「起死回生」，在這裏比喻「醫術的高妙」。㉒和：指春秋時代秦國的良醫醫和。相傳晉平公生了病，到秦國去求醫，秦景公使醫和前往診視，說道：「疾不可為也，是為近女室，疾如蠱。」趙孟說：「何為蠱？」答道：「淫溺（過分陷溺）惑亂（迷惑不正的生活）之所生也。」趙孟說：「良醫也。」厚禮而歸之。事蹟詳見《左傳》昭公元年。㉓鵲：指戰國時代鄭國的名醫扁鵲。姓秦，名越人，得到長桑君傳授的秘術，治病時，以診脈為名，事實上卻能把病人的五臟內的癥結看得一清二楚。因為精於醫術而享名天下。家居於盧（今山東長清縣），一般都稱他叫盧醫或盧扁。後來，秦國的太醫令李醯由於嫉妒殺害了他。事蹟詳見《史記》卷一百零五〈扁鵲列傳〉。㉔合：音ㄍㄜˊ，謂「集合」，有「合（音ㄍㄜˊ）製」（照藥方調製）的意思。㉕以上兩句，〈文行篇〉作「雖有生枯起朽之藥，猶謂不及和、鵲之所合也」，文義相似。㉖超群：猶言「出眾」。《淮南子‧繆稱篇》：「同師而超群者，必其（彼）樂之（喜愛）者也。」㉗竹帛：謂古代用來記載文字的「簡冊和縑素」，引申為「史籍」的代稱。《史記》卷十〈孝文本紀〉：「然后（後）祖宗之功德，著（ㄓㄨˋ，記載）於竹帛，施（散布）于萬世。」㉘以上兩句，〈文行篇〉作「雖有冠群獨行之士，猶謂不及於古人也」，文義相似。

㉙遺文：謂「遺留下來的文章」。㉚仲尼不見重於當時：謂「孔子奔走四方而不為諸侯所看重」。《論衡・自紀篇》：「材鴻莫過孔子，孔子才不容（不容於社會）、斥逐（受排斥而遭放逐）、伐樹（《史記》卷四十七〈孔子世家〉：孔子去曹適宋，與弟子習禮大樹下。宋司馬桓魋欲殺孔子，拔其樹。孔子去。）、滰淅（音ㄐㄧㄤˇ ㄒㄧˋ），等不及把米淘清、瀝乾就走的意思。滰，作瀝乾講。淅，淘米。指《孟子・萬章篇・下》「孔子之去齊，接（滰）淅而行」的事）、削跡（猶「匿跡」，謂「隱藏起來，讓人尋不著蹤跡」的意思。事見於《莊子・漁父篇》：「孔子愀然（憂愁貌）而歎，再拜而起曰：丘再逐於魯，削跡於衛。」）、困餓陳蔡、門徒菜色（最後兩件，見於《史記》卷四十七〈孔子世家〉，記述孔子在陳、蔡間絕糧，門徒一個個都面帶菜色——飢餓的面容。另外，在《論語・先進篇》和〈衛靈公篇〉中，孔子也都曾提到了這段經歷。今吾材不逮孔子，不偶之厄（奇特的遭逢），未與之等，偏可輕乎？」㉛《太玄》見蚩薄於比肩：謂「漢儒揚雄著《太玄經》，雖然那是匹敵聖賢的著述，可是當代的張伯松卻以為不值一顧，不屑和他並肩同行」；劉歆復又譏諷道：這部書只可「用來覆蓋醬罐」。羞於並肩而行的事，見於《論衡・齊世篇》：「揚子雲（揚雄）作《太玄》，造《法言》，張伯松不肯壹觀，與之並肩，故賤其言。」時人對《太玄》《法言》兩書蚩薄的情形，見於

《漢書》卷八十七下〈揚雄傳・下〉：「鉅鹿侯芭常從雄居，受其《太玄》、《法言》焉。劉歆亦嘗觀之，謂雄曰：『空（徒然）自苦！今學者有祿利（有升官發財的念頭），然尚不能明《易》（明白《易經》的道理），又如《玄》何（又怎能了解《太玄經》呢）？吾恐後人用覆醬瓿（音ㄆㄡˇ，小口瓦罐）也。』」「大」讀為「太」。蚩，音ㄔ，謂「嘲笑」。薄，有「看輕」、「瞧不起」的意思。比肩，謂「並肩而行」。㉜朗：謂「明」。㉝何肯：作「怎願意」講。㉞許：「讚美」、「稱揚」。㉟枯骨：謂「久死者的骨骼」。《漢書》卷九十〈酷吏・尹賞傳〉：「生時諒（信，果真）不謹（小心仔細），枯骨後何葬？」《後漢書》卷十六〈寇恂傳〉：「昔文王葬枯骨。」㊱患：謂「病痛」、「禍害」。㊲破琴剿弦者：指鍾子期死後，伯牙因善於聽琴者不可復得，知音者難於再求，於是破琴絕弦，終身不復鼓琴。《呂氏春秋・本味篇》：「鍾子期死，伯牙破琴絕弦，終身不復鼓琴，以為世無足復為鼓琴者。」破琴，謂「毀琴」。剿，音ㄐㄧㄠˇ，「絕」（斷）的意思。㊳諒：揣度的詞，有「想必」、「料可」的意思。㊴有以：謂「有原因」、「有理由」。李白〈春夜宴桃李園序〉：「古人秉燭（手持燭火）夜遊，良有以也（實在是有道理的）。」

【今譯】　「如果這些著作，能夠深獲我心，自覺稱心滿意，必定加以讚美，以為那是極為美好的篇章；如果遇上不能瞭解的，必定對它們加以毀謗，認為那是醜惡的作品；這種現象，可說是自然的道理。於是把自己所不瞭解的作品，都看得十分虛偽妄誕。要曉得：只要我們能謹慎恭敬地去對著作加以判別，未必就會違背事物的真情，事理的實象，而對作品的本身有所傷害。還有世人大都貴重往古而賤視今世。因為這個緣故，我們雖然發現了追風一般的名駒，可是一般世人卻還要說牠不如周代善御者造父所驅策的駿馬；雖然獲得了價值連城的寶物，卻仍然認為它趕不上卞和所獻、因楚王不相信而一再哭泣的稀世珍寶；雖然有所向皆斷的寶劍，卻仍然說它趕不上越國良匠歐冶所鑄造的劍；雖然發現了起死回生的靈丹，卻仍然說它趕不上秦國的名醫醫和、鄭國的名醫扁鵲所合製的藥劑那般靈驗有效；雖然出現了不世出的人才，卻仍然說它趕不上古代史書上所記載那些人物；雖然出現了救人救世的著作，卻仍然說它趕不上往昔遺留下來的文書。眾見所趨既然如此，因而聖德如仲尼這樣的人，也不免要棲棲遑遑、奔走西方，結果卻不為諸侯所重視。漢儒揚雄著《太玄經》，雖然是匹敵聖賢的著作，然而當時的張伯松卻以為不值得一顧，竟然不屑和他併肩同行；劉歆看到他的《太玄》《法言》這兩部著作，又譏諷它：一無用處，只可用來覆蓋醬罐。當世的俗見大都說：今世的山岳不如往昔的山岳那般高大；今世的海洋不及古代的海洋那般廣闊；今世的太陽不比上古的太陽那般燠熱；今世的月色也難以匹敵上古的月亮那般明朗。執此成見的人，怎願意對當今的才士加以衷心讚許，進而稱揚他們的才情並不輸於往古的枯骨呢？如此重視兩耳所聆聽到的傳聞，把往古的人和事看得比什麼都美好，卻輕視兩眼所親見，把當時所呈現景象看得一文不值；這種趨向難道不算是人世間的一項禍害嗎？古春秋時代精通琴藝的伯牙，因為重視真正能夠欣賞琴藝的人實在難以尋求，等到擅長聽琴的鍾子期一死，他也只好毀琴斷弦，從此不再彈奏。從這件事，我們不難了解：促使他如此做，實在不是沒有充足的緣由啊！」

漢過篇　第三十三

【篇旨】　本篇論述東漢末年政治上的過失，揭露了各種社會弊病。作者指出：「歷覽前載，逮乎近代，道微俗弊，莫劇漢末也。當塗端右，閹官之徒，操弄神器，秉國之鈞，廢正興邪，殘仁害義，蹲踏背憎，即聾從昧，同惡成群，汲引姦黨，吞財多藏，不知紀極。……進官，則非多財者不達也；獄訟，則非厚貨者不直也。官高勢重，力足拔才，而不能發毫釐之片言，進益時之翹俊也。」如此等等，不一而足。究其原因，在於「失人故也」。

抱朴子曰：「歷覽前載㈠，逮㈡乎近代，道微俗弊，莫劇漢末㈢也。當塗㈣端右，閹官之徒，操弄神器㈤，秉國之鈞㈥，廢正興邪，殘仁害義，蹲踏背憎，即聾從昧，同惡成群，汲引姦黨，吞財多藏，不知紀極。而不能散錙銖㈦之薄物，施振清廉之窮儉焉。進官，則非多財者不達也；獄訟，則非厚貨者不直也。官高勢重，力足拔才，而不能發毫釐之片言，進益時之翹俊㈧也。其所用也，不越於妻妾之戚屬；其惠澤也，不出乎近習之庸瑣。」

【今註】㈠前載：以往的史籍記載。㈡逮：及。㈢漢末：指東漢末年。㈣當塗：猶言當道、當權。《韓非子・人主篇》：「其當途之臣，得勢擅事，以環其私。」又〈孤憤篇〉：「當塗之人擅事要，則內外為之用矣。」閹官，宦官。㈤神器：指帝位、政權。老子《道德經・第二十九章》：「將欲取天下而為之，吾見其不得已。天下神器，不可為也。」《文選》卷三張衡〈東京賦〉：「巨猾閒舋，竊弄神器。」㈥國之鈞：指國家大權。㈦錙銖：喻極細小。古代幣制六銖為一錙，四錙為一兩。㈧翹俊：出類拔萃的人。

【今譯】抱朴子說：「歷觀以往的史籍記載，直到近代，道德衰微和風俗凋弊的情形，沒有比東漢末年更嚴重的。當權的大官及宦官之類，操縱國家朝政，掌握國家大權，廢棄正義，助長邪惡，殘害仁義，蹲踏背憎，盲目跟從，成群同惡，勾結奸黨，貪藏財富，不知道極限，而不肯分散一點財物給別人，不肯救濟清廉窮儉之士。進封官爵，如果不是家財多的人，就不可能得到；審理獄訟，如果不是進行厚禮賄賂的人，就不可能得到伸張。他們官高勢重，足以選拔人才，而不能發出絲毫的建言，提拔有益於時的傑出人才。他們所用的，不超過妻妾的親戚；他們恩惠所澤，不出親近的庸劣小人。」

「莫戒臧文竊位之譏㊀，靡追解狐忘私之義㊁。分祿㊂以擬王林，致事以由方回㊃。故列子比屋，而門無鄭陽之恤㊄；高概成群，而不遭暴生之薦㊅。抑挫獨立，推進附己。此樊姬所以掩口㊆，馮唐所以永慨㊇也。于時㊈率皆素飡㊉偷容，掩德蔽賢，忌有功而危之，疾清白而排之，諱忠讜而陷之，惡特立而擯㊁之。柔媚者受崇飾之祐，方稜㊂者蒙訕㊂棄之患。養豺狼而殲騶虞㊃，殖枳棘而翦椒桂。」

【今註】㊀臧文竊位之譏：臧文，即臧文仲，春秋時魯國執政，歷仕魯莊公、閔公、僖公、文公四君。，其執政時未能舉薦賢者柳下惠，遭到孔子批評道：「臧文仲其竊位者與？知柳下惠之賢，而不與立也。」見《論語・衛靈公篇》㊁解狐忘私之義：解狐，春秋時代人。傳說他曾薦舉自己的仇人為相，事見《韓非子・外儲說左上》、《韓詩外傳・九》，兩書所言不同，蓋傳聞之異。㊂祿：俸祿。㊃致事以由方回：楊明照《抱朴子外篇校箋・下》：「事」，《藏》本、魯藩本、舊寫本作

「士」。按此文上下皆言薦賢事，作「士」是也。〈詰鮑篇〉「方回扣頭以致士」，尤為切證。㈤列子比屋，而門無鄭陽之恤：列子，即列禦寇。鄭陽，即鄭相子陽。據載列子窮困，容貌有飢色，鄭相子陽聽說以後，即遣人送去糧食。見《莊子・讓王篇》。㈥高概成群，而不遭暴生之薦：高概，指氣概高尚的人。暴生，指暴勝之，西漢大臣。字公子，河東（今山西省夏縣東北）人。《漢書》卷七十一〈雋疏于薛平彭傳〉：「雋不疑字曼倩，勃海人也。治《春秋》，為郡文學，進退必以禮，名聞州郡。武帝末，郡國盜賊羣起，暴勝之為直指使者，衣繡衣，持斧，逐捕盜賊，督課郡國，東至海，以軍與誅不從命者，威振州郡。勝之素聞不疑賢，至勃海，遣吏請與相見。……勝之遂表薦不疑，徵詣公車，拜為青州刺史。」故勝之有知人之譽。㈦樊姬所以掩口：樊姬，春秋楚莊王夫人。楚莊王聽朝罷宴，樊姬下堂而迎之，問王何以無飢倦之容。王答以與賢者虞丘子語，姬掩口而笑。王問之，姬對曰：「虞丘子相楚十餘年，未聞進賢退不肖，是蔽君而塞賢路。」於是虞丘子乃迎孫叔敖而進之，王以為令尹，三年而霸。見《列女傳・楚莊樊姬》。㈧馮唐所以永慨：馮唐，西漢安陵（今陝西咸陽東北）人。文帝時，為中郎署長，年已老。曾在文帝面前為雲中守魏尚辯解，指出用人賞罰之失。㈨于時：求合於當時。㈩素飡：無功而食祿，不勞而坐食。㈡擯：除。㈢方稜：正直。㈢訕：毀謗的話。㈣驎虞：驎，騏驎，良馬名。虞，駿馬名。

【今譯】「沒有人以臧文仲所受竊位的譏諷為戒，也沒有人追隨解狐忘卻私仇、薦舉人才的道義。像王林那樣分發厚祿，像方回那樣叩頭薦舉賢士。所以列禦寇那樣的高士比比皆是，卻沒有鄭相子陽那樣的人入門慰問救濟。高尚氣概的人成群，卻沒有遇到暴勝之那樣的人來推薦。抑挫獨立不阿的人士，推進依附和自己的小人，這是樊姬所以掩口不言的情況，也就是馮唐所永遠感慨的事。求合於當時的人，大抵都是不勞而食祿，苟且容納，掩蔽賢德之士，妒嫉有功的人並且危害他，憎恨清白之人並且排斥他，忌諱忠烈正直的人並且陷害他，厭惡傑出不凡的人並且打擊他。柔媚拍馬的人得到崇飾之祐，正直不屈的人反而蒙受訕謗之禍患。豢養豺狼而殲滅良馬，種植枳棘而剪除椒桂。」

「於是傲兀不檢，丸轉萍流者，謂之弘偉大量；苛碎峭嶮㈠，懷螫㈡挾毒者，謂之公方正直；令色㈢警慧，有貌無心者，謂之機神朗徹㈣；利口小辯，希指巧言者，謂之標領清妍㈤；猝突萍鷙㈥，驕矜輕侻者，謂之巍峩瑰傑；嗜酒好色，闒茸㈦無疑者，謂之率任不矯；求取不廉、好奪無足者，謂之淹曠遠節；蓬髮褻服、遊集非類者，謂之通美汎愛；反經詭聖、順非而博者，謂之莊、老之客；嘲弄嗤妍㈧、淩尚侮慢者，謂之蕭豁雅韻；毀方投圓、面從響應者，謂之絕倫㈨之秀；憑倚權豪，推貨履徑者，謂之知變之奇；嬾看文書、望空下名者，謂之業大志高；仰賴強親、位過其才者，謂之四豪之匹；輸貨勢門、以市名爵者，謂之輕財貴義；結黨合譽、行與口違者，謂之以文會友；左道邪術、假託鬼怪者，謂之通靈神人；卜占小數、誑飾禍福者，謂之知來之妙；盤馬弄矟㈩、一夫之勇者，謂之上將之元；合離道聽、偶俗而言者，謂之英才碩儒。」

【今註】㈠苛碎峭嶮：苛刻尖薄。㈡螫：指蝎子。㈢令色：偽裝和善臉色。㈣朗徹：清明。㈤妍：美好。㈥鷃：鳥名，體形似雀而羽色不同。㈦闒茸：地位卑微或品格卑鄙的人。㈧嘲弄嗤妍：「嗤」，文溯本、《崇文》本作「媸」。按「媸」字是。此處之「嘲弄媸妍」，猶〈疾謬篇〉之「評論美醜也」。㈨絕倫：超越群倫。㈩矟：音ㄕㄨㄛˋ，長矛。

【今譯】「於是，傲兀不檢、丸轉萍流的人，被說成是弘偉大量。苛刻尖薄、心懷毒計的人，被說成是公方正直。偽裝和善警慧、有貌無心的人，被說成是心機神明。利口小辯、希旨巧言的人，被說成是美好傑出。像萍上小鳥、驕矜輕狂的人，被說成是巍峨碩傑。嗜酒好色、卑賤拙劣的人，被說成是任性不矯。求取不廉、貪奪無厭的人，被說成是淹曠遠節。蓬頭散髮、衣服不正、交遊非類的人，被說成是通美泛愛。違背經典與聖人之教、順從非而博的人，被說成是老子、莊子的門徒。評論美醜、欺凌侮慢的人，被說成是瀟灑風雅。投機取巧、奉承阿諛的人，被說成是絕倫之秀。投靠權門豪右、專門搞貨賄的人，被說成是知變的奇才。懶於讀書、名望空下的人，被說成是業大志高。依賴強權的親戚，才能不勝官職的人，被說成是與四方豪傑相匹敵。輸貨權勢，買爵位之名的人，被說成是輕財貴義。結黨成奸、互相吹捧、言行不一的人，被說成是以文會友。熱中於左道邪術、假託鬼怪的人，被說成是通靈神人。搞占卜小數、誑飾禍福的人，被說成是有知來之妙。盤馬弄稍、僅有一夫之勇的人，被說成是上將之首。道聽塗說、偶俗而言的人，被說成是英才碩儒。」

「若夫體亮行高㈠，神清量遠，不諂笑以取悅，不曲言以負心㈡，含霜履雪，義不苟合，據道推方㈢，嶷然不群㈣，風雖疾而枝不撓㈤，身雖困而操不改。進則切辭正論，攻過箴闕，退則端誠杜私，知無不為者，謂之闇騃㊅徒苦；夙興夜寐，退食自公，憂勞損益，畢力為政者，謂之小器俗吏。」

【今註】㊀體亮行高：光明正大、行為高尚。㊁曲言以負心：曲，不正。負心，違背良心。㊂據道推方：據道，根據治道。推方，推出方法。㊃不群：不同流俗。㊄風雖疾而枝不撓：疾，快。枝，樹枝。撓，屈撓。㊅闇騃：闇，暗，昏暗，愚昧。騃，呆。

【今譯】「至於有些人光明正大，行為高尚，神思清澄，考慮深遠，不用諂笑討好別人，不說違昧良心的話，在經歷霜雪的時候，義不苟合，依據治道推出辦法，巍然獨立不群。風雖疾快而樹枝不屈撓，雖然身陷困境而節操毫不改變，進則言論正確，攻過箴闕，退則正誠絕私，知無不為的人，反而被稱為暗愚癡呆，徒勞辛苦。夙興夜寐，退食自公，憂勞損益，全力做好政事的人，反而被稱為小器俗吏。」

「於是明哲色斯而幽遁㊀，高俊括囊而佯愚㊁，疏賤者奮飛以擇木㊂，縶制者曲從而朝隱㊃。知者不肯吐其秘算，勇者不為致其果毅。忠謇㊄離退，姦凶得志。邪流溢而不可遏㊅也，偽塗闢而不可杜㊆也。」

【今註】㊀色斯而幽遁：色斯，《論語・鄉黨篇》：「色斯舉矣，翔而後集。」何晏《集解》引馬融曰：「見顏色不善則去之。」後因以「色斯」指遠遁以避世。幽遁，隱居。㊁括囊而佯愚：括囊，封閉袋口，比喻不輕易說話。佯，假裝。㊂擇木：比喻擇主而事。㊃縶制者曲從而朝隱：縶，音ㄓˊ，用繩索絆住馬足，亦指絆馬之索。朝隱，身在朝廷任職，清高不問政事，與隱居無異，故稱朝隱。㊄謇：音ㄐㄧㄢˇ，正直，誠實。㊅遏：遏止。㊆杜：杜絕。

【今譯】「於是，明哲保身的人遠遁避世而隱居去了，高俊之士不敢輕易說話，而裝出愚蠢的樣子。而疏賤之徒像飛鳥擇木般選擇新的主人，被牽制的人雖然曲從任職，但實際卻不過問政事如同隱居一樣。有真知的人不肯說出自己的計謀，勇敢的人也不願發揮果毅的作用。忠誠正真的人離退了，姦惡凶暴的人卻得志了。邪流橫溢而不可遏止，偽途廣闢而不能杜絕。」

「以臻乎凌上替下㈠，盜賊多有。宦者奪人主之威㈡，三九㈢死庸豎㈣之手。忠賢望士，謂之黨人，囚捕誅鋤，天下嗟嗽。無罪無辜，閉門遇禍。」

【今註】㈠凌上替下：尊卑顛倒，上下失序。㈡宦者奪人主之威：宦者，指宦官。人主，指國君。㈢三九：三公九卿。㈣庸豎：小子，對人的一種蔑稱。

【今譯】「結果造成了尊卑顛倒，上下失序，到處出現盜賊，宦官竊奪皇帝的權威，三公九卿死在庸人之手。忠誠有名望的賢士，被稱為黨人，而加以囚捕殺戮，使天下人莫不嗟歎。無罪無辜的人，雖然閉上房門，仍然遭遇橫禍。」

「微煙起於蕭牆㈠，而飆焚遍於宇宙；淺隙發於膚寸㈡，而波濤漂乎四極㈢。金城屠於庶寇㈣，湯池航於一葦㈤。勁銳望塵而冰泮㈥，征人㈦倒戈而奔北。飛鋒薦於宸闈㈧，左衽掠於禁省㈨。禾黍生於廟堂，榛薉㈩秀乎玉階。雲觀㈡變為狐兔之藪，象魏㈢化為虎豹之蹊。

東序⑬煙燼於委灰，生民燋淪於淵火。凶家害國，得罪竹帛。良史無褒言，金石⑭無德音。夫何哉？失人故也。」

【今註】①蕭牆：指宮牆之內。②膚寸：古代長度單位，一指為寸，一膚等於四寸。比喻極小的空間。③四極：四方極遠的地方。屈原〈離騷〉：「覽相觀于四極兮，周流乎天余乃下。」④金城屠於庶寇：金城，堅固的城牆。庶寇，盜賊。⑤湯池航於一葦：湯池，防守嚴密的城池。一葦，《詩經・衛風・河廣》：「誰謂河廣？一葦航之。」孔穎達〈疏〉：「言一葦者，謂一束也；可以浮之水上而渡，若桴筏然，非一根葦也。」後用為小船的代稱。⑥泮：融解。《詩經・邶風・匏有苦葉》：「迨冰未泮。」⑦征人：征戰的士卒。⑧扆闥：扆，音ㄧˇ，《爾雅・釋宮》：「牖戶之間謂之扆。」郭璞注：「窗東戶西也。」因以指帝王宮殿上設在戶牖之間的屏風。闥，音ㄊㄚˋ，宮中小門，一曰「門屏」。⑨左衽掠於禁省：左衽，衣襟向左交領。北方民族被髮左衽，中原華夏族束髮右衽。這裏指異族入侵。禁省，皇室。⑩榛莠：榛，一種落葉灌木，這裏指樹叢。莠，泛指惡草。⑪雲觀：宮門前高聳的雙闕。⑫象魏：古代天子、諸侯宮門外的一對高建築，也叫闕或觀。因其魏然而高，謂之魏闕；因其懸示教令之所，謂之象魏。見孫詒讓《周禮正義》卷四。⑬東序：古代的學校，傳說起源於夏代。《禮記・王制篇》：「夏后氏養國老于東序，養庶老于西序。」㊃金石：《呂氏春秋・求人篇》：「故功績銘於金石。」高誘《注》：「金，鍾鼎也；石，豐碑也。」

【今譯】「微煙起於官牆之內，而因暴風的猛颸，火燒遍於宇宙。淺小的隙縫發於膚寸之間，而波濤漂於四方極遠之地。堅固的城牆被寇盜摧毀，護城池上航馳著小船。勁銳的部隊望塵而瓦解，融同冰塊融解，士卒倒戈而奔北。飛矢射中宮殿上的門屏，異族虜掠於皇宮。廟堂裡長著禾黍，宮殿玉階上生長灌木叢草。雲觀變成狐兔出沒的地方，象魏化為虎豹的蹊徑。學校被大火燒成灰燼，百姓陷於水深火熱之中。家與國都遭受了凶害，竹簡帛書也遭殃了。對此，良史不可能有褒揚之辭，金石上也不可能有功德的記載。這一切為什麼會發生的呢？原因在於用人不當的緣故。」

吳失篇 第三十四

【篇旨】 本篇論述三國吳末年政治上的過失。作者說自己生於晉末，未曾親見其事，而從老師鄭君那裏聽到了當時社會弊病的種種情況：「吳之晚世，尤劇之病：賢者不用，滓穢充序，紀綱弛紊，吞舟多漏。貢舉以厚貨者在前，官人以黨強者為右。匪富匪勢，窮年無冀。」造成這種局面的原因，在於「用者不賢，賢者不用」。文末，葛洪強調要以吳失為戒，「若苟諱國惡，纖芥不貶，則董狐無貴於直筆，賈誼將受譏於〈過秦〉乎！」

抱朴子曰：「吳之杪季㈠，殊代同疾。知前失之於彼，不能改弦於此。鑒亂亡之未遠，而躡㈡傾車之前軌。覩枳首㈢之爭苺㈣，而忘同身之禍。笑蟣蝨之宴安㈤，不覺事異而患等。見競濟㈥之舟沈，而不知殊塗而溺均也。」

【今註】 ㈠杪季：末世。㈡躡：踏。㈢枳首：兩頭蛇。枳，音ㄐㄧˇ。㈣苺：同「莓」。㈤蟣蝨之宴安：蟣，音ㄐㄧˇ，蝨子的卵。宴，安樂。㊅濟：渡。

【今譯】 抱朴子說：「三國吳末期，雖與前代不同，但都有相同的弊病，知道前期（東漢）政治上過失的地方，而不能由此易弦更張。雖有東漢亂亡並不遙遠的借鏡，而仍踏上前車傾覆的道路。見到兩頭蛇爭食莓，忘記了會有相同的禍根。譏笑蟣蝨的安樂狀態，而不懂得事異而患同。看到競渡的舟船沉沒，而不知道雖然殊途卻一樣的溺斃。」

「余生於晉世所不見，余師鄭君㊀具所親悉，每誨之云：『吳之晚世，尤劇之病：賢者不用，滓穢充序㊁，紀綱弛紊，吞舟多漏㊂。貢舉㊃以厚貨者在前，官人以黨強者為右㊄。匪富匪勢，窮㊅年無冀。德清行高者，懷英逸而抑淪；有才有力者，躡雲物以官躋㊆。』

【今註】 ㊀鄭君：鄭隱，字思遠，少為書生，善律曆候緯，晚師事葛玄。參見《洞仙傳》。㊁滓穢充序：滓穢，污穢。序，古代學校的名稱。㊂吞舟多漏：吞舟，《莊子・庚桑楚篇》：「吞舟之魚，碭而失水，則蟻能苦之。」後因用作大魚的代稱。《晉書》卷八十三〈顧和傳〉：「明公作輔，寧使網漏吞舟。」吞舟多漏，比喻法網疏漏。㈣貢舉：古時官吏向君主薦舉人員。㈤右：古時尚右，故即以指較高的地位。㈥窮：盡。㈦有才有力者，躡雲物以官躋：楊明照《抱朴子外篇校箋・下》：「才」，《藏》本、魯藩本、吉藩本、舊寫本作「財」。按「財」字是。〈審舉篇〉「退履道而進多財」，又「其財少者其職卑」，〈譏惑篇〉「於是凡瑣小人之有財力者」，〈漢過篇〉「進官則非多財者不達也」，並其證。又按「官」疑「高」之誤。〈知止篇〉「咸蹈雲物以高騖」，語意與此同；「高躋」、「高騖」誼亦相近。《抱朴子・內篇・微旨篇》「凌大遐以高躋」，又《抱朴子・內篇・極言篇》「遂昇龍以高躋」，並以「高躋」連文，亦可證。

【今譯】「我生於晉朝，未曾目覩吳朝末年的情況，而我的老師鄭君曾親自看見一切，他每每教誨說：『吳朝的晚世，弊病尤其劇烈。賢能之士不得任用，污穢之徒充斥學校，綱紀鬆弛混亂，法網疏漏。推薦士人以有厚貨的人在前，封官任職以黨勢強大的人為上等。沒有財富沒有勢力的人，終年沒有作官的希望。德行清廉高尚的人，雖然懷有英逸之才，而被抑制沉淪了；有財富有勢力的人，則踏著青雲而步步高升。』

『主昬㈠於上，臣欺於下。不黨不得，不競不進。背公之俗彌劇，正直之道遂壞。於是斥鷃㈡因驚風以凌霄，朽舟託迅波而電邁，鴛鳳卷六翮於叢棘㈢，鷁首滯潢汙而不擢矣㈣。』

【今註】㈠昬：同「昏」字。㈡鷃：音一ㄢˋ，一種麥收時出現的候鳥。㈢鴛鳳卷六翮於叢棘：鴛，不是指鴛鴦，而是一種巢居的鵷鳥。鳳，鳳凰。翮，音ㄏㄜˊ，翅膀。㈣鷁首滯潢汙而不擢矣：楊明照《抱朴子外篇校箋・下》：按「擢」當作「櫂」。鷁，一種水鳥，能高飛。潢汙，停聚不流的水。《左傳》隱公三年：「潢汙行潦之水。」杜預《注》：「潢汙，停水。」櫂，棹，划船的用具，這裏指划、游。

【今譯】『君主昏暗於上，臣僚對下欺壓。無黨派勢力的人不得任用，不進行爭奪就無法上進。違背公道的習俗越劇烈，正直的原則也就毀壞了。於是，斥鷃憑著驚風而凌雲飛翔，腐朽的舟船依托迅疾的波浪而如電似的行馳，鵷鳥與鳳凰則捲起翅膀呆立在叢棘之中，鷁停留在不流動的汙水裏，划也不划。』

『秉維之佐㈠，牧民㈡之吏，非母后之親，則阿諂之人也。進無補過拾遺之忠，退無聽訟之幹。虛談則口吐冰霜，行己則濁於泥潦㊂。莫媿㊃尸祿㊄之刺，莫畏致戎之禍。以毀譽為蠶織，以威福代稼穡。車服則光可以鑒，豐屋則群烏㊅爰止。叱吒疾於雷霆，禍福速於鬼神，』

【今註】㊀秉維之佐：維，綱維，《管子．牧民篇》：「國有四維。」佐，輔佐之臣。㊁牧民：治理民眾。㊂泥潦：污泥水。㊃媿：同「愧」。㊄尸祿：受祿而不盡職。㊅烏：烏鴉。

【今譯】『掌握綱維的輔佐大臣，治理人民的官吏，不是皇太后的親戚，就是阿諂奉承的小人。這些人進無補過拾遺的忠誠，退無聽訟斷案的才幹。他們空談政事時，口吐冰霜，毫無內容，他們自己的行為比泥潦還混濁。他們不愧受祿而不盡職的諷刺，不怕導致戎敵入侵的禍害。用毀譽當作蠶織，以威福代替農耕。車服華麗，油光可鑒，屋堂豐豔，群烏棲止。叱吒疾於雷霆，禍福速於鬼神，』

『勢利傾於邦君，儲積富乎公室。出飾翟黄之衛從㊀，入遊玉根之藻梲㊁。僮僕成軍，閉門為市。牛羊掩原隰㊂，田池布千里。有魚滄、濯裘之儉，以竊趙宣、平仲之名㈣。內崇陶侃、文信之訾㈤，實有安昌、董、鄧之汙㈥。』

【今註】㈠翟黃之衛從：翟黃，戰國時魏之大臣。《說苑・臣術篇》云：「翟黃乘軒車，載華蓋，黃金之勒，約鎮簟席。如此者，其駟八十乘。」則其場面盛大，侍從之多，裝飾之華麗可知。㈡入遊玉根之藻棁：楊明照《抱朴子外篇校箋・下》：按「玉」當作「王」。《漢書》卷九十八〈元后傳〉：「曲陽侯（王）根驕奢僭上，赤墀青瑣。」即此文之所指也。藻棁，梁上有彩畫的短柱。㈢隰：音ㄒㄧˊ，低下的濕地。㈣有魚滄、濯裘之儉，以竊趙宣、平仲之名：楊明照《抱朴子外篇校箋・下》：繼（昌）曰：「魚滄之滄，盧本作餐。」王校「湌」。按此文所隸故實，「濯裘」為晏平仲事（見《禮記・禮器篇》）則「魚滄」為趙宣孟事矣。「滄」字之誤，不難判斷。《公羊傳》宣公六年，「（晉）靈公望見趙盾，愬而再拜。趙盾逡巡北面再拜稽首，趨而出。靈公心怍焉，欲殺之。於是使勇士某者往殺之。……上其堂，則無人焉；俯而窺其戶，方食魚飧。」（《鹽鐵論・貧富篇》「趙宣孟之魚食」，亦出此。）此蓋稚川所指，則本應作「魚飧」。《說文・食部》「餐」之重文作「湌」，而「湌」又與「飧」通。以〈逸民篇〉「菜肴糲湌」，〈安貧篇〉「藜湌屢空」證之，此必原作

「滄」，因誤為「滄」也。趙宣，趙宣子，即趙盾，趙衰之子。春秋時晉國執政。平仲，晏平仲，即晏嬰，春秋時齊國大夫。㊄內崇陶侃、文信之訾：楊明照《抱朴子外篇校箋・下》：按此文信及陶侃，殊為可疑。考《晉書》卷六十六〈陶侃傳〉，侃卒於晉成帝咸和七年（公元三三二年），享年七十六歲。由咸和七年上推七十五年，則侃生於魏高貴鄉公甘露二年（公元二五五年）。洪生卒之年，《晉書》本傳雖無明文，然尚載其卒年為八十一歲。據《抱朴子》佚文，晉惠帝太安（原誤作太康）二年（公元三〇三），宋道衡召洪為將兵都尉，時洪年二十一歲（見《御覽》三二八引）由太安二年上推二十年，則洪生於晉武帝太康四年（公元二八三年）。再由太康四年下推八十年，則洪卒於晉哀帝興寧元年（公元三六三年）。二人年齡相較，洪比侃小二十六歲。其卒，則洪晚於侃三十一年。又據《抱朴子・外篇・自敘》，是書最初寫定於晉元帝建武元年（公元三一七年），嗣後續有訂補，歷時約一一二年之久（由〈鈞世篇〉言及郭璞〈南郊賦〉﹝此賦奏於元帝太興元年即公元三一八年，見《書鈔》五七、《初學篇》十二引《晉中興書》﹞〈審舉篇〉謂吳土初附﹝吳亡於晉武帝太康元年，即公元二八〇年﹞至今已近四十年﹝約當元帝太興二、三年，即公元三一九至三二〇年﹞兩文可以推知。）由此上溯其生年，則洪成書時，行年約三十五、六歲（此數與〈自敘篇〉「先生以始立之盛」及「今齒近不惑」二語合），復由侃之卒年減去洪成書之年，則侃未卒前十二、三年，《抱朴子・外篇》已裁成矣。是時侃年方六十三、四歲，勳業尚未甚隆，稚川作書，固勿庸稱引及之。且本篇所論為吳失，又何必涉及晉人耶？疑原作「陶朱」（〈疾謬篇〉、〈喻蔽篇〉、《內篇》之〈微旨〉、〈極言〉、〈祛惑〉三篇，並有「陶朱」之文。）今本乃寫者妄改耳。訾，音ㄗ，巨富。㈥安昌、董、鄧之汙：安昌，即張禹，西漢大臣、經學家。其家以田為業，及富貴，買田至四百頃，皆極膏腴之地，財物無數。見《漢書》卷八十一〈匡張孔馬傳〉。董，疑為董賢，為西漢哀帝時的佞幸寵臣；鄧，疑指鄧通，為西漢文帝時的佞幸，富於天下。上兩人均見《漢書》卷九十三〈佞幸傳〉。《抱朴子》書中屢引此傳資料。汙，污濁。

【今譯】　『勢利傾於邦國之君，財富比諸侯公室還多。他們外出時，有如瞿黃的衛從的裝飾，入內遊宴時，有如王根的屋堂一般華麗。僮僕成軍，閉門為市，牛羊掩沒於草原濕地，田地廣布千里。他們似乎有魚飧、濯裘之類的節儉，以竊取趙盾、晏嬰那樣的名氣。他們內心崇尚陶朱公、文信侯的巨富，實際上只有安昌、董賢、鄧通之流的污濁。』

『雖造賓㈠不沐嘉旨之俟，飢士不蒙升合之救，而金玉滿堂，妓妾溢房，商販千艘，腐穀萬庾㈡，園囿擬上林㈢，館第僭太極㈣，梁

肉㊄餘於犬馬，積珍陷於帑藏㊅。其接士也，無葭莩㊆之薄；其自奉也，有盡理之厚。』

【今註】㊀造賓：指學業有成就的人。㊁庾：倉廩。㊂上林：上林苑。㊃太極：太極宮。㊄粱肉：精美的膳食。㊅帑藏：國庫。㊆葭莩：音ㄐㄧㄚ ㄈㄨˊ，蘆葦裏的薄膜，比喻疏遠的親戚。

【今譯】『雖然學業有成就的人得不到嘉旨的賞賜，飢寒之士得不到升合的救濟。而他們卻是金玉滿堂，妓妾盈房，商販千艘，腐穀萬倉，園囿可比上林苑，住家宅第超越太極宮。多餘的粱肉飼養犬馬，積累珍寶比擬國庫。接待士人，沒有遠親的鄙薄；對待俸祿，則有盡理的豐厚。』

『或有不開律令之篇卷，而竊大理㊀之位；不識几案㊁之所置，而處機要之職；不知《五經》㊂之名目，而饗儒官之祿；不閑㊃尺紙之寒暑，而坐著作㊄之地；筆不狂簡，而受駮㊅議之榮；低眉垂翼，而充奏劾之選；不辨人物之精粗，而委以品藻㊆之政；不知三才㊇之軍勢，而軒昂節蓋之下㊈；屢為奔北㊉之辱將，而不失前鋒之顯號；不別菽㈡麥之同異，而忝叨㈢顧問之近任。』

【今註】㈠大理：官名，本秦漢之廷尉。㈡几案：几，小的桌子；案，狹長的桌子。㈢《五經》：指《易》、《書》、《詩》、《禮》、《春秋》。㈣閑：熟習。㈤著作：著作郎。㈥駮：同「駁」。㈦品藻：品評人物，定其等第。㈧三才：亦作三材，指天、地、人三者。《易經・繫辭・下》：「有天道焉，有人道焉，有地道焉，兼三材而兩之。」㈨軒昂節蓋之下：軒昂，高揚貌。節，符節。蓋，指車蓋。㈩奔北：敗北。㈡菽：豆類。㈢忝叨：謙詞，辱承的意思。

【今譯】『有的人從不翻閱律令篇卷，而卻竊取了大理的職位。有的人不懂得几案的設置，而卻處於機要的職位。有的人不知道《五經》的名目，而卻享受儒官的俸祿。有的人不熟尺紙的寒暑，而卻坐上了著作郎的位置。有的人筆不狂簡，而卻受駁議之容；低眉垂肩，而卻充當奏劾的人選。有的人不會辨別人物的好壞優劣，而卻掌管品評人物的政事。有的人不懂天、地、人三才的軍事形勢，而卻委以軍職，在符節車蓋之下高昂非凡。有的人是經常敗北的辱將，而卻有前鋒的顯赫稱號。有的人不會識別菽麥的異同，而卻不愧於顧問的近任。』

『夫魚質龍文，似是而非，遭水而喜，見獺即悲。雖臨之以斧鉞之威，誘之以傾城之寶，猶不能奮鉛鋒於犀兕㈠，騁駑蹇以追風㈡。非不忌重誅也，非不悅美賞也，體不可力，無自奈何！』

【今註】㈠奮鉛鋒於犀兕：鉛鋒，指鈍器。兕，雌性犀牛。㈡騁駑蹇以追風：駑，劣馬。蹇，跛。追風，駿馬名。

【今譯】『原是魚，卻有龍的文飾，似是而非，遭逢水則歡喜，碰到水獺立即傷悲了。雖然面臨斧鉞的威力，誘惑以傾城的寶貝，他們尚不能奮鉛鋒於犀牛，騁劣馬以追風。這並非不忌重誅，並非不喜悅美賞，而實在是自身的力量不夠，無可奈何！』

『而欲與之緝熙百揆㈠，弘濟大務，猶託萬鈞㈡於尺舟之上，求千鍾於升合之中，紲蝨狗而責盧鵲之效㈢，搆雞鶩㈣而崇鷹揚之功。其不可用，亦較然矣。吳主不此之思，不加夕惕㈤，佞諂凡庸，委以重任。危機急於彍弩㈥，亡徵著於日月，而自謂安於峙嶽，唐、虞可仰也。』

【今註】㈠而欲與之輯熙百揆：楊明照《抱朴子外篇校箋・下》：按「輯」當作「緝」（「緝熙」連文，《詩》中屢見，《傳》《箋》皆釋為光明）。慎本、盧本、柏筠堂本、文溯本、《叢書》本、《崇文》本作「緝」，未誤。當據改。百揆，古官名，猶冢宰。《尚書・堯典》：「納于百揆，百揆時敘。」孔《傳》：「揆，度也，度百事，摠百官，納舜于此官。」或說百揆堯初別置，於周更名冢宰。㈡萬鈞：鈞，重量單位。萬鈞，極言其重。㈢紲芻狗而責盧鵲之效：紲，縛。芻狗，祭祀時用草紮的狗。盧鵲，獵狗。㈣韝雞鶩：韝，縛。鶩，鴨。㈤夕惕：形容一天到晚勤勉謹慎，不敢懈怠。《易經・乾卦》：「君子終日乾乾，夕惕若，厲，無咎。」㈥彍弩：彍，音ㄎㄨㄛˋ，亦作「彉」。彍弩，張滿弩弓，勢在必發。《孫子・兵勢篇》：「勢如彉弩。」

【今譯】『而想要讓這種人任職冢宰，掌管百官的事務，弘濟大務，就好像托萬鈞之重於尺舟之上，求千鍾於升合之中一般。縛住祭祀用草紮的狗，而責以獵犬捕鵲的功能；縛住雞鴨而要發揮鷹飛翔的功能，此事不可能做到，也是十分明顯的。吳朝末年的君主，不懂得這個道理，不能一天到晚勤勉謹慎，而對佞諂凡庸之徒委以重任。這樣危機之勢急於張滿弩弓，滅亡的跡象比日月還要明顯。可是，吳主還自稱安穩如同聳立的山嶽，像堯、舜似的可以仰賴。』

『目力疲於綺粲，而不以覽庶事之得失；耳聰盡於淫音，而不以證獻言㈠之邪正；穀帛靡㈡於不急，而不以賑戰士之凍餒；心神悅於愛媚㈢，而不以念存亡之弘理。蓋輕乎崇替之源，而忽乎宗廟之重者也。』

【今註】㈠獻言：進言。㈡靡：奢靡。㈢愛媚：指寵妃。

【今譯】『目力既然疲於綺粲，就不去聽覽政事的得失；耳聰既然盡於淫聲，而就不能分辨判斷進言的邪正。穀帛浪費於不急之務，而就不會賑恤凍餒的戰士。心神悅於愛媚寵妃，而也就不會思念國家存亡的大道理。大概輕視興替存亡的源本，而忽略宗廟的重要地位。』

「鄭君又稱其師左先生㈠，隱居天柱，出不營祿利㈡，不友諸侯，然心願太平，竊憂桑梓㈢。乃慨然永歎於蓬屋之下，告其門生曰：『漢必寢耀㈣，黃精㈤載起，纘樞紐於太微㈥，迴紫蓋㈦於鶉首㈧。聯天理物㈨，光宅㈩東夏。惠風㈡被於區外，玄澤㈢洽乎宇內。重譯接武㈢，貢楛㈣盈庭。蕩蕩巍巍，格于上下。承平守文㈤，因循甚易。』

【今註】㈠左先生：即左慈，東漢末方士。字元放，盧江（今屬安徽）人。事見《後漢書》卷八十二下〈方術列傳下〉。㈡出不營祿利：楊明照《抱朴子外篇校箋・下》：按「出」字誤（非屬下句讀），當依各本改作「山」（此平津本寫刻之誤）。㈢桑梓：古代家宅旁邊常種的兩種樹木，見之容易引起對父母的懷念，故後用作故鄉的代稱。㈣漢必寢耀：楊明照《抱朴子外篇校箋・下》：「必」，吉藩本、文溯本、《崇文》本作「火」。按〈安貧篇〉亦有「昔漢火寢耀」語，「火」字是。《漢書》卷二十五下〈郊祀志・下・贊〉：「自神農、黃帝下歷唐、虞、三代，而漢得火焉。」陰陽五行家言漢為火德，「漢火寢耀」，意思是漢朝運盡了。㈤黃精：意指土德，土色黃，以土代火。㈥纘樞紐於太微：纘，繼承。太微，指天。㈦紫蓋：紫色的車蓋。㈧鶉首：星次之名，朱雀七宿中的井、鬼兩宿。㈨聯天理物：楊明照《抱朴子外篇校箋・下》：「聯」，《藏》本、魯藩本、吉藩本、慎本、盧本、舊寫本作「聮」；柏筠堂本、文溯本、《叢書》本、《崇文》本作「聯」。按「聮」為「聯」之俗體，與「聯」字誼別。此應作「聯」，「聯」，猶合也（《周禮・大司徒》鄭注）。㈩光宅：《尚書・堯典序》：「昔在帝堯，聰明文思，光宅天下。」光，廣；宅，安。猶言普遍安定。㈡惠風：和風。㈢澤：雨露。㈢重譯接武：重譯，轉輾翻譯。接武，《禮記篇・曲禮篇上》：「堂上接武。」武，足跡。前後足跡相連接。㈣貢楛：貢，獻。楛，音ㄏㄨˋ，木名。㈤守：孫星衍校云：《藏》本誤「作」字，從舊寫本改。

【今譯】「鄭君又說到他的老師左慈先生，左先生曾經隱居在天柱山，不營求利祿，不投靠諸侯，但他內心裏希望天下太平，憂愁故土，於是在蓬草屋之下慨然地歎息，並告訴門生弟子說：『火德的漢朝已滅亡，以土代火，黃色（土）的新王朝又興起了，繼承樞紐於太空，紫色的車蓋迴行於鶉首。合天理物，中原普遍安定。惠風吹及邊遠之地，幽隱的雨露使宇內滋潤。異族接連不斷地入朝，貢獻的東西堆滿朝廷。蕩蕩巍巍，達於上下。繼承平靜謹守文禮，遵循甚為容易。』

『而五弦㈠謐響，《南風》不詠。上下獲恭己之逸，下不聞康哉之歌。飛龍翔而不集，淵虯蟠㈡而不躍。騶虞翳於冥昧㈢，朱華牙而未秀。陰陽相沴㈣，寒燠繆節㈤。七政㈥告凶，陵谷易所。殷雷輷磕於龍潛之月㈦，凝霜肅殺乎朱明之運。玉燭不照，沈醴不涌，郊埸多壘，嘉生不遂。夫豈㈧他哉？誠由四凶㈨不去，元凱㈩不舉，用者不賢，賢者不用也。』

【今註】㈠五弦：撥弦樂器。㈡虯蟠：虯，傳說中的一種龍。《離騷》：「駟玉虯以乘鷖兮，溘埃風余上征。」王逸《注》：「有角曰龍，無角曰虯。」一說龍子有角者，見《說文・蟲部》。蟠，屈曲，環繞。㈢騶虞翳於冥昧：騶虞，《詩經・召南》篇名，毛《傳》說是獸名，白虎黑文，不食生物。翳，音ㄧˋ或ㄧ，遮蔽，蔭翳。㈣沴：傷害。㈤寒燠繆節：燠，暖。《禮記・內則篇》：「問衣燠寒。」繆，通「謬」錯誤。㈥七政：指日、月及金、木、水、火、土五星。見《史記》卷一〈五帝本紀〉裴駰《集解》引鄭玄說。㈦殷雷輷磕於龍潛之月：，輷，音ㄏㄨㄥ，車聲。磕，石聲。輷磕，大聲。龍潛之月，指寒冬。㈧夫豈：孫星衍校云：《藏》本作「其豈」，今從舊寫本。㈨四凶：堯時四凶族。《左傳》文公十八年：堯流四凶族，渾敦、窮奇、檮杌、饕餮，投諸四夷。㈩元凱：元，善也，有八元。凱與「愷」通，和也，有八凱。《左傳》文公十八年：昔高陽氏有才子八人，蒼舒、隤敳、檮戭、大臨、尨降、庭堅、叔達，謂之八愷。高辛氏有才子八人，伯奮、仲堪、叔獻、季仲、伯虎、仲熊、叔豹、季貍，謂之八元。

【今譯】『然而，後來昇平的歌樂停止了，南風不詠。君上不再有恭己的安逸，宇內不復聽到太平的讚歌。飛龍翔而不集，淵龍蟠而不躍。神獸掩蔽於昏暗之中，紅花發芽而不秀。陰陽互相差錯，寒暖節氣謬誤。日、月及金、木、水、火、土五星運行出現凶象，山陵河谷變生了劇烈變化。寒冬之月殷雷轟鳴，花開之時卻凝霜肅殺。玉燭不亮，醇酒不涌，郊外多是堡壘，嘉禾普遍遭殃。這原因難道有別的嗎？確實是由於四凶之類壞人沒有除掉，八元八凱等有才能的人沒有推舉出來，用者不賢，賢者不用。』

『然高概遠量，被褐懷玉，守靜潔志，無欲於物，藏器淵洿，得意遺世，非禮不動，非時不見。困而無悶，窮而不悔，樂天任命，混一榮辱，進無悅色，退無戚容者，固有伏死乎甕牖㊀，安肯衒㊁沽以進趨，揭其不貲之寶，以競燕石㊂之售哉？』

【今註】㊀甕牖：音ㄨㄥˋ ㄧㄡˇ，以破甕口為窗，指家境貧苦。㊁衒：音ㄒㄩㄢˋ，自誇、自炫。㊂燕石：《山海經・北山經》：「北百二十里曰燕山，多嬰石。」郭璞《注》：「言石似玉有符彩嬰帶，所謂燕石者。」後用以比喻不足珍貴的東西。

【今譯】『然而，有些人氣概高尚，度量廣大，被褐懷玉，守靜潔志，無欲於物，藏隱於淵洿，即使得意也將世事遺忘，平時總是非禮不動，非時不見，身處困境而不煩悶，即使貧窮也不悔恨，樂天任命，將榮辱等同視之，進無悅色，退無戚容，這種人固有伏死於甕牖，哪裡肯沽衒以進趨，揭其價值無法估量的品行，去換取不足珍貴的燕石呢？』

『孔、墨之道，昔曾不行。孟軻、揚雄，亦居困否。有德無時，有自來耳。世無離朱㈠，皁㈡白混焉；時乏管青，騏蹇㈢糅焉。礝礫積於金匱㈣，瑾瑤委乎溝洫㈤，匠石緬而遐淪，梓豫㈥忽而莫識。已矣，悲夫！我生不辰，弗先弗後，將見吳士之化為晉域，南民之變成北隸也。言猶在耳，而孫氏輿櫬㈦。』」

【今註】㈠離朱：古代傳說中明目者。《慎子》：「離朱之明，察秋毫之末於百步之外。」㈡皁：音ㄗㄠˋ，黑色。㈢騏蹇：騏，駿馬。蹇，跛馬。㈣礝礫積於金匱：礝，沙石。礫，瓦礫。金匱，國家藏書之處。《史記》卷一百三十〈太史公自序〉：「遷為太史令，紬石室、金匱之書。」㈤瑾瑤委乎溝洫：瑾、瑤，皆指美玉。溝洫，田間通水道，用以防旱除澇。㈥梓豫：梓，一種落葉喬木；豫，枕木，都是建築材料。㈦孫氏輿櫬：孫氏，吳主姓孫。櫬，棺材。

【今譯】『孔子、墨子之道，從前也不曾實行；孟子、揚雄，在世時也處境困難。有德行的人卻沒有被任用的時機，這種情況是向來就有的。世間沒有明視秋毫的離朱，黑白也就混同了。當今缺乏管青，駿馬與劣馬也就和合不清了。沙石瓦礫堆積於金匱，瑾瑤美玉被丟棄於田間水道。匠石緬而遐淪，梓豫被忽略而無人知曉。可悲啊！我生不逢時，不先不後，恰巧見了吳國被晉朝所滅亡，南國之民變成了北國的隸屬。言猶在耳邊，但吳主孫氏已經滅亡了。』」

抱朴子聞之曰：「二君之言，可為來戒，故錄于篇，欲後代知有吳失國，匪降自天也。若苟諱國惡，纖芥不貶，則董狐㈠無貴於直筆，賈誼㈡將受譏於〈過秦〉乎！」

【今註】㈠董狐：春秋時晉國史官，以直書不隱著稱，舊時譽為「良史」。㈡賈誼：西漢政論家。撰有〈過秦論〉，揭露秦朝的殘暴及其滅亡的教訓。

【今譯】抱朴子聽了之後說：「鄭君與左先生的話，可以作為將來的借鏡。所以錄於此篇，要使後代知道吳朝的過失，國家的存亡不是來自天意。如果只是迴避國家政治上的錯誤，一點點的也不評論，則良史董狐也就不以直筆為貴重了，賈誼也將受到自己寫的〈過秦論〉那樣的譏刺了！」

守塉篇　第三十五

【篇旨】　本篇宣揚安於貧瘠的地位，銳精藝文，意忽學稼。作者假設潛居先生對別人質難的回答，強調：「處塉則勞，勞則不學清而清至矣。居沃則逸，逸則不學奢而奢來矣。清者，福之所集也；奢者，禍之所赴也。福集則雖微可著，雖衰可興焉。禍赴則雖強可弱，雖存可亡焉。……。故道德之功建，而侈靡之門閉矣。」作者還指出：「立不朽之言者，不以產業汩和；追下帷之績者，不以窺園涓目。」

抱朴子曰：「余友人有潛居先生㊀者，慕寢丘㊁之莫爭，簡塉土以葺宇㊂，銳精藝文，意忽學稼。屢失有年㊃，飢色在顏㊄。」

【今註】　㊀潛居先生：非真有其人，是假設者的名字。㊁寢丘：古邑名。春秋時楚地，以山得名，在今河南沈丘縣東南。楚莊王封孫叔敖子於此。㊂簡塉土以葺宇：簡，擇。葺，修造。宇，指房屋。㊃年：年成、年景。㊄顏：臉。

【今譯】 抱朴子說：「我有一位友人潛居先生，他羨慕古代不爭奪封邑的事跡，撰擇貧瘠的土地修造房屋，專心致力於藝文典籍，不在意於學習農耕。後來多年收成不好，臉上顯出飢餓的神色。」

「或人難曰：『夫知禮在於廩㊀實，施博由乎貨豐，高出於有餘㊁，儉生乎不足。故十千美於詩人，食貨首乎八政㊂。躬㊃稼基克配㊄之業，耦耕㊅有不改之樂。奇士之居也㊆，進則侶鴻鸞以振翮㊇，退則參陶、白之理生㊇，仕必霸王，居必千金。』

【今註】 ㊀廩：糧倉。《管子》曰：「倉廩實而知禮節。」㊁高出於有餘：楊明照《抱朴子外篇校箋・下》：按「高」字於此不愜，疑為「亯」或「富」之形誤。《說苑・雜言篇》：「孔子曰：中人之情，有餘則後，不足則儉。」（《家語・六本篇》同）文意與此同，可證。㊂八政：舊謂人主施政教於民有八事：一曰食，二曰貨，三曰祀，四曰司空，五曰司徒，六曰司寇，七曰賓，八曰師。見《尚書・洪範》。「食」謂農殖嘉穀可食之物；「貨」謂布帛可衣及金刀龜貝，所以分財布利通有無者也。二者，生民之本。參見《漢書》卷二十四上〈食貨志・上〉。㊃躬：親身。㊄克配：完婚，指成家立業。㊅耦耕：兩人用耜並耕。㊆奇士之居也：楊明照《抱朴子外篇校箋・下》：按以下文「而先生之宅此也」例之，「居」下疑脫一字。《莊子》佚文：「故君子之居也，得時則蟻行，失時則鵲起。」（《御覽》九二一引）此豈脫「世」字歟？㊇翮：翅膀。㊈陶、白之理生：陶，陶朱公，即春秋時范蠡。范蠡既雪會稽之恥。乃乘扁舟浮於江湖，之陶，治產積居，三致千金。後年衰老而聽子孫，子孫修業而息之，遂至巨萬。白，白圭，周人。善觀時變，人棄我取，人取我與。天下言治生祖白圭。陶、白之事跡，均見於《史記》卷一百二十九〈貨殖列傳〉。理生，楊明照《抱朴子外篇校箋・下》：「生」，《藏》本、魯藩本、吉藩本、慎本、舊寫本作「治」。按以〈博喻篇〉「是以淮陰善戰守，而拙理治之策」證之，此亦以作「治」為是。又及，楊明照先生之說未必妥當。「理」與「治」意思相同，重疊欠妥。《漢書》卷二十四上〈食貨志・上〉作「治產」、「治生」。可見「理生」連文亦可。

【今譯】 「有人責問他說：『糧倉豐實，才會講究禮節；貨物富足，才能廣博地施捨。奢侈是由於財貨過多的原因，儉樸是由於財貨不足的緣故。所以成千上萬的富足的情況為詩人所讚美，食與貨被列為八政之首。親自農耕才能成家立業，耦耕就有無窮的樂趣。奇士居於世間，進而得勢時，就像鴻鳥和鸞鳳那樣振翅飛翔；退而隱微時，就參照陶朱公、白圭的辦法治生致富；入仕必有霸王事業，隱居必要有千金之富。』

『是以昔人必科㈠膏壤以分利，勤四體㈡以稼穡，播原菽之與與㈢，茂嘉蔬之翼翼㈣，收麰秬㈤之千倉，積我庾㈥之惟億。出連騎以遊畋㈦，入侯服而玉食。而先生之宅此也，亢陽㈧則出谷颺塵，重陰㈨則滔天淩丘；陸無含秀之苗，水無吐穗之株；稗糲曠於圌廩㈩，薪爨廢於庖廚⑪。怡爾執待免之志⑫，坦然無去就之謨⑬。吾恐首陽之事⑭，必見於今；丹山之困⑮，可立而須。人為子寒心，子何宴然而弗憂也⑯？』

【今註】㈠必科：楊明照《抱朴子外篇校箋・下》：按「科」疑當作「料」（本書屢用「料」）字。料，量也（《說文・斗部》），度也（《文選》卷五左思〈吳都賦〉劉《注》）。㈡四體：四肢。㈢菽之與與：菽，豆類的總稱。與與，茂盛。《詩經・小雅・楚茨》：「我黍與與。」㈣翼翼：繁盛貌。《詩經・小雅・楚茨》：「我稷翼翼。」㈤麰秬：麰，音ㄇㄡˊ，大麥。秬，黑黍。㈥庾：糧倉。㈦遊畋：遊獵。㈧亢陽：久晴不雨，陽光熾盛。㈨重陰：陰雨。成公綏〈嘯賦〉：「濟洪災於炎旱，反亢陽與重陰。」⑩稗糲曠於圖廩：稗，稗子。糲，粗糙的米。圖，音ㄔㄨㄟˊ，盛穀的圓囷。㈡庖廚：廚房。㈢怡爾執待免之志：楊明照《抱朴子外篇校箋・下》：「免」，吉藩本作「兔」。按「兔」字是。「待兔」，見《韓非子・五蠹篇》。㈢謨：謀略，計畫。㈣首陽之事：周武王滅周後，伯夷與叔齊躲避到首陽山（在今山西省永濟縣南）不食周粟而死。事見《史記》卷六十一〈伯夷列傳〉。㈤丹山之困：《呂氏春秋・仲春紀・貴生篇》：「越人三世殺其君，王子搜患之，逃乎丹穴。」㈥子何宴然而弗憂也：楊明照《抱朴子外篇校箋・下》：按「宴」當依《藏》本、魯藩本、吉藩本、舊寫本改作「晏」。

【今譯】　『因此，從前的人們總是思量肥沃田地以便獲利，親身勤勞地農耕；在原野上播種茂盛的豆類，種栽著繁盛的名菜；收穫大麥與黑黍達千倉之多。穀倉中堆積著上億糧食；外出時連騎遊獵，入內則穿著貴族的衣服並享用珍饈美食。然而，你潛居先生住在這種貧脊的地方，久晴不雨時出谷揚塵，陰雨綿綿時滔天淩丘；田地上沒有含秀之禾苗，水田裡沒有吐穗之稻株；圓囷倉庫裏連稗子與粗米都沒有，廚房裏已經薪火廢除；而先生卻怡然地堅持守株待兔之志，坦然自處，沒有去就的計謀。我擔心首陽山餓死之事，必重現於今日；王子搜出逃困於丹穴的事，也會立即發生。人們為你寒心，而你為什麼仍平靜無事似的，沒有憂愁呢？』

『夫覩機而不作，不可以言明；安土而不移，眾庶之常事。豈翫鮑者忘蘭，而大迷者易性乎㊀？何先生未寤之久也！鄙人惑焉，不識所謂。夫衮冕非禦鋒鏑之服㊁，典誥㊂非救飢寒之具也。胡不睎沃衍於四郊㊃，躬田畯㊄之良業，捨六藝㊅之迂闊，收萬箱以賑乏㊆乎？』」

【今註】㊀而大迷者易性乎：楊明照《抱朴子外篇校箋・下》：按以〈崇教篇〉「翫鮑者忘茝蕙，迷大者不能反」例之，「大迷」二字當乙轉。㊁衮冕非禦鋒鏑之服：衮冕，衮衣與冕，為古代皇帝及上公的禮服。鋒，刀口；鏑，音ㄉㄧˊ，箭頭。鋒鏑，猶言刀箭，泛指兵器。㊂典誥：指重要的書籍。㊃睎沃衍於四郊：睎，同「視」。沃衍，土地平坦肥美。四郊，都城外四面的郊區，泛指郊外。㊄田畯：周代的農官，掌管田土及農業生產。㊅六藝：六經經籍。㊆乏：貧窮。

【今譯】『見機而不作，這不可以說是明察；安於本土而不遷移，是百姓的尋常事。難道是玩鮑魚者忘卻了蘭花的香氣，迷惑深的人變易了情性嗎？為什麼先生這樣長久地不醒悟呢？鄙人對此實在迷惑不解，不知所謂。帝王上公的禮服不是抵禦兵器的東西，典誥書籍不是救濟飢寒的工具。為什麼不審視郊外平坦肥美的田地，親操農官之良業，捨棄迂闊的六藝經籍，收穫萬箱之糧食以賑濟貧困呢？』」

「潛居先生曰：『夫聵者㊀不可督之以分雅、鄭㊁，瞽者㊂不可責之以別丹漆㊃，井鼃㊄不可語以滄海，庸俗不中說以經術。吾子苟知老農之小功，未喻面牆之巨拙㊅，何異拾瑣沙而捐隋、和㊆，向炯燭而背白日也？夫好尚不可以一概杚㊇，趨舍㊈不可以彼我易也。』」

【今註】㊀聵者：耳聾的人。㊁雅、鄭：雅，指雅樂，宮廷音樂。古代儒家以雅樂為「正聲」。鄭，指鄭聲，鄭地音樂。儒家以為鄭聲是「淫邪之音」。㊂瞽者：瞎子。㊃丹漆：朱紅色塗漆。㊄鼃：同「蛙」。㊅面牆之巨拙：面牆，比喻不學。不學的人如面對著牆，一無所見。拙，笨拙。㊆隋、和：隋，指隋侯之珠。《莊子・讓王篇》：「隋侯之珠。」《淮南子・覽冥篇》高誘《注》：

「隋侯，漢東之國，姬姓諸侯也。隋侯見大蛇傷斷，以藥傅之。後蛇於江中銜大珠以報之，因曰隋侯之珠，蓋明月珠也。」和，指和氏之璧。詳見《韓非子・和氏篇》。《史記》卷八十一〈廉頗藺相如列傳〉：「和氏璧，天下所共傳寶也。」㈧ 杚：音ㄍㄨˇ，喜貌。㈨ 趨舍：同「趣舍」，趨向或捨棄，進取或退止。

【今譯】「潛居先生說：『對於耳聾的人不可督責他們分清雅樂正聲與淫邪之音，對於瞎子不可以督責他們區別朱紅色塗漆，對於井底之蛙不可以跟它們說茫茫大海，對於庸俗之人不可以跟他們談儒家經學的道理。你苟且知道老農夫的小小本領，而不了解面牆不學所帶來巨大的笨拙，這跟拾取細沙而捐棄隋侯之珠與和氏之璧有什麼不同呢？崇尚好的不可以統統都喜歡，進取或者退止不可以連自己與別人的位置都調換。』」

『夫欲隮閬風、陟嵩、華者㈠，必不留行於丘垤㈡；意在乎游南溟㈢、汎滄海者，豈暇逍遙於潢洿㈣？是以注清聽於《九韶》㈤者，《巴人》㈥之聲不能悅其耳；烹大牢㈦饗方丈㈧者，荼蓼㈨之味不能甘其口。鵾鵬戾㈩赤霄以高翔，鶺鴒㈡傲蓬林以鼓翼，洿隆殊途，亦飛之極。晦朔㈢甚促，朝菌㈢不識。蜉蝣㈣忽忽於寸陰，野馬六月而後息。鯈鮒㈤汎濫以暴鱗，靈蚓㈥勿用乎不測。行業乖舛㈦，意何可得？』

【今註】㈠隮閬風、陟嵩、華者：隮，升，登。閬風，山名。《楚辭・離騷》：「朝吾將濟於白水兮，登閬風而緤馬。」王逸《注》：「閬風，山名，在昆侖之上。」嵩，嵩山，在今河南。華，華山，在今陝西。㈡丘垤：小土山。㈢南溟：亦作「南冥」，南方的大海。《莊子・逍遙遊篇》：「是鳥（鵬）也，海運則將徙於南冥。南冥者，天池也。」成玄英《疏》：「大海洪川，原夫造化，非人所作，故曰天池也。」㈣潢洿：同「潢污」，停聚不流的水。㈤《九韶》：傳說中的虞舜樂名，共九章，故名。見《尚書・益稷》及《列子・周穆王篇》。《史記》卷一〈五帝本紀〉作「九招之樂」。㈥《巴人》：古代楚國民間歌曲，當時認為是流俗的音樂。見《文選》卷四十五宋玉〈對楚王問〉。㈦大牢：指牛、羊、豬三牲。㈧方丈：一丈見方。《孟子・盡心篇・下》：「食前方丈」。謂菜肴羅列之多。㈨荼蓼：荼，苦菜。蓼，草木植物，味辛。⑩鶤鵬戾：鶤，傳說中的一種像鶴的鳥，黃白色。鵬，傳說中的一種大鳥。戾，到達。㈡鶺鴒：亦「脊令」，鳥綱，分布於我國東部和中部。㊁晦朔：晦，夏曆每月的最後一天。朔，夏曆每月的最初一天。㊂朝菌：一種生長期很短的菌類植物，朝生暮死，故名。《莊子・逍遙遊篇》：「朝菌不知晦朔。」㊃蜉蝣：蟲名。《詩經・曹風・蜉蝣》毛《傳》：「蜉蝣，渠略也，朝生夕死。」㊄鰷鮒：鰷，音ㄔㄡˊ，魚名。《莊子・秋水篇》：「鰷魚出游從容。」鮒，音ㄈㄨˋ，即鯽魚。㊅虯：傳說中一種帶角的龍。㊆乖舛：乖，背離。舛，音ㄔㄨㄢˇ，違背。

【今譯】 『要想登閬風之山或者嵩山、華山，必定不能停留在小丘上，要想遠遊南方的大海或泛舟滄海之上，難道有空逍遙於停滯不流的淺水中嗎？因此對於注意傾聽虞舜《九韶》之樂的人來說，流俗的《巴人》之聲是不能使他們感到悅耳的。對於烹煮牛、羊、豬三牲以及其他眾多菜肴的人來說，苦菜之類是不能使他們感到甘甜味道的。鵾鵬大鳥在雲霄高處飛翔，鶺鴒卻以在叢林蓬草中亂飛而驕傲，高低殊途，亦是它們各自所能飛到的極限之境界。每月最初一天與最後一天之間相差極為短促，而朝生夕死的菌類則不知道晦朔之期。蜉蝣生存期短，只有一寸光陰，而野馬奔馳六個月之後才歇息。鰷魚與鯽魚泛濫以暴鱗，靈龍勿用於不測。各種行業如此背離差錯，其意念又如何可得呢？』

『余雖藜湌㊀之不充，而足於鼎食㊁矣。故列子不以其乏，而貪鄭陽之祿㊂；曾參不以其貧，而易晉、楚之富㊃。夫收微言於將墜者，周、孔之遐武也；情孶孶以為利者，孟叟之罪人㊄也。造㊅遠者莫能兼通於歧路，有為者莫能並舉於耕學。體瘁而神豫㊆，亦何病於居約？』

【今註】㊀藜湌：野菜。㊁鼎食：列鼎而食，指豪侈生活。㊂列子不以其乏，而貪鄭陽之祿：據載列子窮困，容貌有飢色，鄭相子陽聽說後，即遣人送去糧食，唯為列子所辭謝。見《莊子，讓王篇》。㊃曾參不以其貧，而易晉、楚之富：《孟子・公孫丑篇・下》：「曾子曰：『晉、楚之富，不可及也。彼以其富，我以吾仁；彼以其爵，我以吾義。吾何慊乎哉！』」《鹽鐵論・地廣篇》：「故曾參、閔子不以其仁易晉、楚之富。」㊄情孶孶以為利者，孟叟之罪人：孶孶，同「孜孜」，努力不懈。貌孟叟，即孟子。《孟子・盡心篇・上》：「雞鳴而起，孶孶為善者，舜之徒也。雞鳴而起，孶孶為利者，蹠之徒也。」㊅造：往，到。㊆豫：高興，安適。

【今譯】『我雖然連野菜都吃不飽，但足以勝過貴家的列鼎而食。所以列子不因自己的困乏，而去就食鄭陽的俸祿。曾參不因為自己的貧窮，而到晉國或楚國去謀取巨富。收集將要滅絕的微言大義，這是周公與孔子的遐武。致力於謀己私利的，這是孟子所譴責的罪人。遠行的人不能兼走於歧路，有所作為的人不能並舉於農耕與學問。體力勞瘁而精神高興，又何病於居處簡約呢？』

『且又處塉則勞，勞則不學清而清至矣；居沃則逸，逸則不學奢而奢來矣。清者，福之所集也；奢者，禍之所赴也。福集，則雖微可著，雖衰可興焉；禍赴，則雖強可弱，雖存可亡焉。此不期而必會，不招而自來者也。故君子欲正其末，必端其本；欲輟其流，則遏其源。故道德之功建，而奓靡之門閉矣。姜望㈠至德而佃不復種，重華㈡大聖而漁不償網；然後玉璜㈢表營丘㈣之祚，大功有二十之高㈤。何必譏之以惰嬾，而察才以相士乎？』

【今註】㈠姜望：姜太公呂尚，姓姜氏，封於呂，號太公望。㈡重華：即虞舜。㈢璜：古半圓形玉器名。用作禮器。㈣營丘，在山東臨淄北。周武王封呂尚於齊，建都於此。㈤大功有二十之高：《藝文類聚》卷十一引《帝王世紀》云：「堯於是見舜於貳宮，設饗禮，迭為賓主，南面而問政。堯乃試以五典。遂舉八凱，使佐后土，以揆百事；舉八元，使布五教于四方。舜於是有大功二十。」

【今譯】『而且處於貧瘠就會勤勞，勤勞則不學清廉，而清廉自然會來。居處肥沃就會安逸，安逸則不學奢侈，而奢侈自然會來。清廉就會帶來幸福，奢侈就會造成災禍。福運聚集，則雖然微賤也可以顯著，雖然衰亡也可以興盛起來。災禍到來，則雖然強大也可以變弱，雖然存在也可以滅亡。這是不期而必會，不招而自來的。所以君子要想正其末流，必先端正本源；要想停止其流，則要阻遏其源。所以道德的功業建立了，而侈靡之門就會關閉。姜太公有至高的德行而佃不復種，大聖虞舜而漁不償網。然後玉璜表彰營丘之祚，大功有二十之高。何必譏之以惰懶，而察才以相士呢？』

『夫二人分財，取少為廉。余今讓天下之豐沃，處茲邦之褊埆㈠，舍安昌之膏腴㈡，取北郭之無欲㈢。誠萬物之可細，亦何往而不足哉？北辰㈣以不改，為眾星之尊；五嶽㈤以不遷，為群望之宗。蟋蟀屢移而不貴，禽魚屢深則逢患㈥。方將墾九典之蕪薉㈦，播六德㈧之嘉穀。厥田邈於上土之科，其收盈乎天地之閒，何必耕耘為務哉㈨？

昔被衣以弃財止盜，庾氏以推璧厲貪⑩，疏廣散金以除子孫之禍⑪，叔敖取墝以弭可欲之憂⑫，牛缺以載珍致寇⑬，陶谷以多藏召殃⑭。得失較然，可無鑒乎？』」

【今註】㈠褊埆：褊，音ㄅㄧㄢˇ，窄小，狹隘。埆，音ㄑㄩㄝˋ，土地不肥沃。㈡安昌之膏腴：安昌，指西漢安昌侯張禹。傳見《漢書》卷八十一〈匡張孔馬傳〉。史稱：「禹為人謹厚，內殖貨財，家以田為業。及富貴，多買田至四百頃，皆涇、渭灌溉，極膏腴上賈。」㈢北郭之無欲：北郭，北郭先生。《韓詩外傳．卷九》：「楚莊王使使齎金百斤，聘北郭先生。先生曰：『臣有箕箒之使，願入計之。』即謂婦人曰：『楚欲以我為相，今日相，即結駟列騎，食方丈於前，如何？』婦人曰：『夫子以織屨為食，食粥毚履，無怵惕之憂者，何哉？與物無治也。今如結駟列騎，所安不遇容膝；食方丈於前，所甘不過一肉。以容膝之安，一味之肉，而殉楚國之憂，其可乎？』於是遂不應聘，與婦去之。」㈣北辰：指北極星。《論語．為政篇》：「為政以德，譬如北辰，居其所，而眾星拱之。」㈤五嶽：即泰山、衡山、華山、恆山、嵩山。㈥禽魚饜深則逢患：楊明照《抱朴子外篇校箋．下》：按「饜」當作「厭」，始合文意。《莊子．庚桑楚篇》：「魚鼈不厭深。」《韓詩外傳．卷十》：「臣聞之：魚鼈厭淵而就乾淺，故得於釣網；禽獸厭深山而下於都澤，故得於田獵。」並其證。㈦蕆：荒蕪。㈧六德，指知、仁、聖、義、忠、和。見《周禮・地官・司徒》。㈨何必耕耘為務哉：楊明照《抱朴子外篇校箋・下》：「耘」，《藏》本、魯藩本、吉藩本、慎本、盧本、舊寫本作「也」。按「也」字是。〈安貧篇〉：「耕也可以免飢。」亦作「耕也」連文（「耕也」連文見《論語・衛靈公篇》）。㈩庚氏以推璧厲貪：楊明照《抱朴子外篇校箋・下》：按《莊子》佚文：「庚市子肩之毀玉也。」（《文選》卷三十五）張協〈七命〉李《注》引《淮南子・莊子后解》：「庚氏子，聖人無慾者也。人有爭財相鬬者，庚市子毀玉於其間，而鬬者止。」（同上）。嵇康《聖賢高士傳》：「康市子，聖人之無欲者也。見人爭財而訟，推千金之璧於其旁，而訟者息。」（《御覽》五百九引）據此，則「庚」為「庚」或「康」之誤矣（「庚」「康」二字必有一誤，惜它無可考）。㈡疏廣散金以除子孫之禍：疏廣，西漢東海蘭陵（今山東棗莊東南）人。字仲翁，善春秋。宣帝時，任太子太傅。年老歸鄉里，趣賣所賜之金，共具設酒食，與族人賓客相娛樂。廣曰：「且夫富者，眾人之怨也；吾既亡以教化子孫，不欲益其過而生怨。又此金者，聖主所以惠養老臣也，故樂與鄉黨宗族共饗其賜，以盡吾餘日，不亦可乎！」事見《漢書》卷七十一〈雋疏于薛平彭傳〉。㈢叔敖取埆以弭可欲之憂：叔敖，孫叔敖，春秋時楚國期思（今河南淮濱東南）人。其臨死之際，告誡其子曰：

「楚越之間有寢之丘者，此其地不利，而名甚惡。可長有者，甚唯此也。」墝，瘠薄的土地。㊂牛缺以載珍致寇：據載，牛缺為上地的大儒，在前往邯鄲的路上遇到強盜，不僅車馬、衣服都被搶走，最後還被強盜所殺。見《呂氏春秋・必己篇》。㊃陶谷以多藏召殃：楊明照《抱朴子外篇校箋・下》：「谷」，慎本、盧本、柏筠堂本、文溯本、《叢書》本、《崇文》本作「穀」。按「谷」、「穀」皆誤。當作「荅」。《列女傳・賢明・陶荅子妻傳》：「荅子治陶三年，名譽不興，家富三倍。其妻數諫不用。居五年，從車百乘歸休，宗人擊牛而賀之。其妻獨抱兒而泣。姑怒曰：『何其不祥也！』婦曰：『夫子能薄而官大，是謂嬰害；無功而家昌，是謂積殃。……今夫子治陶，家富國貧，君不敬，民不戴，敗亡之徵見矣。……』處期年，荅子之家，果以盜誅。」稚川隸事，即出於此。

【今譯】　『二個人分割財產，取少者為清廉。今天我謙讓天下豐沃之地，甘願處於此邦窄小不肥沃之地；捨棄安昌侯的膏腴田地，採取北郭先生淡泊名利的態度；如果能將萬物視為渺小細微，不足縈懷，又有什麼地方不能滿足呢？北極星以其不改動位置，而為眾星之尊；五岳以其不遷移，而為群山之宗。然而，蟋蟀經常遷移而不尊貴，禽獸與魚類厭惡深藏而遭逢禍患。正將開墾九典中荒蕪之處，傳播知、仁、聖、義、忠、和等六種美德。這事業遠遠超過上等的田地，其收穫充盈於天地之間，何必要耕田為務呢？從前被衣以棄財止盜，康市子推璧於人以厲禁貪財，疏廣用散金的辦法以防止子孫的災禍，孫叔敖寧取貧脊之地以消除可欲之憂，牛缺用載金寶招致了寇盜，陶荅子因為積藏大量財富而遭到災禍。上述得失的情況如此明顯，可以不值得借鑒嗎？』」

「於是問者抑然良久，口張而不能嗑㈠，首俛而不能仰。慨而嗟乎，始悟立不朽之言者，不以產業汨㈡和；追下帷之績者，不以窺園涓目㈢。子以臭雛之甘呼鴛鳳㈣，擗蟹之計要㈤猛虎，豈不陋乎？鄙哉，子之不夙知也。」

【今註】㈠嗑：上下門牙咬閉。㈡汨：亂。㈢追下帷之績者，不以窺園涓耳：下帷之績，指講誦專學。《漢書》卷五十六〈董仲舒傳〉：「下帷講誦，弟子傳以久次相授業，或莫見其面。蓋三年不窺園，其精如此。」不以窺園涓目，楊明照《抱朴子外篇校箋・下》：按「涓目」與上文「汨沒」不倫類，疑「涓」為「滑」之誤。〈廣譬篇〉：「窮通不足以滑和。」其用「滑」字誼與此同（《小爾雅・廣言》：「滑，亂也；汨，亂也」）。〈崇教篇〉：「羅袂揮而亂目。」「亂目」與「滑目」一實，亦可證。㈣鴛鳳：鴛，指鵷鶵，見《莊子・秋水篇》。鳳，鳳凰。㈤要：約，阻留。

【今譯】　「於是質問的人抑然很久，嘴巴張著而合不攏，低頭而仰不起來。感慨歎息，開始明白以立不朽之言為宗旨的人，不會用產業財富來混亂；追求下帷讀書之業績的人，不會去窺視田園而亂目。你以臭雛之甘味呼喚鵷鶵與鳳凰，用搬蟹的辦法邀猛虎，難道不是鄙陋的舉動嗎？多麼鄙陋啊！你如此不早明白。」

安貧篇 第三十六

【篇旨】 本篇宣揚安貧樂道的思想。作者假設樂天先生對偶俗公子詰難的回答，強調：「六藝備研，《八索》必該，斯則富矣。振翰摛藻，德音無窮，斯則貴矣。求仁仁至，舍旃焉如。夫棲重淵以頤靈，外萬物而自得，遺紛埃於險塗，澄精神於玄默。……曷肯憂貧而與賈豎爭利，戚窮而與凡瑣競達哉？」

抱朴子曰：「昔漢火寢耀㈠，龍戰虎爭，九有幅裂㈡，三家鼎據㈢。有樂天先生者，避地蓬轉㈣，播流岷、益㈤，始處昵於文休，末見知於孔明㈥。而言高行方，獨立不群，時人憚焉，莫之或與。」

【今註】 ㈠漢火寢耀：漢火，按照「五德之傳」，漢朝為火德。漢火寢耀，意謂漢朝滅亡了。㈡九有幅裂：九有，指「九州」。《詩經・商頌・玄鳥》：「奄有九有。」毛《傳》：「九有，九州也。」幅，幅員，疆土。㈢三家：指三國時代的魏、蜀、吳。㈣蓬轉：蓬草隨風飛轉，比喻行蹤轉徙無常。㊄播流岷、益：播流，流亡。岷，岷山，在今四川北部。益，益州，今四川，治所在成都。㊅孔明：即諸葛亮。

【今譯】抱朴子說：「從前漢朝滅亡了，軍閥戰爭如龍爭虎鬥，九州疆土割裂，魏、蜀、吳三國鼎立割據。這時，有一位樂天先生，逃難避地，轉徙無常，逃亡到岷山、益州一帶，才開始生活於安定的處境，仍未被諸葛亮所明解。而他的言論高遠，行為端正，獨立不群，世人都怕他，沒有給予他什麼。」

「時二公之力，不能違眾，遂令斯生沈抑衡蓽㊀。齒漸桑榆㊁，而韋布㊂不改。而時主思賢，不聞不知。當途之士㊃，莫舉莫貢。潛側武㊄之陋巷，窴繩樞㊅之蓬屋，進廢經世之務，退忘治生之事，藜湌屢空，朝不謀夕。」

【今註】㊀衡蓽：指簡陋的屋舍。㊁桑榆：比喻人的垂老之年。㊂韋布：韋帶布衣，指未任或者隱居在野者的粗陋之服。㊃當途之士：當官掌權的人士。㊄武：足跡。㊅繩樞：用繩子繫戶樞，形容貧窮的人家。

【今譯】 「當時二公之力也不能違背眾人的意向，就使樂天先生埋沒簡陋的屋舍中，年紀逐漸地衰老了，而他那韋帶布衣的地位仍無改變，而時主思渴賢能之士，但沒有聽到也就不了解，當官掌權的人也沒有推舉他。他默默地側足於隘陋的地方，蓬屋而居，十分貧窮，進廢經世的事務，退忘治生的事業，連吃的野菜都經常缺乏，生活真是朝不保夕。」

「於是偶俗公子造而詰㈠之曰：『蓋聞有伊、呂㈡之才者，不久滯㈢於窮賤；懷猗頓㈣之術者，不長處於飢寒。達者貴其知變，智士驗乎不匱。』

【今註】 ㈠詰：問。㈡伊、呂：伊，指伊尹，名伊，尹是官名，一說名摯。傳說奴隸出身，商湯用為「小臣」，後來任以國政，佐湯滅夏。呂，呂尚，即姜太公，曾佐周滅商。㈢滯：停滯。㈣猗頓：春秋時魯人，經營畜牧及鹽業而成富豪。《史記》卷一百二十九〈貨殖列傳〉作「倚頓」，以鹽鹽起家。

【今譯】 「於是，有一位偶俗公子前往拜訪他，並追問說：『聽說凡是像伊尹、呂尚的才能的人，不會久滯於貧窮卑賤的境況；凡是懷著猗頓那樣經商本領的人，不會長期處於飢寒的地位。明達的人，可貴在知曉時勢的變化，智術之士，在不貧乏的情況中得到驗證。』

『故范生㊀出則滅吳霸越，為命世之佐；入則貨殖營生，累萬金之貲。夫貧在六極㊁，富在五福㊂。《詩》美哿矣㊃，《易》貴聚人㊄。垂餌香則鱣鮪㊅來，懸賞厚則果毅奮。長卿所以解犢鼻而擁朱旄㊆，曲逆所以下席扉而享茅土㊇，不韋所以食十萬之邑㊈，絳侯所以拔囹圄之困㊉也。故下鄉儉而獲悔咎之辱㊁，漂媪豐而蒙千金之報㊂。』

【今註】㊀范生：范蠡。春秋末政治家。字少伯，楚國宛（今河南南陽縣）人。曾助越王句踐刻苦圖強，滅亡吳國。後棄政從商，成為巨富。改名陶朱公。㊁六極：六種極不幸的事。《尚書・洪範》：「六極：一曰凶短折，二曰疾，三曰憂，四曰貧，五曰惡，六曰弱。」一說「極」通「殛」，謂天給予人的六種懲罰。見孫星衍《尚書今古文注疏》。㊂五福：《尚書・洪範篇》：「五福：一曰壽，二曰富，三曰康甯，四曰攸好德（謂所好者德），五曰考終命（謂善終不橫夭）。」㊃《詩》美哿矣：哿，音ㄎㄜˇ，表稱許之詞，嘉。《詩經．小雅．正月》：「哿矣富人，哀此惸獨。」㊄《易》貴聚人：《易經》認為財富可以使人聚集在一塊。《易經．繫辭下》：「何以聚人？曰財。」。㊅鱣鮪：鱣，音ㄓㄢ，魚名，即鰉。鮪，鱘鰉的古稱。㊆長卿所以解犢鼻而擁朱旄：長卿，即司馬相如，西漢文學家。字長卿，蜀郡成都（今屬四川）人。《史記》卷一百一十七〈司馬相如列傳〉：相如與卓文君至臨邛，盡「買一酒舍酤酒，而令文君當鑪。相如身著犢鼻褌，與保庸雜作，滌器於市中。」犢鼻，指犢鼻褌，三尺布作形如犢鼻。後歸成都，「買田宅，為富人。」朱旄，指裝飾華麗的衣服。

㊇曲逆所以下席扉而享茅土：曲逆，指曲逆侯陳平。少時家貧，以席為門，後投靠劉邦，以功封侯，為漢初名將。傳見《史記》卷五十六〈陳丞相世家〉。享茅土，指封侯。古代皇帝社祭的壇用五色土建成：東色青，南方赤，西方白，北方黑，中央黃。分封諸侯時，把一種顏色的泥土用茅草包好後授給受封的人。㊈不韋所以食十萬之邑：不韋，呂不韋。戰國末年衛國濮陽（今河南濮陽西南）人。原為秦國陽翟（今河南禹縣）大商人。秦莊襄王時，被任為相國。秦王政年幼繼位，繼任相國，稱為「仲父」。食邑有藍田（今陝西藍田西南）十二縣，河南洛陽十萬戶。見《史記》卷八十五〈呂不韋列傳〉。㊉絳侯所以拔囹圄之困：絳侯，即周勃，沛人。從劉邦起兵，漢初官將軍，封絳侯。後與陳平合謀，盡誅諸呂，迎立文帝，官右丞相。其後免相就國，有人上書告勃欲反，逮捕治之。勃以千

金與獄吏，故獄吏教以引為證。於是文帝使使持節赦勃，復爵邑。事見《漢書》卷四十〈張陳王周傳〉。㈡下鄉儉而獲悔吝之辱：楊明照《抱朴子外篇校箋・下》：繼（昌）曰：「（下鄉）盧本作『下卿』，當從之。」按吉藩本、柏筠堂本、《叢書》本、《崇文》本亦並作「下卿」，皆非也。《史記》卷九十二〈淮陰侯列傳〉：「淮陰侯韓信者，淮陰人也。始為布衣時，貧無行，不得推擇為吏；又不能治生商賈。常從人寄食飲，人多厭之者。常數從其下鄉（《集解》引張晏曰；「下鄉縣屬淮陰也。」）南昌亭長寄食，數月，亭長妻患之，乃晨炊蓐食。食時，信往，不為具食。信亦知其意，怒，竟絕去。」（《漢書》卷三十四〈韓彭英盧吳傳〉略同）是此文之「下鄉」指韓信也。繼說非。
㈢漂嫗豐而蒙千金之報：事見《史記》卷九十二〈淮陰侯列傳〉：「信釣於城下，諸母漂，有一母見信飢，飯信，竟漂數十日。信喜，謂漂母曰：『吾必有以重報母。』母怒曰：『大丈夫不能自食，吾哀王孫而進食，豈望報乎？』」

【今譯】『所以范蠡出仕則能滅亡吳國，使越國得以稱霸，成為命世之佐才，而一旦退隱則能經營商業，積累萬金的資財。上天使人貧窮在於六種極不幸的事，上天使人富裕在於五種福氣運道。《詩經》讚美富人，《周易》以聚人為貴。垂餌味香就會使鱣鮪上鉤，懸賞豐厚就會使人果敢奮擊。所以，司馬相如脫掉犢鼻褌而擁有華貴的服飾，曲逆侯陳平擺脫以席為門的困境而被封侯，呂不韋獲得封邑十萬戶，絳侯周勃從囹圄之困中解脫出來。所以，韓信行儉而終有悔咎之時，漂母供食韓信而獲得千金之報。』

『先生無少伯㈠之奇略，專銳思乎六經㈡，忽絕粻㈢之實禍，慕不朽之虛名；恥詭遇以干祿㈣，羞衒沽以要榮；冀西伯之方畋㈤，俟黃河之將清；』

【今註】 ㈠少伯：即前段之范生（蠡）。㈡六經：指《易》、《書》、《詩》、《禮》、《樂》、《春秋》。㈢粻：音ㄓㄤ，糧食。㈣干祿：求祿位。㈤西伯之方畋：西伯，即周文王。畋，音ㄊㄧㄢˊ，打獵。《史記》卷三十二〈齊太公世家〉：呂尚蓋嘗窮困，年老矣，以漁釣奸周西伯。西伯將出獵，卜之，曰「所獲非龍非彲，非虎非熊；所獲霸王之輔。」於是周西伯獵，果遇太公於渭之陽，與語大悅，載與俱歸，立為師。

【今譯】 『但是先生（指樂天先生）沒有少伯那樣的奇謀才略，專門研習六經，忽略了沒有飯吃的實禍，只羨慕所謂不朽的虛名。恥於找機遇以求祿位，羞於宣揚名聲以求榮耀。寄希望於周文王打獵發現呂尚的那種情況，要等到黃河水清的時候；』

『甘列子之菜色㊀，邈全神而遺形。何異圖畫騏驥㊁，以代徒行之勞；遙指海水，以解口焦之渴；張魚網於峻極之巔，施釣緡㊂於修㊃木之末？雖自以為得所，猶未免乎迂闊也。』

【今註】㊀列子之菜色：列子，即列禦寇，相傳戰國時道家，鄭人。菜色，指飢餓的臉色。㊁騏驥：駿馬。㊂緡：釣魚線。㊃修：長。

【今譯】『甘願像列子那樣貧窮挨餓，邈全神而遺留下形骸。這就無異於圖畫良馬，以代替走路的辛勞；遠指著海水，以解口乾之渴；在極高峻的山頂張開魚網，在高樹的末端施放釣魚線，雖然自己以為得當，還是不免不切實際。』

『事無身後之功，物無違時之盛。今海內瓜分，英雄力競，象恭滔天㊀，猾夏放命㊁。鷙蹇星馳以兼路㊂，豺狼奮口而交爭。當途㊃投袂以訟屈，素士㊄蒙塵以履徑。純儒釋皇道㊅而治五霸㊆之術，碩生弃四科而恤月旦之評㊇。』

【今註】 ㈠象恭滔天：語出《尚書：堯典》：「帝曰：『吁！詩言庸違，象恭滔天。』」意謂表面恭敬，實則狂妄傲慢。㈡放命：違命。㈢駑蹇星馳以兼路：駑蹇，指劣馬。星馳，如流星奔馳。一說星夜奔馳。兼路，以加倍的速度趕路。㈣當途：指當官掌權之人。㈤素士：指無爵位的人。㈥皇道：三皇五帝之道。㈦五霸：即春秋五霸。指齊桓公、晉文公、宋襄公、秦穆公、楚莊王。㈧弃四科而恤月旦之評：四科，指德行、言語、政事、文學。月旦之評，品評人物。《後漢書》卷六十八〈郭符許列傳〉：「初，劭與靖（劭從兄）俱有高名，好共核論鄉黨人物，每月輒更其品題，故汝南俗有月旦評焉。」

【今譯】 『做事沒有獲得身後的功勞，作物沒有違背時令的茂盛。如今天下分立割據，各種英雄奮力競爭，象恭滔天，猾夏違命。劣馬星夜兼程趕路，豺狼張口而彼此鬥爭。當官掌權的人投袂以詘屈，無爵位的人蒙塵以履徑，純儒放棄三皇五帝之道，而研習五霸之術，碩生放棄德行、言語、政事、文學等四科，而轉向月旦之評，專門品評人物。』

『筐篚實者，進於草菜；乏資地者，退於朝廷㈠。握黃白㈡者，排金門而陟玉堂；誦方策㈢者，結世讎而委泥濘。贄幣濃者，瓦石成珪璋㈣；請託薄者，龍駿弃林坰㈤。黨援多者，偕鶩飆以淩雲㈥；交結狹者，侶跛鱉以沈泳。夫丸泥已不能遏彭蠡㈦之沸騰，獨賢亦焉能反流遁之失正？』

【今註】㈠筐篚實者，進於草菜；乏資地者，退於朝廷：楊明照《抱朴子外篇校箋・下》：按「菜」字誤，當據魯藩本、舊寫本、文溯本、《崇文》本改作「萊」。又「乏資地」與「筐篚實」詞性不倫，「乏」字疑當乙在「地」字下。㈡黃白：黃金和白銀。㈢方策：書籍。㈣贄幣濃者，瓦石成珪璋：贄幣，送禮錢財。珪，玉器。璋，玉器。㈤請託薄者，龍駿弃林坰：請託，以私事相託；走門路，通關節。坰，音ㄐㄩㄥ，郊野。㈥黨援多者，偕鶩飆以淩雲：楊明照《抱朴子外篇校箋・下》：按「偕」疑「階」之誤。〈逸民篇〉「或階黨援以鳳起」，〈尚博篇〉「而螻蛭怪其無階而高致」，〈廣譬篇〉「棲鴻階勁風以淩虛」，並其證。㈦彭蠡：古澤名。舊釋即今鄱陽湖。一說應在長江北岸，約當今鄂東皖西一帶濱江諸湖，自西漢以後，彭蠡逐漸南移並擴展成今鄱陽湖。

【今譯】『採集筐實的人走進草萊之間，沒有資望地位的人退出朝廷。握有巨富的人排在金殿之門而登上玉堂，誦讀典籍的人卻跟別人結下世代仇恨而被拋棄於泥濘。送重禮的人使瓦石變成玉器，請託少的人即使是龍駿也被委棄於林野。黨援多的人能踏著駑鳻而淩雲高升，交結狹窄的人像跛鱉一樣沉泳。一點點泥丸也不能遏止沸騰洶湧的古澤彭蠡，單獨的賢人又怎麼能挽回流失正常的潮流呢？』

『今先生入無儋石之儲，出無束脩㈠之調，徒含章如龍鳳，被文如虎豹，吐之如波濤，陳之如錦繡，而凍餓於環堵㈡，何計疏之可弔㈢？奚不汎輕舟以託迅，御飛帆以遠之，交瑰貨於朔南㈣，收金碧於九疑㈤；迪崔烈之遐武㈥，縻㈦好爵於清時？徒疲勞於述作，豈蟬蛻之有期也？獨苦身以為名，乃黃、老之所蚩也㈧。』

【今註】㈠束脩：古代諸侯大夫相饋贈的禮物。脩，乾肉。十條乾肉為束脩。㈡環堵：四周環著每面方丈的土牆，形容居室的隘陋。㈢疏之可弔：疏，疏導。弔，安撫。㈣朔南：朔，北方。《尚書・禹貢》：「東漸于海，西被于流沙，朔、南暨聲教。」㈤九疑：九疑山，在湖南寧遠縣南。㈥崔烈之遐武：東漢大臣。靈帝時開鴻都門榜賣官爵，烈入錢五百萬，得為司徒，於是聲名衰減。問其子鈞曰：「吾居三公，於議者何如？」鈞答曰：「論者嫌其銅臭。」見《後漢書》卷五十二〈崔駰列傳〉。

武，足跡。㈦縻：音ㄇㄧˊ，牽制。㈧乃黃、老之所蚩也：楊明照《抱朴子外篇校箋・下》：按「蚩」當作「嗤」。已詳〈刺驕篇〉「因而蚩之」條。

【今譯】『如今，先生家裏沒有擔石的儲糧，外出又沒有送禮的東西，只是含章如龍鳳，被文如虎豹，談吐如波濤，陳述似錦繡。而先生在四壁蕭然的屋舍裏挨凍受餓，有什麼辦法加以疏導與安撫呢？為什麼不泛舟以託迅，駕御飛帆以遠之，交瑰貨於朔南，收金碧於九疑山，啟迪前人崔烈遠去的足跡，求取在太平盛世把握高官厚爵的機會呢？你只是疲勞於述作，難道擺脫困境有日期可待嗎？獨苦自身以為就有名聲，這是黃帝、老子所譏議的。』

「樂天先生答曰：『六蓺㈠備研，《八索》㈡必該，斯則富矣；振翰摛藻㈢，德音無窮，斯則貴矣。求仁仁至，舍旃焉如？夫棲重淵以頤靈，外萬物而自得；遺紛埃於險塗，澄精神於玄默；不窺牖以遐覽，判微言而靡惑。雖復設之以台鼎，猶確爾而弗革也。曷肯憂貧而與賈豎爭利，戚窮而與凡瑣競達哉？』

【今註】㈠六藝：即「六經」。《史記》卷一百二十六〈滑稽列傳〉：「孔子曰：六藝于治一也，《禮》以節人，《樂》以發和，《書》以道事，《詩》以達意，《易》以神化，《春秋》以道義。」㈡《八索》：相傳為古書名。《左傳》昭公十二年：「是能讀《三墳》、《五典》、《八索》、《九丘》。」孔穎達《疏》引孔安國《尚書序》：「八卦之說，謂之《八索》。索，求其義也。」㈢振翰摛藻：翰，毛筆。摛，音ㄔ，傳播。藻，文采。

【今譯】「樂天先生回答說：『六經都研習，《八索》必求完備，這就是富裕的了。揮筆寫文章，德音傳至無窮，這就是尊貴的了。探求仁義，仁義就會來，捨棄它也是如此。棲止深淵以養頤神靈，外於萬物而自然求得，遺忘險途上紛紜的塵埃，在幽深靜寂之中澄清精神，不窺視窗戶之外的遙遠地方，辨別細微之言而不受迷惑。雖然設以三公或宰相的位置，還是堅決不改變自己的信念。為什麼肯憂愁清貧而去跟商人爭利，擔心窮苦而去跟凡庸小人競爭呢？』

『吾子苟知商販可以崇寶，耕也可以免飢，不識逐麋者不顧兔，道遠者其到遲也。且夫尚父㈠之鼓刀，素首㈡乃吐奇也。萬鈞之為重，衡飆不能移；《簫韶》未九成㈢，靈鳥不紓儀也。』

【今註】㊀尚父：即呂尚。武王號之為「師尚父」。劉向《別錄》曰：「師之，尚之，父之，故曰師尚父。父亦男子之美號也。」㊁素首：年老白頭。《說苑》云呂尚年七十釣於渭渚，後遇周文王。㊂《簫韶》未九成：《簫韶》，相傳為舜時之樂舞，由九段組成，即所謂「《簫韶》九成」。周代用以祭祀四望。孔子稱它為盡善盡美的樂舞。

【今譯】『你只知道商販可以崇尚珍寶，耕種可以免除飢餓，而不懂得獵取麋的人不會顧及兔子，道路遙遠的到達時也就遲了。而且呂尚揮刀征戰時，已經是年老白頭才獻出奇謀。萬鈞之為重，衝擊而來的暴風不能移動它；《簫韶》舞樂九段未演成，靈鳥不會圍著飛翔。』

『是以俟扶搖㊀而登蒼霄者，不充詘於蓬蒿之杪㊁；騁蘭筋㊂以陟六萬者，不爭途乎蹇驢之群。大孝必畏辱親之險，故子春戰悸於下堂㊃。上智不貴難得之財，故唐、虞捐金而抵璧。明哲消禍於未來，知士聞利則慮害。』

【今註】㊀扶搖：急劇盤旋而上的暴風。㊁杪：末梢。㊂蘭筋：指駿馬。㊃子春戰悸於下堂：子春，即樂正子春。曾子弟子。子春下堂時，不慎扭傷腳，他認為傷害了得自父母的身體，是不孝的行為，因此在傷癒後仍面有憂色。見《大戴禮記・曾子大孝》。

【今譯】『因此，等待大風到來時直上雲霄的大鵬鳥，不會在蓬蒿的莖梢上得意忘形，弛騁六萬里遠程的駿馬，不會跟劣馬跛驢去爭路。大孝的人必定怕侮辱雙親的險惡行為，所以子春在下堂時扭傷腳後，總是戰悸不安。上智的人並不看重難覓的財寶，所以唐堯、虞舜捨棄黃金和玉璧。明哲之人能夠消除未來的災禍，有識之士聽到財利就考慮會帶來什麼危害。』

『而吾子訊僕以汎舟，孳孳於潤屋㊀；勸隋珠之彈雀㊁，探虎口以奪肉；輕遺體於不測，觸重險以遠至；忘髮膚之明戒，尋乾沒㊂於難冀。若乃焚輪傾巖，木拔石飛，陽侯㊃山峙，洪濤嶵巍㊄，輕艘塵漂，力與心違。徒嗟泣而罔逮，乃悟達者之見微也。』

【今註】㊀潤屋：《禮記・大學篇》：「富潤屋，德潤身。」謂富足以潤澤其家。㊁隋珠之彈雀：《莊子・讓王篇》云：「以隋侯之珠，彈千仞之雀，世必笑之。是何也？則以其所用者重，所要者輕也。」㊂乾沒：囤積謀利。㊃陽侯：波濤之神。《楚辭・九章・哀郢》：「凌陽侯之氾濫兮，忽翱翔之焉薄。」洪興祖《補注》引應劭說云：「陽侯，古之諸侯，有罪，自投江，其神為大波。」又，《淮南子・覽冥篇》：「武王伐紂，渡于孟津，陽侯之波，逆流而擊。」高誘《注》：「陽侯，陵陽國侯也。其國近水，溺水而死。其神能為大波，有所傷害，因謂之陽侯之波。」㊄嶵巍：即「崔巍」，高峻貌。

【今譯】『而你勸我冒險泛舟，努力追求財富；勸我用隋侯之珠去打鳥雀，在虎口中奪肉；輕視自己的軀體去冒不可測的風險，冒重大的危險而長途跋涉；忘記了髮膚得之父母的明戒，為了追求難得之物而僥倖冒險。一旦遇到狂風大作，吹倒山崖，樹木被拔起，沙石四處亂飛，大浪如山，波濤翻滾。輕舟就如同塵埃一樣在水中漂流，縱使有心也無力免除災禍，只能歎息哭泣而無能為力，方才覺悟到通達者見微知著的卓越遠見。』

『昔回、憲㊀以清苦稱高，陳平以無金免危㊁，廣漢㊂以好利喪身，牛缺以載寶灰糜。匹夫枉死於懷璧，豐狐召災於美皮。今吾子督余以誨盜之業，敦余以召賊之策，進酖酒以獻酬，非養壽之忠益。』

【今註】 ㈠回、憲：回，顏回，字子淵，魯人。孔子的弟子，居住在陋巷，簞食瓢飲，人不堪其憂，回也不改其樂。憲，原憲，字子思。孔子卒，原憲遂亡入草澤，過著貧苦的生活。均見《史記》卷六十七〈仲尼弟子列傳〉。㈡陳平以無金免危：陳平，少時家貧，好讀書。項羽曾拜平為都尉，賜金二十溢。後陳平懼誅，乃封其金與印，使使歸項王，而平身間行杖劍亡。渡河，船人見其美丈夫獨行，疑其亡將，腰中當有金玉寶器，目之，欲殺平，平恐，乃解衣裸而佐刺船。船人知其無有，乃止。事見《史記》卷五十六〈陳丞相世家〉。㈢廣漢：依《西京雜記》卷三所記，當為茂陵富人袁廣漢。

【今譯】 『從前顏回、原憲清苦才被認為德行高尚，陳平身無金寶才免除了被害的危險，而袁廣漢卻因好利而喪身，牛缺因載寶而灰糜。匹夫枉死於懷璧，豐狐因美麗的皮毛而招來災禍。如今，你督促我去做誨盜的事情，敦促我去行使召賊的計策，進毒酒以獻酬，並非養頤年壽的忠益。』

『夫士以《三墳》㈠為金玉，《五典》㈡為琴箏，講肆為鍾鼓，百家為笙簧，使味道者以辭飽，酣德者以義醒。超流俗以高蹈，軼億代而揚聲。方長驅以獨往，何貨賄之穢情？夫藏多者亡厚，好謙者忌盈，含夜光㊂者速剖，循覆車者必傾，過載者沈其舟，慾勝者殺其生。蓋下士所用心，上德所未營也。』

【今註】 ㊀《三墳》：相傳為三皇之書。㊁《五典》：相傳為五帝之書。偽孔安國《尚書序》：「伏犧、神農、黃帝之書，謂之《三墳》，言大道也。少昊、顓頊、高辛、唐（堯）、虞（舜）之書，謂之《五典》，言常道也。」㊂夜光：寶玉名。《戰國策・楚策》：「楚王獻夜光之璧於秦王」。

【今譯】 『士人以《三墳》為金玉，《五典》為琴箏，講肆為鍾鼓，諸子百家為笙簧，使嘗味的人能夠辭退鮑魚，沉醉於德行的人能夠以仁義得到清醒。超越流俗以高蹈，勝過億代而揚名。正要長驅以獨往，為什麼還要貨賄這種污穢的情念呢？積藏多的人遺忘也多，愛好謙虛的人切忌盈滿，含有夜光寶玉的石頭容易剖開，遵循覆車的人必然傾墮，載重過多的船會沉沒，慾望過度的人會損害自己的生命。大概下士所用心考慮的事，上德之人是不會做的。』

「於是問者茫然自失，請備門生之末編，永寶㊀長生之良方焉。」

【今註】 ㈠寶：保。

【今譯】 「於是，偶俗公子茫然若有所失，請求列入樂天先生門生的末編，永遠保有長生的良方。」

仁明篇　第三十七

【篇旨】　本篇論述「仁」與「明」的先後問題。葛洪強調「明」比「仁」更重要，指出：「明者才也，仁者行也。殺身成仁之行可力為，而至鑒玄測幽之明難妄假，精粗之分，居然殊矣。夫體不忍之仁，無臧否之明，則心惑偽真，神亂朱紫。思算不分，邪正不識，不逮安危，則一身之不保，何暇立（人）以濟物乎？」

抱朴子曰：「門人共論仁明之先後，各據所見，乃以諮余。余告之曰：『三光垂象者，乾也㈠；厚載無窮者，坤也。乾有仁而兼明㈡，坤有仁而無明。卑高之數，不以邈乎？』

【今註】　㈠三光垂象者，乾也：三光，指日、月、星三者。乾，指天。㈡乾有仁而兼明：楊明照《抱朴子外篇校箋・下》：《藏》本、魯藩本、吉藩本、舊寫本作「乾有明而兼仁」。按日月麗天，乾道本明，非兼明也。諸本是。當據正。

【今譯】 抱朴子說：「門人子弟共同討論仁與明哪一個重要的問題，各有各的意見，就來詢問我。我告訴他們說：『日、月、星垂象的地方就是天空，厚載無窮的就是大地。天本來是光明而同時兼有仁愛，大地雖然仁厚但卻沒有光明。這高卑之分，不是相差遙遠嗎？』

『夫唯聖人與天合德，故唐堯以欽明冠典㈠，仲尼以明義首篇㈡。明明在上㈢，元首之尊稱也。明哲保身㈣，《大雅》之絕蹤㈤也。』

【今註】 ㈠唐堯以欽明冠典：《尚書・堯典》：「曰若稽古帝堯，曰放勳，欽明文思安定。」意指唐堯以欽、明、文、思四德安定天下。㈡仲尼以明義首篇：應指《孝經》，相傳為孔子所述作，其首篇名為〈開宗明義〉。㈢明明在上：《詩經・大雅・大明》：「明明在下，赫赫在上。」明明，用來歌頌明智聰察的帝王或神靈。㈣明哲保身：語本《詩經・大雅・烝民》：「既明且哲，以保其身。」意謂深明事理的人能保全自身。㈤絕蹤：卓絕的行為。

【今譯】 『只有聖人與天合德，所以唐堯欽明，以〈堯典〉為《尚書》第一篇，孔子也以明義為首篇。明明在上，用來尊敬地稱頌明智聰察的帝王。深明事理的人能保全自身，這是《詩經・大雅》中所歌頌的卓絕行為。』

『蜎飛蝡動㈠，亦能有仁，故其意愛弘於長育，哀傷著於啁噍㈡。然赴阬穽而無猜，入罻羅而不覺，有仁無明，故並趨禍而攸失。』

【今註】㈠蜎飛蝡動：蟲豸之屬飛翔或蠕蠕而行。蜎，音ㄩㄢ。蝡，音ㄖㄨㄢˇ。㈡啁噍：嚼也。

【今譯】『蟲豸之屬飛翔或蠕蠕而行，它們也有仁愛之心，所以它們有意愛弘於長育，遇到哀傷會表現出啁噍的樣子。然而它們落進坑穽而不知道，落入罻羅而不發覺。它們只有仁愛而無明察，所以它們都自趨災禍而有所喪失。』

『熾潛景以易咀生㈠，結棟宇以免巢穴，選禾稼以代毒烈，制衣裳以改裸飾，後舟楫以濟不通㈡，服牛馬以息負步，序等威以鎮禍亂，造器械以戒不虞，創書契㈢以治百官，制禮律以肅風教，皆大明之所為，非偏人之所能辯也。』

【今註】㈠咀生：孫星衍校曰：各本如此，盧本作「組圭」。㈡後舟楫以濟不通：楊明照《抱朴子外篇校箋・下》：陳澧曰：「『後』字疑誤。」按《藏》本、魯藩本、吉藩本、慎本、盧本、柏筠堂本、文溯本、《叢書》本、《崇文》本作「役」，是也（舊寫本作「仗」）。〈備闕篇〉「而不能役舟楫以淩陽侯」，亦可證。㊂書契：指文字。

【今譯】 『至於用火潛景來改變生食，造樓房以避免巢穴之居，學會種植以代替吃毒烈之物，縫製衣裳以改變裸身的情況，使用舟楫來渡過無法通行的江河，役用牛馬以代替步行，用序等級威嚴來防止禍亂的發生，製造兵器械具以備不虞之用，創造文字以供百官治理政事之用，制訂禮律以肅靜風俗教化，上述這些都是大明所做的事，並非偏見之人所能辯的。』

『夫心不違仁而明不經國，危亡之禍，無以杜遏，亦可知矣。夫料盛衰於未兆，探機事於無形，指倚伏㊀於理外，距浸潤於根生者，明之功也。垂惻隱於昆蟲，雖見犯而不校，覩觳觫㊁而改牲，避行葦㊂而不蹈者，仁之事也。』

【今註】 ㊀倚伏：老子《道德經・第五十八章》：「禍兮福之所倚，福兮禍之所伏。」意謂禍、福可以互相轉化。㊁觳觫：音ㄏㄨˊㄙㄨˋ，形容牛的恐懼狀。㊂行葦：謂葦生路旁。《詩經・大雅》有〈行葦〉。

【今譯】『心不違背仁愛，而不用明察來治理國家，危亡之災禍還是無法杜絕與遏止，這也是可以預料的。預先了解盛衰的變化，從沒有跡象之中測出重要事情的發生，於道理之外指明禍福的互相轉化，不用雨露浸潤而根能生長，這些都是明智聰察的功能。對昆蟲之類也有惻隱之心，雖然被侵犯而不計較，看見牛惶懼的樣子就改用其他牲畜，避開路旁葦草而不敢踐踏，這些都是仁愛的事。』

『爾則明者才也，仁者行也。殺身成仁之行可力為，而至鑒玄測幽之明難妄假。精粗之分，居然殊矣。夫體不忍之仁，無臧否之明，則心惑偽真，神亂朱紫㈠，思算不分，邪正不識，不逮安危，則一身之不保，何暇立以濟物乎㈡？』

【今註】㈠朱紫：比喻以邪亂正或者真偽混淆。㈡則一身之不保，何暇立以濟物乎：楊明照《抱朴子外篇校箋・下》：按此二句文意不屬，似有脫漏。《論語・雍也篇》：「夫仁者，已欲立而立人。」是「立」下合有一「人」字。

【今譯】『那麼樣，明智是才能的表現，仁愛是行動的準則。殺身成仁的行為人們可以努力地做到，但是觀察深遠與探測幽微的明智之才卻難以妄假，這精粗之分，居然是很不同的。只體現不忍的仁愛之心，而沒有評論好壞的明察，則心會受到真假的迷惑，結果真偽混亂，以邪亂正。如果思算不分，邪正不知，不顧及安危，則連自己的身命也保不住，又如何立人以救濟眾物呢？』

『昔姬公非無友于之愛，而涕泣以滅親㊀；石碏非無天性之慈，而割私以奉公㊁。蓋明見事體，不溺近情，遂為純臣。以義斷恩，舍仁用明，以計抑仁。仁可時廢，而明不可無也。湯、武㊂逆取順守，誠不仁也；應天革命，以其明也。徐偃㊃修仁以朝同班，外墜城池之險，內無戈甲之備，亡國破家，不明之禍也。』」

【今註】㊀姬公非無友于之愛，而涕泣以滅親：姬公，周公。曾誅管叔、放蔡叔。㊁石碏非無天性之慈，而割私以奉公：石碏，春秋時衛國大夫。衛桓公十六年，公子州吁襲殺桓公，自立為衛君。石碏之子石厚參與其謀，他把州吁及石厚誘至陳國，請陳人捉住並殺死。㊂湯、武：湯，滅夏桀，建立商朝。武，周武王，滅殷紂王，建立西周王朝。㊃徐偃：徐偃王，西周或春秋時徐戎的首領，統轄今淮、泗一帶，因恭行仁義，向他朝貢的有三十六國，因不設武備，而後為楚所敗。

【今譯】『從前周公並非對兄弟沒有友愛，但是兄弟叛亂，而只能涕泣以滅親。石碏並非沒有天性的慈愛，但兒子參與叛亂，終於割私而奉公。大概明智聰察於事體，不沉溺於近親私情，就成為純正之臣，以義斷恩，捨仁用明，以計抑仁，仁愛有時可以廢棄，而明智之才不可以缺乏。商湯、周武王逆取順守，確實是不仁慈的，然而應天革命，是由於他們明智聰察的結果。徐偃王專修仁愛，以朝同班，結果外墜城池之險，內無戈甲之備，終致亡國破家，這是不明智所造成的禍害。』」

門人曰：「仲尼歎仁為『任重而道遠』㊀。又云：『人而不仁，如禮何？』㊁『若聖與仁，則吾豈敢？』㊂孟子曰：『仁，宅也；義，路也。』㊃『人無惻隱之心，非仁也。』㊄『三代得天下以仁，失天下以不仁。』㊅此皆聖賢之格言，竹素㊆之顯證也。而先生貴明，未明典據。小子蔽闇，竊所惑焉。」

【今註】 ㈠任重而道遠：語見《論語・泰伯篇》：「士不可以不弘毅，任重而道遠：仁以為己任，不亦重乎？死而後已，不亦遠乎？」此為曾子之言，葛洪誤記。㈡人而不仁，如禮何：語見《論語・八佾篇》：「子曰：『人而不仁，如禮何？人而不仁，如樂何？』」㈢若聖與仁，則吾豈敢：語見《論語・述而篇》：「子曰：『若聖與仁，則吾豈敢？抑為之不厭，誨人不倦，則可謂云爾已矣。』」㈣仁，宅也；義，路也：《孟子・離婁篇・上》：「仁，人之安宅也；義，人之正路也。」又《孟子・萬章篇・下》：「夫義，路也。」㈤人無惻隱之心，非仁也：語出《孟子・公孫丑篇・上》：「夫仁，天之尊爵也，人之安宅也。」又「惻隱之心，人之端也。」㈥三代得天下以仁，失天下以不仁：語出《孟子・離婁篇・上》：「孟子曰：『三代之得天下也以仁，其失天下也以不仁。』」㈦竹素：竹簡帛書，泛指書籍。

【今譯】 門人說：「孔子讚歎以仁為己任，那就是任重而道遠。孔子說：『人如果不仁，如何行禮呢？』『若聖與仁，則我豈敢違背？』孟子也說：『仁是人的安宅，義則通道。』『人若沒有惻隱之心，也就沒有仁了。』『夏、商、周三代以仁而得天下，其末朝君王以不仁而喪失天下。』這些都是聖賢的格言，在典籍上也有明顯的證據。而先生以明為貴，卻不見於典籍上的根據。小子蔽闇無知，私下裏對先生的意見迷惑不解。」

抱朴子答曰：「古人云：『好仁不好學，其蔽也愚。』子近之矣。曩六國相吞㊀，豺虎力競，高權詐而下道德，尚殺伐而廢退讓。孟生㊁方欲抑頓貪殘，褒隆仁義，安得不勤勤諄諄，獨稱仁邪？」

【今註】㊀曩六國相吞：曩，從前。六國，指戰國時代東方六國，即齊、楚、韓、趙、魏、燕。

㊁孟生：即孟子。

【今譯】抱朴子回答說：「古人說過，好仁不好學，他的弊病是愚笨。你卻與這種情形相近了。從前戰國時代，六國相爭，如豺狼老虎爭鬥一樣，注重權術詐騙而看不起道德說教，崇尚殺伐而廢棄退讓。孟子正想要抑止貪殘的局面，褒揚與提倡仁義學說，哪兒能不勤勤諄諄地單獨地稱頌仁呢？」

「然未有片言，云仁勝明也。譬猶疫癘之時，醫巫為貴，異口同辭，唯論藥石。豈可便謂鍼艾之伎，過於長生久視之道㊀乎？且吾以為仁明之事，布於方策㊁，直欲切理，示大較精神，舉一隅耳。而子猶日用而不知，云明事之無據乎？」

【今註】㈠長生久視之道：耳目不衰，不老。語出老子《道德經・第五十九章》：「長生久視之道。」㈡方策：指書籍。

【今譯】「然而，孟子沒有隻字片言，只說仁勝過明。這就如同疫病發生的時候，醫巫之人受到重視一般，人們異口同聲只談論藥石治療，難道可以便說針灸方法勝過長生不老之道嗎？而且我以為仁與明的道理，寫在書籍上，只要切合道理，示於眾人，大概精神，舉其一方面罷了！而你實際上天天在使用而卻不知道，還說關於明的道理是沒有根據呢？」

「〈乾〉稱『大明終始，六位時成』㈠，是立天以明，無不包也。〈坤〉云『至哉，萬物資生』㈡，是地德仁，承順而已。先後之理，不亦炳然！」

【今註】㈠〈乾〉稱『大明終始，六位時成』：《易經・乾卦・彖辭》：「大哉乾元，萬物資始，乃統天。雲行雨施，品物流形。大明終始，六位時成。」孔穎達《疏》云：「大明曉乎萬物終始之道，始則潛伏，終則飛躍。可潛則潛，可飛則飛。是明達乎始終之道。」六位時成，六爻之位依時而成。㈡〈伸〉云『至德哉，萬物資生』：《周易・坤卦・彖辭》云：「至哉坤元，萬物資生，乃順承天。坤厚載物，德合無疆。」意謂地之德化，萬物賴以獲得生命的基礎。

【今譯】「《易經・乾卦》說『太陽西降東升，上下四方因此被確定下來』，這就是以明來確立天，說明它無所不包。《易經・坤卦》說大地多麼大啊！萬物賴以獲得生命的基礎，這就是大地以仁為德，承順天道罷了。可見，仁與明，一先一後，其道理不亦是炳然明白嗎！」

「《詩》云：『明明上天，照臨下土。』㈠『明明天子，令聞不已。』㈡《易》曰：『王明，並受其福』㈢，『幽贊神明』㈣，『神而明之』㈤。此則明之與神合體，誠非純仁所能企擬也。」

【今註】㈠明明上天，照臨下土：語見《詩經・小雅・小明》。㈡《明明天子，令聞不已：語見《詩經・大雅・江漢》。令聞，美譽。㈢王明，並受其福：語見《易經・井卦》。意指君王賢明，能夠拔擢、任用人才，上下並受其福。㈣幽贊神明：語見《易經・說卦》：「昔者聖人之作《易》也，幽贊於神明而生蓍。」意指冥冥中受到神明的佐助。㈤神而明之：語見《易經・繫辭上》。

【今譯】「《詩經》說：『偉大光明的上天，普照大地的一切。』『聖明的天子，美好的名聲無窮無盡。』《易經》說：『君主英明任賢，上下同受其福。』『神明暗中幫助君主』『神化彰顯《易》

理』。這就是明與神合為一體的道理，確實不是純仁所能企及與比擬的。」

「孔子曰：『聰明神武』㊀，不云聰仁。又曰：『昔者明王之治天下』㊁，不曰仁王。《春秋傳》曰：『明德惟馨』㊂，不云仁德。《書》云：『元首明哉』㊃，不曰仁哉。老子歎上士㊄，則曰：『明白四達』㊅；其說衰薄，則曰：『失道而後德，失德而後仁』。《易》曰：『王者南面向明』㊆，不云向仁也。『我欲仁，斯仁至矣』㊇，又曰：『為仁由己』，斯則人人可為之也。」

【今註】㊀聰明神武：語見《易經・繫辭・上》：「古之聰明叡知，神武而不殺者夫？」㊁昔者明王之治天下：語出《孝經・孝治》：「子曰：『昔者明王之治天下也，不敢遺小國之臣。』」㊂明德惟馨：馨，散布很遠的香氣。明德惟馨，語見《左傳》僖公十五年：「《周書》曰：『皇天無親，惟德是輔。』又曰：『黍稷非馨，明德惟馨。』」㊃元首明哉：《尚書・益稷》：「元首明哉，股肱良哉，庶事康哉！」元首，頭，比喻君主。㊄上士：高尚道德之士。老子《道德經・第四十一章》：「上士聞道，勤而行之。」㈥明白四達：語見老子《道德經・第十章》：「明白四達，能無為乎？」㈦王者南面向明：《易經・說卦》：「聖人南面而聽天下，向明而治。」指帝王之位南向為尊，向陽。㈧我欲仁，斯仁至矣：楊明照《抱朴子外篇校箋・下》：按「我欲仁」上當有「孔子曰」（見《論語・述而篇》：「子曰：『仁遠乎哉，我欲仁，斯仁至矣。』」）三字，否則「又曰」句（見《論語・顏淵篇》）突如其來矣。

【今譯】「孔子說：『聰明神武』，而不說聰仁。孔子又說：『昔者明王之治天下』，而不說仁王。《春秋傳》說『聖明的德性如芳香四溢』，而不說仁德。《尚書》說：『君主聖明』，而不說仁哉。老子讚賞高尚的士人，則說『明白而觸類旁通』；他說及世風衰薄，則說：『失道而後德，失德而後仁』。《易經》說：『王者朝南面向光明』，而不說向仁。孔子說：『我想要行仁，仁就可以作到』，又說『為仁在於自己』，這就是說，仁是人人可以做到的。」

「至於聰明，何可督哉？故孟子云：『凡見赤子將入井，莫不趨而救之。』㈠以此觀之，則莫不有仁心，但厚薄之間，而聰明之分，時而有耳。昔崔杼不殺晏嬰㈡，晏嬰謂杼為大不仁而有小仁。

然則姦臣賊子，猶能有仁矣。」

【今註】㈠凡見赤子將入井，莫不趨而救之：語出《孟子・公孫丑篇・上》：「孟子曰：『所以謂人皆有不忍人之心者，今人乍見孺子將入於井，皆有怵惕惻隱之心。』」㈡崔杼不殺晏嬰：事見《史記》卷三十二〈齊太公世家〉及卷六十二〈管晏列傳〉。

【今譯】「至於聰明，如何可以督促做到的呢？所以孟子說：『凡是看到小孩子掉入井裏，人們無不跑去救他。』由此看來，人們沒有不具有仁愛之心的，只是或多或少罷了，而聰明對於人們來說就有分別的了。從前齊國大夫不殺晏嬰，晏嬰說崔杼為大人不仁而有小仁。既然如此，那麼姦臣賤子是尚有仁愛之心的了。」

門人又曰：「《易》稱『立人之道，曰仁與義』㈠。然則人莫大於仁也。」

【今註】㈠立人之道，曰仁與義：語出《易經・說卦》。

【今譯】門人又說：「《易經》上稱立人之道，包括有仁與義。既然如此，那麼立人之道莫大於仁了。」

抱朴子答曰：「所以云爾者，以為仁在於行，行可力為，而明入於神，必須天授之才，非所以訓故也。」

【今譯】抱朴子回答說：「所以說是那麼樣的，就是以為仁在於行。行可以用力氣做到，而聰明來自神。必須天授之才，才具有明，並非所以解釋古書上的意義的。」

博喻篇　第三十八

【篇旨】　〈博喻〉意思即借用廣泛的譬喻來闡說事理。有論君臣政治的，有喻一代廢興的，有寓敦品學養的，有言處事接物的，有評攝生存養的，有探討社會哲理的，甚至有進行文學批評的，不一而足。如說物重萬鈞，係由一斤一兩積多而成；巨樹參天，剛出土時也只有分寸之高；卻都必須由小到大積累以成。

〈博喻〉和〈廣譬〉兩篇，均採用連珠文體形式寫成。不指說事情，祇以華麗的文旨，假借譬喻，委婉表達，篇章短小，如同明珠。本篇共輯有連珠九十七章。

抱朴子曰：「盈乎萬鈞㊀，必起於錙銖；竦秀凌霄，必始於分毫㊁。是以行潦㊂集，而南溟㊃就無涯之曠；尋常積，而玄圃㊄致極天之高。」

【今註】　㊀盈乎萬鈞：「鈞」為三十斤，一斤為十六兩，一兩為二十四銖。㊁必始於分毫：分為一尺的百分之一。《禮記・月令篇》「鈞衡石」，孔《疏》：「黑秬一黍為一分，十分為一寸，十寸為一尺。」毫為細毛，都是用來比喻微小的事物。㊂行潦：潦，是指雨後的大水，而「行潦」是指溝中的行水。㊃南溟：指南海。㊄玄圃：指中國的西北方，傳說中為天帝的下都，在崑崙山上。

【今譯】抱朴子說：「如果要累積到萬鈞的重量，必須從錙銖這樣細微的數目開始；累積的高度要達到雲霄，就必須從一分一毫的度量為始。所以說匯集溝中的行水，就可以成就南海這樣沒有端涯寬廣的水量；在日用尋常之間累積善德，就能有玄圃這般的高度而到達天際。」

抱朴子曰：「騁逸策迅者，雖遺景而不勞；因風凌波者，雖濟危而不傾。是以元凱分職㊀，而則天之勳就；伊、呂既任㊁，而革命㊂之功成。」

【今註】㊀是以元凱分職：《左傳》文公十八年：「昔高陽氏有才子八人，蒼舒、隤敳、檮戭、大臨、尨降、庭堅、仲容、叔達，齊、聖、廣、淵、明、允、篤、誠，天下之民謂之八愷。高辛氏有才子八人，伯奮、仲堪、叔獻、季仲、伯虎、仲熊、叔豹、季貍，忠、肅、共（恭）、懿、宣、慈、惠、和，天下之民謂之八元。此十六族也，世濟其美，不隕其名。以至於堯，堯不能舉。舜臣堯，舉八愷，使主后土，以揆百事，莫不時序，地平天成。舉八元，使布五教于四方，……父義、母慈、兄友、弟共（恭）、子孝、內平外成。」元愷，指八元八愷。㈡伊、呂既任：伊，指伊尹，為商湯時候的佐臣。呂，指呂尚，又稱姜太公，為周武王時候的佐臣。㈢革命：《易經・革卦・彖傳》說：「天地革而四時成，湯武革命，順乎天而應乎人。」

【今譯】 抱朴子說：「鞭策著快馬，馳騁著逸氣，雖然在路途中欣賞風景，也不會覺得勞累。在大風之中凌駕著波浪，雖然是過渡著危險的一海，也不會因此而傾危。所以八元八凱的分職掌理百事，能夠成就極高的功勳。伊尹和呂尚擔當重責大任，能夠讓成湯周武王的革命成功。」

抱朴子曰：「瓊艘瑤楫，無涉川之用；金弧玉弦，無激矢之能。是以介潔而無政事者，非撥亂之器；儒雅而乏治略者，非翼亮之才。」

【今譯】 抱朴子說：「用美玉所裝飾的船隻和楫槳，並沒有渡河的用途。用黃金作的弧和玉作的弦，並不能具備激發箭矢發射的功能。所以說耿介而具有高尚潔操的人，如果沒有具備政務的經驗，便不能擔任撥亂反正的重責大任。一位儒雅之士，如果缺乏治國的雄才大略，那麼也不會是很好的輔佐之材。」

抱朴子曰：「閬風㈠、玄圃，不借高於丘垤；懸黎、結綠㈡，不假觀於瓊、珉。是以英偉不群，而幽蕙之芬駭；峻概獨立，而眾禽之響振㈢。」

【今註】㈠閬風：山峰的名字，為崑崙山上的閬風，傳說為神仙所居之處。《廣韻・去聲・四十二宕韻》：「閬，閬風，崑崙峰名也。」唐李白〈魯郘葉和尚讚〉：「邈彼崑閬，誰云可攀！」㈡懸黎、結綠：懸黎，指梁國的美玉。結綠，指宋國的美玉。《文選》卷三十四曹植〈七啟〉：「應侯謂秦王曰，梁有懸黎，宋有結綠，而為天下名器也。」㈢眾禽之響振：眾禽，用來比喻一般的百姓。響振，呼應的意思。

【今譯】抱朴子說：「閬風、玄圃這樣的仙山，本在崑崙山這樣的高地，根本不需要假借小山丘小土堆的高度。看過了梁國的美玉『懸黎』和宋國的美玉『結綠』，就不需要再觀看其他的玉器了。所以說英偉不凡的大才，能夠卓然不群的突顯在眾人之中，而幽香的蘭花，它的芳香可以使人聞之而讚歎驚駭，它們都是能夠挺然獨立的人或事物，而成為眾人眾物所響應的領導者。」

抱朴子曰：「冰炭不衒能於冷熱，瑾瑜㊀不證珍而體著。是以君子恭己，不恤乎莫與㊁；至人尸居㊂，心遺乎毀譽。」

【今註】㊀瑾瑜：指玉的美名，《左傳》宣公十五年說：「瑾瑜匿瑕，國君含垢。」㊁是以君子恭己，不恤乎莫與：恭己，指君子作到自身的恭敬。恤，憂慮的意思。莫與，《易經・繫辭・下》：「莫之與，則傷之者至矣。」《淮南子・繆稱篇》：「其謝之也，猶未之莫與。」高誘《注》說：「莫，勉之也。」㊂至人尸居：尸居，《莊子・在宥篇》：「君子苟能無解其五藏，無擢其聰明；尸居而龍見，淵默而雷聲，神動而天隨，從容無為而萬物炊累焉。」《莊子・天運篇》又說：「子貢曰：『然則人固有尸居而龍見，雷聲而淵默，發動如天地者乎？賜亦可得而觀乎？』遂以孔子聲見老聃。」

【今譯】抱朴子說：「冰炭這類的物質，不會自我炫耀它們的冷熱性質，美玉不必證明它們的尊貴而自然能使它們珍貴的體性昭著。所以一位仁德君子，只要作到自身的恭敬，就不需要在意外在所加諸的毀譽與得失，一位修養極高的至人，只要尸居，從容無為，就能使心中遺忘了外在的毀謗與讚譽。」

抱朴子曰：「衝飆㊀傾山，而不能效力㊁於拔毫；火鑠金石㊂，而不能耀烈㈣以起淫㈤。是以淮陰㈥善戰守㈦，而拙理治㈧之策，絳侯㈨安社稷，而乏承對㈩之給㈡㈢。」

【今註】㈠衝飆：作「疾風」講。《文選》卷三十五張協〈七命〉說：「衝飆發而迴日（使日光「迂迴難行」，也就是「不能正常照射」的意思），飛礫起而麗天（附著於天）。」飆，暴風。㈡效力：作「顯現功效」講。㈢火鑠金石：是說「金石工匠用吹管所造成可以熔化金石的強烈火焰」。鑠，「熔銷」的意思。㈣耀烈：「光」和「熱」。耀，作「照亮」講；這裏指「鑠火」所發出的「光」。烈，兇猛的火勢，這裏指「鑠火」所產生的「熱」。㈤起淫：使潮淫的環境有所改良。起，有「改進」、「治愈」的意思。《後漢書》卷三十五〈鄭玄傳〉：「起廢疾。」㈥淮陰：西漢時高祖名將韓信封號「淮陰侯」的省稱。韓信原來封為楚王，有人說他謀反，漢高祖就採用了陳平的計謀，偽裝遊歷雲夢，一下子捉拿了韓信。因而把他降封為淮陰侯。事見《史記》卷九十二〈淮陰侯列傳〉。㈦戰守：作「攻守」（攻擊和守禦）講。《宋史》卷二百五十八〈曹瑋傳〉：「華夷山川城郭，險固（險阻和鞏固）出入，戰守之要，舉（全）在是矣。」㈧理治：一作「治理」。「理」「治」含義相同，都是「治理」的意思。㈨絳侯：西漢時高祖名將周勃的封號。見《史記》卷五十七〈絳侯周勃世家〉。⑩承對：有「承答」和「應對」的意思。㊁給：也可以寫作「口給」、「豐足」的意思。指「言語敏捷」、或「言辭滔滔不絕」。《論語‧公治長篇》：「子曰：焉用佞（能言善道）？禦人以口給（用無盡的言辭和人辯駁），屢憎於人（常常會受別人的厭惡）。」㊂「絳侯安社稷，而乏承對之給」兩句：《史記》卷五十七〈絳侯周勃世家〉：「文帝既立，以勃為右丞相，……居月餘，人或說勃曰：『君（指勃）既誅諸呂，立代王（擁立代王桓為文帝），威震天下，而君（指勃）受厚賞，處尊位，以寵，久之即禍及身矣。』……乃免相就國（到絳去作列侯）。歲餘，每河東（郡）守尉（守和尉）行縣（巡行各縣）至絳，絳侯勃自畏恐誅，常被（披）甲，令家人持兵（武器）以見之。其後人有上書告勃欲反，下（交給……處理）廷尉（掌刑辟的官員審訊）。廷尉下其事長安（交由長安縣處理），逮捕勃治之。勃恐，不知置辭。」所謂「乏承對之給」，當指此一「不知置辭」事件。

【今譯】　抱朴子說：「強烈的暴風可以使山陵傾頹，卻拔不起一根細微如毫毛的小草；金石工匠所吹發出來的強烈火焰可以熔化金石，但它的光和熱卻不能讓周圍的潮溼有所改變。因為這個緣故，淮陰侯韓信在戰場上雖然擅長進防作戰，可是平常時候，治理一般政事，卻顯得笨拙無比，似乎一點計謀也沒有；絳侯周勃有穩定漢朝政權於不墜的力量，可是審訊應對，申辯時候，卻缺乏應有的敏捷口才。」

抱朴子曰：「徇名者不以授命為難㈠；重身者不以近欲累情㈡。是以紀信甘灰糜而不恨㈢，楊朱同一毛於連城㈣。」

【今註】㈠徇名者不以授命為難：捨身為名的人，不因獻出生命感到困難。徇名者，捨身為名者。徇，通「殉」。㈡重身者不以近欲累情：指重視養生（身）的人，不會讓自己放縱在情欲上。《百子》本又作「重身者，以不近欲累情。」㈢紀信甘灰糜而不恨：紀信，為漢高祖的忠臣。㈣楊朱同一毛於連城：楊朱是戰國時期的一位思想家，重視個人的養生之道，主張不拔一毛以利天下，為孟子所批評。

【今譯】抱朴子說：「重視名譽的人，不會因為獻出生命而感覺到困難，重視養生的人，不會縱情逞欲而為俗情所累。所以像紀信這樣的節臣，儘管是成為灰燼也甘之如飴，不會有所悔恨，楊朱這樣重視養生的人，對他來說，拔一毛以利天下，就好像是丟棄連城的損失一樣。」

抱朴子曰：「小鮮㈠不解靈虯之遠視㈡，鳧鷖不知鴻鵠之非匹㈢。

是以耦耕者笑陳勝之投耒㈣，淺識者嗤孔明之抱膝㈤。」

【今註】 ㈠小鮮：老子《道德經・第六十章》說：「治大國，若烹小鮮。」 ㈡不解靈虯之遠視：虯，傳說是有角的龍。《說文・虫部》說：「虯，龍子有角者。」《文選》李善《注》：引《廣雅》曰：「無角曰螭龍，有角曰虯龍」。一說「虯」為無角龍，《玉篇・虫部》說：「虯，無角龍。」 ㈢鳧鷖不知鴻鵠之非匹：《詩經・大雅・鳧鷖》毛《傳》說：「鳧水鳥也，鷖鳧屬，大平則萬物眾多。」鴻鵠，都是大鳥的名稱。 ㈣耦耕者笑陳勝之投耒：《史記》卷四十八〈陳涉世家〉：「陳涉少時，嘗與人傭耕，輟耕之壟上，悵恨久之，曰：『嗟乎！燕雀安知鴻鵠之志哉！』」此句意謂一般耕田的人看見陳涉投耒而歎，口出大言，而頗覺不以為然。 ㈤淺識者嗤孔明之抱膝：《三國志》卷三十五〈諸葛亮傳〉《注》所引《魏略》說：「亮在荊州，以建安初，與潁川石廣元、徐元直、汝南孟公威等俱游學，三人務於精熟，而亮獨觀其大略。每晨夜從容，常抱膝長嘯，而謂三人曰：『卿三人仕進可至刺史郡守也。』三人問其所至，亮但笑而不言。後公威思鄉里，欲北歸，亮謂之曰：『中國饒士大夫，遨遊何必故鄉邪？』」孔明，指諸葛孔明，孔明抱膝，即指這段典故。

【今譯】 抱朴子說：「一般的小魚小蝦，是不能理解靈明的龍獸的高瞻遠視，一般的水鳥是不知道不能與鴻鵠這樣的大鳥相與匹配的。所以和陳勝一起耕田的人，會嘲笑陳勝投　自歎的志向，一般淺識的人會嗤笑諸葛孔明抱膝所談的言論。」

抱朴子曰：「淳鈞之鋒㈠，驗於犀兕；宣慈之良㈡，效於明試㈢。是以同否則元凱㈣與斗筲㈤無殊，並任則騄騏㈥與駑駘不異。」

【今註】㈠淳鈞之鋒：淳鈞，相傳為越人歐冶所鑄造的名劍。㈡宣慈之良：謂宣傳教化的良臣。㈢效於明試：《尚書・舜典》說：「敷奏以言，明試以功。」孔安國《傳》說：「敷，陳。奏，進也。諸侯四朝，各使陳進治禮之言。明試其言，以要其功，功成則賜車服，以表顯其能用。」㈣同否則元凱：指高陽氏、高辛氏時期的八元八凱。㈤斗筲：斗為一斗，筲為一斗二斤，用來比喻小人的器量。《論語・子路篇》說：「子曰：噫！斗筲之人，何足算也。」㈥騄騏：良馬的名稱。

【今譯】　抱朴子說：「像淳鈞這樣名劍的鋒利，可以在堅硬的犀牛角上得到驗證，能夠推廣教化的良臣，可以通過種種試驗明白顯示出來的。如果沒有通過試驗，那麼八元八凱這等的大才和一般的斗筲之材，並沒有什麼分別，良馬和劣馬也沒有什麼差異。」

抱朴子曰：「器非瑚、簋㈠，必進銳而退速；量擬伊、呂㈡，雖發晚而到早。是以鷦鷯倦翮㈢，猶不越乎蓬杪；鵞雛徐起㈣，顧眄㈤而戾蒼昊。」

【今註】㈠瑚、簋：盛用黍稷的器具，為宗廟祭祀所用的容器。《論語・公冶長篇》：「子貢問曰：賜也何如？子曰：女，器也。曰：何器也？曰：瑚璉也。」又何晏《論語集解》說：「包曰：瑚璉，黍稷之器，夏曰瑚，殷曰璉，周曰簠簋，宗廟之器貴者。」㈡伊、呂：指伊尹和呂尚，伊尹是殷商時代的賢臣，呂尚為周武王時代的開國功臣，世稱為姜太公。㈢鷦鷯倦翮：鷦鷯，小鳥的名稱。《莊子・逍遙遊篇》：「鷦鷯巢於深林，不過一枝。」《釋文》：「李（頤）云，鷦鷯，小鳥也。郭璞云，鷦鷯，桃雀。」㈣鵞雛徐起：《莊子・秋水篇》說：「南方有鳥，其名為鵷雛，……夫鵷雛，發於南海而飛於北海，非梧桐不止，非練實不食，非醴泉不飲。」這裏所謂的「鵞雛」，大概是莊子所說的「鵷雛」。㈤顧眄：顧，回首回視的意思。眄，斜視或「視」的意思。

【今譯】 抱朴子說：「如果不是像瑚、簋這樣的大器，必定在處世上會有前進快速而退身快速的態度。器量像伊尹、呂尚的人，雖然發跡較晚，但是時機到了以後卻發展得比任何人都來得快速。所以鷦鷯等小鳥會懶於飛翔，而它們遊走的距離不過是斗蓬樹梢而已，鴛雛這樣的南方大鳥，只要稍微振翅起飛，就能回視整片蒼茫的天際。」

抱朴子曰：「否終則承之以泰㊀，晦極則清輝晨耀。是以垂耳吳阪者㊁，騁千里之逸軌；縈鱗九淵者，凌虹霓以高蹈。」

【今註】 ㊀否終則承之以泰：《易經・序卦》說：「泰者，通也，物不可以終通，故受之以否。」這句話是根據《易經》所說的「否極泰來」的意思所說的。㊁垂耳吳阪者：形容在吳阪垂耳拉鹽車的駿馬。曹植〈上疏陳審舉之義〉說：「昔騏驥之於吳阪，可謂困矣，及其伯樂相之，孫、郵御之，形體不勞而坐取千里。蓋伯樂善御馬，明君善御臣；伯樂馳千里，明君致太平；誠任賢使能之明效也。」（見《三國志》卷十九〈魏書・陳思王植傳〉所引）

【今譯】 抱朴子說：「否卦到了極處，緊接著泰卦就來臨了，黑夜到了盡頭，清晨清暉的光亮就來臨了。伯樂在吳阪之地發現了千里馬，千里神駒就能馳騁千里而突破一般的常軌；神龍知藏於深淵之處，就能凌駕虹霓，在高天之處飛翔。」

抱朴子曰：「九斷四屬者，蘊藻所以表靈；摧柯碎葉者，茝蕙所以增芬。是以夷吾桎檻，而建匡合之績㊀；應侯困辱，而著入秦之動。」

【今註】㊀夷吾桎檻，而建匡合之績：請參《抱朴子・外篇・君道篇》注。

【今譯】抱朴子說：「九斷四屬等事物，能夠蘊藏文藻而表彰靈氣。已遭摧毀的枝條和破碎的葉子，卻可以增加茝蕙的芳香。所以管仲在桎檻的經歷之後，可以建立匡合的政績。范雎經過困辱之後，而能在秦國發展顯著的功勳。」

抱朴子曰：「所競者細，則利同而讎結；善否殊塗，則事異而結生。是以嫫母、宿瘤㊀，惡見西施㊁之艷容；商臣、小白㊂，憎聞延州之退耕㊃。」

【今註】㊀嫫母、宿瘤：《呂氏春秋・孝行覽・遇合篇》說：「嫫母執乎黃帝。黃帝曰：厲女德而弗忘，與女正而弗衰，雖惡奚傷！」嫫母是黃帝的妃子，長得很醜，但卻能有正行，是個令人敬佩的女子。宿瘤，《列女傳》卷六〈辯通・齊宿瘤女〉：「宿瘤女者，齊東郭採桑之女，（齊）閔王之后也。項有大瘤，故號曰宿瘤。……宿瘤駭宮中，諸夫人皆掩口而笑，左右失貌，不能自止。王大慚。曰：『且無笑，不飾耳。夫飾與不飾，固相去十百也。』」《三國志》卷二十七〈魏書・徐邈傳〉說：「宿瘤以醜見傳，而臣以醉見識。」宿瘤也是一位醜女子。㊁西施：戰國時期越國的美女，嫁給吳王夫差，而助越王復國。㊂商臣、小白：商臣，是楚穆王，殺父而自立為王。小白，指齊桓公，殺兄而自立為王。㊃憎聞延州之退耕：指吳國季札，父親欲將帝位傳授於他，為了躲避帝位的傳承，後來逃到延州，從事農耕。

【今譯】　抱朴子說：「一般人會因為一些細小的事物而產生競爭的情形，都是因為利益而結合，對於利益有所影響而結仇。善之與惡，是完全不同的途徑，會因為事情的不同而有所改變。所以嫫母、宿瘤這樣的醜女，並不喜歡看到西施的美麗容貌。楚穆王和齊桓公這樣的政治人物，不會想聽季札為了逃避帝位而避耕於延州的事跡。」

抱朴子曰：「精鈍殊迹，則淩遲者愧恨；壯弱異科，則扛鼎者見忌。是以淮陰顯擢㊀，而庸隸悒懊以疾其超；武安功高，而范雎飾談以破其事㈡。」

【今註】㈠淮陰顯擢：淮陰，指淮陰侯韓信。《史記》卷九十二〈淮陰侯列傳〉說：「王曰：『吾為公以為將。』何曰：『雖為將，信必不留。』王曰：『以為大將。』何曰：『幸甚。』於是王欲召信拜之。何曰：『王素慢無禮，今拜大將如呼小兒耳。此乃信所以去也。王必欲拜之，擇良日，齋戒，設壇場，具禮，乃可耳。』王許之。諸將皆喜，人人各自以為得大將。至拜，大將乃韓信也，一軍皆驚。」顯擢，則指韓信為劉邦拜為大將的史實。㈡武安功高，而范睢飾談以破其事：武安，指武安君白起，白起於秦昭王四十七年長平之戰，大破趙君。趙國請蘇代重禮賄賂范睢，破壞了白起破趙的計劃。詳見《史記》卷七十三〈白起王翦列傳〉。

【今譯】抱朴子說：「因為人的天分有精明和鈍劣的差別，所以思路遲鈍的人常常會抱恨自己的天資為什麼會這樣。人身體的健壯和羸弱有所不同，所以一般人看見能夠扛鼎的異人就會見忌。所以在淮陰侯被漢高祖握拔為大將的時候，那些平凡的庸夫就會懊恨而對韓信的超世之才有所不快。武安侯白起功業相當彪炳，但只要范睢作一些巧飾的言論，就可以破壞他攻佔趙國的大事。」

抱朴子曰：「必死之病，不下苦口之藥㈠；朽爛之材，不受雕鏤之飾㊁。是以比干匪躬，而剖心於精㊂忠；田豐見微，而夷戮於言直㊃。」

【今註】㊀苦口之藥：《韓非子・外儲說左上篇》說：「夫良藥苦於口，而智者勸而飲之，知其入而已已疾也。忠言拂於耳，而明主聽之，知其可以致功也。」㊁朽爛之材，不受雕鏤之飾：《論語・公冶長篇》：「宰予晝寢。子曰：『朽木不可彫也，糞土之牆不可杇也；於予與何誅？』」朽爛之材，即指「朽木」。不受雕鏤之飾，指朽木即使經過雕飾也不能成為精緻的藝術品，只是徒勞其功而已。㊂精：《藏》本作「情」。㊃田豐見微，而夷戮於言直：《後漢書》卷七十四上〈袁紹列傳〉：「田豐說紹曰：『與公爭天下者，曹操也。操今東擊劉備，兵連未可卒解，今舉軍而襲其後，可一往而定。兵以幾動，斯其時也。』紹辭以子疾，未得行。豐舉杖擊地曰：『嗟乎，事去矣！夫遭難遇之幾，而以嬰兒病失其會，惜哉！』紹聞而怒之，從此遂疏焉。曹操畏紹過河，乃急擊備，遂破之。備奔紹，紹於是進軍攻許。田豐以既失前幾，不宜便行，諫紹曰：『曹操既破劉備，則許下非復空虛。且操善用兵，變化無方，眾雖少，未可輕也。今不如久持之。……紹不從。豐強諫忤紹，紹以為沮眾，遂械繫之。……紹，外寬雅有局度，憂喜不形於色，而性矜愎自高，短於從善，故至於敗。及軍還，或謂田豐曰：『君必見重。』豐曰：『公貌寬而內忌，不亮吾忠，而吾數以至言迕之。若勝而喜，必能赦我，戰敗而怨，內忌將發。若軍出有利，當蒙全耳，今既敗矣，吾不望生。』紹還，曰：『吾不用田豐言，果為所笑。』遂殺之。」這段典故，指田豐不被袁紹重視之後，因為直言勸諫而被殺。

【今譯】 抱朴子說：「罹患了必死的病症，就算吃了苦口的藥物，也無法治療。朽爛的材料，儘管有人將它雕飾也毫無益處。所以說比干躬己忠君不止，而能夠剖開自己的心作到盡忠之事。田豐因為不受袁紹的重視，再因為他的直言而被殺。」

抱朴子曰：「嶧陽孤桐㊀，不能無絃而激哀響；大夏孤竹㊁，不能莫吹而吐清聲。是以官卑者，稷、禼㊂不能康庶績㊃；權薄者，伊、周㊄不能臻升㊅平。」

【今註】 ㊀嶧陽孤桐：嶧，指嶧山。即今江蘇省邳縣。陽，指山的南面。孤桐，指特生桐。江聲《尚書集注音疏》說：「特生，謂本幹挺拔，若枚乘七發所謂龍門之桐，高百尺而無枝也。」 ㊁大夏孤竹：《呂氏春秋・仲夏季・古樂篇》說：「昔黃帝令伶倫作為律，伶倫自大夏之西，乃之阮隃之陰，取竹於嶰谿之谷，以生空竅厚鈞者，斷兩節間，其長三寸九分而吹之，以為黃鐘之宮。」《周禮・春官・宗伯下・大司樂》說：「……孤竹之管，雲和之琴瑟，雲門之舞，冬日至，於地上之圜丘奏之。」鄭玄《注》：「孤竹，竹特生者。」大夏，漢西域有大夏國，地當今阿富汗北部。㊂稷、卨：稷，指周朝的始祖棄，穀物之神。卨，指殷始祖。《尚書・堯典》：「帝曰：『俞咨！禹，汝平水土，惟時懋哉！』禹拜稽首，讓于稷、契、暨皋陶。帝曰：『俞，汝往哉！』帝曰：『棄，黎民阻飢。汝后稷，播時百穀。』帝曰：『契，百姓不親，五品不遜。汝作司徒，敬敷五教，在寬。』」㊃不能康庶績：《尚書・堯典》說：「庶績咸熙。」《尚書・皋陶謨》說：「庶績其凝。」《尚書・益稷》說：「股肱良哉，庶事康哉。」㊄伊、周：伊，指尹伊。周，指周公。㊅升：《百子》本作「昇」。

【今譯】　抱朴子說：「嶧山上南面的特生植物——孤桐木作的琴，並不能在無絃的情況下而激發出悲哀的聲調。大夏國的獨生竹打造的笙管，不能沒有人吹奏就發出清越的聲音。所以說官位卑微的人，就是稷、卨這樣的人才，也不能安定各種功績；權位微弱的人，就算是伊尹和周公，也不能讓天下太平。」

抱朴子曰：「登峻者，戒在於窮高；濟深者，禍生於舟重。是以西秦有思上蔡之李斯㊀；東越有悔盈亢之文種㊁。」

【今註】 ㊀西秦有思上蔡之李斯：李斯是秦始皇時的宰相。上蔡，戰國時代楚國的上蔡縣，在今河南省上蔡縣治，是李斯的故鄉。李斯因為秦二世受到趙高的離間而被腰斬。《史記》卷八十七〈李斯列傳〉：「二世二年七月，具斯五刑，論腰斬咸陽市。斯出獄，與其中子俱執，顧謂其中子曰：『吾欲與若復牽黃犬，俱出上蔡東門逐狡兔，豈可得乎！』遂父子相哭，而夷三族。」 ㊁東越有悔盈亢之文種：悔盈亢，當指《易經・乾卦・上九》「亢龍有悔。」文種，是越王句踐復國時的輔臣。越王句踐復國成功之後，范蠡知道句踐這個人可以共患難而不能共富貴，所以功成身退，而文種因戀於功位，乃導致被句踐所殺。

【今譯】 抱朴子說：「攀登高山的人最忌諱達到了山的頂端；渡濟深水的人，往往會因為船身太重而發生災禍。所以西秦會有在被腰斬時而想到故鄉上蔡的李斯，東方的越國有因為亢盈而悔恨的文種。」

抱朴子曰：「剛柔有不易之質，貞橈有天然之性㊀。是以百鍊而南金不虧其真㊁，危困而烈士不失其正。」

【今註】㊀剛柔有不易之質，貞橈有天然之性：「橈」，《百子》本作「撓」。貞，指橈或撓之「正」意。㊁百鍊而南金不虧其真：指荊州、揚州所生產的良質金屬。

【今譯】抱朴子說：「凡是存在的事物，都有剛柔不易的特質，而橈木有貞正的自然天性。所以良質的金子也不會因為百經燒鍊而改變它的真性。一個真正的烈士，也不會因為處於危困的境遇而失去他的正行。」

抱朴子曰：「不以其道，則富貴不足居；違仁舍義㊀，雖期頤不足吝㊁。是以卞隨負石以投淵㊂，仲由甘心以赴刃㊃。」

【今註】㊀違仁舍義：舍，《藏》本、魯藩本作「捨」。㊁雖期頤不足吝：期，要求的意思。頤，養的意思。期頤，指百歲之壽的人。《禮記・曲禮篇・上》說：「五十曰艾，服官政，六十曰耆，指使，七十曰老，而傳，八十九十曰耄，七年曰悼，悼與耄，雖有罪，不加刑焉，百年曰期頤。」鄭玄《注》說：「期，猶要也，頤，養也。不知衣服食味，孝子要盡養道而已。」孔穎達《疏》說：「百年曰期頤者。期，要也。頤，養也。人年百歲，不復知衣服飲食寒暖氣味，故人子用心要求親之意，而盡養道也。」㊂卞隨負石以投淵：請參《抱朴子・外篇・逸民篇》注。㊃仲由甘心以赴刃：子路心甘情願地被人殺死。仲由，指孔子弟子子路。孔悝作亂，子路聞之而馳往，曰：「食其食者不避其難。」遂被殺。詳見《史記》卷六十七〈仲尼弟子列傳〉。

【今譯】 抱朴子說：「如果不是用正道處世，雖然是富貴之位，也不足讓人居處任何違仁捨義的事情，雖然是百歲的老人也不足以吝惜捨棄。所以卞隨就負石投淵自沉於水，所以子路也就甘心於犧牲生命了。」

抱朴子曰：「卑高不可以一概齊，餐廩㈠不可以勸沮化。是以惠施患從車之苦少㈡，莊周憂得魚之方多。」

【今註】 ㈠餐廩：餐蓋「飱」之誤。廩與「稟」同。㈡惠施患從車之苦少：惠施，是莊子的朋友。從車，指隨從的車子。苦少，指惠施覺得當時所享有的榮華富貴還不夠。

【今譯】 抱朴子說：「卑高是兩種不同的情況，不可以等同視之。如果是人的飲食等現實問題，並不能因為勸沮而使他改變。所以惠施憂患跟從的車乘太少而以為苦。莊周會因為得魚太多而憂愁。」

抱朴子曰：「出處有冰炭之殊㈠，躁靜有飛沈之異。是以墨翟以

重藹怡顏㈡，箕叟以遺世得意㈢。」

【今註】㈠出處有冰炭之殊：冰炭是兩種性質相異之物，用來形容出處際遇的不同。㈡墨翟以重藹怡顏：《戰國策・宋策》說：「公輸般為楚設機，將以攻宋，墨子聞之，百舍重藹，往見公輸般。」㈢箕叟以遺世得意：箕叟，即指許由。堯欲讓位於許由，許由為了逃避帝位，而到箕山隱居。

【今譯】抱朴子說：「人的出處有冰炭般的不同，人的躁靜的特質如同上飛下沉不同的特質。所以墨翟因為重藹解決國際間的苦難而覺得愉快，隱居在箕山之上的許由，會以遺世獨立而自得其意。」

抱朴子曰：「適心者，交淺而愛深；忤神者，接久而彌乖。是以聲同則傾蓋而居昵㈠，道異則白首而無愛。」

【今註】㈠聲同則傾蓋而居昵：因此如果心聲相同，那麼初次交往也會相處親昵。傾蓋，謂初次相遇。昵，親近的意思。《史記》卷八十三〈魯仲連鄒陽列傳〉：「（獄中上書）諺曰：『有白頭如新，傾蓋如故。』何則？知與不知也。」司馬貞《索隱》引《志林》曰：「傾蓋者，道行相遇，軿車對語，兩蓋相切，小欹之，故曰『傾』也。」

【今譯】 抱朴子說：「只要是合乎心意的人，雖然是淺交，然而卻能產生很大的好感。如果是心意相乖的人，即使是接觸很久了，反而會產生更不愉快的關係。所以說只要是聲氣相投，即使初次交往也會相處得很親昵。價值觀的不同，即使夫妻相處白頭偕老，也不能產生相愛的真情。」

抱朴子曰：「艅艎、鷁首㊀，涉川之良器也；櫂之以北狄，則沈漂於波流焉。蒲梢㊁、汗血，迅趨之駿足也；御非造父㊂，則傾僨於嶮塗焉。青萍、豪曹㊃，剡鋒之精絕也；操者非羽、越㊄，則有自傷之患焉。勁兵銳卒，撥亂之神物也㊅；用者非明哲，則速自焚之禍焉。」

【今註】 ㊀艅艎、鷁首：艅艎，音ㄩˊ ㄏㄨㄤˊ，春秋時期吳王所乘用的舟名。鷁首，鷁為水鳥，喜高飛。鷁首則用來形容船頭。《左傳》昭公十七年說：「楚師……大敗吳師，獲其乘舟餘皇……吳公子光請於其眾，曰：『喪先王之乘舟，豈唯光之罪，眾亦有焉。請藉取之以救死。』眾許之。」杜《注》：「餘皇，舟名。」《文選》卷五左思〈吳都賦〉說：「比鷁首而有裕，邁餘皇於往初。」

㈡蒲梢：《史記》卷二十四〈樂書〉說：「（武帝）後伐大宛得千里馬，馬名蒲梢。」蒲梢，則指此千里馬。㈢造父：周穆王的御者，為戰國時代的御馬始祖。㈣青萍、豪曹：均為寶劍名。《文選》卷四十陳琳〈答陳阿王牋〉：「君侯體高世之才，秉青萍、干將之器。」唐呂延濟《注》：「青棄、干將，皆劍名。」《越絕書》卷十一〈外傳記寶劍〉：「王使取豪曹。薛燭對曰：『豪曹非寶劍也。』」《吳越春秋》卷四〈闔閭內傳〉說：「風湖子曰：『臣聞吳王得越所獻寶劍三枚：一曰魚腸，二曰磐郢，三曰湛盧。魚腸之劍，已用殺吳王僚也；磐郢以送其死女；今湛盧入楚也，昭王曰：『湛盧所以去者何也？』風湖子曰：『臣聞越王元常，使歐冶子造劍五枚，以示薛燭，燭對曰：………一名盤郢，亦曰豪曹，不法之物，無益於人，故以送死。』」㈤羽、越：羽、越，指關羽、彭越，前者為三國時代蜀國的名將，後者為楚、漢時期劉邦麾下的名將。㈥勁兵銳卒，撥亂之神物也：撥亂，指治理亂世。《公羊傳》哀公十四年說：「君子曷為為春秋？撥亂世，反諸正，莫近諸春秋。」何休《注》說：「撥，猶治也。」

【今譯】　抱朴子說：「春秋吳王所乘的船舟，在船頭上類似鳥形，是跋涉川河的好器物。但如果把它划到北狄之處，那麼就會沉漂於波流之中。蒲梢、汗血這等的千里馬，具有高大的腳而能行走快速，但是如果沒有像造父這樣的識馬之人，那麼就會在險途中傾覆。青萍、豪曹這樣的名劍，它們具備精絕的鋒芒。但如果不是關羽、彭越此等的武將，那麼這種鋒利的特質反而容易傷害到自己。強勁的部隊和精銳的卒兵，是撥亂的神物。但如果使用的人不是明哲之士，那麼就會很快的嚐到自我毀滅的災禍。」

抱朴子曰：「天秩有不遷之常尊㈠，無禮犯遄死之重刺㈡。是以玄洲㈢之禽獸，惟能言而不得廁貴牲；蛩蛩之負蹶㈣，雖寄命而不得為仁義。」

【今註】㈠天秩有不遷之常尊：《尚書・皋陶謨》說：「天秩有禮，自我五禮有庸哉。」所謂的天秩，則指上天自然形成的秩序。五禮則指天子、諸侯、卿大夫、士、庶民等五種階級的秩序。㈡無禮犯遄死之重刺：遄，疾速的意思。㈢玄洲：一個神秘的島地。㈣蛩蛩之負蹶：《呂氏春秋・慎大覽・不廣篇》說：「北方有獸，名曰蹶，鼠前而兔後，趨則跲，走則顛，常為蛩蛩、距虛取甘草以與之。蹶有患害也。蛩蛩、距虛必負而走。此以其所能託其所不能。」

【今譯】抱朴子說：「天體的運行有一定的秩序，所以違反了禮節，就會觸犯速死的重罪。所以玄洲的禽獸，雖然能說話，但不能側置在人的行列裏。蛩蛩獸背負著蹶鼠，雖然相依為命，但卻不是為了仁義而去做那事。」

抱朴子曰：「謗讟不可以巧言弭，實恨不可以虛事釋。釋之非其道，弭之不由理，猶懷冰以遣冷，重鑪以卻暑。逐光以逃影，穿舟以止漏矣。」

【今譯】抱朴子說：「遇到毀謗的言論，並不能用巧妙的言說來弭飾，因為實際上的怨恨是不能用離開事實的言論來使人釋懷的。如果想使人釋懷而不能說之以一定的正確方法，想要彌補過失而不能說明事理，就好像體內懷著冰而想使身上的寒冷卻除，周遭圍著爐火而想除卻暑熱，跟隨著光線，而想逃避影子，打穿船身而讓船上的漏水現象停止一樣的愚昧。」

抱朴子曰：「明主官人，不令出其器㈠；忠臣居位，不敢過其量。非其才而妄授，非所堪而虛任，猶冰碗之盛沸湯，葭莩之包烈火，綴萬鈞於腐索，加倍載㈡於扁舟。」

【今註】㈠明主官人，不令出其器：指明主君或居上位的長官，都不希望自己的部屬有超越自己的才華。㈡加倍載：指所積載的數量為原來的兩倍。

【今譯】 抱朴子說：「一般英明的君主和居上位的官長，通常是不希望他的用人超過應有的本分。而忠臣的作為，往往是素其位而行，而不敢超過他分內所作的事。如果不是這樣的人才而妄加授予任務，不是臣下所能堪當的重責大任而加以委任，就如同用冰塊作的碗用來裝盛瀼沸的湯，用葭莩這樣的植物來承包烈火，以腐爛的繩子來承載萬斤之重的重物，在小船裝上超過該船所能負載的兩倍重量等等情況一樣的危險。」

抱朴子曰：「豹狐之裘，不為負薪施㈠；九成六變㈡，不為聾夫設；高唱遠和㈢，不為庸愚吐；忘身致果㈣，不為薄德作。」

【今註】 ㈠豹狐之裘，不為負薪施：《三國志》卷六十一〈吳書・陸凱傳〉：「躬行誠信，聽諫納賢，惠及負薪。」豹狐之裘，則指富貴人家。負薪，則指貧窮而毫無身分地位的人家。㈡九成六變：《周禮・春官・大司樂》說：「凡樂：圜鍾為宮，黃鍾為角，大蔟為徵，姑洗為羽，靁鼓靁鼗。孤竹之管，雲和之琴瑟，雲門之舞，冬日至，於地上之圜丘奏之。若樂六變則天神皆降，可得而禮矣。……凡樂：黃鍾為宮，大呂為角，大蔟為徵，應鍾為羽，路鼓路鼗，陰竹之管，龍門之琴瑟，九德之歌，九磬之舞，於宗廟之中奏之，若樂九變則人鬼可得而禮矣。」成，指音樂的節奏在一曲之中完成終了。變，指音樂節奏中一曲到另一曲的轉變。㊂高唱遠和：和，魯藩本、《藏》本作「謀」字。㊃忘身致果：指為達到某種目的而讓自己犧牲。

【今譯】抱朴子說：「一般的富貴人家，是不會為貧窮人家關心付出的。九成六變的音樂也不會是為聾子而加以設立的。高妙的歌曲和深遠的謀慮也不會向平庸愚昧之輩吐訴。為了某種任務而忘掉自身的安危，也不會為了一個品德薄倖的人而做。」

抱朴子曰：「民財匱夫㊀，而求不已；下力竭矣，而役不休，欲怨歎之不生，規㊁其寧之惟永，猶斷根以續枝，割背以裨腹㊂，刻目以廣明，剜耳以開聰也。」

【今註】㊀民財匱夫：魯藩本、《藏》本、《百子》本作「民則匱矣。」㊁規：《百子》本作「親」。㊂割背以裨腹：「復」，《百子》本作「股」。

【今譯】抱朴子說：「人民的財力已經匱乏不堪，主政者還要對他們索求不已，下民已經精疲力竭了，主政者還要給他們永無休止的勞役，人民已經埋怨歎息政道苛薄而難以生存了，而主政者還想規畫他自己永恆的政治生涯，就如同是對自己的根部砍斷而想接續樹枝，割掉自己的背部來增益於腹部，在眼睛上加以刻劃，使之受傷，而想用這樣的方法來增加視力，挖掉耳朵而想讓自己的聽力變好，都是同樣愚昧的事情。」

抱朴子曰：「法無一定，而慕權宜之隨時；功不倍前，而好屢變以偶俗。猶剸高馬以適卑車，削附踝以就褊履。斷長劍以赴短鞞，割㊀尺璧以納促匣也。」

【今註】㊀割：一作「剖」。

【今譯】抱朴子說：「事理上並沒有一定的方法，而必須要看待時機的變化來採取措施。不多下雙倍的心力而想要對世俗上所發生的變化處置得當，就如同截斷高峻的大馬用來適應短小的車子，削掉身體上的腳踝用來適用扁平的鞋子一樣，切斷長劍用來裝套在短小的劍套，割掉盈尺的璧玉只為了將它裝在小箱子裏，是一樣愚昧的。」

抱朴子曰：「止波之修鱗㊀，不出窮谷㊁之隘㊂；鸞㊃棲之峻木，不秀㈤培塿㈥之卑；〈九疇〉㈦之格言㈧，不吐庸㈨猥㈩之口；金版㈡之高算㈢，不出恆民㈢之懷。覩百抱之枝㈣，則足以知其本之不細；覩汪濊㈤之文，則足以覺其人之淵邃㈥。」

【今註】㈠鱗：有鱗動物的總名，這裏當指「蛟龍」。㈡窮谷：是說「幽深的山谷」。《左傳》昭公四年：「深山窮谷，固陰（使寒氣凝固）沍寒（和「固陰」意思相似，「寒氣凝聚不散」的意思。沍，音ㄏㄨˋ，作「凝」講）。」㈢隘：音ㄞˋ，是說「狹窄的地方」。㈣鸞：音ㄌㄨㄢˊ，鳳凰之類的神鳥。㈤秀：作「成長」講。《後漢書》卷五十五〈章帝八王傳・贊〉：「或秀或苗。」唐李賢《注》：「秀，謂成長也。」㈥培塿：音ㄆㄡˇ ㄌㄡˇ，是謂「小土丘」，常用來比喻卑小。㈦〈九疇〉：傳說禹治理天下的「九類」大法。疇，「品類」的意思。《尚書・洪範》：「天乃錫（賜）禹〈洪範〉（大法）〈九疇〉。」㈧格言：含有教育意義、可以規範政治和社會的言語。㈨庸：有「日常」的意思，引申為「平凡」，在這裏作「庸人」、或「庸夫」講。㈩猥：音ㄨㄟˇ，有「雜濫」、「煩瑣」、「苟且」、「卑賤」等意思，在這裏作「猥人」講。㈡金版：謂「供國家刻載大事的『金』屬器物的平正如『版』的地方」，一般都收藏在「密櫝」中，因而也叫做「金匱之書」。

《文選》卷五十五劉峻〈廣絕交書〉：「聖賢以此鏤金版而鐫盤盂。」呂向《注》：「金版，金匱之書。盤盂，器也。」㊂高算：謂「精確的計算。」《宋書》卷六十八〈南郡王義宣傳〉：「遠憑高算，共濟艱難。」㊂恆民：和「恆士」相似。是說「平常的人」。《莊子・盜跖篇》：「皆愚陋恆民之謂耳。」㊃覩百抱之枝：覩，同「睹」，觀看的意思。百抱之枝，是說「可供百人拱抱的大樹枝」。㊄汪濊：是說「寬廣而又深邃」。《漢書》卷五十七下〈司馬相如傳・下〉：「湛恩（深而又大的恩惠）汪濊。」唐顏師古《注》：「汪濊，深廣。」㊅淵邃：作「深邃」講，有「如淵一般深」的意思。邃，音ㄙㄨㄟˋ，作「深」講。韋承慶〈靈臺賦〉：「其深也，如海之停（水流不動），如淵之邃。」

【今譯】 抱朴子說：「有力量止息波濤的修長蛟龍，需要相當大的活動空間，因而牠絕不輕易跑出幽深山谷的隘口；鳳凰神鳥一般都棲息在高大樹木的枝頭，在卑下的山丘上牠絕對無法生長。大禹王治理天下，〈九疇〉大法中的格言，絕不會從凡夫俗子口中說出來；值得秘藏在金匱中的精確算計，也不可能孕育於齊頭百姓的心中。看到可供百人拱抱的粗枝，就不難推想這棵巨樹的本根必不太細小；見到寬廣深邃的文章，就能發現作者的思路必定和淵海一般幽深。」

抱朴子曰：「桑林鬱藹㈠，無補柏木之淒冽，膏壤帶郭㈡，無解黔敖之蒙袂㈢。然繭纊綈紈，此之自出；千倉萬箱㈣，於是乎生。故識遠者貴本，見近者務末。」

【今註】㈠桑林鬱藹：鬱藹，茂盛的樣子。㈡膏壤帶郭：膏壤，指肥沃的土地。帶郭，指都市的農村地帶。㈢黔敖之蒙袂：黔敖，春秋時代齊國人。《禮記・檀弓篇・下》云：「齊大饑。黔敖為食於路，以待餓者而食之。有餓者蒙袂（以袖蒙面）輯屨，貿貿然來。黔敖左奉食，右執飲，曰：『嗟！來食！』揚其目而視之曰：『予唯不食嗟來之食，以至於斯也！』從而謝焉。終不食而死。」㈣千倉萬箱：請參《抱朴子・外篇・守脊篇》注。

【今譯】抱朴子說：「茂盛的桑林並沒有辦法對淒涼的柏木有所增補。即使在郊外的農村地帶擁有肥沃的土地，也不能解決齊國黔敖施捨、飢餓的人卻不食「嗟來之食」問題，然而高貴的棉絮布料、白色細絹、粗厚的絲織品，都是從這裏出產的，千倉萬箱的產物，於是可以產生而出。所以一個見識遠大的人，就應該珍貴事務的根本，而見識淺近的人，總是以事體的旁枝末節，作為他所追求的目標。」

抱朴子曰：「體粗者繫形，知精者得神。原始見終者，有可推之緒。得之未眹者㈠，無假物之因。是以晝見天地，未足稱明；夜察分毫，乃為絕倫。」

【今註】㈠得之未眹者：眹，形跡、預兆的意思。《莊子・應帝王篇》說：「體盡無窮，而遊無眹。」成玄英《疏》：「眹，謅也。雖遨遊天下，接濟蒼生，而晦謅韜光，故無眹也。」陸德明《釋文》：「眹，崔云：兆也。」

【今譯】抱朴子說：「一般只能看見事物粗略體貌的人，往往只見到事物的形貌，而只有能洞察事物精髓的人才能得其神髓。能看見事情發展全體大貌的人，必然可以推出所有的端緒，從中得到未發之事的預兆，而無須假借事物發生的原因才得知。所以白天看見天地間的現象，並不能堪稱是洞明之人，只有在夜間明察於毫末的細物，才能說是無與倫比的人才。」

抱朴子曰：「芳藻春耀，不能離柯以久鮮；吞舟之魚㈠，不能舍水而攝生。是以名美而實不副者，必無沒世之風㈡；位高而器不稱者㊂，不免致寇之敗㊃。」

【今註】 ㊀吞舟之魚：《韓詩外傳》說：「夫吞舟之魚大矣，蕩而我水，則為螻蟻所制，失其輔矣。」《呂氏春秋・審分覽・慎勢篇》說：「吞舟之魚，陸處則不勝螻蟻。」吞舟之魚，則指大魚，用吞舟比喻魚的大，足以把船隻吞沒。㊁沒世之風：《論語・衛靈公篇》說：「子曰：君子疾沒世而名不稱焉。」沒世之風，則指人死後能留名的遺風。㊂位高而器不稱者：《易經・繫辭・下》說：「子曰：德薄而位尊，……力小而任重，鮮不及矣。」㊃致寇之敗：《易經・繫辭・上》說：「負且乘，致寇至，盜之招也。」

【今譯】 抱朴子說：「芳香的藻類在春天裏展露出鮮耀的氣息，但是並不能離開樹枝而獨自鮮麗。能夠吞舟的大魚，並不能離開水中而生存。所以有美好的聲望而在實力上不符合的人，死後必定無法留下美名。居於高位而器量不符稱，就難免會有招來敵人的禍患而失敗。」

抱朴子曰：「忍痛苦之藥石者，所以除伐命之疾；嬰甲冑之重冷者，所以扞鋒鏑之集；潔操履之拘苦者，所以全拔萃之業。納拂心之至言者，所以無易方之惑也㊀。」

【今註】㊀所以無易方之惑也：《易經・恆卦・象傳》說：「雷風恆，君子以立不易方。」孔穎達《正義》說：「方，猶道也。」

【今譯】抱朴子說：「忍耐地吃下苦味的藥石，才可以除去傷伐性命的疾病。穿戴著重冷的甲冑，才可以抵擋鋒鏑的攻擊。能夠保持高潔的情操而又能吃苦履行的人，是成就功業的條件。能夠接受逆耳的至理之言，才不會有失策的疑惑。」

抱朴子曰：「鸞鳳競粒於庭場，則受褻於雞鶩㊀；龍麟雜廁於芻豢㊁，則見黷於六牲㊂。是以商老棲峻，以播邈世之操㊃；卞隨赴深，以全遺物之聲㊄。」

【今註】㊀則受褻於雞鶩：《太平御覽》卷九一五引《抱朴子》作：「則授辱於雞鶩也。」鶩，鴨。㊁芻豢：芻，為牛羊等草食的畜類。豢，則指穀食的犬豕之類。㊂六牲：指六種犧牲用的動物，即馬、牛、羊、豕、犬、雞等。《周禮・天官・膳夫》說：「凡王之饋，食用六穀，膳用六牲。」鄭玄

詩集》卷四〈哭遂州蕭侍郎二十四韻〉：「青雲寧寄意，白骨始霑恩。」㈧翰素：謂「文札和書信」。素，本白色生絹，這裏猶「素書」（古人寫在白絹上的信）。〈飲馬長城窟行〉：「呼兒烹鯉魚，中有尺素書。」㈨庸猥：謂「庸人」和「猥人」，同指平庸凡夫之輩，詳見本篇前注。

【今譯】抱朴子說：「積聚了萬兩黃金，卻把它們收藏在箱子櫃子裏，如果因為儉省，閒置著不加運用，那和貧窮狹陋的人又有什麼分別。心胸中雖懷有超逸的文思和辭意，如果不用文字把它表達出來，那就很難讓人知曉，這和一個凡夫俗子又有什麼分別。」

抱朴子曰：「南威㈠、青琴㈡，姣冶㈢之極，而必俟盛飾㈣以增麗。回、賜、游、夏㈤，雖天才㈥雋朗㈦，而實須《墳》、《誥》㈧以廣智。」

【今註】㈠南威：是晉文公美姬南之威的省稱。《戰國策・魏策・二》：「晉文公得南之威，三日不聽朝（上朝聽政），遂推南之威而遠之，曰：『後世必有以色亡其國者。』」㈡青琴：古代的神女。《史記》卷一百一十七〈司馬相如列傳〉引〈上林賦〉：「若夫青琴、宓妃（傳說中洛水的女神）之徒（同類），絕殊（極度特出）離俗（遠離世俗標準）。」《索隱》引伏儼曰：「青琴，古神女也。」㈢姣冶：「豔麗」的意思。㈣盛飾：作「盛裝」（濃裝或麗抹）講。《左傳》昭公元年：

「子晳（公孫黑）盛飾入。」㊄回、賜、游、夏：顏回、子貢、子游、子夏都是孔子門徒中的俊才。依照《論語・先進篇》的記載，顏回以德行著稱；子夏以言語著稱；子游、子夏以文學著稱。㊅天才：謂「天賦的才能」，這裏指「資質」。㊆雋朗：謂才智「俊逸聰慧」。雋，音ㄐㄩㄣˋ，和「俊」或「儁」通，「才智出眾」的意思。㊇《墳》、《誥》：指《三墳》（相傳是古書的名稱）和《尚書》裏的「告誡文字」（如〈仲虺之誥〉、〈康誥〉、〈酒誥〉等篇），後來轉作「古書」的通稱。

【今譯】　抱朴子說：「晉文公美姬南威和古代的神女青琴，她們都艷麗非常，可是仍然需要經過一番盛裝濃抹，才能增加她們的美麗；顏回、子貢、子游、子夏，都是孔子傑出的門徒，他們實在仍須研讀古書《三墳》和《尚書》中的告誡文字。」

抱朴子曰：「丹幃接網㊀，組帳重蔭，則醜姿翳矣；朱漆致飾，錯塗炫燿，則枯木隱矣。是以六藝備則卑鄙化為君子，眾譽集則孤陋邈乎貴遊。」

【今註】　㊀丹幃接網：丹，紅色的意思。幃，指帳子，幔幕的意思。《晏子春秋・內篇練上》說：

「合疏縷之韓，以成韓幕。」網，泛指網狀物。《楚辭・招魂》說：「網戶朱綴，刻方連些。」王逸《注》：「網戶，綺文鏤也。」五臣云：「織網於戶上，以朱色綴之。」

【今譯】　抱朴子說：「在帳幕上綴上紅色的網，組合這些帳幕形成種種的隱蔽效果，就可以使不雅的姿態隱藏起來。用紅色的漆裝飾，並且錯綜的塗飾，則可以使已經枯槁的樹木隱蔽枯色而發出炫爛的光彩。所以聖人用六藝的教育來教導卑鄙的人使之成為君子。如果眾人的聲譽集中在一個人身上，那麼就算這個人孤陋也會成為高貴而受敬重的人。」

抱朴子曰：「繁林翳薈，則羽族雲萃；玄淵浩汗，則鱗群競赴。德盛業廣㈠，則宅心者眾；舍瑕錄用，則遠懷近集。」

【今註】　㈠德盛業廣：《百子》本無「盛」字。《易經・乾卦九三・文言傳》說：「君子進德脩業，忠信所以進德也。脩辭立其誠，所以居業也。」〈繫辭・上〉又說：「富有之謂大業，日新之謂盛德。」

【今譯】　抱朴子說：「只要山林茂盛，那麼鳥類就會雲集於此處。只要水能深廣，那麼魚類就競相奔赴。如果一個人的德業廣盛，那麼敬重他的人就會多了。如果能不拘於小節的錄用於人，那麼就會使遠處的人懷念，近處的人加以追隨於他。」

抱朴子曰：「尋飛㈠絕景㈡之足，而不能騁逸放於呂梁㈢；淩波㈣泳淵㈤之屬，而不能陟峻而攀危。故離朱㈥剖秋毫㈦於百步，而不能辯八音㈧之雅俗；子野合㈨通靈㈩之絕響⑪⑫，而不能指白黑⑬於咫尺⑭。」

【今註】㈠尋飛：有為了探幽訪勝、雖無固定目標卻要「東遊西訪」的意思。飛，作「無根而至」講。如《漢書》卷五十二〈灌夫傳〉：「乃有飛語為惡言聞上。」臣瓚曰：「（飛語）無根而至也。」又「飛短流長」的「飛」字和「流」字，也可如此講。㈡絕景：謂「極佳的風景」。《齊東野語》：「三高亭，天下絕景也。」和《抱朴子・外篇・文行篇》「雖有追風『絕景』之駿」句中的「絕景」作「奔走迅速」解，不同。㈢呂梁：是「山」和「大水」的名稱，在今山西省西部，黃河和汾河之間，東北西南走向。北接恆山，南到禹門口。《莊子・達生篇》：「孔子觀於呂梁，縣水（瀑布。縣，同「懸」）三十仞，流沫（帶有泡沫的水流）四十里，黿鼉魚鼈之所不能游也。」後魏酈道元

《水經注》卷三〈河水〉：「河水左合，一水出善無縣故城西南八十里，其水西流，歷于呂梁之山而為呂梁洪。其山巖層岫衍（山穴寬廣），澗曲崖深，巨石崇竦（令人「尊崇肅敬」），壁立千仞，河流激盪，濤湧波襄，雷渀電洩，震天動地。昔呂梁未闢，河出孟門之上，蓋大禹所闢以通河也。司馬彪曰：呂梁在離石縣西，今于縣西歷山尋河，並無遏阻，至是乃為河之巨險，即呂梁矣。」㈣淩波：一作「陵波」，是說「起伏的波濤」，這裏作「起伏於波浪之中」講。《文選》卷十二晉郭璞〈江賦〉：「撫淩波而鳧（音ㄈㄨˊ，水鴨）躍，吸翠霞而夭矯（飛騰的樣子）。」淩，同「凌」，有「升高」「渡越」的意思。㈤泳淵：作「浮沈於深淵之中」講。㈥離朱：或者就是莊子所說的「離朱」、孟子所說的「離婁」。據《孟子》趙岐《注》，離婁是黃帝時代能看百步之外「秋毫之末」的人。《莊子・駢拇篇》：「是故駢（有「贅生旁出」的意思。在這裡作「多餘」、或「濫用」講）於明者（視覺靈敏的人），亂五色（常常為青、黃、赤、白、黑五色所迷亂），淫（溺愛）文章（花紋采色），青黃黼黻（古禮服所刺繡、裝飾的各種文彩）之煌煌（「眼花撩亂」的樣子）非乎（不就是「為視覺所迷亂」嗎，或不就是「駢於明」嗎）？而（如）離朱是已（就是代表啊）。」《孟子・離婁篇上》：「離婁之明，公輸子（公輸般，魯巧匠）之巧，不以規矩，不能成方員（圓）。」㈦秋毫：秋天鳥獸新生的毛，末端又細又銳，叫做秋毫。毫，細長而尖銳的毛。㈧八音：金（鐘）、石

（磬）、絲（絃）、竹（管）、匏（笙）、土（壎）、革（鼓）、木（柷敔，音ㄓㄨˋㄩˇ，形狀像方斗）八種樂器。《史記》卷一〈五帝本紀〉：「八音能諧（相互和諧），毋相奪倫（失掉了條理次序）。」《正義》：「八音：金、石、絲、竹、匏、土、革、木也。」㊈合：有「比擬」的意思。漢桓寬《鹽鐵論・論菑》：「夫道古者稽（考核）之今，言遠者合之近。」㊉通靈：有「神異」或「和神靈相通」的意思。《太平御覽》卷七四一引《續搜神記》：「李子豫少善醫方，當代稱其通靈。」㊁絕響：作「中斷」或「已散失的樂調」講，也泛稱「不可再見的流韻餘風」。《抱朴子・外篇・廣譬篇》：「聽者，料（推斷）興亡於遺音之絕響；明者，覿（音ㄉㄧˊ，「見」的意思）機理（政治變化）於玄微（神秘微妙）之末形。」㊂子野合通靈之絕響：作「師曠演奏『清徵』和『清角』兩支樂曲，能產生和神靈交通的效果」講。子野，春秋時代晉國樂師師曠的字。他生下來兩眼就看不見，但擅長分辨聲樂。事跡散見於《逸周書・太子晉》、《左傳》襄公十四年、《國語・晉語・八》、《孟子・離婁篇・上》、《呂氏春秋・長見篇》、和《韓非子・十過篇》。有一天，晉平公對師曠說：寡人所喜好的是音樂，很想聽聽你的演奏。師曠看看推託不過，就取過琴來演奏了一曲〈清徵〉。演奏第一闋的時候，只見十六隻活了兩千年羽毛變成黑色的鶴，從南方飛了過來，棲息在宮殿門廊的正樑上。彈奏第二闋的時候，這些鶴就一隻隻整整齊齊地排列起來。演奏第三闋，這些仙鳥就一面伸長頸項，一面張開翅膀舞動起來。……由於平公的要求，師曠又彈奏了一曲〈清角〉。第一闋才奏完，就發現一片黑色的雲從西北方湧現出來；演奏到第二闋，就颳起了大風，接著下起大雨來，把殿中懸掛著的帷幕都撕破，祭臺上俎豆祭器也一齊吹倒落地打碎，廊簷上的瓦片也一片片掀下來，……甚至引發晉國遭受了一場嚴重的旱災，接連三年，遍地寸草不生，連累平公自己也生了一場腰曲背隆、泌尿不通的病。㊂白黑：指對比分明的「白」「黑」兩色，和「緇素」（俗人和僧家）相似。僧徒一般穿黑色袈裟，故稱「緇徒」或「緇流」（緇，音ㄗ，黑色）。素，白色；俗眾可以穿白色衣服，因而用它來代替「俗人」。南朝梁慧皎《高僧傳》卷六〈晉釋智林與周顒書〉：「貧道捉（握）麈尾（僧道所執駝或鹿尾的長毛製成的拂塵。麈，音ㄓㄨˇ，鹿類）以來，四十餘年，東西講說，謬重（錯誤地看重）一時。其餘義統（徒眾以外所統屬的善男信女），頗見宗錄（仰慕採信），唯有此途，白黑無一人得（有如此成就）者。」㊃咫尺：八寸叫「咫」，八寸和一尺，比喻「距離很近」。《左傳》僖公九年：「天威（帝王的威嚴）不違（背離）顏（眉眼間的表情）咫尺，……敢不下拜！」

【今譯】　抱朴子說：「一時還沒有固定的目標，為了探幽訪勝，整日裏東遊西訪，有能耐尋找絕佳風景去處的人；一旦走到呂梁山中，面對著『澗曲巖深，壁立千仞，河流激盪，濤湧波襄』的美景，常常不能展放閒適不羈的胸懷，加以盡情享受；在凶惡的波濤中能夠隨意起伏、在萬丈深淵中可以自由浮沉棲息生長的族類，往往不能攀登危巖絕壁、跋涉於高山峻嶺之中。由於這個道理，黃帝時代有神奇目力的離朱，能在百步以外把秋毫末端那般微細的物品看得清清楚楚，卻不能把鐘、磬、絃、管、笙、塤、鼓和柷敔八種樂器發出來的聲音分辨出雅俗來；春秋時代晉國的樂師師曠，能彈奏出失傳已久、幾可通神的樂調，卻無法指出近在眼前的人誰是僧徒、誰是俗眾？」

抱朴子曰：「四聰廣闢㈠，則羲和納景；萬仞虛己，則行潦交赴。故博采之道弘，則異聞畢集；庭燎之耀輝㈡，則奇士叩角㈢；誹謗之木設㈣，則有過必知；敢諫之鼓懸，則直言必獻。」

【今註】 ㈠四聰廣闢：《尚書・舜典》：「明四目，達四聰。」《偽孔傳》：「廣視聽於四方，使天下無壅塞。」《正義》曰：「既云明四目，不云聽四耳者，目視苦其不明，耳聽貴其及遠。明謂所見博，達謂聽至遠，二者互以相見。故傳總申其意，廣視聽於四方，使天下無壅塞，天子之聞見，在下必由近臣四岳親近之官，故與謀此事也。」㈡庭燎之耀輝：《說苑・尊賢篇》說：「齊桓公設庭燎，為士之欲造見者。期年而士不至。於是東野鄙人有以九九之術見者，桓公曰：『九九何足以見乎？』鄙人對曰：『臣非以九九為足以見也，臣聞主君設庭燎以待士，期年而士不至；夫士之所以不至者，以君天下賢君也，四方之士，皆自以論而不及君，故不至也。夫九九薄能耳，而君猶禮之，況賢於九九者乎？……』桓公曰：『善。』乃因禮之。期月，四方之士相攜而並至矣。」㊂奇士叩角：《呂氏春秋・離俗覽・舉難篇》說：「甯戚欲干齊桓公，窮困無以自進，於是為商旅，將任車以至齊，暮宿於郭門之外，桓公郊迎客，夜開門，辟任車，爝火甚盛，從者甚眾，甯戚飯牛居車下，望桓公而悲，擊牛角疾歌。桓公聞之，撫其僕之手，曰：『異哉，之歌者非常人也。』命後車載之。」㊃誹謗之木設：《呂氏春秋・不苟論・自知篇》說：「堯有欲諫之鼓，舜有誹謗之木。」

【今譯】　抱朴子說：「能夠將四面的窗戶打開，那麼太陽就會帶來一片光芒影像。能夠無限的虛懷若谷，就能使河水奔赴而來。所以能廣博的採納眾議便能弘揚，使一些難以聽聞的意見全部都蒐集起來。能夠設置求才的庭燎，那麼就會有奇異之士擊牛角而高歌以求干進。如果設置供人誹謗的設施，那麼只要誰犯有過錯就能知道，懸掛著敢諫的鼓，那麼就會有直言進獻的情況。」

抱朴子曰：「能言㊀莫不褒堯，而堯政不必皆得也；舉世莫不貶桀，而桀事不必盡失也㊁。故一條㊂之枯，不損繁林㊃之蓊藹㊄；蒿麥㊅冬生，無解畢發㊆之肅殺㊇。西施㊈有所惡，而不能滅其美者，美多也；嫫母⑩有所善，而不能救其醜者，醜篤⑪也⑫。」

【今註】㊀能言：作「能夠講說」、「善於言辭」講。《文選》卷十七陸機〈文賦〉：「蓋（大概）所（所有）能言者（能夠講說得出的），具於此（都已寫在這裏）云爾（如此而已）。」㊁以上四句，或因王充在《論衡・齊世篇》中的說辭而有所感發。王氏說：「孔子曰：『紂之不善，不若是之甚也。是以君子惡居下流，天下之惡皆歸焉。』世常以桀、紂與堯、舜相反，稱美則說堯、舜，言惡則舉桀、紂。孔子曰：『紂之不善，不若是之甚也。』則知堯、舜之德，不若是其盛也。堯、舜之禪，湯、武之誅，皆有天命，非優劣所能為，人事所能成也。」㊂條：是說「細長的樹枝」。《詩經・周南・汝墳》：「遵彼汝（汝水）墳（水邊），伐其條枚。」毛《傳》：「枝曰條，榦曰枚。」㊃繁林：是說「繁盛的樹林」。㊄蓊藹：音ㄨㄥˇ ㄞˇ，是說「茂密多蔭的樣子」。《晉書》卷五十五〈潘岳傳〉引〈閑居賦〉：「竹木蓊藹，靈果（極美的果實）參差。」㊅蕎麥：「蕎」，或為「蕎」的誤寫。蕎麥，植物名，蓼科。草本，莖赤色，葉三角形，有長柄。春夏間開小花，白色。子實成三稜形，磨製成粉，北方人多食用。㊆觱發：《承訓》本及《百子》本都作「觱（音ㄅㄧˋ，吹號角）發」，有「風吹寒冷」的意思。《詩經・豳風・七月》：「一之日（指十月以後第一個月分那些日子，即十一月）觱發，二之日（十二月）栗烈（凜冽）。」毛《傳》：「觱發，風寒也。」㈧肅殺：有「酷烈摧敗」的意思。《文選》卷二張衡〈西京賦〉：「寒風肅殺。」㈨西施：指吳王夫差的美姬西施。《吳越春秋》卷九〈句踐陰謀外傳〉：「（越王）乃使相者（相士在……品選）國中，得苧蘿山鬻（音ㄩˋ，出賣）薪之女，曰西施、鄭旦，飾以羅縠（穿上羅布和縐紗衣裳），教以容步（儀容和步履），習於土城（模擬城市），臨於都巷（都市中的巷道之間），三年學服（穿著衣裝），而獻於吳。」⑽嫫母：或作「㑄母」，相傳是黃帝的醜妃，最為賢德。嫫，音ㄇㄛˊ。《荀子・賦篇》：「嫫母、力父（醜男子），是之喜也（這卻是讓人喜悅的）。」唐楊倞《注》：「嫫母，醜女，黃帝時人。」《漢書》卷二十〈古今人表〉第八：「㑄母，黃帝妃，生倉林。」《列女傳》：「黃帝妃嫫母於四妃之班居下，貌甚醜而最賢，心每自退（自我謙虛退讓）。」⑾篤：「厚」的意思。⑿以上四句：或出於《淮南子・說林篇》：「嫫母有所美，西施有所醜。」

【今譯】 抱朴子說：「能夠把心中的話完全說出來的人，沒一個不稱讚古代堯帝，可是要曉得堯這個人所做的每件事，未必沒有可以受人批評的地方；全世界的人沒一個不看輕、或貶低夏桀的為人，可是桀王所做的事，也未必全無是處。由於這個理由，偶然發現一棵大樹上有一條枯枝，並不影響那是一座茂密多蔭的樹林；冬天雖然有蕎麥在生長，可是仍然無法解除、減低北風寒冷所構成的一片肅殺之氣。吳王夫差的美姬西施，可能也有長得不十分端正勻稱的部位，可不會因此減低她的娟麗，理由是就全體而言，長得美好的部分究竟佔絕大部分；黃帝的醜妃嫫母，雖然具有種種的賢德，也難於改變她醜陋的形象，原因是大體說來，醜陋的成分比較厚重得多。」

抱朴子曰：「身與名難兩濟，功與神尠並全。支離其德者㈠，苦而必安；用以適世者，樂而多危。故鷙禽以奮擊拘縶㈡，言鳥以智慧見籠㈢，瓊瑤以符采剖判㈣，三金㈤以琦玩冶鑠，蘭茝以芬馨剪刈，文梓以含音受伐㈥。是以翠蚪覩化益而登玄雲，靈鳳值孟戲而反丹穴㈦。子永歎天倫之偉㈧，漆園悲被繡之犧㈨。」

【今註】㈠支離其德者：支離，本指形體上的不完全，這裏用來指隱者的用心。㈡鷙禽以奮擊拘縶：鷙禽，指鷹鸇之類的飛禽。拘縶，指被人捕捉飼養。㈢言鳥以智慧見籠：言鳥，指會說話的鳥如鸚鵡之類的鳥。見籠，指會說話的鳥，往往因為它的智慧高於其他鳥類，而被人所飼養。㈣瓊瑤以符采剖判：瓊瑤，美玉的意思。剖判，指美玉之石為人所剖解，用以析出玉來。㈤三金：指金、銀、銅等三種金屬物質。㈥文梓以含音受伐：《楚辭・招魂》說：「鏗鍾搖簴，揳梓瑟些。」《淮南子・脩務篇》說：「山桐之琴，澗梓之腹。」高誘《注》說：「伐山桐以為琴，谿澗之梓以為腹。」㈦翠虯覩化益而登玄雲，靈鳳值孟戲而反丹穴：「糾」，魯藩本、《藏》本、《百子》本作「虬」。「化益」，為「伯益」之轉音。伯益，是大禹治水時的輔佐之臣。《淮南子・本經篇》說：「伯益作井，而龍登玄雲，神棲昆侖。」高誘《注》說：「伯益佐舜，初作井，鑿地而求水。龍知將決川谷漉陂池，恐見害，故登雲而去，棲其神於昆侖之山。」《太平御覽》卷九二九所引淮南子《注》說：「伯益，夏禹之佐也。初鑿井，泄地氣，以後必漉池而漁，故龍登玄雲，神棲崑崙。」孟戲，《史記》卷五〈秦本紀〉說：「大廉玄孫曰孟戲、中衍，鳥身人言。帝大戊聞而卜之使御。」丹穴，指鳳凰所棲山名。《太平御覽》卷九一五引《括地圖》：「孟戲，人首鳥身，其先為虞氏馴百禽。夏后之末世，民始食卵。孟戲去之，鳳凰隨焉止于此。山多竹，長千仞。鳳凰食竹實，孟戲食木實，去九疑萬八千里。」《山海經・南山經》說：「丹穴之山，……有鳥焉，其狀如雞，五采而文，名曰鳳皇。」㈧子永歎天倫之偉：子永，疑即《莊子・大宗師篇》裡的「子祀」。他五十四歲時得了傴僂病，彎腰駝背，肩膀高過頭頂，面頰隱在肚臍下，曾在友人面前感歎造物主的偉大，表現了順應自然的思想。㈨漆園悲被繡之犧：《莊子・列禦寇篇》說：「或聘於莊子。莊子應其使，曰：『子見夫犧牛乎？衣以文繡，食以芻菽，及其牽而入於大廟，雖欲為孤犢，其可得乎！』」

【今譯】 抱朴子說：「養生和名譽是不能兩全的，而外在的事功和精神的保全是不能並存的。如果將他的德性保持在混沌的狀態，還是可以安定的。如果一定要配合時代的所趨，雖然可以得到暫時的安樂，但是卻也會產生許多的危險。所以鷙鳥因為它能夠用力的以翅膀拍擊，所以可以逃避拘禁。能夠說話的鳥類，即是因為它的智慧而被關在鳥籠之中。美玉因為它的華采而被人剖開，金銀銅三種金屬因為能滿足某一類玩樂的需要而被冶煉製造。芬芳的蘭草因為它的馨香而被割剪，能夠製成樂器的木柴因為具有音樂上的使用價值而被砍伐。所以龍見伯益挖井而恐怕見害，因此登雲而去，鳳凰看見人首鳥身的孟戲而返回丹穴之山。所以子永讚美感歎上天安排的秩序的偉大，莊子為披上錦繡作為祭品的犧牛感到悲傷。」

抱朴子曰：「萬麋傾角，猛虎為之含牙；千禽鱗萃，鷙鳥為之握爪。是以四國流言，公旦不能遏㊀；謗者盈路，而子產無以塞㊁。」

【今註】 ㊀四國流言，公旦不能遏：四國，指管叔之國、蔡叔之國，以及商、奄之國，共為四國。《詩經・豳風・破斧・小序》說：「破斧，美周公也，周大夫以惡四國焉。」毛《傳》：「惡四國者，惡其流言，毀周公也。」《詩經》又說：「既破我斧，又缺我斨。周公東征，四國是皇。」毛《傳》說：「四國，管、蔡、商、奄也。皇，匡也。」《尚書・金縢篇》說：「武王既喪，管叔及其群弟，乃流言於國，曰：『公將不利於孺子。』周公乃告二公曰：『我之弗辟，我無以告我先王。』周公居東二年，則罪人斯得。」㈡謗者盈路，而子產無以塞：《左傳》襄公三十年：「子產使都鄙有章，上下有服；田有封洫，廬井有伍。大人之忠儉者，從而與之；泰侈者因而斃之。……從政一年，輿人誦之，曰：『取我衣冠而褚之，取我田疇而伍之。孰殺子產，吾其與之。』及三年，又誦之曰：『我有子弟，子產誨之；我有田疇，子產殖之。子產而死，誰其嗣之？』」

【今譯】 抱朴子說：「萬匹麋鹿相傾其角伸向前方，猛虎也會因此而收起獠牙；千隻鳥禽魚鱗般聚集在一起，猛禽也將為此縮握起利爪。所以說管、蔡、商、奄四國的流言，周公並無法阻止；滿街的批評毀謗，子產也同樣無法堵塞眾人的言論。」

抱朴子曰：「威、施之豔㈠，粉黛無以加；二至之氣㈡，吹噓㈢不能增。是以懷英逸之量者，不務風格以示異；體邈俗之器者，不恤小譽以徇通。」

【今註】㈠威、施之豔：威，指南威。施，指西施。兩人同為傾國傾城的美女。㈡二至之氣：二至，指冬至和夏至兩種節氣。㈢吹噓：魯藩本作「吹呼」。噓，與「吹」的意思相同。

【今譯】抱朴子說：「南威、西施豔麗容貌，是粉黛所無以復加的。而冬至夏至的節氣，是人的吹氣所不能增益的。所以懷有英逸的器量之士，並不圖務與眾不同的個人風格。異於俗人的氣器之士，並不會因為某些小小的毀譽而媚俗的。」

抱朴子曰：「麟止鳳儀㈠，所患在少；孤鳴梟呼，世忌其多。是以俊乂盈朝，而求賢者未倦；讒佞作威，而忠貞者切齒。」

【今註】㈠麟止鳳儀：「麟止」，《百子》本作「麟趾」。鳳儀，是《尚書・益稷》所說的「鳳皇來儀」，是一種祥瑞的徵兆。《尚書・益稷》說：「簫韶九成，鳳皇來儀。」孔《傳》「雄曰鳳、雌曰皇」，並將「儀」作「有容儀」解。

【今譯】抱朴子說：「麟止和鳳鳥的儀容，世人都認為出現得太少。而狐狸的鳴叫與梟鳥的呼聲，世人都認為忌諱太多。所以俊傑之士雖然已經盈滿在朝，而君王求賢的心仍未停止。讒佞之言狐假虎威，是忠貞之士所咬牙切齒的作為。」

抱朴子曰：「多力何必孟賁、烏獲㈠，逸容豈唯鄭旦、毛嬙㈡。飆迅非徒驊騮、驌驦㈢。立斷未獨沈閭、干將㈣。是以能立素王之業者㈤，不必東魯之丘㈥。能洽掩枯之仁者㈦，不必西鄰之昌㈧。」

【今註】㈠孟賁、烏獲：孟賁，指戰國時代的衛國勇士。《孟子・公孫丑篇・上》說：「若是，則夫子過孟賁遠矣。」《史記》卷七十九〈范雎蔡澤列傳〉：「成荊、孟賁、王慶忌、夏育之勇焉而死。」裴駰《集解》引許慎說：「孟賁，衛人。」《史記》卷五〈秦本紀〉說：「武王有力好戲，力士任鄙、烏獲、孟說，皆至大官。」瀧川龜太郎《史記會注考證》：「烏獲見《商君書》《孟子》，先於秦武，蓋稱力士為烏獲，猶稱相馬者為伯樂，稱治疾者為扁鵲，秦武力士，必別有姓名。」㈡鄭旦、毛嬙：鄭旦和毛嬙同是美女。㈢驊騮、驌驦：驊騮，周穆王八駿之一。驌驦，參見《抱朴子・外篇・官理篇》注。㈣沈閭、干將：沈閭、干將，都是寶劍的名字。《越絕書》卷十一〈越絕外傳記寶劍〉說：「吳王闔廬之時，得其勝邪、魚腸、湛盧……湛盧之劍，去之如水，行秦過楚，楚王臥而寤，得吳王湛盧之劍，將首魁漂而存焉，秦王聞而求不得，興師擊楚，曰與我湛盧之劍，還師去汝，楚王不與。」《荀子・性惡篇》說：「闔閭之干將、莫邪、鉅闕、辟閭，此皆古之良劍也。」

《吳越春秋》卷四〈闔閭內傳第四〉說：「闔閭……請干將鑄作名劍二枚，干將者吳人也，與歐冶子同師，俱能為劍，……一曰干將，二曰莫耶。莫耶，干將之妻也。干將作劍，采五山之鐵，精六合之金英，候天伺地，陰陽同光，百神臨觀，天氣下降，而金鐵之精，不銷淪流，……於是干將妻乃斷髮剪爪，投於爐中，使童女童男三百人，鼓橐裝炭，金鐵乃濡，遂以成劍。」㈤能立素王之業者：素王，指孔子，雖無王爵之名，然而他的思想卻能影響後世，而成為主導的地位，所以稱作是素王。㈥東魯之丘：東魯，是孔子的出生地。丘，指的是孔子。㈦能洽掩枯之仁者：《呂氏春秋・孟冬紀・異用篇》說：「周文王使人扫池，得死人之骸，吏以聞於文王。文王曰：『更葬之。』吏曰：『此無主矣。』文王曰：『有天下者天下之主也，有一國者一國之主也，今我非其主也。』遂令吏以衣棺更葬之。天下聞之，曰：『文王賢矣，澤及髊骨，又況於人乎！』」《後漢書》卷六〈孝質帝紀〉說：「昔文王葬枯骨，人賴其德。」㈧西鄰之昌：指周文王。

【今譯】 抱朴子說：「力氣大的人，何必一定要是孟賁、烏獲這樣的力士，飄逸的容貌難道一定要是鄭旦、毛嬙之類的人才稱得上嗎？行走快速的，也不一定要是驊騮、騄駿這樣的快馬。能夠立刻切斷金屬的也不一定要是沈閭、干將這樣的寶劍。所以能夠立下孔子素王貢獻的人，不必是東魯孔丘。能夠埋葬枯骨的仁德作為，也不一定要文王姬昌才能作到。」

抱朴子曰：「靈鳳振響於朝陽㈠，未有惠物之益，而莫不澄聽於下風焉；鴟梟宵集於垣宇㈡，未有分釐㈢之損，而莫不掩耳而注鏑焉。故善言之往㈣，無遠不悅；惡辭之來，靡近不忤。猶日月㈤無謝於貞明，枉矢㈥見忘於暫出。」

【今註】㈠靈鳳振響於朝陽：朝陽，指山的東側。《爾雅・釋山》說：「山西曰夕陽，山東曰朝陽。」《詩經・大雅・卷阿》：「鳳皇鳴矣，于彼高岡；梧桐生矣，于彼朝陽。」鄭玄《箋》云：「鳳皇鳴于山脊之上者，居高視下，觀可集止，喻賢者待禮乃行，翔而後集。梧桐生者，猶明君出也。生於朝陽者，被溫仁之氣，亦君德也。鳳皇之性，非梧桐不棲，非竹實不食。」㈡鴟梟宵集於垣宇：鴟梟，是一種惡鳥的名稱。《詩經・大雅・瞻卬》說：「懿厥哲婦，為梟為鴟。」鄭玄《箋》：「梟鴟，惡聲之鳥。」《顏氏家訓・勉學篇》說：「人疾之如雔敵，惡之如鴟梟。」㈢釐：釐，《藏》本作「厘」。㈣故善言之往：《易經・繫辭・上》說：「子曰：君子居其室，出其言善，則千里之外應之，況其邇者乎？居其室，出其言不善，則千里之外違之，況其邇者乎？」㈤日月：《易經・繫辭・下》說：「日月之道，貞明者也。」㈥枉矢：是用一種大箭的名稱來稱謂的星座之名，只要看它下流於地，人間就會有凶劫，發生如災荒或刀兵戰亂的劫難。《春秋元命苞》：「黃之亡也，民流亡。」《春秋潛潭巴》：「枉矢黑，軍士不勇，疾流腫。」

【今譯】抱朴子說：「鳳凰在早晨的日出之時鳴叫，雖然並沒有對萬物產生明顯的助益，但是萬物沒有不甘居於下風的。鵂梟群集停在屋宇，雖然對人毫無損傷，但是看見的人，沒有不趕快摀住耳朵避免聽到它的叫聲，並且想用箭把它們射擊下來的。所以說，人們對於善言，雖然是在遙遠之處，也無不喜悅的接受，對於惡言，雖然是在周遭的人，也無不感到不快。就如同日月不會停止常明的特性，而弓箭在發射的當時，並沒有辦法用時間來計量。」

抱朴子曰：「影無違形之狀，名無離實之文。故背㊀源之水，必不能揚長流以東漸；非時之華，必不能稽輝藻於冰霜。」

【今註】㊀背：《百子》本無「背」字。

【今譯】抱朴子說：「影子的形狀不會違背形體而成立，聲名也不能離開實質的內涵。所以說離開源頭的水，必定沒有辦法源遠流長。在不恰當時期所開的花，必定不能在冰霜之中發放光輝。」

抱朴子曰：「鋸牙之獸，雖低伏而見憚；揮斧之蟲㈠，雖跧形而不威㈡。故君子被褐，窮而不可輕㈢；小人軒冕㈣，達而不足重。」

【今註】㈠揮斧之蟲：指螳螂。《莊子・人間世篇》說：「蘧伯玉曰……汝不知夫螳蜋乎？怒其臂以當車轍，不知其不能勝任也。」㈡雖跧形而不威：跧，伏地行走的意思。㈢故君子被褐，窮而不可輕：被褐，指粗布的衣服。老子《道德經・第七十章》：「知我者希，則我者貴。是以聖人被褐懷玉。」㈣小人軒冕：軒，指大夫乘坐的車子。冕，指大夫以上的頭冠。

【今譯】抱朴子說：「被鋸掉牙齒的獸類，雖然低伏在地，但是見者仍然會產生恐怖的心理。能夠具備揮動利斧的蟲類，即使形體完整也不會讓人察覺出它的威風。所以君子在穿著粗布的貧窮之時，我們不能對他加以輕視，而小人正當居有高位的時候，卻不值得今人加以重視。」

抱朴子曰：「逸麟逍㈠遙大荒之表，故無機穽之禍；靈鶬㈡振翅玄圃㈢之峰，以違罩羅之患。何必曲穴而永懷怵惕㈣？何必銜蘆而慘慘畏容㈤？故充乎宰割之用者，必愛乎芻豢者也；給乎煎熬之膳者㈥，必安乎庭立者也。」

【今註】㈠逌：魯藩本作「道」。㈡靈鶬：鶬，是一種畦色的雁鳥。郝懿行《爾雅義疏・下之五・釋鳥第十七》說：「《列子・湯問篇》云：『蒲且子連雙鶬於青雲之際。』《史記・司馬相如傳・正義》引司馬彪云：『鶬似雁而黑，亦呼為鶬括。』顏師古《漢書・注》：『鶬鴰，今關西呼為鴰鹿，山東通謂之鶬，鄙俗名為錯落，又謂鴰捋。鴰捋、鴰鹿，皆象其鳴聲也。』按捋鹿聲相轉，今萊陽人謂之老鶬，南方人謂之鶬雞。雞、鴰聲亦相轉。」㈢玄圃：玄圃，為傳說中天帝的下都，在今崑崙山的西北方。㈣曲穴而永懷怵惕：《淮南子・脩務篇》說：「螘知為垤，貛貉為曲穴。」《抱朴子・外篇・詰鮑篇》說：「貛曲其穴，以備徑至之鋒；水牛結陣，以卻虎豹之暴。」㈤銜蘆而慘慘畏容：「慘慘」，指傷心的狀態。「容」，《百子》本作「咨」。《尸子》說：「鴈銜蘆而捍網，牛結陣以卻虎。」《文選》卷四晉左思〈蜀都賦〉說：「晨鳧旦至，候鴈銜蘆。」李善《注》：「鴈，候時南北，故曰候鴈。銜蘆以禦繒繳，令不得截其翼也。淮南子曰：鴈銜蘆而翔，以備繒繳。」㈥煎熬之膳者：指經過烹煮、美味的食物。

【今譯】抱朴子說：「有逸氣的麒麟身居在荒漠廣大之地，所以沒有人類設置機關捕捉的危機。靈鶺在崑崙之峰頂展翅而飛，可以避免天羅地網的危險。所以人何以因為暫時的委曲而懷著悲傷的心情，何必在貧窮的時候而透露出慘慘的哀容。所以被當作是宰割烹飪用途的，一定會喜歡吃被人飼養的豬，供人煎熬的膳食中，一定會有在庭中站立為人飼養的鳥禽。」

抱朴子曰：「聽者貴於理遺音於千載之外㈠，而得興亡之跡；明者珍於鑒逸群於寒瘁之中，而抽匡世之器。若夫聆繁會之響，而顧問於庸工，非延州之清聽也；枉英遠之才，而諮之於常人，非獨見之奇識㈡也。故與不賞物者而論用淩儕之器，是使瞽者指五色也；與妬勝己者而謀舉疾惡之賢，是與狐議治裘㈢也。」

【今註】㈠聽者貴於理遺音於千載之外：指季札善於洞察音樂，從音樂的特質作為判斷某國域或地區的興振與衰亡，並可預言其將來之命運。《左傳》襄公二十九年：「吳公子札來聘，……請觀於周樂。使工為之歌〈周南〉、〈召南〉，曰：『美哉！始基之矣，猶未也，然勤而不怨矣。』……為之歌〈豳〉，曰：『美哉！蕩乎！樂而不淫，其周公之東乎！』為之樂〈秦〉，曰：『此謂之夏聲。夫能夏則大，大之至也，其周之舊乎！』為之歌〈魏〉，曰：『美哉，渢渢乎！大而婉，險而易行，以德輔此，則明主也。』為之歌〈唐〉，曰：『思深哉！其有陶唐氏之遺民乎！不然，何其憂之遠也？非令德之後，誰能若是？』為之歌〈陳〉，曰：『國無主，其能久乎！』……為之歌〈小雅〉，曰：『美哉！思而不貳，怨而不言，其周德之衰乎？猶有先王之遺民焉。』為之歌〈大雅〉，曰：『廣哉！熙熙乎！曲而有直體，其文王之德乎！』㈡獨見之奇識：指獨到的見解和奇妙的見識。㈢與狐議治裘：《潛夫論・述赦篇》第十六說：「然則是皆接私計以論公政也。與狐議裘，無時焉可！」蓋相傳有是言。《太平御覽》卷二百八引《符子》云：「魯侯欲以孔子為司徒，將召三桓而議之。……左丘明曰：『周人有愛裘而好珍羞，欲為千金之裘，而與狐謀其皮；欲具少牢之珍，而與羊謀其羞。言未卒，狐相率逃於重丘之下，羊相呼藏於深林之中。……周人之謀失之矣。今君欲以孔丘為司徒，召三桓而議之，亦以狐謀裘，與羊謀羞哉！』」

【今譯】 抱朴子說：「一個耳力特好的人，就可貴在他能聽見千年以外的聲音，對於國家的興亡之跡，能有所預知。一個眼力好的人，就可貴在他能在寒瘁的群眾之中，洞察出稀世的逸才，而揀取出治世的人才。如果只是聽到一些雜亂無章的聲音，而反問於庸俗的工匠，這絕不是一個善聽之人。錯過了英遠的人才，而諮詢於一般常人，可見得這個人絕對不是具有獨特見識的人。所以和不會賞識器物的人高談貴重的器皿，因為這樣的行逕，無異於是對一個盲人手指五色與他說明。和嫉忌自己才能的人謀害所共同嫉惡的賢才，這類的行為和周人以少牢的珍品與狐狸商量交換它身上的皮，是一樣愚昧的。」

抱朴子曰：「驥駮㈠危苦於嶮峻之端，不樂咈守㈡之役；吉光㈢飢渴於冰霜之野，不願犧牲之飽。孤竹㈣不以絕粒，易鹿臺之富；子廉不以困匱㈤，質銅山之豐。」

【今註】㈠驥駮：魯藩本作「驥駿」。驥，音ㄌㄨㄥˊ，野馬的意思。駮，指白身黑尾的馬匹。《山海經》卷二〈西山經〉說：「中曲之山，……有獸焉，其狀如馬，而白身黑尾，一角，虎牙爪，音如鼓音，其名曰駮。」㈡不樂咈守：「咈守」，魯藩本作「咈呼」。咈守，違逆、乖戾的意思。《尚書・微子》說：「咈其耇長，舊有位人。」孔《傳》說：「違戾耇老之長。」㈢吉光：神馬的名稱。《山海經》卷十二〈海內北經〉：「名曰吉量。」郭璞《注》：「《周書》曰：『犬戎文馬赤鬣白身，目若黃金，名曰吉黃之乘。』」《符瑞圖》說：「車馬有節，則見騰黃，騰黃者神馬也。其色黃，一名乘黃，亦曰飛黃，或曰吉黃，或曰翠黃，一名紫黃，其狀如狐，背上有兩角，出白氏之國，乘之壽三千歲。」㊃孤竹：指伯夷、叔齊。伯夷、叔齊為孤竹君二子。㊄子廉不以困匱：《漢書》卷七十七〈何並傳〉說：「何並，字子廉，……性清廉，妻子不至官舍。……疾病，召丞掾作先令書曰：『告子恢，吾生素餐日久，死雖當得法賻，勿受。葬為小槨，亶容下棺。』恢如父言。」子廉是西漢何並的字。何並為官清廉，平常不讓妻子到官舍來，在病篤的時候，交待他的兒子予以薄葬。

【今譯】 抱朴子說：「野馬寧可在險峻山峰的上頭身受勞苦，也不願身受違逆的苦役。吉光這樣的神馬，寧可在冰霜之地忍受飢渴，也不願貪圖犧牲的供養。伯夷、叔齊並不會以絕食的志節，而想要換得紂王的財寶，子廉也不因為困乏而仍在臨死之前交待他的兒子予以薄葬。」

抱朴子曰：「志合者不以山海為遠，道乖者不以咫尺為近。故有跋涉而游集，亦或密邇而不接。」

【今譯】 抱朴子說：「志同道合的人，不會因為山海之隔而覺得相隔遙遠。背離真理的人，不會因為咫尺的距離互覺相契。所以有跋涉千里的交遊，也有雖然外表狀似親密而實際上是互不了解的。」

抱朴子曰：「華袞㊀粲爛，非隻色之功；嵩、岱㊁之峻，非一簣

之積。故九子任而康凝之績熙㊂，四七授而佐命勳著㊃。」

【今註】㊀華衮：指王侯之服。㊁嵩、岱：指嵩山和泰山。㊂九子任而康凝之績熙：九子，指堯臣下的禹、皋陶、稷、契、伯夷、筆、益、夔、龍九人。《淮南子・道應篇》說：「昔堯之佐九人，舜之佐七人，武王之佐五人，堯、舜、武王，於九七五者，不能不事焉，然而垂拱受成功焉，善乘人之資也。」《尚書・益稷》說：「股肱良哉，庶事康哉。」〈皋陶謨〉說：「庶績其凝。」王引之說：「家大人曰：喜也，起也，熙也，皆興也，……〈堯典〉庶績咸熙，《史記》作眾功皆興，……是喜與熙，皆有興起之義。」康凝之庶績，指國家的中興政事尚未完成，名位大臣要積極的為國家政事積極努力的意思。㊃四七授而佐命勳著：此句是指後漢明帝時，光武帝有佐臣二十八人再度中興漢朝的故事。《後漢書》卷二十二〈朱、景、王、杜、馬、劉、傅、堅、馬列傳〉論曰：「中興二十八將，前世以為上應二十八宿，未之詳也。然咸能感會風雲，奮其智勇，稱為佐命，亦各志能之士也。……永平中，顯宗追感前世功臣，乃圖畫二十八將於南宮雲臺，其外又有王常、李通、竇融、卓茂，合三十二人。」四七，是二十八將的意思，指鄧禹、馬成、吳漢、王梁、賈復、陳俊、耿弇、杜茂、寇恂、傅俊、岑彭、堅鐔、馮異、王霸、朱祐、任光、祭遵、李忠、景丹、萬脩、蓋延、邳彤、銚期、劉植、耿純、臧宮、馬武、劉隆等二十八人。《文選》卷三張衡〈東京賦〉說：「授鉞四七，共工是除。」李善《注》：「授，與也。鉞，斧鉞也。四七，二十八將也。共工，霸天下者，以喻王莽也。」

【今譯】　抱朴子說：「美麗的衣服雖然光彩奪人，但是這絕非某一種單樣顏色的功勞。嵩山和泰山的高峻，也絕不是某一簣土堆所能形成的。所以堯帝時代的賢臣九人可以擔任政治上的中興大任，漢光武帝有佐命之臣二十八人，可以創立炳著的功業。」

抱朴子曰：「翠虯無翅而天飛，螣蛇無足而電騖㊀，鼈無耳而善聞㊁，蚓無口而揚聲㊂。故皋繇喑而與辯者同功，晉野瞽而與離朱齊明㊃。」

【今註】　㊀螣蛇無足而電騖：螣蛇，又作「騰蛇」，是龍類的一種。《荀子・勸學篇》說：「螣蛇無足而飛，梧鼠五技而窮。」㊁鼈無耳而善聞：《淮南子・說林篇》說：「鼈無耳而目不可以瞥，精于明也。」㊂蚓無口而揚聲：崔豹《古今注》說：「蚯蚓一名蜿蟺，一名曲蟺，善長吟於地中，江東謂為歌女，或謂鳴砌。」㊃「故皋繇喑而與辯者同功」二句：皋陶，是嬴姓族的祖先，主掌刑罰的司神。《淮南子・主術篇》說：「皋陶瘖而為大理，天下無虐刑，有貴於言者也。師曠瞽而為太宰，晉無亂政，有貴於見者也。」高誘《注》曰：「雖瘖，平獄理訟，能得人之情，故貴於多言者也。雖盲而大治晉國，使無有亂政，故貴於有所見。」

【今譯】 抱朴子說：「翠虯雖然沒有翅膀而卻能在天上飛行，螣蛇雖然沒有腳足，但是卻也能如電般的飛馳。鼈雖然沒有耳朵的感官卻能善盡聽聞之能事，蚯蚓雖然沒有嘴巴卻能發出聲音來。所以皋陶不必說話而就和善辯的人達到同等的功效。晉國子野雖然眼瞎不見，卻和離朱這樣具有極好視力的有相同的眼力。」

抱朴子曰：「官達者，才未必當其位；譽美者，實未必副其名。故鋸齒不能咀嚼，箕舌不能別味，壺耳不能理音，屩鼻不能識氣，釜目不能攎望舒㊀之景，牀足不能有尋常之逝。」

【今註】 ㊀望舒：請參〈廣譬篇〉注。

【今譯】 抱朴子說：「官位顯達的人，未必能稱職。榮譽加諸於身的人，未必能夠名符於實。所以鋸掉牙齒的人不能夠再行咀嚼食物，舌大如箕的人，也不能辨別食物的味道。茶壺的耳朵並不能了解音樂的性質，蹻鼻的人不能識別氣味。眼睛有障礙的人，不能看見舒闊的景物，而牀腳不能有尋常事物消逝的情況。」

抱朴子曰：「路人不能挽勁命中，而識養由之射㈠；顏子不能控轡振策，而知東野之敗㈡。故有不能下棊，而經目識勝負；不能徽絃，而過耳解鄭雅者㈢。」

【今註】㈠路人不能挽勁命中，而識養由之射：《戰國策・西周》說：「楚有養由基者，善射；去柳葉者百步而射之，百發百中。左右皆曰：善。有一人過曰善射，可教射也矣。養由基曰：人皆曰善，子乃曰可教射，子何不代我射之也。客曰：我不能教子支左屈右。夫射柳葉者，百發百中，而不已善息，少焉氣力倦，弓撥矢拘，一發不中，前功盡矣。」養由，為春秋時代楚國的名射手。路人，指旅遊過客。㈡顏子不能控轡振策，而知東野之敗：顏子，指孔子的弟子顏回。《荀子・哀公篇》說：「定公問於顏淵曰：『子亦聞東野畢之善馭乎？』顏淵對曰：『善則善矣！雖然，其馬將失。』定公不悅，入謂左右曰：『君子固讒人乎！』三日而校來謁，曰：『東野畢之馬失。兩驂列，兩服入廄。』定公曰：『……不識吾子何以知之？』顏淵對曰：『臣以政知之。昔舜巧於使民，而造父巧於使馬；舜不窮其民，造父不窮其馬；是以舜無失民，造父無失馬也。今東野畢之馭，上車執轡銜，體正矣；步驟馳騁，朝禮畢矣；歷險致遠，馬力盡矣。然猶求馬不已，是以知之也。』這個典故，在《莊子・達生篇》也有記載。㊂不能徽絃，而過耳解鄭雅者：鄭聲即古人所理解的淫靡之音。《論語・陽貨篇》說：「惡鄭聲之亂雅樂也。」

【今譯】抱朴子說：「路邊的人雖然不能挽勁命中但卻能知道養由射箭的技術，顏回雖然不能操控馬轡，但卻預知東野失敗的結果。所以也有不會下棋的人，只要用眼睛判斷，就可以知道兩方的勝負，不會撥絃的人只要聽到音樂就知道什麼是鄭雅之音。」

抱朴子曰：「垂蔭萬畝者，必出峻極之嶺；滔天襄陵者㊀，必發板桐㊁之源。邈世之勳，必由㊂絕倫之器；定傾之算，必吐冠俗之懷。是以蟭螟之巢，無乘風之羽㊃；溝澮之中，無宵朗之琦。」

【今註】㊀滔天襄陵者：《尚書・堯典》說：「湯湯洪水方割，蕩蕩懷山襄陵，浩浩滔天。」《偽孔傳》說：「襄，上也。包山上陵，浩浩盛大若漫天。」《尚書・益稷》說：「洪水滔天，浩浩懷山襄陵，下民昏墊。」㊁板桐：《淮南子・地形篇》說：「縣圃、涼風、樊桐，在昆侖閶闔之中，是其疏圃。疏圃之池，浸之黃水。黃水三周復其原，是謂丹水，飲之不死。河水出昆侖東北陬，貫渤海，入禹所導積石山。」高誘《注》：「縣圃、涼風、樊桐，皆昆侖之山名也。樊讀如麥飯之飯。」板桐，則指崑崙山，板桐，為崑崙之轉音。㊂由：《百子》本作「有」字。㊃蟭螟之巢，無乘風之羽：蟭螟，指極小的蚊蟲。乘風，指大鵬鳥扶搖而飛。《抱朴子・外篇・刺驕篇》說：「蟭螟屯蚊眉之中，而笑彌天之大鵬。」《晏子春秋・外篇・八》說：「景公問晏子曰：『天下有極大乎？』晏子對曰：『有。（鵬）足游浮雲，背淩蒼天，尾偃天間，躍啄北海，頸尾咳于天地乎？然而漻漻不知六翮之所在。』公曰：『天下有極細乎？』晏子對曰：『有。東海有蟲，巢於蟁（俗作「蚊」）睫，再乳再飛，而蟁不為驚。臣嬰不知其名，而東海漁者命曰焦冥。』」《列子・湯問篇》說：「終北之北有溟海者，天池也，……有鳥焉，其名為鵬，翼若垂天之雲，其體稱焉。……江浦之間生麼蟲，其名曰焦螟，群飛而集于蚊睫，弗相觸也。栖宿去來，蚊弗覺也。離朱、子羽方晝拭眥揚眉而望之，弗見其形，𧌒俞、師曠方夜擿耳俛首而聽之，弗聞其聲。唯黃帝與容成子居空峒之上，同齋三月，心死形廢；徐以神視，塊然見之，若嵩山之阿；徐以氣聽，砰然聞之，若雷霆之聲。」《莊子・逍遙遊篇》說：「風之積也不厚，則其負大翼也無力。故九萬里，則風斯在下矣，而後乃今培風背，負青天而莫之夭閼者。」

【今譯】　抱朴子說：「在萬畝的田地中有著豐茂高垂的植物，就知道是出自於崇迴的峻嶺。水劫浩大的水流，必定是從板桐之地所發源而來的。所以能夠創下久遠流長的功業之人，必定是具有一般常人無以倫匹的器識之人。能夠在思維之間判定政事無誤的決斷之人，必定是那種擁有冠世胸襟的人。所以蟭螟只能在它的巢穴生活，並不能有乘風的羽翅。在田裡的水溝中，根本就不可能會有夜明的美玉。」

抱朴子曰：「衝飆焚輪㊀，原火所以增熾也，而螢燭值之而反滅；甘雨膏澤，嘉生所以繁榮也，而枯木得之以速朽。朱輪華轂，俊民之大寶㊁也，而負乘㊂竊之而召禍。鼎食㊃萬鍾，宣力㊄之弘報也，而近才受之以覆餗㊅。」

【今註】㊀焚輪：指暴風。㊁俊民之大寶：俊民，指傑出的人才。大寶，則指官位。《易經・繫辭・下》說：「聖人之大寶曰位。」㊂負乘：請參〈名實篇〉注。㊃鼎食：指富貴人家的食物。㊄宣力：請參〈審舉篇〉注。㊅近才受之以覆餗：《易經・鼎卦・九四・爻辭》說：「鼎折足，覆公餗，其形渥，凶。」王弼《注》：「處上體之下，而又應初，既承且施，非已所堪，故曰：鼎折足也。初已出否，至四所盛，則已潔矣，故曰：覆公餗也。渥，沾濡之貌也。既覆公餗，體為渥沾，知小謀大，不堪其任，受其至辱，災及其身，故曰其形渥凶也。」指為政者知小而謀大，不堪其任，受其至辱的意思。

【今譯】 抱朴子說：「狂暴的大風，是燎原之中所以增加火勢的原因，而如果只是遇見螢燭般的小火，那就反而會使火勢熄滅。所以甘雨膏澤是植物所以繁茂生長的養分，而已經枯萎的樹碰到了它，反而會加速的枯槁。官祿職位，是賢明之士實現抱負的法寶，然而小人佔據了它只能招來禍殃；鐘鳴鼎食、俸祿萬鍾，是賢者效力後所得的報償，而淺近之士享用它就會出現危難的局面。」

抱朴子曰：「屠犀為甲，給乎專征之服；裂翠為華，集乎后妃之首。雖出幽谷，遷于喬木㈠，然為二物㈡之計，未若棲竄於林薄，攝生乎榛藪也。故靈龜寧曳尾於塗中㈢，而不願巾笥之寶；澤雉樂十步之啄㈣，以違雞鶩之禍㈤。」

【今註】㈠雖出幽谷，遷于喬木：《詩經・小雅・伐木》說：「伐木丁丁，鳥鳴嚶嚶；出自幽谷，遷于喬木。」㈡二物：指屠犀為甲、裂翠為華二物。㈢靈龜寧曳尾於塗中：《莊子・秋水篇》說：「莊子釣於濮水，楚王使大夫二往先焉，曰：『願以境內累矣！』莊子持竿不顧，曰：『吾聞楚有神龜，死已三千歲矣，王巾笥而藏之廟堂之上，此龜者，寧其死為留骨而貴乎？寧其生而曳尾於塗中乎？』二大夫曰：『寧生而曳尾塗中。』莊子曰：『往矣！吾將曳尾於塗中。』」此句意謂寧可逍遙如烏龜曳尾於塗中，也不願當隻受富貴所困綁不得自在的死龜。㈣澤雉樂十步之啄：《莊子・養生主篇》說：「澤雉十步一啄，百步一飲，不蘄畜乎樊中。」郭象《注》：「蘄，求也。樊，所以籠雉也。夫俯仰乎天地之間，逍遙乎自得之場，固養生之妙處也。又何求於入籠而服養哉！」指河邊的小雉，可以自由自在尋找食物，不需要被困在籠子之中。㈤以違雞鶩之禍：指飲食無憂而被困於鳥籠的雞鴨。

【今譯】抱朴子說：「屠殺犀牛而作為盔甲，用來供給兵士作戰使用，割裂翠玉為美麗的首飾，而集中為后妃穿戴的頭飾。雖然這兩樣事物都是出自於幽深的山谷之中，從喬木上擷取而來，但是這樣物品的受人計量使用，還不如棲息在山林之間，使自己還能在繁茂的山林中繼續生長。所以靈龜寧可在泥塗之中曳搖著尾巴，也不願成為供人祭祀的寶物。寧可當作水邊的雉鳥而喜於十步之啄，才可以避免受人飼養的雞鴨遭人殺害的災禍。」

抱朴子曰：「偏才不足以經㊀周㊁用，隻長不足以濟眾短。是以雞知將旦，不能究陰陽之歷數；鵠識夜半㊂，不能極晷景之道度。山鳩知晴雨於將來㊃，不能明天文；蛇蟺知潛泉㊄之所居，不能達地理。」

【今註】㊀經：有「常」和「分畫」的意思。《尚書・大禹謨》：「寧失不經。」孔《傳》：「經，常。」《周禮・天官・序言》：「體國經野。」在這裏，作「適應」、「處理」講。㊁周：「偏」的意思。《詩經・大雅・崧高》：「周邦咸喜。」鄭玄《箋》：「周，偏也。」㊂鵠識夜半：鵠，是「鶴」的假借字。《莊子・桑庚楚篇》說：「越雞不能伏鵠卵。」《淮南子・說山篇》說：「雞知將旦，鶴知夜半，而不免於鼎俎。」高誘《注》云：「鶴夜半而鳴也。」《春秋緯・考異郵》說：「鶴知夜半。」宋均《注》：「鶴水鳥，夜半水位，感其氣則益鳴也。」《論衡・變動篇》說：「夜及半而鶴唳，晨將旦而雞鳴。」㊃山鳩知晴雨於將來：山鳩，指的是鶻鷲。《說文》「鶻」字：「鶻鷽，山鵲，知來事鳥也。」《西京雜記》說：「山中人諺言朝鷊叫晴，暮鷊叫雨。」㊄蛇螘知潛泉：泉，《百子》本作「水」字。螘，螞蟻。

【今譯】抱朴子說：「只在某方面小有才華的人，常常不足以適應多方面的需要。只有個人的才華，並沒有辦法救濟眾人的短處。所以雞知道天將要亮了，但是它並不能窮究陰陽歷數之理。鵲鳥能懂得夜半的時分，但是卻不通曉時間的度量，山鳩可以預先知道晴天或雨天的氣候，而不能明瞭天文之理。蛇和螞蟻知道潛泉的所居之地，但是卻不能通曉地理。」

抱朴子曰：「禁令不明，而嚴刑以靜亂；廟筭不精㊀，而窮兵以侵鄰。猶釤禾以討蝗蟲，伐木以殺蠹蝎㊁，食毒以中蚤蝨，徹舍以逐雀鼠也。」

【今註】㊀廟筭不精：「筭」字，《藏》本、《百子》本作「算」。《孫子・計篇》說：「夫未戰而廟算勝者，得算多也；未戰而廟算不勝者，得算少也。多算勝，少算不勝，而況於無算乎！」廟算，指朝廷的作戰計劃。㊁伐木以殺蠹蝎：砍伐樹木來殺死有害樹木生長的蟲類，用來比喻愚昧的行為。

【今譯】 抱朴子說：「法律禁令不能明白的公布，而嚴刑因靜而亂。用兵推算不精，就會使以不足的兵力侵襲鄰國。這就好像是割除稻草，為了消除蝗蟲，砍伐樹木來殺滅蠹蟲。為了消滅蚤蝨而服毒，為了趕走雀鼠而將房屋毀壞一樣的不智。」

抱朴子曰：「銳鋒產乎鈍石，明火熾乎闇木，貴珠出乎賤蚌㈠，美玉出乎醜璞。是以不可以父母限重華㈡，不可以祖禰量衛、霍也㈢。」

【今註】 ㈠貴珠出乎賤蚌：指名貴的珍珠，是從卑賤的蚌類所產生的。《文選》卷四十五班固〈答賓戲〉說：「賓又不聞和氏之璧，韞於荊石，隋侯之珠，藏於蚌蛤乎？」 ㈡是以不可以父母限重華：重華，指舜，傳說中舜有雙重眼瞳子。《孟子・告子篇・上》說：「以堯為君而有象，以瞽瞍為父而有舜。」《論衡・自紀篇》說：「鳥無世鳳皇，獸無種麒麟，人無祖聖賢，……不牓奇人，鯀惡禹聖，叟頑舜神。伯牛寢疾，仲弓潔全。」 ㈢不可以祖禰量衛、霍也：祖，指先祖之廟。禰為父之廟。衛，指漢武帝時代的大將衛青。霍，指霍去病。

【今譯】 抱朴子說：「尖銳的刀鋒是由鈍石之中生產出來的，而明亮的熾火是從闇木中燒出來的。珍貴的珠玉是從賤蚌產出的，而美玉是從醜陋的璞石產生的。所以不可以父母親的品德來衡量舜帝的前途，不可以因為父祖輩的出身來衡度衛青和霍去病。」

抱朴子曰：「志得則顏怡，意失則容戚，本朽則末枯，源淺則流促㈠。有諸中者必形乎表，發乎邇者必著乎遠。」

【今註】㈠源淺則流促：「促」，《百子》本作「謁」。

【今譯】抱朴子說：「能夠得志就會發出怡悅的容貌，失意的人就會表現出憂傷的容貌。根本已經腐朽了，那麼枝末就會乾枯。源流淺近的話，水流的速度就會短促。有內涵存於胸中，就會形諸於外表，在近處受到肯定，也一定會在遠方遠播聲名。」

抱朴子曰：「妍姿媚貌，形色不齊，而悅情可均；絲竹金石，五聲詭韻，而快耳不異。繳飛鉤沈，罾舉罝抑㈠，而有獲同功；樹勳㈡立言，出處㈢殊塗㈣，而所貴一致。」

【今註】㈠罾舉罝抑：罾，音ㄗㄥ，漁網；罝，音ㄐㄩ，羅網，補鳥兔用。㈡樹勳：是說「建立功勳」。杜甫〈王兵馬使二角鷹詩〉：「將軍樹勳起（始）安西（唐置安西都護府，屬隴右道，置府於龜茲，統龜茲、焉耆、于闐、疏勒四鎮及西域月氏等府州），崑崙虞泉（亦作「虞淵」，相傳是日落的地方）入馬踪（在戰馬踪跡的範圍之內）。」㊂出處：猶「去就」、「進退」。出，「離去」的意思。處，音ㄔㄨˇ，指居處環境或位置的「選擇」。《三國志》卷二十七〈魏書・王昶傳〉：「雖出處不同，然各有所取。」㊃塗：和「途」字同。

【今譯】抱朴子說：「美麗的姿貌，儘管是外表的形色不一，但是受到他人喜歡的結果是一樣的。絲竹金石所製作的樂器，能夠發出五種聲音和清脆的韻律，同樣可以產生悅耳的效果。繳鈎雖然不同，一舉一仰，但是卻能獲致相同的功效。為國家建立功勳，為社會發表言論，為自身工作的去就位置作選擇，人生努力的方式既然各不相同，途徑也不完全一樣，但受到人們的尊敬，卻是毫無分別的。」

抱朴子曰：「利豐者害厚㊀，質美者召災。是以南禽殲於藻羽㊁，穴豹死於文皮㊂。鱣㊃鯉積而玄淵涸，麋㊄鹿聚而繁林焚，金玉崇而寇盜至㊅，名位高而憂責㊆集。」

【今註】㊀厚：《藏》本作「後」。㊁是以南禽殲於藻羽：南禽，指南方生產的鳥。㊂穴豹死於文皮：穴豹會被獵殺，是因為它天生所長有的美麗紋皮所致。《淮南子・繆稱篇》說：「虎豹之文來射，猨狖之捷來措。」《淮南子・說林篇》說：「虎豹之文來射，蝯狖之捷來乍。」㈣鱣：鯉魚的一種。《說文》說：「鱣，鯉也。」段《注》說：「蓋鯉與鱣同類而別異。」㈤麋：鹿的種類之一。㈥金玉崇而寇盜至：老子《道德經・第九章》：「金玉滿堂，莫之能守。」㈦責：《百子》本作「債」。

【今譯】 抱朴子說：「利益豐厚則其潛藏的禍害也嚴重，本質優美則容易招致禍患。所以南方的翠鳥因為美麗的羽毛而被殺，南山的玄豹因為斑斕的皮毛而喪命。鱣魚鯉魚生長多了，有人就會漉乾深淵的水來撈魚，麋鹿聚集多了，有人就要焚燒林木來捕捉它們。黃金美玉收藏多了，那麼強盜就會到來，官職地位高了，憂患責任就會隨之而至了。」

抱朴子曰：「商風宵肅則絺扇廢㈠；登危陟峻則輕舟棄。干戈雲擾則文儒退；喪亂既平則武夫黜。」

【今註】 ㈠商風宵肅則絺扇廢：「宵」字，《百子》本作「霄」。在中國傳統的五行觀念中，商聲是秋天的音樂。所以說商風就有一種秋風的意味。絺扇，指用精細纖維葛布所作的扇子。

【今譯】 抱朴子說：「秋風蕭瑟時，扇子就沒有用了；攀登險峻的山峰時，輕舟就用不上了。天下戰事不休，干戈紛擾不斷，文人儒士就遭到斥退；動亂平定，天下太平，武夫就要被貶黜了。」

抱朴子曰：「價直萬金者㈠，不待見其物而好惡可別矣。條枝連抱者，不俟㈡圍其木而巨細可論矣。故望洪濤之滔天㈢，則知其不起乎潢汙之中矣。觀翰草之汪濊，則知其不出乎章句之徒㈣矣。」

【今註】 ㈠價直萬金者：《百子》本「價直」作「值價」。「價直」與「條枝」對應，為「價值」之意。㈡俟：《百子》本作「候」。㈢望洪濤之滔天：《尚書・堯典》說：「湯湯洪水方割，蕩蕩懷山襄陵，浩浩滔天。」《偽孔傳》說：「襄，上也，包山上陵，浩浩盛大若漫天。」《尚書・益稷》說：「洪水滔天，浩浩懷山襄陵，下民昏墊。」㈣章句之徒：指創作力豐富的人。

【今譯】 抱朴子說：「一樣價值萬金的東西，不必等到看到這樣東西就可分別出它的好壞了。粗壯到需要人用手連抱的樹木，不必等到真的圍抱樹木就可以看出的巨大和細小的情況了。所以看到滔天的洪濤，就知道不是從汙泥之中產生的。觀看到創作力極豐而傑出的佳作，就知道不是出自於只懂得在章句之間作學問的人所寫的。」

抱朴子曰：「丹華綠草，不拘於曲瘁之株；紫芝芳秀，不限於斥鹵之壤㈠。是以受玄珪以告成者㈡，生於四罪之門㈢；承歷數於文祖者㈣，出於頑嚚之家㈤。」

【今註】㈠紫芝芳秀，不限於斥鹵之壤：紫芝，是一種可以延長年壽的藥草，也可以使關節快適，精氣增益，筋骨堅居的藥草。芳秀，和紫芝都生長在鹽分多的荒地。斥鹵，則指鹽分多的土地。㈡受玄珪以告成者：玄珪，指玉圭。《尚書・禹貢》說：「東漸于海，西被于流沙，朔南暨，聲教訖于四海，禹錫玄圭，告厥成功。」《史記》卷五〈秦本紀〉說：「大費與禹平水土，已成，帝錫玄圭。禹受曰：『非予能成，亦大費為輔。』帝舜曰：『咨！爾費，贊禹功，其賜爾皁游。』」㈢生於四罪之門：四罪，又稱四凶，指共工、驩兜、三苗、鯀等。《尚書・舜典》說：「流共工于幽州，放驩兜于崇山，竄三苗于三危，殛鯀于羽山，四罪而天下咸服。」㈣承歷數於文祖者：歷數，指曆法中的計算法。文祖，指堯的大祖之廟。後漢徐幹《中論・曆數》第十三說：「昔者聖王之造曆數也，察紀律之行，觀運機之動，原星辰之迭中，寤晷景之長短，於是營儀以准之，立表以測之，下漏以考之，布算以追之，然後元首齊乎上，中朔正乎下，寒暑順序，四時不忒。夫曆數者，先王以憲殺生之期，而詔作事之節也，使萬國之民，不失其業者也。」㊄出於頑嚚之家：指舜出生的家庭。《尚書・堯典》說：「岳曰：瞽子，父頑，母嚚，象傲。」《左傳》文公十八年說：「告之則頑，舍之則嚚。」杜預《注》：「德義不入心。」嚚，音ㄧㄣˊ。

【今譯】抱朴子說：「紅色的花和綠色的草，不會拘限於曲瘁的株葉而仍然可以生長。紫芝和芳秀這兩種植物，並不會受限於鹽分重的土壤，而仍然可以從中生長。所以接受王命而完成重大使命的大禹，卻是四罪之一的鯀的兒子。承接堯帝歷朔王位的舜，卻是出身在父頑母嚚的家庭。」

抱朴子曰：「善言居室㊀，則靡遠不應；枉直不中，則無近不離。是以宋野有退舍之熒惑㊁，殷朝有外奔之昵屬㊂。四環至自少廣之表㊃，鹿馬變於蕭牆之裏㊄。」

【今註】㊀善言居室：《易經・繫辭・上》說：「子曰：君子居其室，出其言善，則千里之外應之，況其邇者乎？居其室，出其言不善，則千里之外違之，況其邇者乎？」㊁宋野有退舍之熒惑：戰國時代占星術之中，以二十八星宿來配鄭、宋、燕、衛、吳、越、齊、魯、趙、秦、周、楚等各諸侯國。例如角、亢、氐等三宿為鄭之分野。房、心二宿為宋之分野。尾、箕等二宿為燕之分野，而星宿的異變，則代表分野國將會有事發生。「熒惑」為火星，有一次火星在宋國出現，產生了一段典故。《呂氏春秋・季夏紀・制樂篇》說：「宋景公之時，熒惑在心。公懼，召子韋而問焉。曰：『熒惑在心，何也？』子韋曰：『熒惑者，天罰也。心者，宋之分野也。禍當於君，雖然，可移於宰相。』公曰：『宰相所與治國家也，而移死焉，不祥。』子韋曰：『可移於民。』公曰：『民死，寡人將誰為君乎？寧獨死。』子韋曰：『可移於歲。』公曰：『歲害則民饑，民饑必死，為人君而殺其民以自活也。其誰以我為君乎？是寡人之命固盡已，子無復言矣。』子韋還走，北面載拜曰：『臣敢賀君，天之處高而聽卑，君有至德之言三，天必三賞君，今夕熒惑其徙三舍，君延年二十一歲。』公曰：『子何以知之？』對曰：『有三善言，必有三賞，熒惑必三徙舍，舍行七里。星一徙當七年，三七二十一，臣故知君延年二十一歲矣。……是夕熒惑果徙三舍。』」這段典故在《淮南子・道應篇》、《新序・雜事篇》、《論衡・變虛篇》都有所記載。㊂殷朝有外奔之昵屬：《尚書・微子》說：「（父師若曰：）商今其有災，我興受其敗。商其淪喪，……詔王子出迪，我舊云刻子；王子弗出，我乃顛隮。（微子曰：）自靖，人自獻于先王，我不顧行遯。」《論語・微子篇》記微子數諫，不聽，遂「去之，箕子為之奴」。《史記》卷三〈殷本紀〉：「紂愈淫亂不止。微子數諫不聽，乃與大師、少師謀，遂去。」微子為紂王的同母庶兄，這段典故用來說明殷商紂王不聽勸諫的經過。㊃四環至自少廣之表：「四環」為「白環」之誤。《莊子・大宗師篇》說：「禺強得之，立乎北極；西王母得之，坐乎少廣。」《釋文》說少廣「司馬云：穴名。崔云：山名。或云：西方空界之名。」㊄鹿馬變於蕭牆之裏：見於〈君道篇〉注。

【今譯】　抱朴子說：「如果能夠說出好的言論，雖然是居於家室之中，而就算遠方的人，也無不被他的言論所感應。如果說出不當的言論，那麼就算是近在身旁的人，也沒有不背離於他的。所以宋景公的國度出現熒星，因為宋景公的悲天憫人，所以能夠轉禍為福。而紂王無道，弄得眾叛親離，兄弟都奔於王畿之外了。所以西王母仰慕舜的德性，而從西方極遠之地來到中國。」

抱朴子曰：「荊卿㊀、朱亥㊁，不示勇於怯弱之閒。孟賁㊂、馮婦㊃，不奮戈戟於俚㊄俠之群。英儒碩生，不飾細辯於淺近之徒。達人偉士，不變皎察於流俗之中。」

【今註】　㊀荊卿：指戰國時代的俠客荊軻，後來因感於燕太子的知遇而前赴秦國刺殺秦始皇。事見《史記》卷八十六〈刺客列傳〉。㊁朱亥：指魏國信陵君門下的勇士。事見《史記》卷七十七〈魏公子列傳〉。㊂孟賁：古代的勇士。㊃馮婦：春秋時代晉國的勇士。《孟子・盡心篇・下》說：

「晉人有馮婦者，善搏虎，卒為善士。則之野，有眾逐虎。虎負嵎，莫之敢攖。望見馮婦，趨而迎之。馮婦攘臂下車。眾皆悅之，其為士者笑之。」㊄俚：《百子》本作「埋」。

【今譯】 抱朴子說：「朱亥、荊軻這樣的勇士，不會在怯弱的小輩之間爭強鬥狠的。而孟賁、馮婦這樣的大力士，不會在俚俗的俠輩之中拿著武器與他們爭勝的。英偉的儒生和博學的讀書人，不會和淺近之徒一般，執著在細小的言論中大行辯論。而通達的人和器量雄偉之士，也不會在流俗之中喪失他們的洞察力。」

抱朴子曰：「盤旋揖讓㊀，非禦寇之容；擐甲纓冑，非廟堂之飾。垂紳振佩，不可以揮刃爭鋒㊁；規行矩步，不可以救火拯溺。」

【今註】 ㊀盤旋揖讓：見〈審舉篇〉注。㊁鋒：《百子》本作「兵」。

【今譯】 抱朴子說：「盤旋揖讓的禮文，不是抵禦外寇的容貌。而身著的冑甲，更不是在廟堂之中的服飾。身著紳佩，並不適合揮弄刀刃，與敵爭鋒。規規矩矩的行走，並不能拯救火災或溺水的人。」

抱朴子曰：「乾坤陶育㊀而庶物不識其惠者，由乎其益無方㊁也。

大人神化㊂而群細不覺其施者，由乎治之於未有也㊃。故可知者小也，易料者少也。」

【今註】㊀乾坤陶育：見〈任命篇〉注。㊁由乎其益無方：《易經・益卦・彖傳》說：「天施地生，其益無方。」「無方」，則指天地利益萬物而無一定方向的限定。㊂大人神化：《呂氏春秋・離俗覽・適威篇》說：「古之君民者，仁義以治之，愛利以安之，……此五帝三王之所以無敵也。身已終矣，而後世化之如神。」大人，則指在政業道德有成的人。神化，則指大人在身後揚名，後世之人以其德業視若神明。㊃由乎治之於未有也：此句意謂高明的政治處理，必須要在事情還未發生的時候，就能洞察而出，防範於未然。

【今譯】　抱朴子說：「天地陶育萬物，而萬物並不知道天地的恩惠，那是因為天地利益萬物並無一定的方法所致。聖人神妙的教化萬民，而萬民卻不能察覺聖人的施予，那是因為聖人的教化旨於杜漸防微。所以說知道微小的事物之人，很少被人注意到。」

抱朴子曰：「娥、英、任、姒㊀，不以蠶織為首稱㊁；湯、武、漢高㊂，不以細行招近譽。故澄視於三辰者，不遑紆鑒於井谷；清聽於《韶》《濩》㊃者，豈暇垂耳於桑間㊄。」

【今註】㊀娥、英、任、姒：娥，是娥皇。英，指女英。二人都是堯的女兒，舜的妻子。任，是周文王的母親。姒，即大姒，是文王的妃子。《山海經・大荒南經》說：「有人三身，帝俊妻娥皇生此三身之國，姚姓。」《史記》卷一〈五帝本紀〉：「於是堯妻之二女。」《正義》云：「二女，娥皇、女英也。」《列女傳》卷一說：「有虞二妃者，帝堯之二女也，長娥皇，次女英。」《詩經・大雅・思齊》說：「思齊大任，文王之母，思媚周姜，京室之婦，大姒嗣徽音，則百斯男。」鄭《箋》：「京，周地名也，常思莊敬者，大任也，乃為文王之母，又常思愛大姜之配大王之禮，故能為京室之婦。」毛《傳》說：「大姒，文王之妃也。大姒十子，眾妾則宜百子也。」㊁不以蠶織為首稱：蠶織，指養蠶而絲成絹織。《詩經・大雅・瞻卬》說：「婦無公事，休其蠶織。」毛《傳》說：「休，息也。婦人無與外政，雖王后，猶以蠶織為事。」㊂湯、武、漢高：湯、武，則指成湯和周武王。漢高，顯然是指漢高祖，這三人都是開國的君主。㊃清聽於《韶》《濩》：是殷商湯王的音樂。《左傳》襄公二十九年：「見舞《韶》《濩》者，曰：『聖人之弘也，而猶有慚德，聖人之難也。』」杜預《注》說：「殷湯樂也。」 ㊄桑間：指一種淫靡的低級音樂。

【今譯】 抱朴子說：「娥皇、女英、大任、大姒這些偉大的女子，並不會以蠶織這類的小事而著稱於世。商湯、武王和漢高祖，並不是因為小小的言行，而就為了招致一些淺近的名譽。所以能夠看清楚日月星三辰的人，不會只去看察井谷。而學習於聽賞《韶》《濩》雅樂的人，怎麼會有時間去聽一些像桑間這樣的淫靡之樂呢？」

抱朴子曰：「膚表或不可以論中，望貌或不可以核能。仲尼似喪家之狗㊀，公旦類朴斲之材㊁，咎繇面如蒙倛㊂，伊尹形若槁骸㊃，及龍陽、宋朝㊄，猶土偶之冠夜光；藉孺㊅、董、鄧㊆，猶錦紈之裹塵埃也。」

【今註】 ㊀仲尼似喪家之狗：喪家，《史記》卷四十七〈孔子世家〉：「孔子適鄭，與弟子相失，孔子獨立郭東門。鄭人或謂子貢曰：『東門有人，其顙似堯，其項類皋陶，其肩類子產，然自要以下不及禹三寸，纍纍若喪家之狗。』子貢以實告孔子。孔子欣然笑曰：『形狀，末也，而謂似喪家之狗，然哉！然哉！』」《集解》引《孔子家語》王肅說：「喪家之狗，主人哀荒，不見飲食，故纍然而不得意。孔子生於亂世，道不得行，故纍然不得志之貌也。」㊁公旦類朴斲之材：公旦，指周公。《荀子・非相篇》說：「周公之狀，身如斷菑。」楊倞《注》說：「《爾雅》云：木立死曰椔，椔與菑同。」類朴斲之材，則是形容周公站姿的形態而言。㊂咎繇面如蒙倛：咎繇，指皋陶之書，為□氏族的祖先，傳說中為刑罰之神。蒙倛：指咎陶的神容。《荀子・非相篇》說：「仲尼之狀，面如蒙倛。」《淮南子・脩務篇》說：「皋陶馬喙。」㊃伊尹形若槁骸：《荀子・非相篇》說：「伊尹之狀，面無須麋。」此句則指伊尹的神容，當然這裏是指經過神化之後的伊尹。㊄龍陽、宋朝：龍陽，是戰國時代魏王的美姬。宋朝，指宋公子美男子的典型。《論語・雍也篇》說：「子曰：不有祝鮀之佞，而有宋朝之美，難乎免於今之世矣。」㊅藉孺：指漢高祖時被高祖所寵信的幸臣。《史記》卷一百二十五〈佞幸列傳〉：「昔以色幸者多矣。至漢興，高祖至暴抗也，然籍孺以佞幸；孝惠時有閎孺。此兩人非有材能，徒以婉佞貴幸，與上臥起，公卿皆因關說。」《論衡・逢遇篇》說：「或無補益，為上所好，籍孺、鄧通是也。籍孺幸於孝惠，鄧通愛於孝文，無細簡之才，微薄之能，偶以形佳骨嫺，皮媚色稱。」㊆董、鄧：董，指前漢哀帝幸臣董賢。鄧，則指文帝幸臣鄧通。

【今譯】抱朴子說：「有時外表不能反應本質，容貌也不可以核察能力，孔子像喪家之犬，周公如樸實之材，皋陶面容像驅逐瘟疫的神怪，伊尹的形象是乾瘦的骨架。而龍陽、宋朝就像泥做的玩偶頭頂夜光寶玉；藉孺、董賢、鄧通，就像裹在錦繡裡的塵埃一樣。」

抱朴子曰：「勛、華不能化下愚㈠，故教不行於子弟。辛、癸不能改上智㈡，故惡不染於三仁㈢。」

【今註】㈠勛、華不能化下愚：「勛」則指放勳，為堯帝的號。「華」，則指重華，為舜的號。《論衡・本性篇》說：「丹朱生於唐宮，商均生於虞室。唐、虞之時，可比屋而封，所與接者，必多善矣。二帝之旁，必多賢也。然而丹朱傲，商均虐，並失帝統，歷世為戒。……故孔子曰：『惟上智與下愚不移。』性有善不善，聖化賢教，不能復移易也。」《論衡》這段文獻乃引自於《論語・陽貨篇》。㈡辛、癸不能改上智：「辛」則指帝辛（商朝的紂王）。「癸」則指履癸（夏朝的桀）。㈢三仁：指微子、箕子、比干等三人。

【今譯】　抱朴子說：「唐堯、虞舜也不能改變下愚之輩，所以教化不能施行於他們的子弟，夏桀、商紂也不能改變上智之人，所以三仁沒有沾染當代的惡習。」

抱朴子曰：「至大有所不能變，極細有所不能奪。故冰霜肅殺，不能凋菽麥㈠之茂；熾暑鬱陰㈡，不能消雪山之凍。飆風蕩海，不能使潛泉揚波；春澤榮物，不能使枯卉發華。」

【今註】㈠菽麥：指耐霜寒的穀物。《春秋》定公元年《疏》云：「菽者，大豆之苗，又是耐霜之穀。」㈡熾暑鬱陰：《百子》本作「暑鬱陰隆」。《藏》本「鬱陰」作「鬱隆」。

【今譯】抱朴子說：「即使極大之物，也有它不能改變的事，即使極細微之物，也有不能被剝奪的事。所以冬天冰霜嚴酷蕭索，卻不能使生長茂盛的大豆小麥凋零；盛夏酷暑熱氣鬱積，卻不能使雪山化凍。暴風能激盪起大海的波濤，卻不能使地下的泉水揚起波浪；春天的雨能滋潤萬物，卻不能使枯萎的花朵重新開放。」

抱朴子曰：「泣血之寶㈠，仰礛definitely以擿景；沈閭、孟勞㈡，須楚砥以斂鋒。騮馹待王、孫而致遠，令質俟隱括而成德㈢。」

【今註】㈠泣血之寶：指和氏璧。㈡沈閭、孟勞：沈閭，寶劍的名字。孟勞，指魯國的寶刀。《穀梁傳》僖公元年：「孟勞者，魯之寶刀也。」㊂令質俟隱括而成德：「質」，《百子》本作「箕」。隱括，則指矯木為弓的工具。

【今譯】　抱朴子說：「美玉仰賴治玉的磨石才能煥發光彩，寶刀需要砥石的磨礪才能鋒芒畢現，駿馬需要貴胄子弟的訓練才能馳騁千里，良好的素質需要加以修飾鍛鍊，才能成就美德。」

抱朴子曰：「棲鸞戢鷟㊀，雖飢渴而不願籠委於庖人之室；乘黃、天鹿㊁，雖幽飢而不樂蒭秣於濯龍之廄㊂。是以掇蜩之叟㊃，忘萬物於芳林；垂綸之生，忽執珪於南楚㊄。」

【今註】　㊀棲鸞戢鷟：「鸑」同鸞，指靈鳥的意思，傳說中是國運興隆之際的象徵。《說文解字》說：「鷟，鸑鷟，鳳屬，神鳥也。从鳥獄聲。《春秋》《國語》曰：周之興也，鸑鷟鳴於岐山。」㊁乘黃、天鹿：乘黃，神馬名。《墨子・非攻下篇》說：「赤鳥銜珪，降周之岐社，曰：『天命周文王伐殷有國。』泰顛來賓，河出《綠圖》，地出乘黃。」孫詒讓《注》說：「《周書・王會篇》云：『白民乘黃。乘黃者似狐，其背有兩角』，《山海經・海外西經》同。《宋書・符瑞志》云『帝舜即位，地出乘黃之馬』。劉賡《稽瑞》引《孫氏瑞應圖》云『王者德御四方，輿服有度，秣馬不過所乘，則地出乘黃』。《淮南子》云：『黃帝治天下，飛黃服皁』，高《注》云：『飛黃，乘黃』。」天鹿，似鹿而長尾的獸類。《漢書》卷九十六上〈西域傳・上〉：「烏弋山離國」上說：「金珠之屬，皆與罽賓同，而有桃拔、師子、犀牛。」顏師古《注》引孟康曰：「桃拔一名符拔，似鹿，長尾，一角者或為天鹿，兩角者，或為辟邪。」㊂濯龍之廄：濯龍，指漢代宮城內的馬廄名。《文選》卷三張衡〈東京賦〉說：「濯龍芳林，九谷八溪。」唐劉良《注》：「濯龍，廄名。芳林，園名。」㊃掇蜩之叟：《莊子・達生篇》說：「仲尼適楚，出於林中，見痀僂者承蜩，猶掇之也。仲尼曰：『子巧乎！有道邪！』曰：『我有道也。……吾處身也，若厥株拘；吾執臂也，若槁木之枝；雖天地之大，萬物之多，而唯蜩翼之知。吾不反不側，不以萬物易蜩之翼，何為而不得！』」掇蜩，掇是捕捉的意思，蜩是蟬的意思。叟，則指莊子所指的捕蟬老人。〈達生篇〉這段寓言是用來說明「技近於道」的道理。㊄忽執珪於南楚：執珪，指南方楚國所賜予功臣的爵位。《淮南子・道應篇》說：「子發攻蔡，踰之，（楚）宣王郊迎，列田百頃，而封之執圭。」高誘《注》：「楚爵功臣，賜以圭，謂之執圭，比附庸之君。」

【今譯】 抱朴子說：「斂翅隱棲的鳳凰，即使忍受饑渴也不願意被關進廚房的籠子裡，乘黃、天鹿之神獸，即使幽隱挨餓，也不願意在濯龍廄中被飼養。所以捕蟬的老人，在清香的樹林中忘記了世間的一切；垂釣的書生，不願意到朝廷中擔任高官。」

抱朴子曰：「方圓舛狀，逝止異歸。故渾象尊於行健㈠，坤后貴於安貞㈡。七政四氣㈢，以周流成功；五嶽六柱㈣，以峙靜作鎮。是以宋墨、楚申㈤，以載馳㈥存國；干木㈦、胡明㈧，以無為折衝㈨。」

【今註】㈠渾象尊於行健：《易經・乾卦・象傳》說：「天行健，君子以自彊不息。」㈡坤后貴於安貞：《易經・坤卦》說：「安貞吉。」㈢七政四氣：七政，指日月和金木水火土五星共為七政。四氣，則指春夏秋冬四時之氣。㈣六柱：六柱為「八柱」之誤。《淮南子・地形篇》說：「天地之間，九州八極。」王念孫《讀書雜志・淮南子內篇第四》說：「八極當為八柱，柱與極，草書相近，故柱誤為極，……《太平御覽・州郡部・三》引作『天地之間，九州八柱』。」所謂的「八柱」，則指方土之山、東極之山、波母之山、南極之山、編駒之山、西極之山、不周之山、北極之山。㈤宋墨、楚申：宋墨，指宋國的墨翟。楚申，指楚國的申包胥。《左傳》定公四年：「及昭王在隨，申包胥如秦乞師，曰：『吳為封豕、長蛇，以荐食上國，虐始於楚。……若楚之遂亡，君之土也。若以君靈撫之，世以事君。』秦伯使辭焉，曰：『寡人聞命矣。子姑就館，將圖而告。』對曰：『寡君越在草莽，未獲所伏，下臣何敢即安？』立，依於庭牆而哭，日夜不絕聲，勺飲不入口，七日。秦哀公為之賦〈無衣〉。九頓首而坐。秦師乃出。」杜預《注》說：「《詩》，《秦風》。取其王于興師，修我戈矛，與子同仇。與子偕作，與子偕行。」㊅載馳：《詩經・鄘風》有〈載馳〉一篇，記載著：「載馳載驅，歸唁衛侯。」㊆干木：指段干木，請參〈嘉遁篇〉注。㊇胡明：指三國名士胡昭，字孔明。嘗隱居陸渾山中，躬耕樂道，以經籍自娛。百姓興兵反叛朝廷，自相約誓，曰：「胡居士賢者也，一不得犯其部落。」一川賴昭，咸無怵惕。見《三國志》卷十一〈魏書・管寧傳・胡昭傳〉。㊈折衝：退敵。

【今譯】　抱朴子說：「或方或圓，形狀不同；或行或止，旨趣各異。所以天象貴於運行剛健有力，大地拖載貴於安泰穩定。天上的日月星辰和四季的氣候冷暖，因為變化流動、周而復始地交替完成其功績；地上的五嶽名山，撐天的八根柱子，因為平靜聳峙而鎮定乾坤。所以墨子與申包胥，奔波勞累保住了自己的國家，段干木與胡孔明因為隱逸無為而使住地不受侵犯。」

抱朴子曰：「得意於丘園者㊀，身否而神泰㊁；役己以恤物者，形逸而心勞。故抱甕灌園者㊂，歡於台宰；嘔餐茹薇者㊃，美乎鼎

食；仗策去豳者㈤，形如腒腊㈥；夜以待旦者㈦，勤憂損命。」

【今註】 ㈠得意於丘園者：丘園，指隱士隱居之地。此句意謂隱士退則獨修其身，逍遙自在之意。㈡身否而神泰：指身體雖然並不舒適，但是在精神上卻是非常的快樂。㈢抱甕灌園者：指抱水甕澆灌菜園的老者。《莊子‧天地篇》說：「子貢南遊於楚，反於晉，過漢陰，見一丈人方將為圃畦，鑿隧而入井，抱甕而出灌，搰搰然用力甚多而見功寡。子貢曰：『有械於此，一日浸百畦，用力甚寡而見功多，夫子不欲乎？』為圃者仰而視之曰：『奈何？』曰：『鑿木為機，……其名為槔。』為圃者忿然作色而笑曰：『吾聞之吾師，有機械者必有機事，有機事者必有機心。機心存於胸中，則純白不備；純白不備，則神生不定；神生不定者，道之所不載也。』」㈣嘔餐茹薇者：指伯夷、叔齊恥於周武王奪取政權，所以堅持不吃周朝的穀物，在首陽山一帶隱居，以野菜為食，後來終於餓死在首陽山。《史記》卷六十一〈伯夷列傳〉說：「武王已平殷亂，天下宗周，而伯夷、叔齊恥之，義不食周粟；隱於首陽山，采薇而食之。……遂餓死於首陽山。」㈤仗策去豳者：指古公亶父。㈥形如腒腊：《說文》說：「腒，北方謂鳥腊腒，……傳曰：『堯如腊，舜如腒。』」《論衡‧語增篇》說：「傳語曰：聖人憂世，深思事勤，悉擾精神，感動形體，故稱堯若腊，舜若腒，桀、紂之君，垂腴尺餘。」腒腊，是乾肉的意思，用來比喻堯、舜等聖王憂事之深。㈦夜以待旦者：指周公面對三代之王和禹、湯、文、武的行事，和自己的行為有所不同的，常常徹夜不睡的思考。《孟子・離婁篇・下》說：「周公思兼三王，以施四事；其有不合者，仰而思之，夜以繼日；幸而得之，坐以待旦。」趙岐《注》：「三王，三代之王也。四事，禹、湯、文、武所行之事也。不合，己行有不合也。仰而思之，參諸天也。坐以待旦，言欲急施之也。」

【今譯】　抱朴子說：「隱逸田園、自得其樂的人，雖然身遭窮困，卻能精神安泰，有志用世、勞己救物的人，雖然形體享樂卻心神勞苦。所以抱甕汲水灌園的老人，比身居高官的人精神來得閒適歡欣；以米糝野菜為食的人，比列鼎而食的人還要得意。揮鞭趕馬、率眾遷移的人，因為操勞憂苦使身體又乾又瘦；勤於政務、坐以待旦的人，因為勞心費神而損害性命。」

抱朴子曰：「仁忍有天淵之絕，善否猶有無之覺。騶虞㈠側足以蹈虛，豺狼掩群以害生㈡。虞卿損相印以濟窮㈢，華公讓三事以推賢㈣。李斯疾勝己而殺韓非㈤，龐涓患不如而刑孫臏㈥。」

【今註】　㈠騶虞：指尾巴很長，而形似老虎的五色珍獸。《山海經・海內北經》說：「林氏國有珍獸，大若虎，五采畢具，尾長於身，名曰騶吾，乘之日行千里。」郭璞《注》：「《六韜》云：紂囚文王閎夭之徒，詣林氏國，求得此獸獻之，紂大說（悅）乃釋之。」㊁豺狼掩群以害生：《禮記・曲禮篇・下》說：「國君春田不圍澤，大夫不掩群，士不取麛卵。」《淮南子・主術篇》說：「畋不掩群。」高誘《注》：「掩，盡也。」㊂虞卿損相印以濟窮：《史記》卷七十九〈范睢蔡澤列傳〉：「魏齊夜亡出，見趙相虞卿。虞卿度趙王終不可說，乃解其相印，與魏齊亡，閒行，念諸侯莫可以急抵者，乃復走大梁，欲因信陵君以走楚。信陵君聞之，畏秦，猶豫未肯見，曰：『虞卿何如人也？』時侯嬴在旁，曰：『人固未易知，知人亦未易也。……當此之時，天下爭知之。夫魏齊窮困過虞卿，虞卿不敢重爵祿之尊，解相印，捐萬戶侯而閒行。』」又《史記》卷七十六〈平原君虞卿列傳〉說：「虞卿既以魏齊之故，不重萬戶侯卿相之印，與魏齊閒行，卒去趙，困於梁。魏齊已死，不得意，乃著書。」㊃華公讓三事以推賢：華公，指三國魏的華歆。魏明帝時，華歆位大尉，後來讓位給管寧。《晉書》卷二十四〈職官志〉：「太尉、司徒、司空，並古官也。自漢歷魏，置以為三公。及晉受命，迄江左，其官相承不替。」《詩經・小雅・雨無正》：「三事大夫，莫肯夙夜。」鄭玄《箋》：「王流在外，三公及諸侯隨王而行者，皆無君臣之禮，不肯晨夜朝暮省王也。」《三國志》卷十三〈華歆傳〉：「明帝即位，……（太尉華歆）轉拜大尉。歆稱病乞退，讓位於寧。」㊄李斯疾勝己而殺韓非：指李斯因為嫉忌韓非的才華勝過自己而殺了韓非。㈥龐涓患不如而刑孫臏：龐涓是魏惠王時的大將軍。此句意謂龐涓因為在兵法上的才能不如孫臏，而用臏刑將孫臏的腳跟砍掉。

【今譯】　抱朴子說：「仁慈和殘忍的差距有如天壤之別；善良和兇惡相隔有如生死之異。騶虞側著頭不願意踐踏生草；豺狼整群出來殺害生靈。虞卿捐棄相印救濟有困難的朋友，華歆推辭三公之高位以薦舉賢者。李斯嫉妒勝過自己的韓非而殺了他；龐涓擔心自己不如孫臏而對他用刑。」

抱朴子曰：「用得其長，則才無或棄；偏詰其短，則觸物㈠無可㈡。故輕羅霧縠，冶服之麗也，而不可以禦流鏑；沈閭、巨闕㈢，斷斬之良也，而不可以挑腳刺。」

【今註】㈠物：作「事」講。《詩經・大雅・烝民》：「天生烝（眾）民，有物（有各種各樣的事情）有則（有各種各樣的法則）。」毛《傳》：「物，事。」㈡可：有「善」、「宜」的意思。㈢沈閭、巨闕：都是指寶劍。《越絕書・外傳記寶劍第十三》說：「歐冶乃因天之精神，悉其伎巧，造為大刑三，小刑二，一曰湛盧，二曰純鈞，三曰勝邪，四曰魚腸，五曰巨闕。……湛盧之劍，去之如水，行秦過楚，楚王臥而寤，得吳王湛盧之劍，將首魁漂而存焉，秦王聞而求不得，興師擊楚，曰與我湛盧之劍，還師去汝，楚王不與。」巨闕，是指越王句踐的寶劍名。《越絕書．外傳記寶劍第十三》說：「王曰：然巨闕初成之時，吾坐於露壇之上，宮人有四駕白鹿而過者，車奔馬驚，吾引劍而指之，四駕上飛揚，不知其絕也。穿銅釜、絕鐵鑐，胥中決如粢米，故曰巨闕。」

【今譯】 抱朴子說：「一個人如果能夠充分發揮他的特長，他所具備的任何一點聰明才智就不會遭到浪費、遭到廢棄；反過來說，如果偏偏要從他的短缺處去詰問，不管接觸何種問題、任何事件，總會覺得他一無是處。所以輕柔的綾羅、霧一般的輕紗，如此美麗的服裝，卻不可以抵禦飛劍；沈閭、巨闕之寶劍，是砍截斬伐的良器，卻不可以用來挑腳刺。」

抱朴子曰：「小疵不足以損大器，短疚不足以累長才。日月挾蟲鳥之瑕㊀，不妨麗天之景㊁；黃河合泥滓之濁，不害淩山之流㊂。樹塞不可以棄夷吾㊃，奪田不可以薄蕭何，竊妻不可以廢相如㊄，受金不可以斥陳平㊅。」

【今註】 ㊀日月挾蟲鳥之瑕：「鳥」字依楊明照所考，當作「烏」。《百子》本「瑕」作「食」。

《淮南子・說林篇》說：「烏力勝日，而服於鵻禮。」高誘《注》說：「烏在日中而見，故曰勝日。服猶畏也。」《春秋元命苞》說：「陽成於三，故日中有三足烏者，陽精也。」《淮南子・精神篇》說：「日中有踆烏，而月中有蟾蜍。」高誘《注》說：「踆猶蹲也。謂三足烏。」「蟾蜍，蝦蟆。」㈡麗天之景：《易經・離卦・彖辭》說：「離，麗也。日月麗乎天，百穀草木麗乎土。」㈢淩山之流：言洪水浩蕩，漫上山坡。㈣樹塞不可以棄夷吾：夷吾，是管仲的字。《論語・八佾篇》說：「然則管仲知禮乎？曰：邦君樹塞門，管氏亦樹塞門。……管氏而知禮，孰不知禮？」《禮記・雜記篇・下》說：「孔子曰：管仲鏤簋而朱紘，旅樹而反坫，山節而藻梲，賢大夫也，而難為上也。」㈤奪田不可以薄蕭何，竊妻不可以廢相如：蕭何，是漢朝創業的文官，對漢代的政治制度影響甚深。《史記》卷五十三〈蕭相國世家〉：「客有說相國曰：『君滅族不久矣。夫君位為相國，功第一，可復加哉？然君初入關中，得百姓心，十餘年矣，皆附君，常復孳孳得民和。上所為數問君者，畏君傾動關中。今君胡不多買田地，賤貰貸以自汙？上心乃安。』於是相國從其計，上乃大說。上罷布軍歸，民道遮行上書，言相國賤彊買民田宅數千萬。上至，相國謁。上笑曰：『夫相國乃利民！』」司馬相如是卓文君的丈夫，為漢代著名的賦家。㈥受金不可以斥陳平：陳平，是漢高祖時善於智謀的名將。《史記》卷五十六〈陳丞相世家〉：「絳侯、灌嬰等咸讒陳平曰：『……臣聞平受諸將金，金多者得善處，金少者得惡處。』又說：「（陳平）曰：『平乃去楚。聞漢王之能用人，故歸大王。臣躶身來，不受金，無以為資。誠臣計畫有可采者，願大王用之；使無可用者，金具在，請封輸官，得請骸骨。』」

【今譯】 抱朴子說：「小缺點不足以損害有宏大氣量的人，小毛病不足以牽累傑出的人才。日月中也有著小蟲小鳥般的陰影，但是不妨礙它們高懸天空、光芒普照，黃河夾雜著污濁的泥沙，但是不妨礙它洪流浩蕩、漫山遍野。不能因為奢侈僭越而棄置管仲，不能因為強奪百姓田宅而輕視蕭何，不能因為挑動卓文君私奔而不用司馬相如，不能因為接受金錢而排斥陳平。」

抱朴子曰：「虎豹不能搏噬於漆濤之中，螣蛇㈠不能登凌於不霧之日，摯雉兔則鸞鳳不及鷹鷂，引耕犁則龍麟不逮㈡雙峙。故武夫勇士，無用乎晏如之世；碩生逸才，不貴乎力競之運。」

【今註】 ㈠螣蛇：盧本作「騰蛇」，《藏》本、魯藩本、《百子》本同。《淮南子‧說林篇》說：「騰蛇游霧，而殆於蝍蛆。」 ㈡不逮：《百子》本「不逮」作「還建」。

【今譯】 抱朴子說：「虎豹不能在波濤之中搏鬥咬噬；騰蛇不能在沒有雲霧的日子凌空飛升。若論捕擊雉雞野兔，則鳳凰不如雄鷹輕鷂；若論拉犁耕地，則神龍、麒麟還不如並駕的黃牛。所以武將勇士在太平祥和之世是派不上用場的；博學傑出的人才在以武力相爭的社會中是無法受到重視的。」

抱朴子曰：「兩絆㈠而項領，而騏騄與蹇驢同矣。失林而居檻，則猨狖與貛貉等矣。韜鋒而不擊，則龍泉㈡與鉛刀均矣。才遠而任近，則英俊與庸瑣比矣。若乃求千里之謫於縶維之駿㈢，責匠世之勳於劇碎之賢㈣，謂之不惑，吾不信也。」

【今註】㈠兩絆：套住馬的雙足。㈡龍泉：寶劍的名字，亦即龍淵。漢王充《論衡・率性篇》：「棠谿、魚腸之屬，龍泉、太阿之輩，其本鋌，山中之恒鐵也。」㈢若乃求千里之謫於縶維之駿：《詩經・小雅・白駒》說：「縶之維之，以永今朝。」毛《傳》說：「縶，絆。維，繫也。」㈣責匠世之勳於劇碎之賢：「劇」，《藏》本作「處」。刻碎之賢，則指賢者擔當政治事務。

【今譯】抱朴子說：「如果絆住雙足而閒置不用，那麼駿馬和瘸驢就沒有分別；如果離開樹林而關進牢籠，那麼善於攀援的猿猴和生活在洞穴中的貛貉沒有兩樣；如果藏起鋒芒而不出擊，那麼龍泉寶劍和遲鈍的鉛刀是一樣的；如果才能傑出而擔任卑下的職務，那麼超群卓越的人才與平庸凡瑣之輩就並肩而立了。若是要求被套住雙足的駿馬有一日馳騁千里的成績，讓忙於繁重細務的賢者建立匡時濟世的功績，以此為不惑，我是不相信的。」

抱朴子曰：「捐荼㈠茹蒿者，必無識甘之口。棄瓊拾礫者，必無甄珍之明。薄九成而悅北鄙㈡者，吾知其不能格靈祇而儀翔鳳矣㈢。舍英秀而杖常民者，吾知其不能敘彝倫而臻升平矣㈣。」

【今註】㈠捐荼：陸璣《毛詩草木鳥獸蟲魚疏》說：「荼，苦菜，生山田及澤中，得霜甜脆而美，所謂堇荼如飴，《內則》云，濡豚包，用苦菜，是也。」㈡北鄙：指紂王所喜好的中國北方邊鄙的地方音樂。《淮南子・原道篇》說：「耳聽朝歌北鄙靡靡之樂。」㈢吾知其不能格靈祇而儀翔鳳矣：靈祇，神祇的意思。《尚書・益稷》說：「簫韶九成，鳳皇來儀。」㈣吾知其不能敘彝倫而臻升平矣：彝倫，指人的常理秩序。《尚書・洪範》說：「我聞在昔，鯀陻洪水，汨陳其五行，帝乃震怒，不畀洪範九疇，彝倫攸斁。鯀則殛死，禹乃嗣興，天乃錫禹洪範九疇，彝倫攸敘。」鄭玄《注》說：「帝，天也。天以鯀如是，乃震動其威怒，不與天道大法九類，言王所問所由敗也。」

【今譯】　抱朴子說：「丟棄葵菜而食用青蒿的人，必然沒有辨別美食的口味；拋棄美玉而撿起石塊的人，必然沒有識別珍寶的眼力。輕視虞舜的簫韶之樂而欣賞王國的北鄙之音的人，我知道他不能通於神靈而引得鳳凰來翔；捨棄卓越傑出的人才不用而任用普通人，我知道他不能推廣教化而使國家臻於太平的。」

抱朴子曰：「達乎通塞之至理者，不悁悒於窮否；審乎自然之有命者，不逸豫於道行。故縈抑淵洿，則遺慍悶之心㈠；振耀宸扆㈡，而無得意之色。三仕三已㈢，則其人也。」

【今註】　㈠縈抑淵洿，則遺慍悶之心：《論語・學而篇》說：「人不知而不慍，不亦君子乎！」《易經・乾卦》說：「遯世無悶，不見是而無悶，……確乎其不可拔，潛龍也。」　㈡振耀宸扆：指天子的御座，轉為宮廷之意。　㈢三仕三已：《論語・公冶長篇》說：「子張問曰：『令尹子文三仕為令尹，無喜色；三已之，無慍色。舊令尹之政，必以告新令尹。何如？』子曰：『忠矣。』」

【今譯】　抱朴子說：「懂得仕途窮達之至理的人，在閉塞不遇時不會憂鬱不快；明瞭順乎自然之命的人，不會沉醉享樂、鬆懈修養道德。所以蹤淪下位的時候，就不會有煩悶憂傷情緒；若是仕途暢達、擔任高官，也不會有驕傲得意的神色。像三仕三黜的柳下惠，就是這樣的人。」

抱朴子曰：「否泰繫乎運，窮達不足以論士；得失在乎適偶㈠，營辱不可以才量㈡。時命不可以力求，遭遇不可以智違。故尚父㈢者，老婦之棄夫㈣；韓信者，乞食之餓子；蕭公者，斗筲之吏；黥布者，刑黜之亡隸㈤。當其行龍姿於虺蜥之中，卷鳳翅乎斥鷃㈥之群，則彼龍后，謂為其倫㈦。」

【今註】㈠得失在乎適偶：適偶，孫星衍說：「舊寫本無『偶』字。」此指偶然性。此句意謂得失是偶然的。㈡營辱不可以才量：「營」當為「榮」字之形誤。「才量」，孫星衍曰：「當作『量才』。」㈢尚父：指姜太公，為齊國的始祖太公望呂尚。㈣老婦之棄夫：指呂尚的妻子，在太公望還未有所成就的時候，不但瞧不起姜太公，而且後來還遺棄了他。㈤黥布者，刑黜之亡隸：《史記》卷九十一〈黥布列傳〉：「布已論輸麗山，麗山之徒數十萬人，布皆與其徒長豪桀交通，迺率其曹偶，亡之江中為群盜。」黥布在秦朝犯了罪，而遭受了黥刑，後來逃到江中為盜賊首領。㈥斥鷃：

指澤邊的一種小雀。「鷃」，即「鴳」。《莊子・逍遙遊篇》說：「斥鴳笑之曰：彼且奚適也？」成玄英《疏》說：「斥，小澤也；鴳，雀也。」㈦則彼龍后，謂為其倫：「龍后」，指周文王、漢高祖、呂尚、韓信、黥布、蕭何等人，這些才能出眾的人。

【今譯】抱朴子說：「運氣的好壞在於時運，貴賤窮達不足以評論士人；得失在於能否適應時世，榮辱不足以衡量人的才能。時世機運不是人力所能謀求的；遭遇不是靠智慧所能迴避的。所以呂尚是最初被老婦所拋棄的丈夫；韓信是向人乞食挨餓的人；蕭何是一個職務卑微的小官；英布是刑餘在逃的奴隸。然而當他們在凡蟲中展現龍的姿態，在小鳥群中舒展鳳凰的翅膀時，他們就成為龍鳳之類的人物了。」

抱朴子說：「四靈翳逸㈠，而為隆平之符；幽人嘉遁㈡，而為有國之寶㈢。何必司晨而銜鑣，羈紲於憂責哉㈣？有用，人之用也㈤；無用，我之用也。徇身者不以名汩和㈥；修生者不以物累己㈦。」

【今註】㈠四靈翳逸：四靈，是指麟、鳳、龜、龍等四種靈物。《禮記・禮運篇》說：「何謂四靈？麟鳳龜龍，謂之四靈。」㈡幽人嘉遁：指節義之士隱遁於山林的行為。《易經・遯卦》：「嘉遯貞吉，以正志也。」㊂有國之寶：有，為語助辭。有國，則指有虞氏之氏族。㊃何必司晨而銜鑣，羈紲於憂責哉：晨司，指雞。銜鑣，指馬為人所飼養。此句意謂，士人在朝為官，為君主使役事實之比喻。㊄有用，人之用也：《莊子・人間世篇》說：「人皆知有用之用，而莫知無用之用也。」所謂的「有用之用」是指具有才華的人，為君主或時勢所用的人。「無用」者，則指養生保全的人。㊅徇身者不以名汩和：《莊子・駢拇篇》說：「小人則以身殉利，士則以身殉名，大夫則以身殉家，聖人則以身殉天下。」汩，干擾的意思。徇身者，是指重視養生的人，而不會因為世間名譽而干擾他的自處之道。㊆修生者不以物累己：修身者，是指重視養生和欲使生命延長的人，不會因為外物的引誘而牽累自己。

【今譯】 抱朴子說：「麒麟、鳳凰、靈龜、神龍隱逸逍遙於野，而成為天下興隆太平的標誌；隱逸之士逍遙於山林，而成為國家的珍寶。何必像雞之啼鳴報曉、像馬之銜轡拉車，為具體的事務束縛擔當重任呢？有用之用，是別人的用途；無用之用，是我的用途。惜身者不以世俗之名影響內心的平和；修養生命者不使身外之物成為自己的負累。」

抱朴子曰：「量才而授者，不求功於器外；揆能而受者，不負責於力盡。故滅熒燭者不煩滄海㈠；扛斤兩者不事烏獲㈡。運薪輂鹽㈢，不宜枉騏驥之腳；碎職瑣任，安足屈獨行之俊矣。」

【今註】㈠滅熒燭者不煩滄海：《韓非子・說林上》：「失火而取水於海，海水雖多，火必不滅矣。」熒燭，是指小火的意思。此句意謂，為了熄滅小火而卻想用海水加以撲滅，簡直就是多此一舉，而且弄巧成拙。㈡扛斤兩者不事烏獲：以古代的計量單位來說，一兩為二十四銖，一斤為十六兩。事，勞煩的意思。烏獲，是秦武王時代的大力士。㈢運薪輂鹽：薪，木柴的意思。輂，用車子運送的意思。

【今譯】抱朴子說：「朝廷量才而授職，不要求官員建立超越其能力的功績；官員評估自己的能力而接受職務，不負責超過自己能力的事務。所以熄滅微小的火燭，不必用到滄海之水；扛起輕微的物品，不必要用到烏獲。運柴運鹽，不必用騏驥去拉車；瑣碎細小的職事，不必讓卓異的才俊之士去承當。」

抱朴子曰：「畎澮之流㈠，不能運大白㈡之艘；升合之器，不能容千鍾㊂之物。熠燿不能並表微之景㊃，常才不能別逸倫之器。蓋造化所假，聰明有本根也。」

【今註】㊀畎澮之流：《百子》本「畎」作「溝」，指田中所用的水路。澮，指田間的水道。㊁大白：船名。慧琳《一切經音義》卷八十九引《莊子》：「以木為舟，則稱衛舟、大白。」又引司馬彪《注》：「大白，亦船名也。」㊂千鍾：一鍾為六斛四斗，千鍾則用來比喻很多的數量。㊃熠燿不能並表微之景：熠燿，指極小的光亮。表微之景，則指太陽的明光。

【今譯】抱朴子說：「田中溝渠之水，不能運行大白之船；一升一合之小器物，不能裝下千鍾之物。螢火的微光不能與太陽同時照出地上微小的物影相比；平凡之人不能識別超群的人才。這些都是自然所稟賦，聰明智慧的高下是有本源的。」

抱朴子曰：「郢㊀人美〈下里〉㊁之淫鼃㊂，而薄㊃〈六莖〉㊄之和音㊅㊆；庸夫好悅耳之華譽㊇，而惡利行㊈之良規㊉；故宋玉⑪舍其延靈⑫之精聲⑬⑭，智士招⑮其獨見之遠謀。」

【今註】 ㈠郢：音一ㄥˇ，春秋、戰國時代楚國的都城，在今湖北江陵北境。㈡〈下里〉：作「鄉曲里閭」解。在這裏，用它來代替宋玉所說的〈下里巴人〉。意思是說「民間流行的俚俗、色情歌曲」。《文選》卷四十五戰國楚宋玉〈對楚王問〉：「客有歌於郢中者，其始曰（起先的歌曲叫做）〈下里巴人〉，國中屬而和者（附和那些歌聲的）數千人。」㈢淫畫：是說「不合正統樂律的俚俗曲調」。《漢書》卷一百上〈敘傳・上〉引〈答賓戲〉：「夫啾發（眾聲唱作）投曲（配合歌曲），感耳（悅耳）之聲，合之律度（和協五聲陰陽的規律、和發聲音量的大小），淫畫而不可聽者，非〈韶〉（舜樂）〈夏〉（禹樂）之樂也。」唐顏師古《注》：「淫畫，非正之聲也。」淫，「邪」、「不正」的意思。畫，或作「䵷」，和「蛙」字同，外形像蝦蟆，可是腳比較長，可以食用，俗稱「田雞」；也指「違背正統樂律的曲調」。㈣薄：音ㄅㄛˊ，「輕視」、「鄙薄」的意思。《史記》卷六十五〈吳起列傳〉：「其母死，起終不歸。曾子薄之，而與起絕。」㈤〈六莖〉：古樂名。《漢書》卷二十二〈禮樂志〉：「顓頊（音ㄓㄨㄢ ㄒㄩˋ，五帝中的一個）作〈六莖〉。」㈥和音：當是「和諧的曲調」，今為音樂的專門名詞。㈦「郢人」以下兩句：是說「楚都郢邑的居民，稱美〈下里巴人〉俚俗色情的歌曲，卻看輕古帝顓頊〈六莖〉樂章的齊唱」。㈧華譽：和「令譽」相似，「美好聲譽」的意思。㈨利行：「有利於行為」的意思。㈩良規：良善的規模。《文選》卷三十六任昉〈天監三年策秀才文〉：「應有良規。」㈡宋玉：戰國時代楚國鄢（今河南鄢陵縣）人，或說是屈原的弟子，曾經做過楚頃襄王的大夫。《漢書・藝文志》著錄宋玉賦十六篇。《隋書・經籍志》著錄〈宋玉集〉三卷，今已散失。宋玉的作品流傳到今天的有〈九辯〉、〈招魂〉和選入《文選》的〈高唐〉、〈神女〉、〈風〉、〈登徒子好色〉等賦六篇。㈢延靈：是「迎接神靈」意思。宋玉的〈招魂〉，寫的就是：上帝告知巫陽，要他到下界去，把一位好人已經離散了的魂魄還給原主，巫陽為了怕時間拖延太久，到了下界，不經卜筮，就舉行招魂儀式的一篇招魂文字。㈢精聲：美好的音樂或歌謠。精，「美」、「好」的意思。《後漢書》卷五十九〈張衡傳〉：「朋精粹而為徒。」唐李賢《注》：「精，美也。」《廣韻》下平聲十四〈清〉韻：「精，善也，好也。」聲，「音樂」、「歌謠」的意思。《論語・陽貨篇》：「惡紫之奪朱也，惡鄭聲（流行於鄭國的音樂或歌謠）之亂雅樂（正統音樂）也。」㈣宋玉舍其延靈之精聲：宋玉的著作中有〈招魂〉一篇，是他招請亡魂的詩篇。在有關的記載裏，沒有他捨棄〈招魂〉這篇文字的記載，因而全句應該反過來講，作為「世人捨棄（也就是「不重視」）他〈招魂〉的這篇文字」講。㈤招：音ㄑㄧㄠˊ，「揭示」的意思。《國語・周語・下》：「立於淫亂之國，而好盡言，以招人過，怨之本也。」吳韋昭《注》：「招，舉也。」

【今譯】抱朴子說：「楚國郢都的人，都稱美流行於民間俚俗色情的〈下里巴人〉歌曲，卻看不起古帝顓頊所製作和諧的〈六莖〉曲調；一般庸人俗士都喜歡聽到對聲譽的讚美詞句，卻一個個厭惡有補於行為改進的規勸言辭；因為這個緣故，世人不該捨棄楚人宋玉他〈招魂〉一篇美好的歌辭；可是一般才人智士，也不可忘記向人揭示自身所獨具的遠大謀略。」

抱朴子曰：「瓊㈠珉㈡山積，不能無挾瑕㈢之器；鄧林㈣千里，不能無偏枯之木。論㈤珍則不可以細疵棄其㈥美，語大㈦則不可以少累㈧廢其多㈨。故叛主者良、平也，而吐六奇以安上㈩；群盜者彭越也，而建弘勳於佐命⑪。」

【今註】㈠瓊：音ㄑㄩㄥˊ，美玉。㈡珉：音ㄇㄧㄣˊ，和玉極相似的美石。㈢挾瑕：謂「挑剔瑕疵」。挾，音ㄒㄧㄝˊ，「夾取」、「指向」的意思。㈣鄧林：神話中的樹林。《山海經・海外北經第八》：「夸父（古神話人物）與日逐走，入日，渴欲得飲。飲于河（黃河）渭（渭水），河渭不足，北飲大澤，未至，道渴而死，棄其杖，化為鄧林。」有關的記載，又見於《列子・湯問篇》。㈤論：音ㄌㄨㄣˊ，通「掄」，有「選擇」的意思。《國語・齊語》：「權（計算；衡量）節（在大小、輕重上作調節）其用，論（選擇）比（從善、惡方面作比較）協材（在性質剛柔上作「調協」）。」吳韋昭《注》：「論，擇也。」㈥其：本作「巨」字，依《百子》本改正。㈦語大：是謂「就大處來說」、「從大處評論」。《禮記・中庸篇》：「故君子語（說；談論）大（指「君子之道」之「大」，上至於天，下至於地），天下莫能載（裝載）焉；語小（一般夫婦可能了解的「道的初步」），天下莫能破（剖分；解析）焉。」㈧累：音ㄌㄟˋ，「過失」的意思。《鄧析子・無厚篇》：「君有三累，臣有四責。」㈨多：「稱美」的意思。《漢書》卷四十九〈爰盎傳〉：「諸公聞之，皆多盎。」唐顏師古《注》：「多猶重。」㈩叛主者良、平也，而吐六奇以安上：良、平，指張良和陳平，同為漢高祖的謀士。六奇，指陳平六度出奇計，而攻破了陳豨和黥布的軍隊。《史記》卷五十六〈陳丞相世家〉：「其後常以護軍中尉，從攻陳豨及黥布。凡六出奇計，輒益邑，凡六益封。奇計或頗秘，世莫能聞也。」⑪群盜者彭越也，而建弘勳於佐命：《史記》卷九十〈魏豹彭越列傳〉：「彭越者，昌邑人也，字仲。常漁鉅野澤中，為群盜。」弘勳，指彭越雖為盜匪出身，而後來為漢高祖屢建功勳。佐命，指輔助漢高祖建國。

【今譯】 抱朴子說：「美玉、美石的素材山一般地堆積著，拿來做成的器物，可仍然挑不出一件絕無瑕疵的精品；神話中樹木森森的鄧林，雖然綿延千里，可也不能絕對保證其中沒有任何枯萎的枝柯。要從許多同類的物品中選擇佳品，不能因為每件物品具有某項細微的缺點卻拋棄它整體的美；從大處去討論問題，切不能因為發現一點小小的過失就忘記給予適當的讚揚。曾經背叛主上的陳平卻屢出奇計安定了局勢；彭越雖為盜匪出身，然而最後卻輔佐君主建立了巨大的功勳。」

抱朴子曰：「五嶽㈠巍峩，不以藏疾傷其極天之高；滄海滉瀁，不以含垢累其無涯之廣㈡。故有九德尚寬以得眾㈢，宣尼汎愛而與進㈣。」

【今註】 ㈠五嶽：稱「嵩山（中嶽）、泰山（東嶽）、華山（西嶽）、衡山（南嶽）、恆山（北嶽）」五座高峻的大山。㈡滄海滉瀁，不以含垢累其無涯之廣：滉瀁，音ㄏㄨㄤˇ 一ㄤˋ，指水之深廣貌。含垢，指滄海接受污物。《左傳》宣公十五年：「瑾瑜匿瑕，國君含垢，天之道也。」杜預《注》說：「忍垢恥。」㈢九德尚寬以得眾：《左傳》昭公二十八年：「心能制義曰度，德正應和曰莫，照臨四方曰明，勤施無私曰類，教誨不倦曰長，賞慶刑威曰君，慈和徧服曰順，擇善而從之曰比，經緯天地曰文，九德不愆，作事無悔。」所謂的「九德」則指「心能制義曰度，德正應和曰莫，照臨四方曰明，勤施無私曰類，教誨不倦曰長，賞慶刑威曰君，慈和徧服曰順，擇善而從之曰比，經緯天地曰文」。㈣宣尼汎愛而與進：宣尼，則指孔子的追謚。《漢書》卷十二〈平帝紀〉：「封周公後公孫相如為褒魯侯，孔子後孔均為褒成侯，奉其祀。追謚孔子曰褒成宣尼公。」《論語・學而篇》說：「汎愛眾而親仁。」《論語・述而篇》說：「互鄉難與言，童子見，門人惑。子曰：『與其進也，不與其退也。』」

【今譯】　抱朴子說：「五嶽巍峨雄壯，不因為包藏毒蟲害獸而傷害其聳入雲天的高峻；滄海波濤浩瀚，不因為容納污穢而影響其無邊無際的廣大。所以九德以寬容為首，因而得到眾人的歸心；孔子主張以廣泛的愛心，鼓勵學者的進步。」

廣譬篇 第三十九

【篇旨】 本篇的內容與《抱朴子・外篇・博喻》相似，也是藉外在事物來說明人生社會的道理。作者以不同的角度表現了自己對社會人生的關注，寓意雋永，頗能發人深省。

抱朴子曰：「立德踐言㊀，行全操清，斯則富矣，何必玉帛之崇㊁乎？高尚其志㊂，不降不辱㊃，斯則貴矣，何必青紫之兼拕㊄也？俗民不能識其度量，庸夫不得揣其銓衡，是則高矣，何必凌雲而蹈霓㊅乎？問者莫或測其淵流，求者未有覺其短乏，是則深矣，何必洞河而淪海乎？四海苟備，雖室有懸磬之窶㊆，可以無羨乎鑄山而煮海㊇矣。身處鳥獸之群，可以不渴乎朱輪而華轂㊈矣。」

【今註】 ㊀踐言：履行諾言。 ㊁玉帛之崇：朝廷派使者攜玉帛徵辟士人出仕。楊明照按：「崇」上疑脫「並」字。㊂高尚其志：堅持隱逸的志向。《易經・蠱卦》：「上九，不事王侯，高尚其事。《象》曰：『不事王侯，志可則也。』」㊃不降不辱：不降志亦不使自身受辱。《論語・微子篇》：「子曰：『不降其志，不辱其身，伯夷、叔齊與？』」《集解》引鄭玄曰：「言其直己之心，不入庸君之朝。」㊄青紫之兼拕：擔任高官，享有爵位，佩戴青紫之印綬。拕，同「拖」。㊅凌雲而蹈霓：意謂地位崇高，若在雲霓之上。凌雲、蹈霓，皆喻其高。㊆懸磬之窶：形容家境清貧，一無所有。《國語・魯語・上》：「室如縣磬。」韋《注》：「縣磬，言魯府藏空虛，但有榱梁，如縣磬也。」㊇鑄山而煮海：開鑿大山以鑄錢、煮沸海水以獲鹽而致富的意思。《史記》卷一百六〈吳王濞列傳〉：「吳有豫章郡銅山，濞則招致天下亡命者益（當依《漢書》卷三十五〈荊燕吳傳〉作「盜」）鑄錢，煮海水為鹽，以故無賦，國用富饒。」㊈朱輪而華轂：詳見《抱朴子・外篇・博喻篇》。

【今譯】 抱朴子說：「樹立道德，實踐諾言，行為完美，情操高潔，這就是富有了。何必一定要有尊崇的禮儀徵聘出仕呢？堅持自己高潔的志向隱逸不仕，不降志，不辱身，這就是高貴了。何必一定要擁有高官厚爵呢？世俗之人無法辨識你的度量，平庸的百姓也不能權衡其輕重，這就是清高了。何必一定要登上高位，如在雲霓之端呢？詢問者沒人能揣測你的思想源流，求教的人沒有覺得你的才能有什麼短缺，這就是深厚了。何必一定要深入河底淪於大海呢？倘若四海之內的知識富足了，就算我家中窮到一無所有，也不羨慕鑄山煮海得來的巨富。即使身處鳥獸之群，也不渴望追求高官厚祿、朱輪華轂的富貴了。」

抱朴子曰：「潛靈㈠俟慶雲㈡以騰竦㈢，棲鴻階勁風以凌虛，素鱗㈣須姬發㈤而躍，白雉待公旦而來㈥，姜老值西伯而投磻溪之綸㈦，韓、英㈧遭漢高乃騁撥亂㈨之才。」

【今註】㈠潛靈：指潛伏的神龍。㈡慶雲：一曰景雲。《淮南子・天文篇》：「龍舉而景雲屬。」高《注》：「龍，水物也。雲生於水，故龍舉而景雲屬。屬，會也。」㈢騰竦：騰空上飛。㈣素鱗：白魚。《尚書・大傳》：「太子發上祭于畢，下至于盟津之上。……太子發升于舟，中流，白魚入于舟……。」㈤姬發：即周武王。㈥白雉待公旦而來：公旦，即周公。周公攝政六年，越裳氏來獻白雉。見《韓詩外傳・卷五》。㈦姜老值西伯而投磻溪之綸：姜老，呂尚，姓姜氏。西伯，即周文王。史稱呂尚嘗窮困，且年老，以漁釣為生。有一次，周西伯（文王）打獵，遇太公於渭之陽，與語大悅，故號之曰「太公望」，載與俱歸，立為師。事見《史記》卷三十二〈齊太公世家〉。㈧韓、英：指韓信、布英，均為漢高祖劉邦手下的大將。㈨撥亂：平定動亂，始之歸於正常。

【今譯】 抱朴子說：「潛伏水底的龍等待慶雲以騰空飛升，棲止的鴻雁憑藉勁風而後凌雲翱翔。素魚等待周武王出現才跳躍，白雉等待周公攝政才到來，呂尚遇到周文王才收起磻溪的釣竿，韓信、布英遇到漢高祖才施展出平定戰亂的才能。」

抱朴子曰：「澄精神於玄一㈠者，則形器㈡可忘；邈高節以外物者，則富貴可遺。故支離甕盎㈢，偉造化而怡顏；北人㈣、箕叟㈤，棲嵩岫而得意焉。」

【今註】 ㈠玄一：道家語，即道之本源。㈡形器：形體。㈢支離甕盎：孫星衍校：「支離」下，舊寫本空白一字。盎，音ㄤˋ。㈣北人：傳說中的隱士。舜欲讓天下予北人，不受，自投於淵。㈤箕叟：指許由，隱於箕山之下，古代著名隱士。

【今譯】 抱朴子說：「能澄清精神以達到道的本源的人，則可以忘記外在的形體，節操高邈而輕視外在事物的人，則可以遺棄人間的富貴。所以殘寂的支離口中，會讚美大自然的偉大，並且面露喜悅之色，北人無擇、許由隱逸於高山，卻仍得意洋洋。」

抱朴子曰：「粗理不可浹全㊀，能事不可畢兼。故懸象㊁明而可蔽，山川滯而或移㊂，金玉剛而可柔，堅冰密而可離。公旦不能與伯氏跟絓於凴雲之峻㊃，仲尼不能與呂梁較伎於百仞之溪㊄。」

【今註】㊀浹全：周全的意思。㊁懸象：指日月星辰。《易經・繫辭・上》：「縣象著明，莫大乎日月。」㊂山川滯而或移：山川本是穩固不動的，可是有時亦有天崩、地震等自然現象。《莊子・大宗師篇》：「夫藏舟於壑，藏山於澤，謂之固矣；然而夜半有力者負之而走，味者不知也。」《淮南子・俶真篇》：「夫藏舟於壑，藏山於澤，人謂之固矣；雖然，夜半有力者負而趨，寐者不知。」高《注》：「趨，走。夜半有力者負舟與山走，故寐者不知也。」㊃凴雲之峻：凌雲的山岩，形容山之高聳，如入雲端之中。㊄與呂梁較伎於百仞之溪：傳說呂梁有瀑布激流，魚鼈難游，可是有人卻披髮高歌，游於深淵之下。

【今譯】抱朴子說：「粗淺的道理不可能周全，再精幹的人也不能兼備所有的才能。因此，日月星辰的光明，也有被烏雲遮住的時候，山川是穩定的，但也會有移動的時候，金石堅硬，也可以變得柔軟，堅硬的冰雖然嚴密，但可以使其融化。所以周公不能與伯氏比賽登上高入雲霄的峻峰，孔子也不能和呂梁人在百仞的激流中展示泳技。」

抱朴子曰：「震雷不能細其音以協金石之和㈠，日月不能私其耀以就曲照之惠㈡，大川不能促其涯以適速濟之情，五岳不能削其峻以副陟者之欲。故廣車不能脅其轍㈢以苟通於狹路，高士不能撙其節㈣以同塵於隘俗。」

【今註】㈠以協金石之和：以與金石的樂聲相和諧。㈡日月不能私其耀以就曲照之惠：指日月不能偏私，只照耀某些地方。《禮記・孔子閒居篇》：「日月無私照。」《周書・周祝》：「日之出也無私照。」《呂氏春秋・去私篇》：「日月無私燭也。」㈢脅其轍：縮小車輪的寬幅，來減小所需道路的寬度。㈣撙其節：意謂降低自己的節操。撙，約束；節制。

【今譯】抱朴子說：「震耳的雷聲不能減小聲音使之與金石樂聲相和諧，日月不能使光芒偏私，只照耀某些地方，江河不能使兩岸靠攏些，以滿足欲快速渡河者的心情，五岳不能削減高度，變得平緩些，以滿足登山者的要求。所以大車不能縮短車輻以求可以通過狹小的道路，高尚的人不能降低自己的節操以求苟同於庸鄙的世俗。」

抱朴子曰：「陰陽以廣陶㈠濟物，三光㈡以普照著明，嵩、華以藏疾為曠㈢，北溟以含垢稱大㈣，碩儒以與進㈤弘道，遠數以博愛容眾㈥。」

【今註】㈠廣陶：廣泛的陶冶。㈡三光：指日月星辰。《淮南子・原道篇》：「紘宇宙之章三光。」高《注》：「章，明也。三光，指日、月、星。」㈢嵩、華以藏疾為曠：嵩山、華山因能無所不包而成其高大。㈣北溟以含垢稱大：北海因為能夠容納汙垢、無所不包而造就其遼闊。㈤與進：允許後進來學。已見《抱朴子・外篇・嘉遯篇》。㈥遠數以博愛容眾：指以廣博的愛心容納眾多事物。

【今譯】抱朴子說：「陰陽二氣以廣泛陶冶的方式救助蒼生，日月星辰以光明的照耀為世界帶來光明。嵩山、華山因能無所不包而成其高大，北海因為能夠容納汙垢、無所不包而造就其遼闊。儒家大師提攜後進來學，弘揚大道，謀略深遠者以廣博的愛心去容納眾多的事物。」

抱朴子曰：「靈龜之甲，不必為戰施㈠；麟角鳳爪，不必為鬬設。

故雋生不釋劒於平世㊁，擊柝㊂不輟備於思危。」

【今註】㊀靈龜之甲，不必為戰施：「戰」字疑為「占」字之誤。意謂靈龜的甲殼，並非為了要讓人占卜而生的。㊁雋生不釋劒於平世：雋生，雋不疑，字曼倩，渤海人也。治《春秋》，為郡文學，進退必以禮，名聞州郡。詳見《漢書》卷七十一〈雋疏于薛平彭傳〉。㊂擊柝：夜間巡察，以敲擊木梆的方式，作為警戒。

【今譯】抱朴子說：「靈龜的甲殼，不是一定為了占卜才生長的；麒麟的角和鳳凰的爪，不是必定為爭鬥而存在。所以雋不疑平時也不解下佩劍，敲擊木梆巡察，是為了防備危險而出現。」

抱朴子曰：「南金㊀不為處幽而自輕，瑾瑤㊁不以居深而止潔。志道者不以否滯而改圖，守正者不以莫賞而苟合。」

【今註】㊀南金：金屬名。詳見〈博喻篇〉注。㊁瑾瑤：美玉名。《說文・玉部》：「瑾，瑾瑜，美玉也。」

【今譯】抱朴子說：「貴重的南金不會因為身處幽僻之地就自我輕視，潔白的美玉不會因為處在深處而改變它原本的純潔。有志於道德者，不會因為有阻礙就改變原來的志向，操守正直者，不會因無人賞識就苟且合於世俗。」

抱朴子曰：「登玄圃㈠者，悟丘阜之卑；浮溟海者，識池沼之編。披九典乃覺牆面㈡之篤蔽，聞至道乃知拘俗之多迷。」

【今註】 ㈠玄圃：傳說中的仙山。已見〈博喻篇〉。㈡牆面：楊明照《抱朴子外篇校箋・下》校：按「牆面」當作「面牆」，始能與下句「拘俗」相儷。「面牆」一詞多次見於《抱朴子》中。

【今譯】 抱朴子說：「登上了崑崙仙山，就知道小山丘的低矮了；漂浮在大海上，就知道池沼的狹小了。翻閱過眾多的經典，就知道不學習所遭受的蒙蔽；聽聞至道，才能知道拘泥於世俗是多麼迷誤。」

抱朴子曰：「渾沌之原，無皎澄之流；毫釐之根，無連抱之枝；分寸之燼，無炎遠之熱；隙穴之中，無炳蔚之群㈠；鉤曲之形，無繩直之影；參差之上，無整齊之下。」

【今註】㊀炳蔚之群：謂成群的虎豹。炳蔚，虎豹也。見〈安貧篇〉「被文如虎豹」句箋。

【今譯】抱朴子說：「塵土飛揚、渾濁不清的原野，是不會有清澄潔白的流水的；毫釐般的細根，不會生長出合抱粗的樹枝；短小的灰燼，不會有可以灼烤遠處的熱量；狹窄的縫穴中，不會有成群的虎豹；彎曲的形體，不會有筆直的影子，上面長短參差混亂，下邊就不會整齊劃一。」

抱朴子曰：「不覿瓊琨之熠爍，則不覺瓦礫之可賤；不覿虎豹之彧蔚，則不知犬羊之質漫。聆《白雪》㊀之九成，然後悟《巴人》之極鄙㊁；識儒雅之汪濊㊂，爾乃悲不學之固陋。」

【今註】㊀《白雪》：《陽春白雪》，古代楚國歌曲名，當時認為是較高級的音樂。㊁《巴人》之極鄙：意思是說《下里巴人》的樂曲極為鄙陋。㊂汪濊：謂「寬廣深邃」。見〈鈞世篇〉注。

【今譯】抱朴子說：「沒有見過光彩熠熠的美玉，就不覺得瓦礫的卑賤；沒有看過虎豹斑斕美麗的花紋，就不覺得犬羊之皮的素淡無文；聆聽過《陽春白雪》，然後才醒悟到《下里巴人》的鄙陋；認識了學問淵博的儒生，才知道不學無術的閉塞有多可悲。」

抱朴子曰：「無當之玉盌㈠，不如全用之埏埴㈡；寸裂之錦黻㈢，未若堅完之韋布。故夏姬㈣之無禮，不如孤逐之皎潔；富貴之多罪，不如貧賤之履道。」

【今註】㈠盌：通「碗」。㈡埏埴：音ㄕㄢ ㄓˊ，和泥作的陶器。老子《道德經・第十一章》：「埏埴以為器。」河上公《注》：「埏，和也。埴，土也。和土以為飲食之器。」㈢錦黻：繡有花紋的圖案的錦衣。㈣夏姬：春秋時陳大夫御叔之妻，夏徵舒之母，曾與陳靈公、孔寧、儀行父私通。

【今譯】抱朴子說：「貴重而不合實用的玉碗，不如多用途的陶器；腐損開裂的錦繡禮服，不如結實完整的韋帶布衣；因此，無禮淫亂的夏姬，不如孤逐女堅持守節那樣的貞節；富有顯貴但犯下多項罪過，倒不如處於貧窮、履行正道。」

抱朴子曰：「猛獸不奮搏於度外，鷹鸇不揮翮以妄擊。若廟筭㈠既內不揆德，進取又外不量力，猶輕羽之沒洪鑪，飛雪之委沸鑊，朝菌㈡之試干將㈢，羔犢之犯虓㈣虎也。」

【今註】㈠廟筭：指朝廷用兵的謀略。詳見〈博喻篇〉。㈡朝菌：一種菌類植物，朝生而暮死。已見〈嘉遯篇〉。㈢干將：古代寶劍名。詳見〈博喻篇〉。㈣虣：音ㄅㄠˋ，凶暴之意。

【今譯】抱朴子說：「猛獸不會奮然搏殺於度外，鷹鷂也不會隨便煽動翅膀以出擊。如果在朝廷上不估量人的品德，在戰場上不計算兵力強弱以量力而為便隨意興師，那就像輕飄的羽毛落入洪爐之中，飛舞的雪花掉落滾沸的水中一樣，又像朝菌去試干將的鋒利，羊羔牛犢去冒犯猛虎。」

抱朴子曰：「三辰㈠蔽於天，則清景暗於地；根荄蹷於此，則柯條瘁於彼。道失於近，則禍及於遠；政繆㈡於上，而民困於下。」

【今註】㈠三辰：指日月星辰。㈡繆：同「謬」，失誤。

【今譯】抱朴子說：「天上的日月星辰被遮住，地上的影子就變得黯淡了；樹根竭盡於此，則枝葉便凋枯於彼。策略失誤於近，便會帶來長遠的禍患，政治施政謬誤於上，則百姓便困頓於下。」

抱朴子曰：「務於遠者，或失於近㈠；治於外者，或患生乎內。覆頭者，不必能令足不濡；蔽腹者，不必能令背不傷。故秦始築城遏胡，而禍發帷幄㈡；漢武懸旌萬里，而變起蕭牆㈢。」

【今註】㈠務於遠者，或失於近：楊明照校：以下文「或患生乎內」句例之，「於」上疑脫一字。㈡故秦如築城遇胡，而禍發帷幄：指趙高從內部腈權之事。詳見《史記》卷六〈秦始皇本紀〉。㈢漢武懸旌萬里，而變起蕭牆：宮廷之內發生變故，漢武帝時，有淮南王劉安、衡山王劉賜謀反之事，又有巫蠱之禍。詳見《漢書》卷六〈武帝紀〉。

【今譯】抱朴子說：「致力於遠大的事業，其失誤可能近在眼前，治理外表的人，其禍患可能發生在內部。蒙蓋住頭部的人不能讓腳不沾溼，保護好腹部的人不一定可以讓脊背不受傷。所以秦始皇修築萬里長城以抵禦胡人入侵，而禍患就發生在身旁的帳幕之中；漢武帝出軍萬里之外，而變亂就萌生在他的宮廷之中。」

抱朴子曰：「人才無定珍，器用無常道。進趨者以適世為奇，役御者以合時為妙。故玄冰結則五明㈠捐，隆暑熾則裘、鑪退，高鳥聚則良弓發，狡兔多則盧、鵲走，干戈興則武夫奮，《韶》、

《夏》㈡作則文儒起。」

【今註】㈠五明：扇名。漢晉有五明扇。㈡《韶》、《夏》：韶樂，相傳為舜時樂曲；大夏，傳說是禹時樂曲。

【今譯】抱朴子說：「珍貴的人才在不同時代沒有固定的標準，器物的功用也沒有一定的不變的模式。追求進取者以適應社會需求為奇偉，為世所用的人以合乎時代為妙才。因此，隆冬結冰時，扇子就被丟棄了；盛暑熾熱時，皮裘和火爐就被收起來了。高鳥聚集，則良弓就被拿出來用，狡兔多了，獵狗就要去追逐。興起戰事，武夫就會奮發而被重用，太平之世，文臣就會興起。」

抱朴子曰：「激脩流、揚朝宗者，不可以背五城㈠而跨積石㈡；舒翠葉、吐丹葩者，不可以舍洪荄而去繁柯。敗源失本，尠不枯汔㈢；叛聖違經，理不弘濟。」

【今註】㈠五城：指崑崙山，相傳崑崙有五城十二樓，河水出焉。㈡積石：山名。㈢枯汔：意謂乾涸、枯死。《淮南子・說林篇》：「塞其源者竭，背其本者枯。」《說文・水部》：「汔，水涸也。」《玉篇・水部》「汽」作「汔」，與此同。

【今譯】　抱朴子說：「激起萬里波濤的江河，不能馱負崑崙山而超過積石，舒展青翠樹葉、開著燦爛紅花的大樹，不能去除粗根與繁枝。背離了本源，喪失了根本，很少不枯萎乾涸的，反對聖賢，背離經典，其理不能廣泛地救助天下。」

抱朴子曰：「四瀆㊀辯源，五河分流，赴卑注海，殊塗同歸。色不均而皆豔，音不同而咸悲，香非一而並芳，味不等而悉美。」

【今註】　㊀四瀆：指長江、黃河、淮河、濟水有著不同的源頭。古人稱江、淮、河、濟為四瀆。

【今譯】　抱朴子說：「長江、黃河、淮河、濟水這四條大河的源頭不同，淮河的五條支流也是分開流行的，但他們都流向下游低窪處，然後注入大海，路途雖不同，但最後的歸屬是一樣的。顏色有所不同，卻都豔麗；聲音有所不同，卻都甜美。」

抱朴子曰：「物貴濟事，而飾為其末；化俗以德，而言非其本。故緜布可以禦寒，不必貂、狐；淳素可以匠物㊀，不在文辯㊁。」

【今註】㈠匠物：楊明照校：按「匠」疑「匡」之誤。匡物，謂匡正事物。㈡文辯：文飾之意，繪以花紋圖案。辯，疑「辨」字之訛。

【今譯】抱朴子說：「製作器物貴於可以利用，裝飾只是它的細微末節，教化世俗要以德行為本，但人們卻追逐言辭之末。所以絲綿麻布可以用來抵禦風寒，不一定要用貂皮狐裘才可以，樸素的材料可以製作器物，不一定要雕鏤文飾它的外表才可以。」

抱朴子曰：「衝飆謐氣，則轉蓬山峙；脩網既舒，則萬目齊理。故未有上好謙而下慢，主賤寶而俗貧。」

【今譯】抱朴子說：「暴風平息了，隨風飄轉的蓬草也就靜止不動，網繩一伸展，則所以的細目就都會很有條理，因此，不會有在上位者喜好謙虛而下位者傲慢無禮的事，不會有君主不愛財物而百姓卻遭受貧窮的事。」

抱朴子曰：「事有緣微而成著㈠，物有治近而致遠。故修步武之池，而引沈鱗於江海；豐朝陽之林，而延靈禽於丹穴㈡。設象於槃盂，而翠虬降於玄霄㊂；委灰於尺水，而望舒變於太極。是以晉文回輪於勇蟲，而壯士雲赴；句踐曲躬於怒鼃㊃，而戎卒輕死。九九顯，而扣角㊄之俊至；枯骨掩，而參分之仁洽㊅。」

【今註】㊀著：顯著；巨大。㊁延靈禽於丹穴：引來山中洞穴裡的鳳凰。《詩經・大雅・卷阿》：「鳳凰鳴矣，于彼高岡；梧桐生矣，于彼朝陽。」㊂翠虬降於玄霄：神龍由天而降。虬，一種無角的龍。玄霄，雲天。㊃句踐曲躬於怒鼃：傳說越王句踐看到青蛙鳴叫之聲富有氣勢，曾經曲躬表示禮敬，於是百姓為他赴湯蹈火在所不辭。詳見《抱朴子・外篇・君道篇》。㊄扣角：已見〈嘉遯篇〉及〈擢才篇〉所注。㊅枯骨掩，而參分之仁洽：傳說周文王修建靈臺、掘池的時候，挖出死人骨骸，周文王令安葬之。詳見《新序・雜事》。參分，即「三分天下有其二」的略語。

【今譯】抱朴子說：「事情有時可因小而成大，治理事物有時可從近處發展到遠處。所以修建一個小池塘，可以引來江海中的蛟龍；使朝陽之林茂盛，就可以招來丹穴中的鳳凰。在盤盂當中畫上龍，真的翠龍就會從天而降；把灰拋到一尺大的池水當中，就可以使月亮改變其形象。因此晉文公回車避開勇猛的螳螂，壯士便像雲彩紛紛趨附前來；句踐伏軾向怒鳴的青蛙表示敬意，士兵們便都捨生忘死。極為賢明的君主出現了，扣角求仕的傑出人才就會到來；掩埋了無主的枯骨，三分天下有其二的仁德就會周遍。」

抱朴子曰：「膏壤在荄㈠，而枯葉含榮；率俗以身，則不言而化。故有唐以鹿裘㈡臻太平，齊桓以捐紫止奢競，章華㈢構而豐屋之過成，露臺㈣輟而玄默之風行。」

【今註】㈠荄：音ㄍㄞ，指草根。㈡有唐以鹿裘：已見〈君道篇〉。㈢章華：疑為章臺，秦渭南離宮的臺名。詳見〈君道篇〉。㈣露臺：詳見〈君道篇〉。

【今譯】抱朴子說：「如果根部有肥沃的土壤，那麼即使是枯黃的葉子也會茂盛起來；君王率領世俗以身作則，那麼不用說話也可以教化人民；所以唐堯身穿鹿裘而使天下太平，齊桓公不穿紫衣而制止了國中競相奢侈的風氣；章華臺建成而導致奢靡的風氣，不建露臺又形成玄默清淨無為的風氣。」

抱朴子曰：「聽者料興亡於遺音之絕響㈠，明者覿機理於玄微之未形。故越人㈡見齊桓不振之徵於未覺之疾；箕子識殷人鹿臺之禍㈢

於象箸之初。」

【今註】㊀料興亡於遺音之絕響：從遺音絕響之中推測社會興亡的消息。見〈清鑒篇〉「延州審清濁於千載之外」及〈博喻篇〉「聽者貴於理遺音於千載之外，而得興亡之跡」。㊁越人：指扁鵲，勃海郡鄭人，姓秦，名越人。為古代名醫。曾以鍼石使已死的虢太子復蘇。㊂鹿臺之禍：周武王伐紂，商紂王入登鹿臺，焚火而死。見《史記》卷三十八〈宋微子世家〉。

【今譯】抱朴子說：「聽力聰敏的人能從前代遺音之中推測時代興亡的消息，明察事理的人可以從微妙的先兆尚未形成之前就看到事物變化的玄機。所以扁鵲能從齊桓公尚未發覺病徵的時候，察見他身體不適的狀況，箕子能從商紂王使用象牙筷子的時候就預料到殷商將有滅亡之禍。」

抱朴子曰：「二儀㊀不能廢春秋以成歲，明主不能舍刑德以致治。故誅貴所以立威，賞賤所以勸善。罰上達則姦萌破，而非懦弱所能用也；惠下逮則遠人懷，而非儉吝所能辦也。」

【今註】㊀二儀：即兩儀。《正義》：「不言天地而言兩儀者，指其物體；下與四象相對，故曰兩儀，謂兩體容儀也。」

【今譯】 抱朴子說：「天地不能廢棄春秋二季而成就一年，賢明的君主不能不用刑罰與賞賜而使國家達到安定，所以誅殺犯錯的貴顯者可以樹立權威，賞賜立功的百姓可以勸人行善。刑罰能夠上及貴族，那麼為非作歹的事才剛要發生就被遏止了，但這不是懦弱的人可以辦到的。恩惠能夠下達於百姓，那麼邊遠地區的人民就會歸順朝廷，但這不是吝嗇的人可以做到的。」

抱朴子曰：「浮滄海者，必精占於風氣，故保利涉之福。善莅政者，必戰戰於得失，故享惟永之慶。故闇君之所輕，蓋明主之所重也。亡國之所棄，則治世之所行也。」

【今譯】 抱朴子說：「漂浮於滄海的人，必定能準確地預測風向氣候，所以才能保證自己可以順利地航行。善於執政的人，必定對得失小心謹慎、戰戰兢兢，所以才能享有長久平安的福氣。因此昏庸的國君所輕視的，正好是聖明的君主所重視的。敗亡之國所廢棄的，正是太平之世所推行的。」

抱朴子曰：「毫釐蹉㊀於機，則尋常違於的；與奪失於此，則善否亂於彼。邪正混侔，則彝倫㈡攸斁；功過不料，則庶績以崩。故明君賞猶春雨，而無霖淫之失；罰擬秋霜，而無詭時之嚴㈢。」

【今註】㈠蹉：差誤。《古文苑》揚雄〈并州牧箴〉：「宗周罔職，日用爽蹉。」章《注》：「蹉，跌也。」楊倞《荀子王霸》《注》：「此夫過舉蹞步而覺跌千里者夫。」《注》：「跌，差也。」㈡彝倫：指倫常道德。㈢無詭時之嚴：比喻罰無不妄加。詭時之嚴，指違背時序，嚴厲無當。

【今譯】抱朴子說：「射箭時弩機上釐差的失誤，到了箭靶就會相差很大的距離。朝廷的賞罰有所失誤，社會上就會造成善惡的混亂。邪惡與正直相混淆，倫理教化就會敗壞、違反常規，功過的判斷不公正，各項事務就會因此而崩毀，所以明君的賞賜就像春雨一般，潤澤萬物而又不會久雨成災，明君的賞罰如同秋霜之嚴厲，卻又不會違反節度。」

抱朴子曰：「明銓衡者，所重不可得誣也；仗法度者，所愛不可得私也。故得人者，先得之於己者也；失人者，先失之於己者也。未有得己而失人，失己而得人者也。」

【今譯】　抱朴子說：「懂得權衡得失輕重的人，對自己所看重的也不誇張不實，依據法度行事的人，對於自己喜歡的也不會有所偏私。所以得到人才，先要從自身端正的態度做起，失去人才的人，也是由於自己的緣故，沒有因為自己態度端正而失去人才的，也沒有因為自己懷有私心而得到人才的。」

抱朴子曰：「明主躬操威恩，不假人以利器；暗主倒執干戈，雖名尊而勢去。故制慶賞而得眾者，田常所以奪齊也；擅威福而專朝者，王莽所以篡漢㊀也。」

【今註】　㊀王莽所以篡漢：詳見〈逸民篇〉。

【今譯】　抱朴子說：「聖明的君主要親自掌握刑罰與恩賞的權力，而不能假手他人，昏庸的國君倒拿武器，將權柄授之於人、大權旁落，雖然名位尊貴，然而勢力已經喪失了。這就是田常奪取齊國的方法，在朝廷上作威作福、專斷朝政，這正是王莽奪取漢朝社稷的方法。」

抱朴子曰：「常制不可以待變化，一塗不可以應無方，刻船不可以索遺劒㈠，膠柱不可以諧清音㈡。故翠蓋不設於晴朗，朱輪㈢不施於涉川。味淡則加之以鹽，沸溢則增水而減火。」

【今註】㈠刻船不可以索遺劒：《呂氏春秋・察今篇》：「楚人有涉江者，其劍自舟中墜於水，遽契其舟，曰『是吾劍之所從墜。』舟止，從其所契者入水求之。舟已行矣，而劍不行；求劍若此，不亦惑乎？」用來比喻拘泥舊法，不知變通。㈡膠柱不可以諧清音：將絃用膠黏合固定住，就不能轉動絃柱，調節樂聲，因此不能彈奏出清美的音樂。㈢朱輪：猶朱軒，古代王侯貴族所乘的紅色車子。

【今譯】抱朴子說：「固定不變的制度，不能適應局勢的變化，單一的途徑不足以適應多方面的要求，在行進中的船上作記號，是無法找到落水的佩劍的，把絃黏住就彈奏不出和諧清越的聲音。所以翠羽的傘蓋不在雨天張起，朱輪之車不能用來渡過江河。味道清淡就加些鹽，沸湯溢出就加水減火。」

抱朴子曰：「丹書鐵卷㈠，刺牲歃血㈡，不能救違約之弊，則難以結繩㈢檢矣。五刑九伐㈣，赤族之威㈤，不足以止覬覦之姦㈥，則不可以舞干㈦化矣。是以《書》有世重之文㈧，《易》有隨時之宜㈨。」

【今註】 ㊀丹書鐵卷：古帝王頒發給功臣的契約，使其世代享受免罪的權利，用丹書寫在鐵板之上，故名曰丹書鐵卷。《漢書》卷一下〈高帝紀・下〉：「又與功臣剖符作誓，丹書鐵契，金匱石室，藏之宗廟。」《楚漢春秋》：「高祖初，封侯者皆賜丹書鐵卷，曰：『使黃河如帶，太山如礪，漢有宗廟，爾無絕世。』」㊁刺牲歃血：刺取牲畜之血，塗在口邊，以結盟誓。歃，音ㄕㄚˋ，口含血也。《爾雅・釋詁》：「刺，殺也。」㊂結繩：上古之時，有事便在繩上打結，事大則大繩，事小則小繩，結之多少，亦隨物眾寡而定。《易經・繫辭・下》：「上古結繩而治，後世聖人易之以書契。」《正義》：「結繩者，鄭康成注云：『事大大結其繩，事小小結其繩。』事或然也。」㊃五刑九伐：五刑指五種輕重不等的刑法。《尚書・舜典》以劓、剕、剕、宮、大辟為五刑。九伐指朝廷對於行為不端之諸侯的九種討伐辦法，包括削地、撤職、誅滅等。㊄赤族之威：指誅滅全族的重刑。㊅覬覦之姦：指篡奪帝位的野心與奸謀。《左傳》桓公二年：「是以民服事其上，而下無覬覦。」杜《注》：「下不冀望上位。」《釋文》：「覬，音ㄐㄧˋ。覦，音ㄩˊ，羊朱反。《說文》（見部）云：『欲也。』」㊆舞干：舞干戚，指執盾與釜而舞。傳說舜時，有苗不服，於是舜便修政偃兵，執干戚而舞之。行德三年後，有苗歸服。見《淮南子・齊俗篇》。㊇是以《書》有世重之文：《尚書・呂刑》：「刑罰世輕世重，惟齊非齊，有倫有要。」意謂刑罰之輕重要隨世情而定，因時制宜。㊈《易》有隨時之宜：《周易・隨卦》：「天下隨時，隨時之義大矣。」

【今譯】抱朴子說：「丹書鐵卷，刺牲歃血，不能挽救違背盟約的弊病。那麼也難以用結繩之治來約束了。五種刑罰、九種討伐的辦法，誅滅全族的威勢，尚且不足以制止篡奪帝位的陰謀，那麼也就不能以干戚舞來教化了。所以《尚書》有『世輕世重』之說，《易經》上有『隨時所宜』之論。」

抱朴子曰：「人有識真之明者，不可欺之偽也；有揣深之智者，不可誑以淺也。不然，以虺、蛇為應龍，狐、鴟為麟、鳳矣。」

【今譯】抱朴子說：「一個人可以識別真偽，就不能用假的東西來欺哄他，一個人有深入推測的智慧，就不能以浮淺的事物去誑騙他。倘若不然，就會把毒蛇當作神龍，把狐狸鴟鷹當作麒麟、鳳凰了。」

抱朴子曰：「世有雷同之譽，而未必賢也；俗有讙譁之毀，而未必惡也。是以迎而許之者，未若鑒其事而試其用；逆而距之者，未若聽其言而課其實。則佞媚不以虛談進，良能不以孤弱退。駑蹇輟望於大輅，戎虯揚鑣而電騁，則功胡大而不可建，道胡遠而不可到。」

【今譯】 抱朴子說：「得到世俗眾口一致的讚譽，這樣的人不一定賢德；受到眾人共同的詆毀，也不一定就惡劣。因此遇到逢迎順從的人，不如在應用中考察其真實情況；遇到不順從而有獨立意見的人，不如聽一聽他的說法，在考核他的真實才能。這樣一來，諂媚之人就不能憑藉空談而受到進用，善良賢能的人也不會因為孤立無援而遭到貶退，劣馬不會被套上華美的大車，駿馬就會駕著馬車風馳電掣了。如果這樣的話，那麼什麼樣的大功無法建立？什麼遠大的目標無法到達呢？」

抱朴子曰：「潛朽之木，不能當傾山之風；含隙之崖，難以值滔天之濤。故七百之祚，三十之世，非徒牧野之功㈠；倒戈之敗㈡，鹿臺之禍㈢，不始甲子之朝㈣。其彊久矣㈤，其亡尚矣㈥。」

【今註】 ㈠牧野之功：指周武王伐紂，戰於牧野。㈡倒戈之敗：倒轉武器，攻打自己這方的軍隊。《史記》卷四〈周本紀〉：「紂師雖眾，皆無戰之心。心欲武王亟入，紂師皆倒兵以戰，以開武王。」㈢鹿臺之禍：周武王伐紂，紂王登於鹿臺之上，自焚而死。㈣甲子之朝：周武王於甲子日清晨，誓師牧野，戰勝紂師。㊄其彊久矣：指周代的強盛，非一日之功，乃由來久遠矣。㊅其亡尚矣：指商紂之亡，並非一戰之敗，乃是日積月累而造成的。

【今譯】　抱朴子說：「內部腐壞的樹木，不能抵擋可以颳倒山崖的狂風，已經出現裂縫的山崖，難以經受滔天巨浪的沖擊，所以七百年的福祚，三十代的社稷，不只是因為牧野一戰的功績，被倒戈相向的軍隊推翻，造成商紂王在鹿臺引火自焚的，也不是始於甲子決戰的這天。周代的強盛由來已久，商紂的敗亡絕非一日之事。」

抱朴子曰：「貴遠而賤近者，常人之用情也；信耳而疑目者，古今之所患也。是以秦王歎息於韓非之書㊀，而想其為人；漢武慷慨於相如之文，而恨不同世。乃既得之，終不能拔。或納讒而誅之，或放之乎冗散。此蓋葉公之好偽形㊁，見真龍而失色也。」

【今註】　㊀秦王歎息於韓非之書：據說秦始皇初見韓非《孤憤》、《五蠹》等作，曾經感歎地說：「嗟乎，寡人得見此人與之游，死不恨矣！」見《史記》卷六十三〈老子韓非列傳〉。㊁葉公之好偽形：傳說葉公子高好龍，家中用物以刻龍，壁牆楹柱以畫龍。天上真龍聞而下之，葉公被嚇得六神無主。詳見《新序・雜事篇》。

【今譯】 抱朴子說：「尊崇古人而鄙視近人，是一般人的感情，相信耳朵所聞而懷疑眼睛所見，是古今共同的弊病。因此秦始皇讚歎韓非的著作，而希望見到他本人，漢武帝感慨於司馬相如的文章，而恨不能與之同時。但等到得到他們之後，卻不能重用，或者聽信讒言而置之死地，或者放置於閒散侍從之官中，這就像葉公喜歡假的龍形之物，等到真龍出現卻大驚失色了。」

抱朴子曰：「摩尼㈠不宵朗，則無別於磧礫㈡。化鯤㈢不凌霄，則靡殊於桃蟲。綿駒吞聲，則與喑人為群。逸才沈抑，則與凡庸為伍。故鮆鰍㈣褻絳虯於淵洿，駑蹇黷騄駿於坰野㈤者，不識彼物靜與之同，動與之異。」

【今註】 ㈠摩尼：梵語明珠、寶珠之音。㈡磧礫：音ㄑㄧˋ ㄌㄧˋ，謂「河灘上的小石子」。㈢鯤：大魚名。《莊子・逍遙遊篇》：「北冥有魚，其名為鯤。鯤之大，不知其幾千里也。」㈣鮆鰍：黃鱔、泥鰍。《玉篇・魚部》：「䱇，市演切。魚，似蛇。」今通作「鱔」，俗稱鱔魚。㊄坰野：郊野，原野之意。

【今譯】抱朴子說：「明珠若不能在夜裡發光閃耀，就和碎石瓦片沒有差別。鯤鵬若不能展翅翱翔雲霄之間，那就和普通的小鳥沒有顯著的差別。善於歌唱的綿駒如果不發聲，就和啞巴沒有差別，才能出眾的人如果懷才不遇，就只能和平庸之輩為伍。所以在池塘裡的黃鱔、泥鰍可以在淺水中欺侮赤龍，跛腳的劣馬可以在郊野褻瀆駿馬，因為不知道那些神龍駿馬在靜止時和他們一樣，一旦動起來就與凡物完全不同了。」

抱朴子曰：「棄金璧於塗路，則行人止足。委錦紈於泥濘，則見者驚咄。若夫放高世之士於庸鹵之伍，捐經國之器於困滯之地，而談者不訟其屈，達者不拯其窮；或貴其文而忽其身，或用其策而忘其功。斯之為病，由來久矣。」

【今譯】抱朴子說：「如果把黃金璧玉棄置在路上，行人就會停下腳步，如果把錦繡紈綺拋入泥濘中，看見的人就會感到吃驚，如果讓高世之士與平庸愚昧之人為伍，讓經國的人才沉淪到艱難困頓的境地中，而有權談論的人不去申訴他們的委屈，顯貴的人不救濟他們的困頓，有的欣賞他們的文章而忽略了他們本人的遭遇，有的用他們的權謀而忘掉了他們的功勞。這種輕視人才的毛病，實在是由來已久了。」

抱朴子曰：「開源不億仞，則無懷山之流；崇峻不凌霄，則無彌天之雲㈠。財不豐，則其惠也不博；才不遠，則其辭也不贍㈡。故覩盈丈之牙，則知其不出徑寸之口；見百尋之枝，則知其不附毫末之木。」

【今註】㈠彌天之雲：雲氣瀰漫，布滿整個天際。古人認為雲生於高山，故云。㈡辭也不贍：文辭不能豐富宏美。贍，富足。

【今譯】抱朴子說：「如果不是發源於萬仞高山，就不能有足以淹沒山丘的浩蕩洪流，如果不是聳立雲霄的崇山峻嶺，就不能有足以瀰漫天際的雲彩。如果財產不夠富足，他所施予的恩惠就不能廣泛，如果才學不夠深遠，他的言辭也就不會豐富。所以，如果看到長達數丈的象牙，就知道它不是出自於一寸見方的小嘴，看見百尋長的樹枝，就知道它不是生長在細如毫毛的小樹上。」

抱朴子曰：「靈鳳所以晨起丹穴，夕萃軒丘，日未移晷，周章九陔，凌風蹈雲，不蹶㈠不閡者，以其六翮㈡之輕勁也。夫良才大智，亦有國之六翮也。」

【今註】㈠蹶：音ㄓㄨㄛˊ，小跳。㈡六翮：鴻鵠的六根健羽。

【今譯】抱朴子說：「鳳凰之所以能在清晨從丹穴起飛，傍晚止息於軒丘，太陽的影子尚未移動，就已經周遊九重天之上，凌著勁風，駕著浮雲，不會跳躍，也沒有阻礙，因為它有六根強勁的健羽。才智超凡的人，就是君主治理國家的健羽。」

抱朴子曰：「淇衛、忘歸㈠，不能無絃而遠激；振塵之音，不能無器而興哀。超俗拔萃之德，不能立功於未至之時。」

【今註】㈠淇衛、忘歸：淇衛之竹，可以製箭。忘歸，箭矢之名。

【今譯】 抱朴子說：「銳利的箭射出去就不會回來，但不能沒以弓弦就射到遠方，高亢之音不能沒有樂器而響起悲壯的旋律，有超越世俗、品德高潔的人，不能在時機未到的時候建立功績。」

抱朴子曰：「朱綠之藻，不秀於枯柯；傾山之流，不發乎涸源。熠燿㊀之宵燄，不能使萬品呈形；志盡勢利，不能使芳風邈世。」

【今註】 ㊀熠燿：音一ˋ 一ㄠˋ，謂發放燐光的「螢火」。

【今譯】 抱朴子說：「紅花綠葉，不會從乾枯的樹枝上生長出來，能沖倒大山的浩蕩水流，不會從乾涸的源頭中流出。黑夜中螢火小小的光明，不能照亮所有的萬物，把精神放在追逐勢利的人，不能在世間留下長遠的美名。」

抱朴子曰：「重淵不洞地㊀，則不能含螭龍㊁，吐吞舟。峻山不極天，則不能韜琳琅，播雲雨。立德不絕俗，則不能收美聲，著厚實。執志不絕群，則不能臻成功，銘弘勳。而凡夫朝為蜩翼㊂之善，夕望丘陵之益，猶立植黍稷，坐索於豐收也。」

【今註】㈠洞地：極言其深。㈡螭龍：神龍之類。螭，音彳，傳說中無角之龍。㈢蜩翼：《莊子・齊物篇》：「吾待蛇蚹蜩翼邪」成《疏》：「蜩翼者，是蜩翅也。」

【今譯】抱朴子說：「深淵如果不能不夠深厚，就不能存有神靈的蛟龍及可以吞舟的大魚，山峰如果不能聳入雲天，就不能蘊藏美玉、布雲下雨。樹立德化如果不能超脫世俗，就不能得到美好的名聲，得到敦厚富足的利益，實現志向如果缺乏超越眾人的毅力，就不能達到成功，不能將巨大的功勳銘刻於金石，流傳後世。而世俗之人早晨做了件輕如蟬翼的好事，晚上就想得到丘陵一般大的利益。這就好像是種植黍稷，希望馬上就獲得豐收一樣。」

抱朴子曰：「行無邈俗之標，而索高世之稱；體無道藝之本，而營朋黨之末。欲以收清貴於當世，播德音於將來，猶褰裳以越滄海，企佇而躍九玄。」

【今譯】抱朴子說：「行為不能沒有超越世俗的品德，而希望得到高於世人的名譽，在人格上沒有道德學問作為根本，卻去經營朋黨這些末節的事。然而卻希望在當代得到清高可貴的美名，並使高尚品德傳誦於未來，這就好像撩起衣襟要越過大海，墊起腳尖便想越上九天一樣。」

抱朴子曰：「泥龍雖藻繪炳蔚，而不堪慶雲之招。撩禽㈠雖琱琢玄黃，而不任凌風之舉。芻狗㈡雖飾以金翠，而不能躡景㈢以頓逸。近才雖豐其寵祿，而不能令天清而地平。」

【今註】㈠撩禽：「撩」謂招引，故「撩禽」乃指招引飛禽的假鳥。㈡芻狗：古時編結草類作成狗的形狀，供祭祀時應用，用完以後，就隨手丟棄。一般常用「芻狗」來比喻廢棄的物品。㈢躡景：追逐光影。形容奔跑之速。景，影也。

【今譯】抱朴子說：「泥塑的龍即使文采鮮豔華麗，也不能接受祥雲的召喚；招引飛禽所用的假鳥，即使雕刻精緻色彩鮮豔，也不能乘風飛上九霄。祭祀用的草狗雖然用黃金翠玉裝飾起來，也不能縱身飛奔；淺近的人才即使享受寵信與豐厚的俸祿，也不能使政治清明，讓天下實現太平。」

抱朴子曰：「毒粥既陳，則旁有爛腸之鼠。明燎宵舉，則下有聚死之蟲。芻豢㈠之豐，則鼎俎承之。才小任大，則泣血漣如。桑、霍㈡為戒厚矣，范、疏㈢之鑒明矣。」

【今註】 ㈠芻豢：指牛羊犬豕之類的家畜。㈡桑、霍：指霍光、桑弘羊。霍光，西漢政治家，字子平，河東平陽（今山西省臨汾縣西南）人，為驃騎將軍。乃霍去病異母弟。武帝時，任奉車都尉，與桑弘羊同受遺詔，立昭帝為嗣，以大司馬大將軍輔政，封博陸侯。昭帝死，迎立昌邑王劉賀，因其淫亂，不久廢，改迎立宣帝。桑弘羊，因與霍光爭權，失敗後被殺。霍光前後執政二十餘年，死後家族被誅滅。㈢范、疏：指范蠡、疏廣。范蠡，輔佐越王句踐滅吳後，泛舟五湖而去。疏廣，西漢東海蘭陵（今山東棗莊東南）人。字仲翁，善《春秋》。事見《漢書》卷七十一〈雋疏于薛平彭傳〉。

【今譯】 抱朴子說：「摻有毒藥的米粥已經陳列，旁邊就會有腸肚腐爛的老鼠屍體，黑夜中舉起火燭，那麼下面就會有被燒死的蟲蛾。牛羊等家畜平時養肥了，就是為了在宰殺烹煮後置之於鼎俎。才能低下而擔任要職，就會經常淚流滿面。霍光、桑弘羊的教訓是深刻的，范蠡、疏廣的鑒識是多麼高明的啊！」

抱朴子曰：「滄海揚萬里之濤，不能斂山峰之塵；驚風摧千仞之木，不能拔弱草之荄。貙㈠虎虓㈡鬫㈢，不能威蚊虻；冠世之才，不能合流俗。」

【今註】㊀貙：音ㄔㄨ，一種猛獸，比虎略小。㊁虓：謂兇暴。㊂闞：音ㄏㄢˇ，虎發怒之貌。

【今譯】抱朴子說：「大海能揚起萬里的波濤，卻不能聚集山峰上的灰塵；狂風能摧折高大的樹木，卻不能拔除小草的根。貙虎兇暴，卻不能威脅到蚊子虻蟲；超世傑出的人才，不能和俗流相合。」

抱朴子曰：「堅志者，功名之主也。不惰者，眾善之師也。登山不以艱險而止，則必臻乎峻嶺矣；積善不以窮否而怨，則必永其令問矣。」

【今譯】抱朴子說：「堅定不移的志向，是建立功勳美名的主宰。不懈怠的努力，是眾類善行的師長。登山不因為艱險就停止，就一定可以達到峻嶺之顛；行善不因為境遇窮困而有所埋怨，就一定可以享有長久美好的名聲。」

抱朴子曰：「和、鵲㊀雖不長生，而針石不可謂非濟命之器也。儒者雖多貧賤，而《墳》、《典》㊁不可謂非進德之具也。播種有不收者矣，而稼穡不可廢。仁義有遇禍者矣，而行業不可惰。」

【今註】㊀和、鵲：醫和、扁鵲，均為古代名醫。㊁《墳》、《典》；《三墳》、《五典》，泛指古籍。

【今譯】抱朴子說：「醫和、扁鵲雖然並沒有長生不死，但不能說醫療不是救濟生命的手段，儒者雖然多數貧窮低賤，但不能說古籍不是增進道德的工具。播種的莊稼有時候沒有收成，但農事仍然不可以荒廢，躬行仁義有時候也會遇到禍患，但節操的修持不可以鬆懈。」

抱朴子曰：「重載不止，所以沈我舟也。昧進忘退，所以危我身也。聚蝎㊀攻本雖權安，然必傾之徵也。」

【今註】㊀蝎：音ㄏㄜˊ，木中之蠹蟲。

【今譯】抱朴子說：「不斷地附加負載的重量，這是我的船沉沒的原因；貪於進取而忘記退卻，就是危及自身的作法。蠹蟲聚集起來，嚙食樹根，雖然暫時安然無恙，然而卻是大樹必然傾倒的徵兆。」

抱朴子曰：「玄雲為龍興㊀，非虺蜓所能招也；飆風為虎發㊁，非狐狢之能致也。是以大人受命，則逸倫之士集；玉帛幽求，則丘園之俊起。」

【今註】㊀玄雲為龍興：古人認為龍為水中之物，而雲生水，故龍飛必有雲相伴也。《易經・乾卦》：「（文言）雲從龍。」㊁飆風為虎發：古人以為虎的行動一定有風相隨。飆風，暴風；大風。《易經・乾卦》：「（文言）風從虎。」《淮南子・天文篇》：「虎嘯而谷風至。」

【今譯】抱朴子說：「烏雲是龍興起的，不是蛇和蚯蚓可以招致的；狂風是因虎而起，不是狐狢可以造成的。所以聖人承受天命，那麼超群卓異的人就會聚集在他身邊；用美玉布帛尋訪賢者，那麼隱居的賢者就會應聘而出。」

抱朴子曰：「金以剛折，水以柔全，山以高陊㊀，谷以卑安。是以執雌節㊁者，無爭雄之禍；多尚人者，有召怨之患。」

【今註】㊀陊：音ㄉㄨㄛˋ，塌、落。㊁雌節：退守謙藏之道。

【今譯】抱朴子說：「金屬物品因為剛硬而被折斷，水性因為柔軟而得以保全，崇山因為高峻而塌落，山谷因為卑下而平安。所以執守謙退自守之道的人，沒有爭強好勝的禍患；經常超越別人的人，有招致怨恨的憂慮。」

抱朴子曰：「淮陰㈠隱勇於跨下，不損其龍躍而虎視也；應侯㈡韜㈢奇於溺簀㈣，不妨其鸞翔而鳳起也。或南面稱孤㈤，或宰總臺鼎㈥。故一抑一揚者，輕鴻所以凌虛也；乍屈乍伸者，良才所以俟時也。」

【今註】㈠淮陰：指韓信，淮陰（今屬江蘇）人。初屬項羽，後因蕭何薦為大將，屢建戰功。後迫劉邦封其為齊王。漢立，改封楚王。叛亂降為淮陰侯，後為呂后所殺。參見《史記》卷九十二〈淮陰侯列傳〉㈡應侯：指范雎。戰國魏人，字叔，為秦昭王相，封於應，號應侯。范雎發跡前，家貧，曾被人用便器污辱。參見《史記》卷七十九〈范雎蔡澤列傳〉。㈢韜：隱蔽，藏。㈣溺簀：指范雎裝死之事。溺簀，將尿灑在葦荻蓆子上。《抱朴子・外篇・任命篇》：「范生來辱於溺簀」可證。㈤南面稱孤：指韓信，曾封齊王、楚王，故云。㈥宰總臺鼎：指范雎。曾任秦相，決斷朝政，故云。詳見《史記》卷七十九〈范雎蔡澤列傳〉。

【今譯】 抱朴子說：「韓信隱藏壓抑自己的勇猛，忍受胯下之辱，這並不損於他日後的龍虎之姿；范睢裝死隱藏其才，遭受溺席的恥辱，並不妨礙他日後發揮才能如鸞鳳一般展翅高飛。有的南面自立為王，有的位登宰輔，總理朝政。所以，只有一抑一揚，輕捷的鴻鳥才能高飛於雲霄之上，能屈能伸的人，賢士才能等待時機，乘時而起。」

抱朴子曰：「焦螟㈠之卑棲，不肯為銜鼠之唳天㈡；玄蟬之潔飢，不願為蜣螂㈢之穢飽。是以禦寇㈣不納鄭陽㈤之惠，曾參不美晉、楚之寶。」

【今註】 ㈠焦螟：古代傳說中一種極小的蟲。㈡銜鼠之唳天：猶言貪惡之鴟高飛至天耳。㈢蜣螂：音ㄑㄧㄤ ㄌㄤˊ，一種黑甲的昆蟲，噉糞土，故云。㈣禦寇：即列子。㈤鄭陽：即鄭相子陽。據載列子窮困，面有飢色，子陽聽說後，遣人送食物予列子，列子沒有接受。見《列子・說符篇》。

【今譯】 抱朴子說：「微小的焦螟雖然棲息在卑下的地方，但也不肯像鴟鷹一般銜著腐鼠在空中飛鳴，寒蟬肯餐風飲露，忍受飢餓，也不像蜣螂那般吃污穢的糞土來填飽肚子，所以列子不肯接受鄭子陽的恩惠，曾參不羨慕晉楚的財寶。」

抱朴子曰：「微飆不能揚大海之波，毫芒不能動萬鈞之鍾。是以漆園思惠，有捐斤之歎。伯氏哀期，有剿絃之憤。短唱不足以致弘麗之和，勢利不足以移淡泊之心。」

【今譯】　抱朴子說：「微風不能掀起大海的波濤，毫毛芒刺不能敲響萬鈞重的大鐘。所以莊子懷念友人惠施，有再也不能揮斧成風的歎息，伯牙悼念鍾子期，破琴絕絃的感慨。短歌不足以招致宏大華美的和聲，世俗勢利不足以改變君子的淡泊心志。」

抱朴子曰：「熊羆不校捷於狐狸，金鶚不競擊於小鷂。是以張耳掩壯於抱關㊀，朱亥竄勇於鼓刀㊁。」

【今註】　㊀張耳掩壯於抱關：張耳，秦、漢時人，魏之名士。秦滅趙後，張耳隱姓埋名到陳為監門以謀生。見《史記》卷八十九〈張耳陳餘列傳〉。㊁朱亥竄勇於鼓刀：朱亥，戰國魏人，以屠宰為業。秦圍邯鄲，信陵君竊符救趙，朱亥隨行，以鐵錐擊殺晉鄙。遂破秦師，解邯鄲之危。見《史記》卷七十七〈魏公子列傳〉。

【今譯】 抱朴子說：「熊羆不與狐狸較量行動的撟捷，金鶚不和小鴿比試攻擊的成功，所以張耳掩藏自己不凡的器識，充當守門人，朱亥不顯露自己勇武超群的才幹，而充當屠夫。」

抱朴子曰：「懸魚惑於芳餌，檻虎死於籠狐。不可以釣緡致者，必虯螭也。不可以機穽誘者，必麟、虞㊀也。」

【今註】 ㊀麟、虞：指麒麟和騶虞。相傳兩個都是仁獸。封建迷信認為有感帝王仁德，因而麒麟、騶虞等祥瑞之獸都出現了。

【今譯】 抱朴子說：「上鉤的魚是因為受到芳香誘餌的迷惑，或入陷阱中的老虎是因為籠中狐狸的引誘而喪失性命。不因為芳香的誘餌而上當的，一定是水中的神龍，不能用誘惑陷阱來捕捉的，一定是地上的麒麟和騶虞。」

抱朴子曰：「夫雲翔者，不知泥居之洿；處貴者，匙恕群下之勞。然根朽者，尋木不能保其千日之茂也；民怨者，堯、舜不能恃其長世之慶也。」

【今譯】　抱朴子說：「在雲中飛翔的高鳥，不知道身處泥濘中的污穢；身處高位的人，少有能夠體諒眾多臣下辛勞的。然而根部已經腐朽了，尋尺高的樹木便不能保住長久的茂盛；百姓怨聲載道，即使是堯、舜也不能自恃天下長久的吉慶與太平。」

抱朴子曰：「凡木結根於靈山，而匠石為之寢㈠斤斧；小鮮㈡寓身於龍池，而漁父為之息網罟。蚊集鷹首，則鶡鳶餘不敢啄；鼠住虎側，則狸犬不敢睨。」

【今註】㈠寢：息；停止。㈡鮮：魚。老子《道德經・第六十章》：「治大國若烹小鮮。」河上公《注》：「鮮，魚。」

【今譯】　抱朴子說：「平凡的樹木如果植根在仙山之上，工匠就為它們收起斧頭；小魚如果生長在龍池之中，漁父就為它們收起魚網。蚊子如果聚集在老鷹的頭上，小鳥也就不敢去啄了；田鼠如果待在老虎的身邊，狸貓和狗就不敢斜看它了。」

抱朴子曰：「靈蔡默然，而吉凶昭晳㈠於無形；春鼃長譁，而醜音見患於聒耳。故聲希者，響必巨；辭寡者，信必著。」

【今註】 ㈠昭晳：明白。

【今譯】 抱朴子說：「靈龜無語，但無形之中卻能清楚地預言吉凶；春天的青蛙長期吵鬧，卻因為喧鬧而使人們厭惡。所以很少發出聲音的，一旦發聲必然巨大；言辭不多的人一旦承諾，必然信譽卓著。」

抱朴子曰：「箕踞㈠之俗，惡盤旋之容；被髮之域㈡，憎章甫㈢之飾。故忠正者見排於讒勝之世，雅人不容乎惡直之俗。」

【今註】 ㈠箕踞：坐時兩腳伸直岔開，形似簸箕。一說屈膝張足而坐。表示輕慢的態度。㈡被髮之域：古代吳、越一帶風俗，散髮不作髻。㈢章甫：古代的一種帽子。見《莊子・逍遙遊篇》。

【今譯】 抱朴子說：「習慣伸開兩足而坐的地方，厭惡迴旋進退的禮儀；在披散頭髮成俗的地方，人們憎惡帽子的裝飾。所以忠誠之士，在讒言盛行的時代受到排擠；高雅的人在憎惡正直的地區，是世俗所不能容忍的。」

抱朴子曰：「升水不能救八藪之燔熱㈠，撮壤不能遏砥柱之沸騰，寸刃不能刊長洲㈡之林，獨是不能止朋黨之非。」

【今註】㈠八藪之燔熱：指範圍廣大的大火。八藪，古代八個大湖澤，借指廣闊的區域。燔熱，燃燒之意。㈡長洲：又名青邱，地名。

【今譯】抱朴子說：「一升水不能撲滅範圍廣大的大火，一撮土不能阻止砥柱山四周沸騰的波濤，一寸之刃不能砍盡長洲的大樹，一個人的正確意見，不能擋住結黨營私的錯誤行為。」

抱朴子曰：「千羊不能扞㈠獨虎，萬雀不能抵一鷹。庭燎㈡攢舉，不及羲和㈢之末景；百鼓並伐，未若震霆之餘聲。是以庸夫盈朝，不能使彝倫㈣攸敘；英俊孤任，足以令庶事康哉㈤。」

【今註】㈠扞：《太平御覽》九二二引作「捍」。楊明照按：《玉篇・手部》：「扞，何旦切。……捍，同上。」㈡庭燎：庭中照明的火炬。㈢羲和：謂「日御」（神話中為太陽駕車的仙人），這裏用來稱「太陽」。㈣彝倫：猶言倫常。㈤康哉：本作「根長」，據《百子全書》本改。康，成功。

語見《尚書・益稷》。

【今譯】 抱朴子說：「千頭羊不能抵禦住一隻猛虎，一萬隻麻雀也不能抵抗一隻鷹。舉起無數的火把，以比不上太陽將落之前的光芒，百面鼓一起敲擊，不如雷霆的餘響。所以平庸之輩充滿朝廷，不能使社會的教化普及推廣，只要任用一個出眾的人才，就足以讓各種事務獲得成功。」

抱朴子曰：「非分之達，猶林卉之冬華也；守道之窮，猶竹柏之履霜也。故識否泰於獨見者，雖劫以鋒銳，猶不失正而改塗焉，安肯諂笑以偶俗㊀乎？體方貞以居直者，雖誘以封國，猶不違情以趨時焉，安肯躐徑以取容乎？」

【今註】 ㊀偶俗：合於時俗。

【今譯】 抱朴子說：「非分的顯達，就像林間的花草茂盛於冬天，堅守道義卻貧困不遇，就像翠竹松柏接受寒霜的考驗。所以能夠對於窮達榮辱有獨到見解的人，即使以鋒利的刀劍威逼他，也不會違背道義改變路途，又怎麼會以諂媚的笑臉來迎合時俗呢？堅持節操端方、忠貞正直的人，即使以封地來誘惑他，也不會違背本意趨附時風，怎麼肯走不正當的途徑以取悅於世人呢？」

抱朴子曰：「震雷輷輷㈠，而不能致音乎聾聵之耳；重光麗天㈡，而不能曲景於幽岫之中；凝冰慘慄，而不能凋款冬之華；朱飆鑠石，而不能靡蕭丘之木。故至德有所不能移也。」

【今註】㈠震雷輷輷：輷，巨雷轟鳴。輷輷，音ㄏㄨㄥ ㄎㄜ，行車聲。㈡重光麗天：指日月高懸於天，光明普照天下。

【今譯】抱朴子說：「巨雷轟隆，卻不能傳到耳聾者的耳朵中；高懸天空的日月，卻不能將光芒曲折地照進幽深的山洞裡；寒冬凜冽，大地冰封，卻不能讓款冬的花朵凋落；大火可以融化金石，卻不能燒化蕭丘島上的樹木。所以最高的品德也不能改變某些人的本性。」

抱朴子曰：「彍㈠弩危機，嚴鏃㈡銜弦，至可忌也，而勇雉觸之而不猜。闇政亂邦，惡直妬能，甚難測也，而貪人競之而不避。故飛鋒暴集而不覺，禍敗奄及而不振。是以愚夫之所悅，乃達者之所悲也；凡才之所趨，乃大智之所去也。」

【今註】 ㈠彍：張弩，把弓拉滿。㈡鏃：箭頭。

【今譯】 抱朴子說：「弓已拉滿，箭頭搭在弦上，這是很危急的時刻，但是勇猛的山雞卻毫不懼畏地撞上去。昏暗的政治，壞亂的國政，厭惡正直的人，忌妒賢能的人，這是禍福隱藏難以預測的局面，可是貪婪的人卻互相競爭而不知退避。所以飛箭迅速射來還不覺察，禍殃驟降而不可挽回，所以愚蠢的人所歡悅的，正是通達的人感到可悲的；平庸的人所趨赴的，正是聰智的人想要離棄的。」

抱朴子曰：「風不輟則扇不用，日不入則燭不明，華不墮則實不結，岸不虧則谷不盈。九有乂安，則韓、白㈠之功不著；長君繼軌，則伊、霍㈡之勳不成。故病困乃重良醫，世亂而貴忠貞。」

【今註】 ㈠韓、白：韓，韓信，淮陰人，與張良、蕭何並稱漢興三傑。封為淮陰侯。白，白起。兩者皆古代著名武將。㈡伊、霍：伊，伊尹，成湯的輔佐之臣。霍，霍光，西漢政治家，字子平，河東平陽（今山西省臨汾縣西南）人，為驃騎將軍。

【今譯】 抱朴子說：「風不停下來，那麼扇子就沒有作用；太陽不落山，那麼燈燭就不會被點燃。花朵不凋落，果實就不會結出來，崖岸不崩塌，山谷就不會盈滿。九州太平無事，那麼韓信、白起的功績就不會建立；年長的國君即位，那麼伊尹、霍光的功勳也就無法樹立。所以病情嚴重才重視良醫的可貴，世道動亂才重視忠貞的臣子。」

抱朴子曰：「好榮，故樂譽之欲多；畏辱，則憎毀之情急。若夫通精元一㈠，合契造化，混盈虛以同條，齊得失於一指者。愛惡未始有所繫，窮通不足以滑和。」

【今註】 ㈠元一：元氣；萬物之本源。

【今譯】 抱朴子說：「喜好虛榮，因此希望獲得讚譽的欲望就多；厭惡羞辱，因而憎惡別人詆毀的情感就急切。若是能夠透徹地了解萬物的本源，達到與自然造化同體，能夠把盈滿與虛空當作是相通的東西，把得到和失去當成沒有任何區別。那麼喜愛與憎惡都不能讓他有所牽繫，窮困或通達都不足以擾亂其內心的平和。」

抱朴子曰：「與奪不汩㈠其神者，至粹者也；利害不染其和者，極醇者也。浩浩乎非瓢觶所挍㈡矣，茫茫乎非跬步所尋矣。聲希所以為大音，和寡所以崇我貴。玄黃㈢遼邈，而不與□其曠㈣；死生大矣，而不以改其守。常分細碎，將胡恤焉？」

【今註】 ㈠汩：擾亂。㈡挍：通「較」。㈢玄黃：指天地。㈣不與□其曠：「與」字下，據舊寫本空白一字。曠，開闊；曠遠。

【今譯】 抱朴子說：「不因為榮辱的給予與奪取而擾亂其精神的，是最為純粹的人；不因為世俗的利益與損害而污染其中和之道的，是最為淳樸的人。浩蕩無邊的大海，不是一瓢一杯可以測量其深厚的；茫茫無際的大地，不是一步一步可以測量其長短的。聲響稀疏，所以是最大的樂音，曲高和寡所以更顯出其尊崇高貴。天地之遼闊，不足以形容其曠遠，死生是重大的事情，但不足以改變其操守。平常瑣碎的細務，又有什麼值得憂慮的呢？」

抱朴子曰：「林繁則匠入矣，珠美則蚌㈠裂矣。石含金者焚鑠，草任藥者剪掘。刃利則先缺，絃哀則速絕。用以適己，真人之寶也；才合世求，有伎之災也。」

【今註】㊀蜯：蜯，音ㄅㄤˋ或ㄅㄥˋ，與「蚌」同。

【今譯】抱朴子說：「樹林生長繁茂，木匠就會進去砍伐；珍珠優美，珠蚌就要被剖開了。石中含有金礦，就要被融化冶煉；草木可以供作藥用，就會被剪斷或挖掘了。刀刃鋒利則先出現缺口，弦音激越的則斷得快。以精神適意為自己做人的原則，這是真人最為寶貴的；才能符合世俗的需求，這是有技藝的人招致災禍的原因。」

抱朴子曰：「準的陳，則流鏑㊀赴焉；美名起，則謗讟攻焉。瑰貨多藏，則不招怨而怨至矣；器盈志驕，則不召禍而禍來矣。」

【今註】㊀鏑：箭頭。

【今譯】抱朴子說：「箭靶陳列出來，流箭就會不斷地射向它；美名傳開了，誹謗攻擊的話語就會出現。收藏的珍貴寶物太多，那麼不招怨而怨言自然會到來；氣量狹小、得意驕傲，則不惹禍禍患也會及身。」

抱朴子曰：「連城之寶㈠，非貧寒所能市也；高世之器㈡，非淺俗所能識也。然盈尺之珍，不以莫知而暗其質；逸倫之士㈢，不以否塞而薄其節。樂天任命，何怨何尤。」

【今註】㈠連城之寶：價值極其貴昂的寶玉。㈡高世之器：超世之人才。㈢逸倫之士：超過同輩的人。

【今譯】抱朴子說：「價值連城的寶物，不是貧窮的人所能購得的，超世絕俗的士人。不是淺近的人所能識別的。然而直徑盈尺的璧玉，不因為沒有人知道就使其本質黯淡無光；卓異超群之士，不會因為窮困就降低其節操。順應天命，樂其自然，還有什麼可以憂愁與埋怨的呢？」

抱朴子曰：「大鵬無戒旦㈠之用，巨象無馳逐之才。故蔣琬敗績於百里，而為三臺之標；陳平困瘁於治家，而懷六奇之略。」

【今註】㈠戒旦：雞鳴報曉。

【今譯】 抱朴子說：「大鵬沒有啼明報曉的功用，大象沒有馳騁追逐的才能，所以蔣琬當治理百里時的功績很糟，可是後來卻列於三公之位，陳平不善於持家，因而窮困不堪，可是卻胸懷許多出奇制勝的謀略。」

抱朴子曰：「明闇㊀者，才也，自然而不可飾焉；窮達者，時也，有會而不可力焉。呂尚非早蔽而晚智，然振素而僅遇；韓信非初怯而末勇，然危困而後達。」

【今註】 ㊀明闇：聰明與愚昧。

【今譯】 抱朴子說：「聰明與愚昧乃是人的才能，出於自然天成而不可掩飾；困窮或顯達需要仰賴時運，而不是人力所能強求的。呂尚並不是年輕時庸塞愚昧而到晚年始有智慧，然而他滿頭白髮才遇到文王；韓信並不是初時膽怯後來才勇敢，然而他經過許多危困才得以顯達。」

抱朴子曰：「奔驥不能及既往之失，千金不能救斯言之玷。故博其施者，未若防其微；勤其求者，不如寡其辭。」

【今譯】 抱朴子說：「奔馳的駿馬不能追上以往的失誤，千金之財不能解救言語的疏失，所以欲博施濟眾，不如從微小之處做起，勤奮追求不如多做少說。」

抱朴子曰：「烈士之愛國也如家，奉君也如親，則不忠之事，不為其罪矣；仁人之視人也如己，待疏也猶密，則不怨之怨，不為其責矣。」

【今譯】 抱朴子說：「忠貞壯烈之士熱愛祖國如同愛家一般，侍奉君主就像侍奉雙親一樣，因此不忠的罪行，不能加在他們身上；仁德的人看待別人就像看待自己一樣，對待關係疏遠的人也像對待自己的親人，那麼，不寬容的怨言，也就不能加在他們身上了。」

抱朴子曰：「玄冰㊀未結，白雪不積，則青松之茂不顯。俗化不弊，風教積，則皎潔之操不別。在危國而沈賤，故莊、萊㊁抗遺榮之高；居亂邦而飢寒，故曾、列㊂播忘富之稱。」

【今註】 ㊀玄冰：厚冰。㊁莊、萊：指莊子、老萊子。㊂曾、列：曾參、列子。

【今譯】 抱朴子說：「寒冰未結、白雪未積，則顯示不出輕鬆的茂盛，風俗不凋弊，教化不頹敗，則顯示不出皎潔的操守。在國家危難的時候而安於卑賤，所以莊子、老萊子有了遺棄世俗榮華的高名，身在政治混亂的邦國而受凍挨餓，因此曾參、列子有了安貧望富的美譽。」

抱朴子曰：「天居高而鑒卑，故其網雖踈而不漏；神聰明而正直，故其道賞真而罰偽。是以惠和暢於九區㈠，則七耀㈡得於玄昊；殘害著於品物，則二氣㈢謬於四、八㈣。」

【今註】 ㈠九區：九州。㈡七耀：日月及五星。㈢二氣：指陰陽之氣。㈣四、八：四時八節。四，四時，即春、夏、秋、冬四季，八，八節，即立春、立夏、立秋、立冬、春分、夏至、秋分、冬至八個節氣。

【今譯】 抱朴子說：「上天雖然處在高處，可是卻能鑒察人間的善惡，所以說天網恢恢、疏而不漏，神靈聰明而正直，所以神道獎賞真善而懲罰虛偽。因此當仁愛和順遍行九州，天上的日月星辰就會運行有常，而當萬物遭受殘害，那麼陰陽兩氣就會表現在節令的乖謬失常。」

抱朴子曰：「天秩㈠有罔極之尊，人爵無違德之貴。故仲尼雖匹夫，而饗祀於百代，辛、癸㈡為帝王，而僕豎不願以見比。商老㈢身愈賤而名愈貴，幽、厲㈣位彌重而罪彌著。故齊王之生，不及柳惠之墓，秦王之宮，未若康成之閭。」

【今註】㈠天秩：即天爵。相對於人間的爵位而言，自然尊貴也。《孟子・告子篇・上》：「仁、義、忠、信，樂善不倦，此天爵也。公、卿、大夫，此人爵也。」㈡辛、癸：殷紂和夏桀。指暴君。㈢商老：指東園公、綺里季、夏黃公、甪里先生四人，皆秦時人，義不為漢臣，逃匿商山中。四人皆八十有餘，鬚眉皓白，故人稱為四皓。㈣幽、厲：周幽王、周厲王。

【今譯】抱朴子說：「天爵具有至高無上的尊貴，而人爵也不能違背道德而尊貴。所以孔子雖然是平民百姓，卻能夠享受後世百代的祭祀，商紂、夏桀雖然是帝王，而即使奴役之人也不願意與之相比。商山四皓地位越卑賤而名譽越高貴；幽王、厲王地位越是崇高，越顯得罪名昭彰。所以齊王活著，還不如柳下惠死後墳墓受到保護；秦王的宮殿，不如鄭康成的里門不受侵犯。」

抱朴子曰：「影響不能無形聲以著，餘慶㈠不可以無德而招。故唐堯為政，七十餘載，然後景星摛耀；羊公積行，黃髮不倦，而乃墜金雨集。塗遠者其至必遲，施後者其報常晚。」

【今註】㈠餘慶：澤及後人的餘福。

【今譯】抱朴子說：「沒有形體與聲音，便不能出現影子和回聲；沒有行善積德，便不能招來餘慶。所以唐堯治理天下七十餘年，然後才出現景星散發光芒；羊公累積善行，到老也不停止，然後才得到上天墜金如雨的報酬。路途遙遠的人到達目標一定比較遲，獎賞豐厚的報答總是比較晚。」

抱朴子曰：「理盡者不可責有餘，一至者不可求兼濟。故洪濤之末，不能蕩浮萍；衝風之後，不能飈輕塵；勁弩之餘力，不能洞霧縠；西穨之落暉，不能照山東。」

【今譯】抱朴子說：「沒有理由的人，不能有多餘的要求，只能實現一個目的的，不能要求他同時達到兩個目的。所以巨大波浪的末尾不能漂起浮萍，烈風過後的餘氣，不能吹起灰塵，強勁弓弩射出的箭，最後的力量連霧一般輕薄的紗也不能穿透，西方落日的餘暉，不能照射到山的東側。」

抱朴子曰：「懸象㊀雖薄蝕，不可以比螢燭之貞耀；黃河雖混渾，不可以方沼沚之清澄。山雖崩，猶峻於丘垤；虎雖瘠，猶猛於豺狼。」

【今註】㊀懸象：指天上的日月。

【今譯】抱朴子說：「天上即使有日蝕和月蝕，但是其光華不可以與螢燭之光相比，黃河雖然混濁，也不可以和清澈的池塘相比。山丘即使崩塌了，還是比丘陵土堆高峻；老虎即使瘦弱，還是比豺狼兇猛。」

抱朴子曰：「神農不九疾，則四經之道不垂㊀；大禹不胼胝，則玄珪之慶不集㊁。故久憂為厚樂之本，暫勞為永逸之始。」

【今註】㊀神農不九疾，則四經之道不垂：九，虛數，極言其多。指神農嚐百草，曾多次中毒之事。四經，指《本草》四卷。《帝王本紀》：「炎帝神農氏……嘗味草木，宜藥療疾，救夭傷之命，百姓日用而不知，著《本草》四卷。」㊁大禹不胼胝，則玄珪之慶不集：胼胝，指手腳都長繭。玄珪，黑色之玉。傳說大禹治水成功，舜賜以玄珪，以告成功。

【今譯】 抱朴子說：「神農氏不遍嘗百草，經過多次中毒之苦，那麼四經的藥學就不能流傳到後世。夏禹如果不是手足生繭，治水這極大的功績，就不能得到玄珪之吉慶。所以長期的憂慮是得到安樂的基礎，暫時的辛勞是長期安逸的開端。」

抱朴子曰：「金鉤桂餌雖珍，而不能制九淵之沈鱗㈠；顯寵豐祿雖貴，而不能致無欲之幽人。故呂梁有鵠立之夫㈡，河湄㈢繁伐檀之民，玉帛徒集於子陵之巷㈣，蒲輪虛反於徐生㈤之門。」

【今註】 ㈠九淵之沈鱗：指深淵下的神龍。㈡呂梁有鵠立之夫：孔子觀於呂梁，見一丈夫游於急湍瀑布之下。孔子請問蹈水之道，丈夫曰：「吾始乎故，長乎性，成乎命。……從水之道而不為私焉，此吾所以蹈之也。」鵠立，引領而望貌。㈢河湄：河岸邊。㈣玉帛徒集於子陵之巷：子陵，嚴光，字子陵，會稽餘姚人。少時曾與劉秀一同遊學。劉秀稱帝後，他改姓名隱居。後被徵召，不受官職。見《後漢書》卷八十三〈逸民列傳〉。㈤徐生：指徐穉，字孺子，豫章南昌人。五舉孝廉賢良皆不就。朝廷派遣使者以安車玄纁，備禮徵之，不就，以壽終。見《後漢書》卷五十三〈周黃徐姜申屠列傳〉。

【今譯】　抱朴子說：「以金為魚鉤，肉桂為釣餌，雖然很珍貴，但仍然無法釣起深淵中的神龍，顯赫的爵位和豐厚的俸祿，雖然很尊貴，還是不能招致沒有欲望的隱士。所以呂梁山上有引領而望的人，河邊有砍伐檀樹的隱士，美玉布帛徒然聚集在嚴子陵的巷子裡，迎接賢人的蒲輪白白地從徐孺子的家門前空返而歸。」

抱朴子曰：「觀聽殊好，愛憎難同。飛鳥覩西施而驚逝，魚鼈聞《九韶》㊀而深沈。故衮藻㊁之粲煥，不能悅裸鄉之目；《采菱》㊂之清音，不能快楚隸之耳；古公㊃之仁，不能喻欲地之狄；端木之辯，不能釋繫馬之庸。」

【今註】㊀《九韶》：傳說中的虞舜樂名，共九章，故名。見《尚書・益稷》及《列子・周穆王篇》。㊁衮藻：謂「古代天子衮衣禮服上所繡的龍形文采圖案」。衮，音ㄍㄨㄣˇ，古代天子的禮服。藻，謂「文采」。㊂《采菱》：楚地歌曲名。㊃古公：古公亶父，即周太王。因狄、戎的威逼，乃與私屬棄豳（今陝西彬縣東北），遷至岐下（今陝西岐山北）。

【今譯】　抱朴子說：「人們耳目的愛好不同，感情的愛憎難以相同。飛鳥看見西施就會吃驚逃走，魚鼈聽到《九韶》音樂就會潛入深水中。所以袞服藻飾的光彩奪目，不能使裸體之鄉的人們悅目，清美的《采菱》之歌，不能使楚地的奴隸聽得入耳；古公亶父的仁義，不能說服有奪地欲望的狄人；子貢的雄辯也不能使農人歸還扣留的馬匹。」

抱朴子曰：「般旋之儀，見憎於裸踞之鄉㈠；繩墨之匠，獲忌於曲木之肆。貪婪饕餮㈡者，疾素絲之皎潔；比周㈢實繁者，讎高操之孤立。猶賈豎㈣之惡同利，醜女之害國色。」

【今註】㈠裸踞之鄉：亦作「裸國」，傳說中是古代西方的國家，那裏的人不穿衣物。㈡饕餮：音ㄊㄠ　ㄊㄧㄝˋ，傳說中的貪食之獸，喻貪婪凶殘之人。㈢比周：結為幫派以營私利。㈣賈豎：指商人。

【今譯】　抱朴子說：「周旋揖讓的禮儀，被裸體之鄉的人所憎惡；按準繩工作的木匠，被出售彎木的店舖所忌恨。貪婪凶殘的人，忌妒立身清白者的節操，結黨營私頻繁的人，仇視有高尚操守的獨立之士。這就好像商人憎惡同利相爭的同行，醜陋的女人嫉妒有傾城之貌的美女一樣。」

抱朴子曰：「君子之升騰也，則推賢而散祿；庸人之得志也，則矜貴而忽士。施惠隆於佞幸，用才㈠出乎小惠。不與智者共其安，而望有危而見救；不與奇士同其歡，而欲有戚之見恤。猶災火張天，方請雨於名山；洪水凌空，而伐舟於東閩，不亦晚乎？」

【今註】 ㈠才：孫星衍校：當作「財」。

【今譯】 抱朴子說：「君子登上高位、出任高官時，就會推舉賢者、任用有才能的人，而庸人得志時，就會自矜高貴、忽視士人，只將恩惠施予佞幸的小人，將錢財用作小恩小惠，不與有智慧的人共享平安，但期望在危急時能得到他們的救助；不與有奇才的人共享歡樂，但想要在憂患時獲得他們的效力。這就像是烈火漫天，才到名山去祈求降雨；洪水滔滔，然後才到東閩去伐木造船一樣，這不是太遲了嗎？」

辭義篇 第四十

【篇旨】　討論文章的形式叫作「辭」，討論文章的內容叫作「義」。這是葛洪著作中一篇很重要的「文學理論」。

葛洪用「問答體」式，展開了他的文學理論，全篇共分五段敘述：

第一段，以乾坤方圓和日、月、星辰的光芒，以及春花的鮮豔亮麗，均一一出諸自然，從未經過人工的雕琢；但他卻認為辭章立意，務必罕見才算新奇；用語推敲，定須特出才算美妙。

第二段，說明文章有主有賓，主要的部分必須詳加發揮，陪襯的部分則應視情況予以刪節。所以著作的珍貴與否，完全繫於判斷事實、分析事理，是不是十分精細微妙。

第三段，人的才華有「清」、「濁」，但人的思緒也有「長」、「短」，兩個雖然從事同樣題材的創作，卻常會產生極大的差異，作品也有工巧、拙陋之別。

第四段，文章的格式和形質，尤其難於詳加析賞和評價。如果全以「入於己耳」、「適乎我心」，作為品評的標準，勢將無法達到最高的欣賞境界，完全體會辭賦中的流風餘韻。

第五段，一般執筆作文章的人，也時常出現以下這兩種缺點：一、譬喻用得太繁瑣、文辭用得太冗雜，雖應加刪汰卻不忍割愛，以致造成拖沓累贅的結果。二、徒然具有文辭活潑的光澤外貌，卻缺乏充實堅強的內容。

或曰：「乾坤方圓，非規矩之功㈠；三辰㈡摛㈢景，非瑩磨㈣之力；春華㈤粲煥㈥，非漸染㈦之采；茝㈧蕙芬馥㈨，非容氣所假。知夫㈩至真，貴乎⑪天然也。義⑫以罕覯⑬為異，辭⑭以不常為美，而歷觀古今屬文之家，尠⑮能挺⑯逸麗⑰於毫端⑱，多斟酌於前言⑲，何也？」

【今註】㈠「乾坤」以下二句：與〈百家篇〉「規矩之方圓」用語相似。乾坤方圓，即「天圓地方」的意思。㈡三辰：謂太陽、月亮和天空所有的景星。見〈百家篇〉注。㈢摛：音ㄔ，「發布」、「散發」的意思。㈣瑩磨：謂「精心琢磨」。瑩，音一ㄥˊ，「磨治」的意思。《說文》「瑩」字下段《注》「引伸為磨瑩」，如是「瑩」、「磨」兩字，是同義聯綿詞。《隋書》卷四十一〈高熲傳〉：「獨孤公猶鏡也，每被磨瑩，皎然益明。」《高僧傳》：「剡（縣名，故城在今浙江嵊縣西南）石城山隱岳寺，鑴造十丈石佛，身相刓成，瑩磨將畢，夜中忽當卍字處，色赤而隆起，今像胸猶不施，金赤色存焉。」㊄華：同「花」。㊅粲煥：謂「鮮明光耀」。㊆漸染：謂「緩緩地習染」、或「徐徐地變化」。漸，音ㄐㄧㄢ，有「緩慢」、「徐徐」的意思。《後漢書》卷七十八〈宦者列傳・論〉：「加漸染朝事，頗識典物。」《抱朴子・外篇・崇教篇》：「選明師以象成之，擇良友以漸染之。」㊇茝：和「芷」字通，是一種叫「白芷」的「香草」。㊈芬馥：謂「香氣濃厚」。《文選》卷五左思〈吳都賦〉：「光色炫晃，芬馥肸蠁。」劉良《注》：「光色炫晃，謂花卉。」呂向《注》：「芬馥，香也。肸蠁，蚊類也；言香氣積來如肸蠁之群飛。」㊉知夫：和「知道吧」很相似。「夫」猶「乎」，是歎詞。《禮記・檀弓篇・下》：「仁夫！公子重耳！」⑪貴乎：高貴啊！「乎」，感歎助詞。《論語・顏淵篇》：「富哉言乎！」⑫義：和下句的「辭以不常為美」的「辭」字相應。義，「理」的意思（《荀子・大略篇》：「義，理也。」），又當「意旨」講（《詩經・大序》：「《詩》有六義焉。」）。因而綜合起來該作「立意」解，用現代話來說，就是文章的內容。⑬覿：音ㄉㄧˊ或ㄉㄨˊ，「見」的意思。⑭辭：和上句的「義」字相應，當「文辭」講，和《文心雕龍・情采篇》所謂的「采」相似。⑮尠：音ㄒㄧㄢˇ。「尟」字的俗寫，「少」的意思。⑯挺：當「挺拔」、「特出」、「矗立」講。⑰逸麗：謂「閒雅清麗」。⑱毫端：當「筆下」講。⑲前言：指「前人的語句」。

【今譯】　有人說：「圓天方地並不是用規和矩作軌範所製作成功的，太陽、月亮、星星發射出來的景象光輝，也並未經過人力的精心琢磨；春天的花朵非常鮮豔亮麗，可是並非用彩色緩緩的習染、徐徐的變化所製造出來的色彩；白芷、蕙蘭噴噴香馥，可是並不容許它們假借別種物件的氣味。知道吧！上面所說的圓天方地不假規矩，日、月、星辰的美麗光景並非琢磨之功，諸如此類的話，都真真實實、不含絲毫虛假；它們所以貴重，那是由於所涉及的物件全部出自天然，從未經過人工的雕琢的緣故！辭章立意務必罕見才算新奇，用語推敲定須特出才算美妙。依此原則觀看，發現古今來的辭章家，很少能在筆下塑造閒雅和清麗的意象來，儘管如此，他們卻一般都能在引用前人的語句上再三斟酌，小心從事，那又是為了什麼？」

抱朴子曰：「清音(一)貴於雅韻(二)克諧(三)，著作珍乎判微析理。故八音(四)形器(五)異而鍾律(六)同(七)，黼黻(八)文物(九)殊而五色(一〇)均(一一)。徒(一二)閑(一三)澀(一四)有主賓，妍媸(一五)有步驟(一六)。是則總章(一七)無常曲，大庖(一八)無定味。夫梓豫(一九)山積，非班、匠(二〇)不能成機巧(二一)；眾書無限，非英才不能收膏腴㉓。何必尋木千里，乃構大廈；鬼神之言，乃著篇章乎？」

【今註】㊀清音：謂「清越的音律」。《文選》卷二十二左思〈招隱詩〉：「非必絲與竹，山水有清音。」㊁雅韻：當「正聲」講，也就是「最恰當的聲韻」。李商隱〈高松詩〉：「有風傳雅韻，無雪試幽姿。」㊂克諧：作「才能和諧」解。㊃八音：金（鐘）、石（磬）、絲（絃）、竹（管）、匏（笙）、土（壎）、革（鼓）、木（柷敔，音ㄓㄨˇ ㄩˇ，形如方斗的木製樂器）八種樂器。《史記》卷一〈五帝本紀〉：「八音能諧，毋相奪倫，神人以和。」張守節《正義》：「八音：金、石、絲、竹、匏、土、革、木也。」㊄形器：謂「有形相的器具」。《文選》卷四十七袁宏〈三國名臣序贊〉：「形器不存，方寸海納。」㊅鍾律：與「鐘律」同，指「樂鐘所發出的音律」，這裏指的是一般的音律。《漢書》卷七十五〈京房傳〉：「好鍾律，知音聲。」㊆八音形器異而鍾律同：這句和前句的「清音貴於雅韻克諧」，同出於《尚書・舜典》「八音克諧，無相奪倫。」㊇黼黻：指古代禮服上所刺繡裝飾的各種文彩。㊈文物：謂「社會中所實行的禮樂制度」。《文選》卷三十謝朓〈和伏武昌登孫權故城詩〉：「文物共葳蕤，聲明且蔥蒨。」㊉五色：謂青、黃、赤、白、黑五種基本色彩。㊁均：和「韻」字相同，謂「聲音相和」。㊂徒：和「乃」字相似，有「於是」的意思。《經傳釋詞》：「徒，猶乃也。」③閑：和「閒」字相通，謂「閒暇無事」。這裏作「不必著力經營」解，也就是「簡省」的意思。《左傳》昭公五年：「閒而以師討焉。」晉杜預《注》：「閒，暇也。」④澀：「滯」（滯留）的意思。在這裏作「必須多事發揮」解。張籍〈謝裴司空寄馬詩〉：「乍離華廄移蹄澀。」⑤妍媸：和「姸蚩」相同，就是「美」和「醜」的意思。《抱朴子・外篇・文行篇》：「屬辭比義之妍媸」。⑥步驟：謂「事情的進行程序」。這裏有「考慮輕重、緩急」的意思。⑦總章：樂官名。《後漢書》卷九〈獻帝紀〉：「八年冬十月己巳，公卿初迎冬於北郊，總章始復備八佾舞。」唐李賢《注》：「總章，樂官名。」⑧大庖：謂「善於烹調的人」。《淮南子・說林篇》：「大庖不豆。」⑨梓豫：都是「良好的木材」。見〈鈞世篇〉注。⑩班、匠：班，指公輸班，亦作「公輸般」、「魯班」、或「魯般」，是春秋時代魯國享有盛名的巧匠。匠，指匠石。《莊子・人間世篇》：「匠石之齊，……見櫟社樹，……匠伯不顧。」司馬彪曰：「匠石，字伯。」⑪機巧：本謂「裝置的靈巧」，此指「靈巧的裝置」。《後漢書》卷五十九〈張衡傳〉：「衡善機巧，尤致思於天文、陰陽、曆算。」⑫膏腴：作「肥沃」解，這裏比喻「精華」。《後漢書》卷十三〈公孫述傳〉：「蜀地沃野千里，土壤膏腴。」

【今譯】 抱朴子回答道：「把最恰當的聲韻作和諧的配合，才能創製出清越的音律；著作的珍貴與否，完全繫於判斷事實、分析事理，是不是十分精細微妙。正如發出八音的樂器，形體雖然各不一樣，可是吹奏出來的音律卻都完全相同；古代禮服上的繡飾，以及社會上流行的禮樂制度，雖然各自懸殊，可是在色彩花紋等的配合上，卻又顯得非常調和。於是文章有主有賓，主要的部分必須詳加發揮，陪襯的部分不得不予以減略；文章的美妙或醜陋，也各有它造成的因素，對美醜的形成關係重要的，必須先予考慮；關係不太重要的，不能不在最後才予以考慮。因為這個道理，古代的總章樂官絕不會盡唱著一成不變的曲調，偉大的廚師也沒有固定不移的調味方法。好似上好的木材，山丘一般地堆積在那裏，可是不經過公輸般或匠石的妙手處理，不能製成各種靈巧的裝置。世間的書籍多得不可計數，不是英才之士不可能收取其中的精華。何必一定要到千里之外去尋找木材，再著手建造大廈？一定要援引古代聖賢的精言嘉語，再開始著作篇章？」

抱朴子曰：「夫才有清濁，思㈠有修短，雖並屬文，參差萬品㈡。或浩瀁㈢而不淵潭㈣，或得事情㈤而辭鈍，違物理㈥而文工。蓋偏長之㈦一致㈧，非兼通之才也。闇㈨於自料㈩，強欲兼之，違才易務，故不免嗤也。」

【今註】 ㈠思：謂「意緒」。在這裏指「情思」或「文思」。㈡萬品：猶言「萬種」、「萬類」。在這裏作「各種品類」、「各樣等級」解。《文選》卷十三張華〈鷦鷯賦〉：「陰陽陶烝，萬品一區。」㈢浩瀁：亦作「浩洋」或「浩漾」，謂「水廣大的樣子」。謝靈運〈山居賦〉：「吐泉流之浩瀁。」㈣淵潭：作「淵沈深邃」解。潭，作「深」解。㈤事情：指「事的情」，也就是「事物的真實情況」。㈥物理：指「物的理」，也就是「物體的實際狀態」。㈦之：猶「於」字。《禮記・大學篇》：「所謂齊其家，在修其身者，人之其所親愛而辟焉。」朱《注》：「之，猶於也。」㈧一致：當「某一事件發展到極致」解。致，「極致」的意思。《禮記・禮器篇》：「禮也者，物之致也。」鄭《注》：「致之言至也、極也。」這和《抱朴子・外篇・嘉遯篇》「恥今聖主不與堯、舜『一致』，愍此黎民不可比屋而封」句中「一致」，作「視之如一」解，不同。㈨闇：音ㄢˋ，有「不明」、「迷蔽」的意思。㈩自料：謂「自己考量自己」。料，有「量」、「查」的意思。

【今譯】 抱朴子說：「說起人的才華，有的清澈，有的混濁；人的思緒，有的深遠，有的短淺；兩個人同樣從事寫作，常常會產生極大的差別，各自寫出品類有異、等級不同、各種各樣的文章。有的人才情浩大，卻並不淵沉深邃，有的人將事物的真情實況把握得清清楚楚，但用辭遣字卻又笨拙不堪；有的人弄不清事物的實際狀態，但文章寫得工整非凡、頭頭是道：一般說來，像上面這些才華偏頗而有傑出表現的人，算不上兼通的才士。不明白自己才能在那裏，不考量天賦的高低，卻希望在多方面有所表現，如此違背先天的秉賦，隨時更換努力的目標，到頭來不免惹人嗤笑。」

抱朴子曰：「五味㈠舛㈡而並甘㈢，眾色乖㈣而皆麗。近人之情㈤，愛同憎異，貴乎合己，賤於殊途。夫文章之體㈥，尤難詳賞。苟以入耳為佳，適心為快，尟知忘味之九成㈦，雅頌㈧之風流㈨也。所謂考鹽梅之鹹酸，不知大羹之不致㈩；明飄颻⑾之細巧，蔽於沈深之弘邃⑿也。其⒀英異⒁宏逸⒂者，則網羅乎玄黃⒃之表；其拘束⒄齷齪⒅者，則羈紲⒆於籠罩⒇之內。振翅有利鈍㉑，則翔集㉒有高卑㉓；騁謞㉔有遲迅，則進趨有遠近。駑銳不可膠柱調也㉕。」

【今註】㈠五味：五種滋味。《禮記・禮運篇》：「五味六和。」鄭《注》：「五味：酸、苦、辛、鹹、甘也。」㈡舛：音ㄔㄨㄢˇ，有「相背」、「錯亂」的意思。㈢甘：美味。㈣乖：有「戾」、「背」的意思。㈤近人之情：謂「合乎各人的嗜好」。情，作「私意」解，有「嗜好」的意思。

㈥體：「形質」的意思，指文章的「形式」和「內容」兩方面而言。這和〈鈞世篇〉中「俱體國色」的「體」，詞性雖不一樣，意思卻也相近。參見〈鈞世篇〉「俱體」字注。㈦九成：和「九變」相似。演奏音樂曲調告一段落，叫一成；九次，叫「九成」。這裏，比喻音樂的最高境界。《尚書・益稷》：「簫韶（舜樂名）九成，鳳凰來儀。」蔡沈《傳》：「九成者，樂之九成也。功以九敘，故樂以九成。九成猶《周禮》所謂九變也。」㈧雅頌：《詩》「六義」中的兩「義」。通常用「雅」「頌」兩字來代表《詩經》中的詩。在這裏，卻泛指一般的「辭賦」作品。雅，正的意思，在這類詩篇中說的都是王政的廢弛或興盛。頌，在這類詩篇中都是在神前對「人」和「事」的讚美。㈨風流：謂「風化流行」。㈩大羹之不致：大羹，謂「肉汁」。在這裏比喻「上好的佳肴」。致，當「置」講；不致，是「不添加調味品」的意思。《左傳》桓公二年：「大羹不致。」鄭《注》：「大羹，肉汁，不致五味。」㈡飄飆：和「飄搖」相同，當「風飄動的樣子」講。《文選》卷九班彪〈北征賦〉：「風猋發以飄飆兮，谷水灌以揚波。」劉良《注》：「飄飆，風馳皃。」㈢弘邃：謂「弘大深遠」。㈢其：指現於作家眼前、或存於作家心中、「緊繫不去」的觀念或意象。㈣英異：謂「英偉特異」。《南齊書》卷一〈高帝紀〉：「姿表英異。」㈤宏逸：謂「遠大高超」。《宣和畫譜・一・梁張僧繇》：「骨氣奇偉，規模宏逸。」㈥玄黃：謂「黑」和「黃」兩色，比喻「天」和

「地」。《文選》卷十七陸機〈文賦〉：「謬玄黃之秩敘，故淟涊（污濁）而不鮮。」⑰拘束：這裏是說「觀念」或「意象」的「緊繫不去」。⑱齟齬：本作「齒相近」解，這裏有「觀念」或「意象」「緊迫相近」的意思。⑲羈絏：猶「羈絏」、「羈絆」，有「束縛」的意思。⑳籠罩：「籠」和「罩」指捕捉或養畜蟲鳥的器具，這裏比喻「心胸」。㉑利鈍：本指刀劍的「銛利」和「拙鈍」，或比喻事物的「順利」和「蹇滯」。㉒翔集：謂「棲息」。《文選》卷五左思〈吳都賦〉：「翔集遐宇。」㉓高卑：謂「高下」。㉔騁迹：謂「馬匹行經的地方」。在這裏比喻馬匹「奔跑的速度」。㉕駑銳不可膠柱調也：孫星衍在「駑銳不可」下校注說：「疑此下有脫文。」認為此處有闕漏，當可信。但缺漏不在「不可」之下，或在「不可」之上，所缺者或為「有不同」、或「有軒輊」等三數字。果如此，似與前文文義不相悖。膠柱，謂「以『膠』將絃固定在繫絃的『絃柱』上」。在這裏比喻「拘泥不知通變」。《史記》卷八十一〈廉頗藺相如列傳〉：「王以名使括，若膠柱而鼓瑟耳。」調，謂「調弄」，也就是「鼓」的意思。

【今譯】 抱朴子說：「酸、甜、苦、辣、鹹雖然各有滋味，互不相同，卻都美好非常；各種顏色互不一樣，可是都美麗無比。一切事物由於合乎自己的喜好與否，會產生愛好和憎惡的差異，只要合乎自己的愛好，就認為十分貴重；違背自己的愛好，就看得不值一文。至於文章的格式和形質，尤其難於詳加析賞。如果全以『入於己耳』、『適乎我心』作為品評的標準，勢將無法達到最高的欣賞境界，完全體會辭賦中的流風餘韻。正所謂：考究鹽粒和梅子『鹹』、『酸』味道的人，根本不懂得上好的佳肴是用不著放置各種調味料的；我們可以輕易明瞭風飄動的樣子如何細巧，卻常會受到文義深沉弘遠的蒙蔽，無法作正確的理會。那些『英偉特異』、『遠大高超』的觀念，可以從天地外招惹、引致到頭腦之中；那些『緊拘不去』、『緊迫相接』的意象，也會捕捉、養畜在作家的胸臆之間。鳥類振翅高飛，有快有慢，因此牠們所可以棲息的地方或者十分高峻，或者十分低下；馬匹馳騁的速度有遲有速，因此牠們可以達致的途程有遠有近。事物的駑鈍或銳利、順利或蹇滯，各有不同，秉賦也多有差別，豈可膠柱鼓瑟，拘泥不變呢？」

「文貴豐贍㊀，何必稱善如一口乎？不能拯風俗之流遯㊁，世塗㊂之凌夷㊃，通疑者之路，賑貧者之乏。何異春華不為肴糧之用，茝蕙不救冰寒之急？古詩刺過失，故有益而貴；今詩純虛譽，故有損而賤也。」

【今註】㊀豐贍：謂「富饒」。《三國志》卷八〈魏書・陶謙傳〉：「是時，徐州百姓殷盛，穀米豐贍，流民多歸之。」㊁流遯：「遯」和「遁」同。流遯，謂「隨俗逐流、耽樂放恣」。《抱朴子・外篇・嘉遯篇》：「方寸之心，制之在我，不可放之於流遁也。」㊂世途：或作「世途」，和「世路」相同，指人世間一切的活動和經歷而言。㊃凌夷：謂「殺伐欺凌」，在這裏用以比喻殺伐欺凌的「世風」。

【今譯】「寫作文章，以辭彙豐贍、內容富饒的為好，何必跟隨世俗，隨口稱道而不加仔細分辨？作家雕章琢句，如果只求字句華美，卻不能挽救時風，拯救世俗，對於世道人心又有什麼補益？像這樣的文章，實在難於解答世人的疑難，賑濟窮人的困乏。這和春日的花朵難做菜肴米糧之用、香草芷蕙無益於冰凍寒冷的需要，又有什麼分別？從功用的觀點來看，古代的詩篇有讚美施政、諷刺過失的功效，這些詩篇對於世事既有補益，自然應該受人尊重；現代的詩作純屬虛言妄譽，對人常常有損，自然也就不免遭人輕視。」

抱朴子曰：「屬筆之家，亦各有病：其深者，則患乎譬煩㊀言冗㊁，申誡㊂廣喻㊃，欲棄而惜，不覺成煩也；其淺者，則患乎妍而無據，證援㈤不給㈥，皮膚㈦鮮澤，而骨髓㈧迴弱㈨也。繁華暐曄㈩，則並七曜㈡以高麗㈢；沉微㈢淪妙㈣，則儕㈤玄淵㈥之無測㈦。人事㈧靡㈨細而不浹㈩，王道㈡無微而不備㈢，故能身賤㈢而言貴，千載彌彰㈣焉。」

【今註】㈠譬煩：謂「煩瑣的譬諭」。㈡言冗：謂「言辭冗雜」。㈢申誡：長者對後輩、或主管對僚屬所作的申飭或警誡。㈣廣喻：謂「廣泛的比喻」。㈤證援：謂「例證的援引」。㈥不給：和「不足」相似，謂「不滿足」。《孟子・告子篇・下》：「春省耕而補不足，秋省斂而助不給。」㈦皮膚：比喻「文章的外表」。㈧骨髓：比喻「文章的內含」。㈨迴弱：比喻「彎曲而不強勁」。㈩暐曄：音ㄨㄟˇ ㄧㄝˋ，謂「光線強烈的樣子」。《文選》卷五左思〈吳都賦〉：「崇臨海（殿名）之崔嵬，飾赤烏（殿名）之暐曄。」呂向《注》：「暐曄，光盛貌。」㈡七曜：指日（太陽）、月（太陰）、火（熒惑）、水（辰星）、木（歲星）、金（太白）、土（填星或鎮星）等七個星球。晉范甯《春秋穀梁傳・序》：「七曜為之盈縮。」唐楊士勛《疏》：「謂之七曜者，日月五星皆照天下，故謂之七曜。」㈢高麗：謂「高妙美麗」。《南史》卷十九〈謝惠連傳〉：「又為〈雪賦〉，以高麗見奇。」㈢沉微：比喻道理的「深沉微細」。㈣淪妙：謂事物的「凹陷精巧」。淪，作「陷」、

「入」解。㊄儕：「等輩」、「相偶」的意思。㊅玄淵：謂「深遠的地方」。《文選》卷二十顏延之〈皇太子釋奠會作詩〉：「澡身玄淵，宅心道秘。」劉良《注》：「玄淵、道秘，皆道德深遠之處。」㊆「繁華」「沉微」兩句，意思是說：作家寫作文章，所要描繪的常常是繁華閃耀的事物，所要表達的多半為微妙深遠的思想，如果選辭組句的時候，竟然衝不出陳腔濫調的範圍，而習於套用舊辭俗語，結果如何，不言可知，實在可悲！㊇人事：指「人的作為」。㊈靡：「細」的意思。㊉王道：和「霸道」相對，在這裏泛指「平治天下的道理」。㊀備：「具有」的意思。㊁身賤：和下面的「言貴」兩字相應，有「賤視身軀」、「多事力行」、「實際體驗」的意思。㊂彰：有「明」、「顯著」的意思。㊃浹：音ㄗㄚ，「周」的意思，和「匝」字相通。有「周而復始」和「重複」的意思。

【今譯】　抱朴子說：「一般執筆作文章的人，實際上也常各有缺點：毛病沉重的人，一般出在譬諭用得太繁瑣，言辭用得太冗雜；不管怎麼說，他們都喜歡多作言辭上的申誡和告語，所設的比喻十分廣博，有時雖然想加以刪減剪裁，可是又覺得不忍割愛，拋棄了有些可惜，於是不免造成拖沓累贅的缺點。毛病輕淺的人，患處在造詞雖然妍美，但用意卻一無依據，例證又貧乏，徒然具有文辭活潑的光澤外貌，缺乏充實堅強的內容。說到繁華光耀的事物，就要牽扯到七種發光的星體，說它們怎麼高遠，怎麼光耀；說到『深沉微細』的道理，『深刻精巧』的思想，就會把它們和那些『深遠難測』的事件拉在一起，認為他們彼此之間竟然毫無差別。人們的作為精細微妙而又變化多端，很難發現完全相同的情況；平治天下的道理千頭萬緒，真可以說是無微而莫不具備；因為這個緣故，一位作家果然能夠不避勞苦，多方體驗，必定可以作出高貴的文章來，讓千載傳誦，受世人尊重。」

循本篇　第四十一

【篇旨】　萬事萬物都有其根本，比如峰巒巖穴是山嶽的根本，德行文學是君子的根本，陰陽兩儀是《易經》的根本，所以修道之人也有他的根本，那就是無為虛靜的生活。〈循本篇〉強調修道者不但要遵循人類精神生活那種無為虛靜的根本，還要加大、加強它的基礎，才能得到真正的成果。本篇中，抱朴子藉君子、小人，聖人、陋士作一對比，小人胸襟狹小，在修道的過程中，只能像魚蝦龜鼈一樣，隨著波濤飛騰，陋士則像長久居處鹹魚店中的人一樣，再怎麼也分別不出真正的味道。而聖人修道，以遁世的精神，加上平等看待萬物的觀念，在山林巖穴中與真正的隱者相處，最後也終於可以成為「循本」的修道人。

抱朴子曰：「玄寂㈠虛靜㈡者，神明㈢之本也；陰陽㈣柔剛㈤者，二儀㈥之本也；巍峩㈦巖岫㈧者，山嶽之本也；德行㈨文學㈩者，君子之本也。莫或無本而能立焉。是以欲致其高，必豐其基；欲茂其末，必深其根。鄉黨(一一)之友不洽(一二)，而勤(一三)遠方之求；涖官(一四)之稱(一五)不著(一六)，而索(一七)不次之顯(一八)。是以雖佻(一九)虛譽，猶狂華(二〇)千霜(二一)以吐曜(二二)，不崇朝(二三)而零瘁(二四)矣。」

【今註】 ㈠ 玄寂：道家用語，是道家一種「凝神養氣」的修鍊功夫，也可以做修鍊目標——「自然無為」講。三國魏嵇康《嵇中散集》卷一〈知慧用詩〉：「大人玄寂無聲，鎮（安）之以靜自正。」《世說新語・棲逸篇》：「蘇門山中，忽有真人（據《晉書・阮籍傳》為孫登）……（阮）籍登嶺就之，箕踞（伸足而坐）相對。籍商略（商討）終古（往古），上陳黃（黃帝）、農（神農氏）玄寂之道，下考三代盛德（大德，指「政治成績」）之美，以問之；仡然（勇壯的樣子。仡，音ㄧˋ或ㄍㄜ）不應。」玄，老子《道德經・第一章》：「此兩者（指『無』和『有』）同出而異名，同謂之『玄』。」是說：「無」和「有」同樣都叫做「玄」。按著又說：「玄之又玄，眾妙之門。」可知「玄」就是所謂「道」。《道德經》第十章、第五十一章，又認為：普通人所具有的「生而不有、為而不恃、長（音ㄓㄤˇ）而不宰」的修養，以及第六十五章，認為：當政者能夠分辨「以智治國，國之賊；不以智治國，國之福」兩項法則的，就算是具有「玄德」的人。這個「玄德」的「玄」，又具有

「深奧」和「微妙」的意思。葛洪在《抱朴子・內篇》首章〈暢玄篇〉中，認為：「玄」是「萬物的大宗（始祖）」，是超乎自然，先於經驗的精神性本體。寂，當「安靜」講，道家常用它來形容「道」的狀態。㈡虛靜：道家用語，有「虛靜自然」的意思，道家中人常用它來狀述修道人的修持生活，或修持的目標。老子《道德經・第十六章》：「致虛極，守靜篤。」意思就是要人消除心智的作用，做到非常徹底的程度，好讓自己的一顆心變得空虛；要人驅逐所有慾念引來的煩惱，做到極為深沉的地步，好讓自己的心境變得既安穩又寧靜。《莊子・天道篇》：「夫虛靜、恬淡、寂寞、无為者，天地之平而道德之至，故帝王聖人休焉。」是說：虛靜、恬淡、寂寞、無為四者，名稱雖然不同，但所指的卻又毫無分別。它們都是萬物的根本。如果能夠做到「無為」的美妙境界，天地自然會達到平整的標準，道德就會達到至高無上的境界。如果人人如此，帝王聖人都會無所事事，進入休止的狀態。這裏所謂的「虛靜」，和「無為」、「恬淡」、「寂寞」等一樣，都指道家修持所要達到的境界。㈢神明：和「精神」一辭相似，指人的「心思」或「心神」。《莊子・齊物論篇》：「勞（「勞心費神」的「勞」，有「煩勞」、「勤苦」的意思）神明為一（求「道」的「一貫」），而不知其同也（卻不知「道」本來是相同的）。」《世說新語・言語篇》：「何平叔（晏）云：『服五石散（「寒食散」的別稱。服食後身體發熱，宜用冷食，因而有「寒食」的名稱），非唯治病，亦覺神明開朗。』」㈣陰陽：古代用「陰陽」來解釋萬物的生存和變化，所有天地、日月、晝夜、男女、腑臟、氣血等相對的名稱，都分別隸屬於「陰」或「陽」。㈤柔剛：「柔」和「剛」相對，作「軟弱」和「堅強」講。《易經・雜卦》：「乾（音ㄑㄧㄢˊ，八卦的首卦，代表純陽。是天、君、父、剛強等的形象，和「坤」同是宇宙兩大原始本質或屬性）剛，坤（八卦中的第二卦，代表純陰。是地、后、母、柔弱等的形象。和「乾」同是宇宙兩大原始本質或屬性）柔。」《易經・說卦》：「立地之道，曰柔與剛。」㈥二儀：指「陰陽」（或「天地」等）兩種「本根」（本質）或「本性」（屬性）。晉范甯《春秋穀梁傳・序》：「該（兼容、包括）二儀之化育（變化生育），贊（佐助、引導）人道（人所以為人的道理）之幽變（微妙變化）。」㈦巍峩：「高大」的樣子。《文選》卷二漢張衡〈西京賦〉：「疏（清除、整理）龍首（山名）以抗（承受、托起）殿，狀（描繪）巍峩（代「高山」）以（之、的）岌嶪（音ㄐㄧˊ ㄧㄝˋ，山「高壯」的樣子）。」㈧巖岫：指「山巖和山谷」。三國魏嵇康《嵇中散集》卷一〈幽憤詩〉：「采（採）薇（隱花植物，和「蕨」都是窮人或隱士的食物）山阿（山的彎曲處），散髮巖岫。」岫，音ㄒㄧㄡˋ，「山洞」或「山谷」的意思。㈨德行：指「道德和品行」。㈩文學：指「文章博學」，是孔門四科中的一科；也指「文獻經典」。《論語・先進篇》：「文學：子游、子夏。」《漢書》卷六〈武帝紀〉元朔元年十一月詔：「選豪俊，講文學。」⑪鄉黨：和「鄉里」一詞相似。《禮記・曲禮篇・上》：「故州閭鄉黨稱其孝也。」鄭《注》：「《周禮》：二十五家為閭，四閭為族，五族為黨，五黨為州，五州為鄉。」㊂洽：音ㄑㄧㄚˋ，當「合」、「協調」講。㊃勤：「勞苦」、「費神」的意思。㊃涖官：作「服官任職」講。涖，音ㄌㄧˋ，「臨」（到）的意思。《禮記・曲禮篇・上》：「班朝（排定朝覲禮儀的位次）、治軍、涖官（服官職）、行法，非禮（如果不遵行禮法），威嚴不行。」㊄稱：音ㄔㄥ，有「名號」、「聲譽」的意思。㊅著：「表明」、「顯露」的意思。㊆索：作「尋求」、「選擇」講。㊇不次之顯：作「不拘常次」講，有「破格擢拔」的意思。不次，就是「不按尋常次序」。《漢書》卷六十五〈東方朔傳〉：「待以不次之位。」顏師古《注》：「不拘常次，言超擢也。」㊈佻：音ㄊㄧㄠ，「竊取」的意思。㊉狂華：當「盛開的花朵」、或「不按常理去催花」講。華，和「花」相同。《晉書》卷二十七〈五行志・上〉：「干寶以為狂華生枯木，又在鈴閣（亦作「鈴閣」，指將帥居所）之間，言威儀之富，榮華之盛，皆如狂華之發，不可久也。」㊁千霜：比喻經歷的「千辛萬苦」。霜，有「風霜」的意思。㊂吐曜：作「綻放耀現」講。㊂崇朝：作「終朝」講，比喻「時間短促」。《詩經・衛風・河廣》：「誰謂宋遠，曾不（不曾）崇朝。」鄭玄《箋》：「崇，終也。行不終朝，亦喻近。」㊃零瘁：作「凋零枯瘁」講。瘁，音ㄘㄨㄟˋ，「毀壞」的意思。

【今譯】 抱朴子說：「修道人所追求的無為虛靜，是人類精神生活的根本；陰陽、柔剛兩相對立，是《易經》解說兩儀所代表的兩項主要事物或屬性；峰巒巍峩，巖穴深邃，是綿綿山嶽的基本面貌。講求『道德品行』，研究『文獻經典』，是所有具備才德君子的基本修養。世間任何事物，不先穩固它的根源，絕難維持它的正常生存和發展。因此，想要把建築做得高峻，必須加大加強它的基礎；要想樹木的枝葉長得茂盛，必先讓它的根部伸展得既深又廣。和同鄉同里的人交往，如果不能和諧相處，卻捨近求遠，妄想在遠方爭得友誼，必然一無結果；服官任職的人，如果得不到世人的讚揚和肯定，卻去本逐末，妄想為人破格擢拔，美夢也絕難成真。這和僥倖浪得虛名，受人短期讚美，又有什麼分別？此等作為，彷彿經過千辛萬苦一再催生然後盛開的花朵，雖可綻放豔麗於一時，但轉眼之間，必然凋零枯萎。」

「雖竊大寶(一)於不料(二)，冒(三)惟塵(四)以負乘(五)，猶鱗介(六)附騰波(七)以高凌，顧眄(八)已枯株(九)於危陸(一〇)矣。聖賢孜孜(一一)，勉之若彼；淺近蹻蹻(一二)，忽之如此。積習(一三)則忘鮑肆(一四)之臭，裸鄉(一五)不覺呈形(一六)之醜。自非(一七)遁世而無悶(一八)，齊物(一九)於通塞(二〇)者，安能棄近易而尋迂闊(二一)哉！

將㊂救斯弊，其術無他，徒擢㊂民於巖岫，任才㊃而不計也。」

【今註】㊀大寶：本作「最寶貴的事物」講，後世一般指「帝位」。《易經・繫辭・下》：「聖人之大寶曰位。」《宋史》卷三百六十五〈岳飛傳〉：「康王即位，飛上書數千言，大略謂陛下已登大寶，社稷有主。」㊁不料：「沒料想得到」的意思。㊂冒：「不審慎」（輕率）、「冒失」的意思。㊃惟塵：「進舉小人」的意思。惟，作「謀」、「陳」講；塵，比喻「小人」。《文選》卷二十三嵇康〈幽憤詩〉：「子玉（楚大夫）之敗，屢增惟塵。」李周翰《注》：「惟塵，謂詩人（嵇康）刺『進舉小人』也。」㊄負乘：比喻「居處在君子的位置」。《文選》卷二十四晉張華〈答何劭詩〉之二「負乘為我戒」，李善《注》：「《周易》曰『負且乘（背負物品又坐在車輛上），致寇至（招致盜寇前來）』（以上兩句，是〈解卦〉六三爻辭），『負（「背負」物品）也者，小人之事也；乘（供人乘坐的車輛）也者，君子之器（工具）也。小人而乘君子之器，盜思（起念頭）奪之（奪取負荷的物品）矣』（以上見〈繫辭・上〉）。」《漢書》卷五十六〈董仲舒傳〉釋「負且乘，致寇至」說：「此言居君子之位，而為庶人之行（行為）者，其患禍必至。」㊅鱗介：本作「鮮介」，依承訓本、《藏》本改。泛指「有鱗」和「帶甲」的兩類水生動物。㊆騰波：作「騰躍於波浪間」講。㈧顧眄：作「轉眼」講，這裏比喻「極短時間」。《漢書》卷一百上〈敘傳・上〉班固〈答賓戲〉：「虞卿（虞慶，戰國時人，是趙孝成王的上卿，故稱）以（因）顧眄而捐（捨棄）相印（魏相魏齊，事迫走趙，虞慶和他有舊交，同情他的窮困，於是解去相印，共同結伴投奔魏公子無忌）。」㈨枯株：枯槁的根株。這裏用來比喻「枯死的鱗類和甲類水生動物」。韓愈〈晝月詩〉：「桂樹枯株女（指嫦娥）閉戶。」㈩危陸：指「懸崖」。㈡孜孜：亦作「孶孶」，音ㄗ，「勤勉不懈」的意思。《三國志》卷四十一〈蜀書・向朗傳〉：「乃更潛心典籍，孜孜不倦。」㈢蹻蹻：音ㄐㄧㄠˇ，驕縱的樣子。《詩經・大雅・板》：「老夫（詩人自稱）灌灌（和「款款」相似，懇切的樣子），小子（年輕人）蹻蹻。」㈢積習：謂「積久所養成的習慣」。漢董仲舒《春秋繁露・天道施篇》：「積習漸靡（損害；靡爛），物之微者也。」㈣鮑肆：指「出售鹹魚的商店」，常用來形容「濃重的腥臭氣味」，比喻「為不良環境所習染」。《楚辭》漢東方朔〈七諫・沈江〉：「聯蕙芷以為佩（佩帶的飾品）兮，過鮑肆而失香。」《抱朴子・外篇・良規篇》：「俗儒（指「只會講解或背誦文句卻不會做事的讀書人」）沈淪（沉沒、隱沒）鮑肆，困於詭辯（譎詐的辯辭）。」㈤裸鄉：亦作「裸國」，傳說中是古代西方的國家，那裏的人不穿衣物。《呂氏春秋・貴因篇》：「禹之（往）裸國，裸入（光著身子進去）衣出，因（依循、順從）也。」㈥呈形：作「顯露形體」講。㈦自非：作「若非」講。《左傳》成公十六年：「惟聖人能外內無患。自非聖人，外寧必有內憂。」㊅遁世而無悶：因避離世事而沒有煩悶。《易經．乾卦》：「遯世無悶（是說「人能逃離世事，雖逢君主無道，心中也不會有所煩悶」），不見是而無悶（是說「即使全世界的人都錯誤，雖然看不見任何善良的行為，心中可也不會煩悶」）。」遁世，作「避世」、「遯世」講。㊈齊物：是說「用一種『平等』的觀點、去觀看宇宙萬物」，意思說：「萬物的形貌和性質雖然各不相同，但用『平等』的觀點去察看，它們卻是『齊一』的」。《文選》卷二十五劉琨〈答盧諶詩〉：「遠慕老、莊之齊物，近嘉阮生（阮籍）之放曠（放達、無拘束）。」齊，「相等」、「相同」的意思。㊉通塞：指「境遇的順利或滯澀」。㊁迂闊：作「迂迴曲折、海闊天空」講，有「不落實事」、「不著邊際」的意思。《漢書》卷七十二〈王吉傳〉：「上以其言迂闊，不甚寵異（寵愛優待，異於常人）也。」迂，「曲折」、「路遠」的意思。㊂將：「欲」的意思。㊂擢：音ㄓㄨㄛˊ，作「選拔」講。㊃任才：謂「唯才是任」的意思。

【今譯】　「利用時機，趁人不備，雖然可以竊得政權，登上帝王的寶座；由於有人輕率地加以推舉，小人雖然也能佔住上君子的位置；但偶然的機遇，正像魚蝦龜鱉隨著波濤飛騰，或許可以達到高峻的處所，但轉眼之間，必定像枯枝一樣，乾死在懸崖之上。聖人賢士那般勤苦奮勉，自朝至暮，卻從不懈怠；淺人陋士，如此驕縱傲慢，為人處事，竟全憑性情。在鹹魚店中，經過長期習染，魚腥臭味再怎麼濃重，也會一點聞不出來；裸鄉中的人赤身露體是正常現象，自然也不會認為『全空』是一種醜陋行為。一個人如果不是：因為具有遁世觀念才全無煩悶，或者能以平等觀點察看世間萬物，怎肯隨手拋棄近在眼前、伸手可得的標的，卻要緊緊追尋遠在天邊、不著邊際的幻夢？如欲補救諸多缺失，別無途徑可循，唯有依能選拔、唯才是任，從山林巖岫穴間去尋訪隱逸的人，其他無庸計較。」

應嘲篇　第四十二

【篇旨】　客人嘲笑和指責抱朴子的思想觀點龐雜且矛盾。為此，寫了〈應嘲〉加以回答，指出：「君臣之大，次於天地。思樂有道，出處一情。隱顯任時，言亦何繫？大人君子，與事變通。老子無為者也，鬼谷終隱者也，而著其書，咸論世務。何必身居其位，然後乃言其事乎？……余才短德薄，幹不適治，出處同歸，行止一致，豈必達官乃可議政事君，否則不可論治亂乎？」

抱朴子曰：「客嘲余云：『先生載營抱一㊀，韜景靈淵㊁，背俗獨往，邈爾蕭然㊂。計決而猶豫㊃不棲於心術㊄，分定而世累無繫於胸閒㊅。』

【今註】　㊀載營抱一：語見老子《道德經・第十章》：「載營魄抱一，能無離乎？」載，乘。營，指血脈。《素問・調精論》「取血于營」，注：「營主血，陰氣也。」《靈樞・營衛生會篇》：「穀氣入於藏府，清者為營，濁者為衛。營在脈中，衛在脈外。營周不休，五十而後大會。」一，指元氣。載營抱一，意謂懷著血氣來容納元氣。又及，《楚辭·遠遊》「載營魄而登遐兮」。王逸《注》：「抱我靈魄而上升也。」亦可參考。㈡韜景靈淵：韜，隱蔽，藏。景，身影。靈淵，謂「水」，亦謂「深淵」。㈢邈爾蕭然：邈爾，猶「邈然」，曠遠貌。邈，音ㄇㄧㄠˇ，久遠的意思。蕭然，謂冷落、淒清。㈣猶豫：謂「遲疑不決」。《楚辭》屈原〈離騷〉：「心猶豫而狐疑兮，欲自適而不可。」㈤心術：謂思想和心計。㈥分定而世累無繫於胸間：楊明照《抱朴子外篇校箋·下》：「繫」，《藏》本、魯藩本、吉藩本作「餘」；慎本、盧本、舊寫本、柏筠堂本、文溯本、《叢書》本、《崇文》本作「係」。按「繫」「餘」二字於此並通。然由慎本等作「係」推之，此必原是「繫」字。

【今譯】　抱朴子說：「有位客人嘲笑我，說：『儀生懷著血氣來容納元氣，把自己的身影隱藏在幽靈的深淵中，背離世俗而獨來獨往，那超越塵世的高遠樣子令人蕭然。計策既定而猶豫不留在心術之間，名分定了而世俗累贅不再繫於胸中。』

『伯陽以《道德》為首㈠，莊周以〈逍遙〉冠篇㈡，用能標峻格於九霄㈢，宣芳瀀於罔極㈣也。』

【今註】 ㈠伯陽以《道德》為首：伯陽，即老子。《史記》卷六十三〈老子列傳〉張守節《正義》：引《朱韜玉札》及《神仙傳》云：「老子，楚國苦縣瀨鄉曲仁里人。姓李，名耳，字伯陽，一名重耳，外字聃。」又司馬貞《索引》：「故名耳，字聃。有本字伯陽，非正也。然老子號伯陽父，此傳不稱也。」《道德》，《道德經》，第一章論述「道」。㈡莊周以〈逍遙〉冠篇：莊周，即莊子，名周，戰國時代傑出的思想家。〈逍遙〉，《莊子》全書三十三篇，第一篇就是〈逍遙遊篇〉。㈢標峻格於九霄：標，謂「顯出」、「表明」、「提出」。峻，高、大的意思。格，謂風格、度量、法式、標準。九宵，謂九天雲霄，天空極高之處。《抱朴子・內篇・暢玄篇》：「其高則冠蓋乎九霄，其曠則籠罩乎八隅。」《文選》卷二十二梁沈約〈遊沈道士館詩〉：「銳意三山上，託慕九霄中。」㈣宣芳烈於罔極：芳烈，指美好的事跡。罔極，謂無窮盡。《詩經・小雅・蓼莪》：「欲報之德，昊天罔極。」後常稱父母之恩為罔極之意。

【今譯】 『老子以《道德經》為首，莊子以〈逍遙遊篇〉為先，用懸於天空極高標準的才能，宣揚芳烈於無邊之處。』

『今先生高尚㈠勿用，身不服事㈡，而著〈君道〉、〈臣節〉之

書㊂；不交於世，而作譏俗、救生之論㊃；甚愛骭毛㊄，而綴用兵戰守之法㊅；不營進趨㊆，而有〈審舉〉、〈窮達〉之篇㊇。蒙竊惑焉。』」

【今註】㊀高尚：謂不卑屈。《易經．蠱卦》：「不事王侯，高尚其事。」㊁服事：謂「臣服聽命」。《左傳》襄公二十五年：「服事我先王。」㊂〈君道〉、〈臣節〉之書：〈君道〉，謂「人君所行之道」。《抱朴子．外篇》第五篇，即為〈君道篇〉。〈臣節〉，謂「人臣的操守」。《抱朴子．外篇》第六篇即〈臣節篇〉。㊃譏俗、救生之論：譏俗，謂「譏諷世俗」。《抱朴子．外篇》第二十七篇〈譏惑篇〉，或即屬葛氏譏俗的篇章。救生，謂拯救蒼生。《抱朴子．外篇》第二十四篇〈酒戒篇〉和第二十五篇〈疾謬篇〉，或即屬葛氏救生的篇章。㊄骭毛：骭，音ㄍㄢˋ，小腿。《淮南子．俶真篇》：「雖以天下之大，易骭之一毛，無所概於志也。」高誘注：「骭，自膝以下，脛以上也。」㊅綴用兵戰守之法：綴，和上文的「著」、「作」相同，是「綴文」的意思，就是「著述」、「寫作」。用兵戰守之法，清繼昌《抱朴子外篇佚文》認為《抱朴子外篇》或有「〈軍術〉」一篇。清孫志祖《讀書脞錄》卷四〈抱朴子逸文〉云：「〈軍術〉」篇名，見《北堂書鈔》一百二十、《藝文類聚》九十、《文選》卷三十九江淹〈詣建平不書注〉、《御覽》七十四、三百四十、九百十四，案〈應嘲〉云：甚愛骭毛而綴用兵戰守之法，謂此篇也。戰守，謂「攻守」（攻擊和守禦）。《宋史》卷二百五十八〈曹瑋傳〉：「筆夷山川城郭，險固（險阻鞏固的地方）出入，戰守之要，舉（全）在是也。」㊆進趨：謀求官祿。㊇〈審舉〉、〈窮達〉之篇：〈審舉〉，見本書第十五卷。〈窮達〉，係本書卷四十九內容。

【今譯】『而今，先生品德高尚而不被任用，不服事奉職，卻著述關於君道臣節內容的書；先生不與世俗交往，卻作譏諷世俗救助生民的議論。先生很愛惜自己小腿上的汗毛，而卻在點綴用兵打仗的戰術；先生不謀圖官祿，卻撰寫了〈審舉〉、〈窮達〉之類文章。對此，我實在感到迷惑不解。』」

抱朴子曰：「君臣之大㊀，次於天地。思樂㊁有道，出處㊂一情，隱顯㊃任時，言亦何繫？大人君子，與事變通㊄。」

【今註】㊀君臣之大，次於天地：老子《道德經・第二十五章》：「故道大，天大，地大，王亦大。域中有四大，而王居其一焉。」㊁思樂：此謂人生在世遭遇困難時的憂思或得意時的快樂。這和下文「出」（出仕）「處」（隱退）、「隱」（窮困）「顯」（顯達）相同。思，「悲」的意思。《文選》卷十九晉張華〈勵志詩〉：「吉士思秋，實感均化。」李善《注》：「思，悲也。」㊂出處：

猶言「去就進退」。《易經·繫辭·上》：「君子之道，或出或處。」《三國志》卷二十七〈魏書·王昶傳〉：「雖出處不同，然各有所取。」㈣隱顯：謂隱世與顯名，猶「顯晦」。㈤變通：謂「事物因變化而通達」，也指「不拘恆常，隨宜變更。」唐吳兢《貞觀政要》卷一〈政體〉：「以天下之廣，四海之眾，千頭萬緒，須合變通，皆委百司商量，宰相籌畫。」

【今譯】抱朴子說：「君臣的重大，僅次於天地。思慕歡樂有一定的途徑，無論出任官職或是隱處而居，其情況是一樣的。任憑時世的變化或者隱居或者顯達，言論又有什麼關係呢？對大人君子來說，做事要講究變通的。」

「老子，無為者也㈠；鬼谷，終隱者也㈡。而著其書，咸論世務㈢。何必身居其位，然後乃言其事乎？」

【今註】㈠老子，無為者也：老子，姓李，名耳；一說姓老，名聃；是古代傑出的思想家，著有《道德經》八十一章。無為，道家指順應自然，不求有所作為。老子《道德經·第二章》：「是以聖人處無為之事，行不言之教，……使夫知者不敢為也，為無為，則無不治。」㈡鬼谷，終隱者也：鬼谷，即鬼谷子，相傳戰國時楚人。姓名傳說不一。因隱於鬼谷，故以此自號。長於養性持身及縱橫捭闔之術。傳說為蘇秦、張儀的老師。《史記》卷六十九〈蘇秦列傳〉及卷七十〈張儀列傳〉云兩人「俱事鬼谷先生學術。」今《鬼谷子》三卷，實係後人偽托。終隱者，謂「自始至終一貫隱居不仕的人」。㊂世務：謂「時務」（當時之務）。漢桓寬《鹽鐵論・論儒篇》：「孟軻守舊術，不知世務。」

【今譯】　「老子是提倡無為的，鬼谷子是終身隱居之士，但他們的著作，都是談論時世事務。為什麼一定要身居其位，然後才能談論呢？」

「夫器非瓊瑤㊀，楚和不泣㊁；質非潛虬㊂，風雲不集。」

【今註】　㊀器非瓊瑤：器，器物。瓊瑤，美玉。《詩經・衛風・木瓜》：「投我以木桃，報之以瓊瑤。」毛《傳》：「瓊瑤，美玉。」㊁楚和不泣：楚和，卞和，春秋時楚國人。相傳卞和覓得玉璞，兩次獻給楚王，都被楚王認為那塊玉璞只是普通的石塊，先後被砍去雙腳。楚文王即位，他抱璞哭於荊山之下，王使人雕琢其璞，果得寶玉，稱為「和氏之璧」。詳見《韓非子・和氏篇》。㊂潛虬：虬，傳說中的一種龍。

【今譯】　「器物如果不是美玉瓊瑤，楚人卞和不會為獻寶無路而哭泣了；本身不是潛藏之龍，靈風就不會聚集起來。」

「余才短德薄㈠，幹不適治㈡；出處同歸㈢，行止㈣一致。豈必達官，乃可議政㈤事君，否則不可論治亂乎？」

【今註】㈠余才短德薄：余，指抱朴子本人。才短，謂才能不足。德薄，德行淺薄，自謙之辭。㈡幹不適治：謂沒有優良的政績。是「幹治」（有優良政績）的相反。幹，即才幹、才能、器量。適，適合。㈢出處同歸：謂「去就進退同返（回）」。同歸，謂「同返」、「同回」。㈣行止：謂動靜、進退，指行為舉動。㈤議政：謂「論議（評論）政事」。

【今譯】「我的才能淺短、德行微薄，才幹不適合治世，不論出仕或隱居，行走或棲止都是一樣的，難道必要達官顯貴才可論議政事並事奉君王，否則就不可以談論治亂嗎？」

「常恨莊生言行自伐㈠，桎梏世業㈡。身居漆園㈢，而多誕談㈣。好畫鬼魅，憎圖狗馬㈤。狹㈥細忠貞，貶毀仁義。可謂彫虎畫龍，難以徵風雲；空板億萬，不能救無錢；孺子之竹馬，不免於腳剝；土柈㈦之盈案，無益於腹虛也。」

【今註】㈠莊生言行自伐：莊生，即莊子。自伐，自相矛盾。老子《道德經‧第二十四章》：「自伐者無功，自矜者不長。」㈡桎梏世業：桎梏，音ㄓˋ ㄍㄨˋ，謂刑具，即「腳鐐手銬」。《易經‧蒙卦》：「利用刑人，用說桎梏。」《疏》：「在足曰桎；在手曰梏。」引伸為束縛人的事物。世業，謂「世代相承的事業」，或暗指「俗世的利祿產業。」㈢漆園：地名。其城古屬蒙縣（今河南商丘縣東北）。《史記》卷六十三〈老子韓非列傳〉：「莊子者，蒙人也。……周嘗為蒙漆園吏。」《正義》引《括地志》說：「漆園故城在曹州冤句縣北十七里。」冤句，今山東曹縣地。㈣誕談：猶「誕言」、「誕語」，謂誇大其言、虛妄言談。㈤好畫鬼魅，憎圖狗馬：謂喜歡畫妖魔鬼怪，不喜歡圖畫犬狗馬匹。鬼魅，人死為鬼，物精為魅。《韓非子‧外儲說左上》：「客有為齊王畫者，齊王問曰：『畫孰最難？』曰：『犬馬最難。』『孰最易者？』曰：『鬼魅最易。夫犬馬，人所知也，旦暮罄見於前，故易之也。』」《淮南子‧氾論篇》：「今夫圖工好畫鬼魅，而憎圖狗馬者何也？鬼魅不世出，而狗馬可日見也。」㈥狹：狹當動詞用，「隘陋」的意思。㈦柈：通「盤」字。

【今譯】「我常常怨恨莊子的言行自相矛盾，為世業所牢籠，他身居漆園之吏，而大發荒誕的言論，愛畫鬼魅，憎惡圖狗馬，看不起忠貞，貶低或毀壞仁義。這可以說是彫的虎及畫的龍，難以召集靈風；空板億萬，卻不能救助無錢之苦；小孩子的竹馬，不免於腳剁；土盤充滿於几案，無益於空腹飢餓。」

或人又曰：「然吾子所著，彈斷㈠風俗，言苦辭直。吾恐適足取憎在位，招擯㈡於時，非所以揚聲發譽，見貴之道也。」

【今註】㈠彈斷：彈，彈劾。斷，戒除，禁絕。㈡擯：摒棄。

【今譯】又有人說：「然而君子所著的書，彈劾或戒除不良的風俗，言辭痛切剛直。我恐怕這樣恰恰是在位的人所採取或憎恨的，於時世所歡迎或者摒棄，並非用來發揚聲譽，作為被貴重的途徑。」

抱朴子曰：「夫制器者，珍於周急㈠，而不以采飾外形為善；立言者，貴於助教，而不以偶俗集譽為高。若徒阿順諂諛，虛美隱惡，豈所匡失弼違㈡，醒迷補過者乎？慮寡和而廢〈白雪〉之音㈢，嫌難售而賤連城之價，余無取焉。非不能屬華艷以取悅，非不知抗直言之多吝。然不忍違情曲筆㈣，錯濫真偽。欲令心口相契，顧不愧景，冀知音之在後也。否泰有命，通塞聽天，何必書行言用，榮及當年乎？」

【今註】㊀周急：周，濟。製器貴在濟急。㊁匡失弼違：匡，糾正。弼違，糾正過失。《尚書・益稷》：「予違，汝弼。」孔《傳》：「我違道，汝當以義輔正我。」㊂〈白雪〉之音：〈陽春白雪〉，古代楚國歌曲名，當時認為是較高級的音樂。《文選》卷四十五宋玉〈對楚王問〉：「客有歌於郢中者，……其〈陽春白雪〉，國中屬而和者不過數十人。」㊃曲筆：謂有所顧忌，不敢據事直書的一種筆法。

【今譯】抱朴子回答說：「製造器物的人貴在於濟急，而不以裝飾外形為善；著書立說的人貴重於教化，而不以通俗一致的稱讚為高。如果只是阿順諂媚，虛美隱惡，難道是糾正失誤，醒迷補過的嗎？慮怕和唱者少而廢棄〈陽春白雪〉這種高雅的音樂，嫌難以出售而降低連城之價，這樣做法我是不會採取的。我並非不能寫出華美的文章來取悅於世，並非不知道堅持直言之多吝。然而我不忍違背心願，曲筆抒寫，錯濫真偽，我想使心口相契一致，回顧時不愧對身影，還希望後面有知音者。敗壞與安泰是命定的，通達與阻塞亦聽天由命，何必書行言用要使當年獲得榮耀呢？」

「夫君子之開口動筆，必戒悟蔽，式整雷同之傾邪，磋礱㊀流遁之闇穢。而著書者徒飾弄華藻，張磔㊁迂闊，屬難驗無益之辭，治靡麗虛言之美，有似堅白厲修之書，公孫刑名之論㈢。雖曠籠天地之外，微入無閒之內，立解連環，離同合異㈣，鳥影不動㈤，雞卵有足㈥，犬可為羊㈦，大龜長蛇㈧之言，適足示巧表奇以誑俗。何異乎畫敖倉㈨以救飢，仰天漢㈩以解渴！說崑山⑪之多玉，不能賑原憲⑫之貧；觀藥藏之簿領⑬，不能治危急之疾。墨子刻木雞以厲天⑭，不如三寸之車鎋⑮；管青鑄騏驥於金象，不如駑馬之周用。言高秋天而不可施者，丘不與易也。」

【今註】㈠磋礱：磋，磨；礱，磨。㈡礫：漢字書寫的捺筆。㈢有似堅白厲修之書，公孫刑名之論：楊明照《抱朴子外篇校箋・下》：按「厲」當作「廣」，字之誤也。《公孫龍子・堅白論篇》：「曰：石之白，石之堅，見與不見，二與三，若廣修而相盈也。」謝《注》：「修，長也。白雖有自實，然是石之白也；堅雖自有實，然是石之堅也。二物與石為三，見與不見共為體，其堅白廣修皆與石均而滿。」即其誼也。本書〈窮達篇〉：「論廣修堅白無用之說。」是此原作「廣修」無疑。《墨子・經下篇》「廣與脩」（原誤作「循」，孫氏《閒詁》依俞樾校改。下同。）又《經說下篇》：

「廣修堅白」。並其旁證。㈣立解連環，離同合異：均為戰國時名家惠施提出的命題。㈤鳥影不動：先秦辯者的論題之一。《莊子・天下篇》：「飛鳥之景未嘗動也。」意謂鳥飛時，其影時時改換，後影不是前影，前影一現即滅，實未嘗動。㈥雞卵有足：楊明照《抱朴子外篇校箋・下》：按此文疑有脫誤。《公孫龍子・通變論篇》：「雞三足。」《莊子・天下篇》：「卵有毛，雞三足。」《荀子・不苟篇》：「卵有毛，是說之難持者也，而惠施、鄧析能之。」（《韓詩外傳・卷三》同）並其證。卵有毛，司馬彪云：「毛氣成毛，羽氣成羽，雖胎卵未生，而毛羽之性已著矣。」謂卵中含有羽毛的可能性。雞三足，謂雞已有二足，加上雞足的概念，共三個。㈦犬可為羊：《莊子・天下篇》：「犬可以為羊。」司馬彪云：「名以名物而非物也。犬亦可以名羊。故形在於物，名在於人。」也就是說，犬羊的名稱是可以改變的。㈧大龜長蛇：《莊子・天下篇》：「龜長于蛇。」成玄英云：「夫長短相形，則無長無短，謂蛇長龜短，乃是物之滯情，今欲遣此昏迷，故曰：龜長於蛇也。」俞樾云：「此即莫大於秋毫之末，而泰山為小之意。」㈨敖倉：秦代在敖山上所置穀倉，故址在今河南鄭州市西北邙山上。漢魏均於此設倉。㈩天漢：即銀河。《詩經・小雅・大東》：「維天有漢，監亦有光。」㈡崑山：崑崙山。㈢原憲：字子思，孔子的弟子。孔子卒，原憲遂亡在草澤中，過著貧困的生活。㈢簿領：本子。㈣墨子刻木雞以厲天：楊明照《抱朴子外篇校箋・下》：按《韓非子・

外儲說左上》：「墨子為木鳶，三年而成，蜚一日而敗。」《淮南子・齊俗篇》：「魯般、墨子以木為鳶，而飛三日不集。」《論衡・儒增篇》：「魯般、墨子之巧，刻木為鳶，飛之三日而不集。」（《列子・湯問篇》：「墨翟之飛鳶。」《墨子・魯問篇》：「公輸子削竹木以為鵲，成而飛之，三日不下。」）此獨作「木雞」，豈傳聞有異邪？又按「厲」當作「戾」。已詳〈廣譬篇〉「不肯為銜鼠之唳天」條。㉕ 鎋：同「轄」，車軸頭上的小銅鍵或鐵鍵，用以防止車輪脫落者。

【今譯】「君子開口說話，動筆寫書，必戒聰悟受到蒙蔽，式整雷同之傾邪，磋礱流遁的闇穢。而如果寫書的人只飾弄華美的辭藻，張礫迂闊，寫出難以驗證的無益言辭，研習靡麗虛言之美，就好像宣揚『堅白廣修』之類書，像公孫龍刑名學派的議論。那些議論雖然涵蓋天地之外，微入無間之內，諸如立解連環、離同合異、鳥影不動、卵有毛、雞三足、犬可以為羊、龜長於蛇等等言談，恰恰足以顯示奇巧以欺騙世俗之人。何異於畫座敖倉以救飢荒，仰看天上銀河以解渴？話說崑崙山上有很多寶玉，這不能救濟原憲這些貧窮之人；只看小冊子中的藏藥，這不能救治危急之病。墨子刻木鳶以戾天，不如三寸車轄之實用；用管青鑄成騏驥的金像，不如劣馬的急用。把秋天說得高爽而不可以做到，山丘也不會與之更易。」

喻蔽篇　第四十三

【篇旨】　「喻蔽」是明曉他人的蔽塞之所在。如《荀子・解蔽篇》之意，對於他人滯於一隅，不能通明的觀念，加以曉喻。本篇是以葛洪回答同門魯君的話為旨。

因為葛洪很佩服著作的文儒，所以特別欣賞著作宏富的王充，認為王充「作《論衡》八十餘篇，為冠倫大才」。但是魯君卻認為著述只要內容精美，實在無須太大的篇幅。比如伏羲畫卦，只用了八個，就統括了天地間一切事象；老子著述才五千餘言，卻將所有關於「道德」的義理概括無遺。

葛洪卻提出了不同的見解，以為一本著作如果所用的文字太短促，所要發揮的理論就很難說得完備；同理，著作中的文辭，如果用得太簡短，所要說明的事實就很難說得通暢；因此，著作由於實際上的需要，就必須「篇累卷積」，然後再從綱領上去加以把握。幾千萬字的著作，其中偶然摻雜少許不夠優美的辭語，可是因為他們所敘述的事實非常詳盡，所發揮的義理非常高遠，足以掩蓋些微的瑕疵。就像長江、黃河、淮水、濟水等四條大河，水流儘管混濁，但它們究竟都是偉大的河川；而陶甕中的水儘管清澈，總計也只有一陶甕，怎能拿來與大河相比呢？由此看來，短促的篇章、零碎的文辭，怎麼能和萬言巨作、長篇高論相提並論呢？

抱朴子曰：「余雅㈠謂王仲任㈡作《論衡》八十餘篇，為冠倫㈢大才㈣。」有同門㈤魯生難余曰：「夫瓊瑤㈥以寡為奇，磧礫㈦以多為賤；故庖犧㈧卦不盈十，而彌綸㈨二儀㈩；老氏⑪言不滿萬，而道德⑫備舉。王充著書，兼箱累袠⑬，而乍出乍入⑭，或儒或墨。屬詞⑮比義⑯，又不盡美。所謂陂原⑰之蒿莠⑱，未若步武⑲之黍稷⑳也。」

【今註】㈠雅：「素」（平素、日常）的意思。㈡王仲任：王充，字仲任，東漢時代會稽郡上虞人。生於漢光武建武三年（西元二七年），約卒於和帝永元年間，享年七十餘歲。父親早死，曾從富文才、好著述、作《漢書》未完成的班彪讀書。由於家境貧寒，無力購置書籍，常前往洛陽市間，翻閱所賣售的書。他記性很好，看了一遍就能記住，於是利用這種方式，讀通了百家的學說。刺史董勤徵召他做了從事，又轉任揚州治中，後來自請免職，返歸鄉里，從事教學和著述工作。著有《論衡》八十五篇，共二十餘萬字，流傳於世。晚年，又曾寫過《養性書》十六篇，可惜今已亡佚。他的身世全都見於《論衡・自紀篇》；《後漢書》卷四十九也有他的傳。㊂冠倫：謂「超越群輩」。倫，當「輩」（同類）講，指「著書立說的那些人」。㊃大才：和「高才」相似，謂可供「大用」的「才士」。《後漢書》卷二十四〈馬援列傳〉：「汝大才，當晚成。」㊄同門：猶「同窗」，謂「受業於同一師長的同學」。門，指老師課徒處所的「門」內或「窗」下。《漢書》卷八十八〈儒林傳・孟喜傳〉：「同門梁丘賀疏通證明之。」唐顏師古《注》：「同門，同師學者也。」㊅瓊瑤：謂「美玉」或「美石」。《詩經・衛風・木瓜》：「投（贈送）我以木桃，報（回報）之以瓊瑤。」毛《傳》：「瓊瑤，美玉。」㊆磧礫：音ㄑㄧˋ ㄌㄧˋ，謂「河灘上的小石子」。《文選》卷二漢張衡〈西京賦〉：「僵禽斃獸，爛若磧礫。」㊇庖犧：即伏羲，傳說中古代部落的酋長。名太昊，風姓。相傳由他開始畫八卦；教導人民捕魚畜牧，來充實民食，增加菜肴的品類。㊈彌綸：謂「包羅」、「統括」。《易經・繫辭・上》：「《易》與天地準（倣、則），故能彌綸天地之道。」彌，音ㄇㄧˊ，「補合」的意思。綸，作「理絲」講。㊉二儀：或作「兩儀」，謂「天地」。《易經・繫辭・上》：「是故《易》有太極，是生兩儀。」晉范甯《春秋穀梁傳・序》：「該（包括）二儀之化育（指萬物的「生成」和「長育」），贊（贊助、輔襄）人道（人類社會的道德規範）之幽變（微妙的變化）。」㊀老氏：就是老子。一說姓李，名耳；一說姓老，名聃；是古代傑出的思想家。著書八十一章，共五千二百餘字，分上下兩篇，全部討論有關道德的義理。㊂道德：指老子所說有關「道」與「德」的義理。有人說：老氏著作分上下二篇（上篇三十七章，下篇四十四章），由於上篇第一章第一句「道可道，非常道」，第一字是「道」字；下篇第三十八章的第一句「上德不德」，第二字是「德」字；因此才取名叫《道德經》。㊂袠：或作「袟」，和「帙」相同，音ㄓˋ，謂「書衣」或「書囊」。㊃乍出乍入：謂「忽出忽入」。指王充著作所涉及的內容有時超出古代「經籍」的範圍，有時卻又專在「經籍」的範圍內打轉。㊄屬詞：謂「綴會文辭」（連綴會集文章所用的辭語）來撰寫文稿。《禮記・經解篇》：「屬辭比事（排比史事），《春秋》教（所包含的「訓誨」作用）也。」孫希旦《集解》：「屬辭者，連屬其辭，以月繫年，以日繫月，以事繫日也。」㊅比義：謂「排比文辭的含義」。㊆陂原：謂「山麓下的原野」。陂，音ㄆㄛ，謂「山旁」。㊇蒿莠：皆草名，在這裏比喻王充的作品。蒿，音ㄏㄠ，艾類，有青蒿、白蒿等數種。莠，音ㄧㄡˇ，也叫做狗尾草，它的莖、葉、穗，很像稷（高粱），可是不結實。㊈步武：古代以六尺為步，半步為武，這裏比喻「相距甚近」（指呈現在眼前的那些古人作品）。《國語・周語・下》：「夫目之察度也，不過步武尺寸之間。」㊉黍稷：謂「黍」和「稷」，在這裏比喻古人的作品，言下之意，經過時間的考驗，大多具有實際價值。黍，音ㄕㄨˇ，葉和莖的形狀和稷很相像，但比較矮小，現今的北方人也稱它做黃米(小米)。稷，音ㄐㄧˋ，禾本科一年生草，是江、淮以北地區的主要作物，莖稈高大，有紅白兩種，一般又叫紅粱或高粱。

【今譯】 抱朴子說：「我平素一直說王仲任著作《論衡》八十多篇，可說是超越群倫、最堪大用的才士。」有位魯姓同門師兄弟提出問題來詰問我，他說：「說到美好的玉石，因為世間少見，才被人認為珍奇，河灘上的小石子，因為數量很多，才遭人賤視；由於這個緣故，庖犧氏所創始畫出來的卦，數目總共不滿十個，可是它們卻有統括天地間一切事象的功效；老子的著述雖然不滿一萬個字，卻能把全部有關道德的義理概括無遺；足見著述如果內容精美，實在無須太大的篇幅。可是王充著作的書籍，多得可以裝滿許多函，堆滿許多箱，這些作品的內容並不純一，一會兒在古代『經籍』的範圍之內，一會兒又超出了『聖賢書』的藩籬；立言的立場，有時屬於儒家，有時又可歸入墨家學派。行文的時候，連綴會集的辭語，排比文辭所採的史例，常常又不能盡善盡美。如此說來，真所謂：山麓原野中所生長的青蒿和莠草，實在不能和呈現在眼前、大家公認有益於世的小米和高粱相比呢！」

抱朴子答曰：「且夫㈠作者㈡之謂聖，述者㈢之謂賢㈣，徒見述作之品，未聞多少之限也㈤。吾子所謂竄㈥巢穴㈦之沈昧㈧，不知八紘㈨之無外㈩；守燈燭之宵曜(十一)，不識三光(十二)之晃朗(十三)；遊潢洿(十四)之淺狹(十五)，未覺南溟(一六)之浩汗(一七)；滯丘垤(一八)之位埤(一九)，不寤(二〇)嵩、岱(二一)之峻極(二二)也。兩儀所以稱大者，以其函括(二三)八荒(二四)，緬邈(二五)無表(二六)也。山海所以為富者，以其包籠(二七)曠闊(二八)，含受雜錯(二九)也。若如(三〇)雅論(三一)，貴少賤多，則穹隆(三二)無取乎宏燾(三三)，而旁泊(三四)不貴於厚載(三五)也。」

【今註】㈠且夫：和「今夫」用法相同，是指示的詞，相當於說話中的「這個」、或「那個」。一說：「且」和「夫」字用法相同，連在一起可以作「說到」、或「至於」講。㈡作者：在思想上「創始、立說的人」，《禮記・樂記篇》：「作者之謂聖（聖人），述者之謂明（智者）。」（參見後面「述者」的注）。㈢述者：謂「傳述（別家言論）的人」（參見前面「作者」的注）。㈣以上兩句，出於《禮記・樂記篇》「知禮樂之情者，能作；識禮樂之文者，能述；作者之謂聖，述者之謂明；明聖者，述作之謂也」這段話。話中「禮樂之情」，指「禮樂的情狀」；「禮樂之文」，指「禮樂的制度」。「作者之謂聖」，據孔《疏》的解釋是：「聖者，通達物理（洞明事物的常理），故作者之謂聖，則堯、舜、禹、湯是也。」對「述者之謂明」的解釋是：「明者，辨說是非，故脩（整治、研究）述（傳述）者之謂明，則子游、子夏之屬是也。」㈤以上一段，也是有關「述」「作」

的討論，進一步說明如下：《論語・述而篇》對「述」和「作」也曾說到：「子曰：述而不作，信而好古。」朱熹《集注》：「述，傳舊（傳述別人的舊說）而已；作，則創始（有獨立創見的人）也。」似乎說得更為清楚。王充的《論衡》中，也有兩處提到「述」和「作」，〈正說篇〉中說：「聖人作經，賢者作書。」所謂「作書」，就是「述作者之意」。〈書解篇〉中說：「聖人作其經，賢者造其傳。述作者之意，採聖人之志（原意：本心），故經須傳也。」㊅竄：音ㄘㄨㄢˋ，「藏匿」、「逃竄」的意思。㊆巢穴：謂鳥獸棲身的「窩巢」和「洞穴」。《文選》卷二十七顏延之〈北使洛詩〉：「官陛（官階，喻「官場」）多巢穴，城闕（城樓）生雲煙。」㊇沈昧：謂「深沉昏暗」。㊈八紘：和「八極」（八面極遠的地方）「四荒」（四方荒遠的地方）很相似，謂「大地的極限」。《史記》卷一百一十七〈司馬相如列傳〉引〈大人賦〉：「偏覽八紘而觀四荒兮。」㊉無外：謂「範圍極大」，意思說：「一切都包括在內」。《管子・版法解篇》：「天覆（所覆蓋）而無外也，其德（本性）無所不在。」《公羊傳》僖公二十四年：「天王（指「天子」）出居于鄭，王者（指「天子」的權力）無外。」㊁宵曜：謂「夜晚照耀」。㊂三光：稱「日、月、星」三種星球所發出來的光。《莊子・說劍篇》：「上法（效法）圓天（渾圓的天象），以順（順應……秩序）三光。」㊃晃朗：謂「晃耀明亮的樣子」。《文選》卷十三潘岳〈秋興賦〉：「天晃朗以彌高（愈加高峻）兮，日悠陽（太陽下落的樣子）而浸微（逐漸微弱）。」㊃潢洿：音ㄏㄨㄤˊㄨ，謂「停留在低窪地方的小片積水」。「洿」，又作「汙」。《左傳》隱公三年：「苟有明信（明顯的誠意），……潢汙行潦（雨天積聚奔流於路旁）之水，可薦（進獻）於鬼神。」《正義》引服虔曰：「畜小水謂之潢，水不流謂之汙（低窪處的積水）。」㊄淺狹：謂「短淺」、「狹窄」。《管子・八觀篇》：「夫國城大（城市地區廣闊）而田野淺狹者，其野不足以養其民。」㊅南溟：「南海」的意思。「溟」，又作「冥」。《莊子・逍遙遊篇》：「是鳥也，海運（海風起動）則將徙於南冥。」《宋書》卷二十三〈天文志・一〉：「北溟（北海）之魚，化而為鳥，將徙於南溟。」㊆浩汗：謂「廣大遼闊的樣子」。《晉書》卷五十六〈孫楚傳〉：「將軍石苞令楚（孫楚）作書遺（給）孫皓曰：『吳之先祖，起自荊、楚，……三江五湖，浩汗無涯。』」㊇丘垤：和「小丘」相似。垤，音ㄉㄧㄝˊ，蟻塚，在這裏指一般「小土堆」。《孟子・公孫丑篇・上》：「太山（泰山）之於丘垤，河海之於行潦（因雨而積聚奔流於道旁的水），類也。」㊈位埤：又作「位卑」，謂「地位卑下」。㊉寤：音ㄨˋ，有「覺」、「曉」、「悟」的意思。㊀嵩、岱：謂「嵩山」和「泰山」。嵩山，是五嶽中的中嶽，在河南登封縣北。泰山，是五嶽中的東嶽，在山東省中部，也叫岱宗、岱山、岱嶽、泰岱，主峰玉皇頂在泰安縣北，古代帝王常在那裏舉行封禪的典禮。㊁峻極：謂「高極到頂的樣子」。《文選》卷十一孫綽〈遊天臺山賦〉：「夫其峻極之狀。」㉓函括：「包括」的意思。函，作「包」、「容」解。括，「包容」的意思。㉔八荒：謂「八方荒遠的處所」，和「四荒」（四方荒遠的處所）也很相似。《史記》卷六〈秦始皇本紀・贊〉引賈誼〈過秦論・上〉：「秦孝公……有席卷（亦作蓆捲，和下面的「包舉」、「囊括」、「并吞」，都是「統一」、「征服」的意思）天下，包舉宇內，囊括四海之意，并吞八荒之心。」㉕緬邈：謂「遙遠的樣子」。《文選》卷三十陸機〈擬古詩・擬行行重行行〉：「音徽（消息、音信）日夜離，緬邈若飛沈（好像鳥的高「飛」和魚的下「沈」，喻高下懸隔）。」李周翰《注》：「緬邈，遠也。」㉖無表：和「無外」相似，指「極大的範圍」。表，「外」的意思。㉗包籠：猶「包括」和「籠罩」。㉘曠闊：謂「空曠開闊」。孔平仲〈曹亭獨登詩〉：「江湖水方漲，曠闊吾所愛。」㉙雜錯：和「錯雜」、「雜糅」相似，謂「交錯混雜」。《三國志》卷五十三〈吳書・張紘傳〉：「賢愚雜錯，長幼失敘（次序）。」㉚若如：和「如同」的意思相仿。《韓非子・內儲說上》：「若如臣者，猶獸鹿也。」王先慎《集解》：「若、如同義，如字，涉上文而衍（因上文「若」字的牽引而衍生出來）。」㉛雅論：謂「正論」，或「合乎風雅要求的言論」。《顏氏家訓・勉學篇》：「清談雅論。」㉜穹隆：也可以寫作「穹窿」。音ㄑㄩㄥ ㄌㄨㄥˊ，物件的形體，如果中間高聳而四周低垂的都叫做「穹隆」。穹，謂「高大」，或「天空」。隆，「隆起」的意思。㊂宏燾：當「覆蓋廣大」講。燾，音ㄉㄠˋ，「覆蓋」的意思。㊃旁泊：當把船「停靠在隄岸旁邊」。靠邊緣的叫旁，有「側」的意思。泊，謂「停船靠岸」。㊄厚載：本謂土地「由於深厚才能裝載（承擔）」萬物，在這裏作「重（音ㄓㄨㄥˋ）載」講。

【今譯】抱朴子答道：「說到那些在思想方面能夠創始立說的人，一般就叫他們做聖——聖人；能夠傳述別家言論的人就叫他們做明——智者，也就是所謂『賢者』；這些聖人或賢者所寫下來的作品，卻從來沒聽說過在篇幅的長短、字數的多少上有什麼限制。先生你說的那些人，和成天藏匿在巢穴中的鳥獸一樣，他們從來不知道天地怎麼廣闊！『八紘』怎麼大到無所不包啊！整夜守著燈光燭火、接受它們照耀的人，是絕對認不清日、月、星辰三種星球發出來的光照如何耀眼明亮的啊！經常在低窪積水的狹窄地區走動的人，是很難體會南海怎麼廣大、怎麼遼闊的啊！一個長期停留在卑下地方，天天面對一群小山丘或小土堆的人，是無法瞭解中嶽嵩山和東嶽泰山那般高大險峻到極頂的形態啊！同樣的道理，一個才情不足、見識狹小的人，是不可能有開闊的胸襟、深入的見解的啊！要曉得：天地它們所以被人稱為宏大的物體，是因為它們能夠包容八方荒遠的地區，看上去不管怎麼遙遠，卻都不能不涵蓋在它範圍之內啊！山和海兩者所以成為包容宏富的物體，是因為它們所籠括佔據的地區，非常空曠開闊；所包含保有的內容，非常交錯混雜啊！例如那些合乎風雅要求的『正論』，一般都以為用辭少的才可貴，文辭繁複的就加以輕視；同樣的理由，穹隆的物體並不一定要覆蓋廣大的才好；江河旁邊停泊的船隻也無須裝載很多貨物的啊！」

「夫迹水㊀之中，無吞舟之鱗㊁；寸枝㊂之上，無垂天之翼㊃；蟻垤㊄之顛，無扶桑㊅之林；潢潦㊆之源，無襄陵㊇之流。巨鰲㊈首冠瀛洲㊉，飛波⑪淩乎方丈⑫，洪桃⑬盤於度陵⑭，建木⑮竦⑯於都廣⑰，沈鯤⑱橫⑲於天池⑳，雲鵬㉑戾㉒乎玄象㉓。」

【今註】㊀迹水：謂「可以徒步涉過的水」，比喻「水流很淺」。迹，有「行」和「行蹤」的意思。在這裏指「腳踏而過」。㊁吞舟之鱗：謂「吞得下舟楫那麼大的魚」。黃庭堅〈別友賦送李次翁詩〉：「或登吞舟之鱗，或下（降）垂天之翼。」《列子・楊朱篇》：「吞舟之魚，不游枝（支）流。」鱗，謂「魚」。㊂寸枝：謂「短小纖細的枝幹」。宋之問〈題老松樹詩〉：「百尺（百尺的大松）無寸枝，一生自孤（獨特）直（正直）。」㊃垂天之翼：形容「鳥翼之大，彷佛可以布滿天空一樣」，後人常用來比喻「志向、或前程的遠大」。《莊子・逍遙遊篇》：「其（指「鵬」）……

翼若垂天之雲。」垂，「布」的意思。㊄蟻垤：謂「螞蟻窩外的小土堆」。垤，音ㄉㄧㄝˊ，「小土堆」。㊅扶桑：是一種「神木」，相傳生長在太陽的出處。㊆潢潦：謂「天雨積聚奔流於路旁」。韓愈〈符讀書城南詩〉：「潢潦無根源，朝（音ㄓㄠ，早晨）滿夕已除。」潢，謂「深或廣的積水」。潦，謂「奔流的雨水」。㊇襄陵：謂「水流漫上了丘陵」。《尚書・堯典》：「蕩蕩（音ㄉㄤˋ，水勢強大的樣子）懷山（抱著山峰）襄陵，浩浩（音ㄏㄠˋ，水盛大的樣子）滔天。」孔《傳》：「襄，上（超越）也，包山（包圍著山丘）上陵（漫上了丘陵）。」㊈鰲：謂「大魚」。㊉瀛洲：是傳說中仙人所居的神山。《史記》卷六〈秦始皇本紀〉：「二十八年，……齊人徐市（音ㄈㄨˊ）等上書，言海中有三神山，名曰蓬萊、方丈、瀛洲，僊（仙）人居之。」㊁飛波：謂「洶湧飛躍的波濤」。㊂方丈：是傳說中仙山的名稱。㊂洪桃：謂「巨大的桃樹。」《文選》卷五左思〈吳都賦〉：「洪桃屈盤（屈曲盤旋），丹桂灌叢（灌木叢生）」。李周翰《注》：「洪，大也。大桃樹盤屈三千里。」㊃度陵：指「度朔山」。《論衡・訂鬼篇》：「《山海經》又曰：滄海之中，有度朔之山，上有大桃木，其屈蟠（樹幹「繞曲」）三千里，其枝間東北（東北方有空隙）曰鬼門，萬鬼所出入也。上有二神人，一曰神荼，一曰鬱壘，主（掌管）閱（省視、檢閱）領（統領、治理）萬鬼。惡害之鬼，執（拘捕）以葦索（葦葭製成降鬼的繩索），而以食虎（餵虎食）。於是黃帝乃作禮（表示敬意的儀文），以時（按時）驅之。立大桃人，門戶畫神荼、鬱壘與虎，懸葦索以禦。」㉕建木：「木」字本作「水」，依孫星衍校本改。建木，神話中供眾帝攀援上下「都廣山」的「高木」（參見「都廣」注）。《後漢書》卷六十上〈馬融傳〉引〈廣成頌〉：「珍林嘉樹，建木叢生。」唐李賢《注》：「建木，長木也。」㉖竦：音ㄙㄨㄥˇ，「樹立」的意思。㉗都廣：南方的山名。《淮南子・墬（地）形篇》：「建木在都廣，眾帝所自上下（從巨木上下都廣山），日中無景（影），呼而無響，蓋（一般說）天地之中也。」高誘《注》：「都廣，南方山名也。」㉘鯤：大魚名。㉙橫：「橫列」（平展地躺著）的意思。漢武帝〈秋風辭〉：「橫中流兮揚素波（白色的波濤）。」㉚天池：寓言中在南方的大海。《莊子・逍遙遊篇》：「南冥者，天池也。」㉛雲鵬：又叫「鳳鳥」，謂「飛翔於雲端的大鵬」。㉜戾：「轉」（迴轉）的意思。㉝玄象：謂「天象」（日月星辰所顯示的現象）。《資治通鑑》卷一百七十三〈陳紀・七〉宣帝太建十一年：「玄象垂誡（垂示人們的訓誡）。」胡三省《注》：「玄象，天象也。日月星辰，在天成象。」

【今譯】「一般說來：可以徒步涉過的淺水之中，不可能生長吞得下舟楫那麼巨大的魚類；短小纖細的樹幹上，絕對無法棲息具有垂天之翼那般碩大的鵬鳥；螞蟻窩外小土堆頂上，絕對長不出扶桑神木的樹林來；積聚寬廣、奔流四方這般淺促的水源，是絕不可能漫上高大丘陵的啊！從上面所舉的這四個譬喻，我們不難瞭解：作品的體制如果太侷促，篇章文辭如果太短小，實在容納不下作家宏大的思維啊！巨大的鰲魚在整個瀛洲神山之中，稱得上首屈一指，當它翻動的時候，所激發起來的洶湧飛躍波濤，才能浸漫得上方丈神山。巨大桃樹的枝幹，只有在度朔山中才能盤旋屈曲；供眾帝攀援上下的建木，只有在南方的都廣山中，才有發現的可能。潛沉水底的鯤魚偶然冒出水面，只有在南方廣闊的海洋——天池之中，才可能平展地躺著；飛行於雲端的鵬鳥，一定要天象所作的顯示，才知道迴轉翱翔。從上面三句所引用這六個譬喻，不難發現：作品非有長篇巨製，非有和他思想、才情、豪氣相當的那許多文字，不能供作者充分的施展、充分的發揮。」

「且夫雷霆㈠之駭㈡，不能細其響；黃河之激㈢，不能局其流；騏驎㈣追風㈤，不能近其迹；鴻鵠㈥奮翅㈦，不能卑其飛。雲厚者雨必猛，弓勁者箭必遠。王生學博才大，又安省乎？」

【今註】㈠雷霆：謂「疾雷」。《左傳》襄公十四年：「畏之如雷霆。」㈡駭：「驚」（驚駭）的意思。㈢激：謂水勢的「奮激奔放」，比喻思潮和情緒的「變幻莫測」。㈣騏驎：騏，音ㄑㄧˊ；驎，音ㄌㄨˋ；都是「駿馬」的名稱。㈤追風：良馬名。《古今注》：「秦始皇有名馬，曰追風。」《抱朴子・外篇・君道篇》：「市（買進）馬骨（千里馬的頭骨）以招追風之駿（像『追風一般的名馬』）。」（燕昭王「市馬骨」的故事，參見《戰國策・燕策・一》）㊅鴻鵠：一種候鳥，羽毛光澤純白，長頸，和鶴的形狀相似可是比鶴大得多。《孟子・告子篇・上》：「一心以為有鴻鵠將至。」《史記》卷五十五〈留侯世家〉：「鴻鵠高飛，一舉千里。」《管子・戒篇》：「今夫鴻鵠，春北而秋南，而不失其時。」《詩經・豳風・九罭》「鴻飛遵渚」陸璣《疏》：「鴻鵠羽毛光澤純白，似鶴而大，長頸，肉美如雁。」㊆奮翅：謂「撲動翅膀」飛行。

【今譯】「至於說一個作家如果才氣縱橫，情致洋溢，實在不是任何外力所能控制得住的；這情形正如同疾雷傳來，對人們所造成的驚駭，讓人造成困擾，可是誰也沒辦法壓低它的聲響。人們思潮、情緒的變化，彷彿黃河中的水流，變幻莫測，堤防做得怎麼高大，水壩做得怎麼堅固，都不能完全控制它的流速，改變它的流程；騏騄和追風都是名馬，不管牠們跑得怎麼迅速，也都追趕不上作家們奔放才思的行蹤。也正如同候鳥鴻鵠撲動著翅膀，在雲端飛行的時候，誰都沒辦法讓牠降低飛行的高度。同樣的道理，作家的才華是上天所賦予的，知識是辛苦求來的，既然有了，誰也無法、更無權不讓他不表現出來。天上的雲層，如果深厚，所落下來的雨水必然十分猛烈；如果弓背的彈性強勁，箭頭必定射發得非常遠。同樣的道理，作家如果思路廣闊，才情洋溢，所寫出來的文章必定長篇累牘，洋洋灑灑。歸結一句話：王充先生學識廣博，才情深厚，又怎麼可以要求他把著作的篇幅一定要加以減省呢？」

吾子云：「玉以少貴，石以多賤。」「夫玄圃㈠之下，荊、華㈡之顛，九員㈢之澤，折方㈣之淵㈤，琳琅㈥積而成山，夜光㈦煥㈧而灼㈨天，顧㈩不善也。」

【今註】㈠玄圃：相傳是天帝居住的地方，在崑崙山上。《水經・河水注・卷一》：「崑崙之山三級：下曰樊桐，一名板桐；二曰玄圃，一名閬風；上曰層城，一名天庭；是為太帝（天帝）之居。」㈡荊、華：指荊山和華山，都是出產玉璞的地方。荊山，在今安徽懷遠縣西南；華山，在今陝西華陰縣西南，是五嶽中的西嶽。《晉書》卷二〈景帝紀〉：「荊山之璞雖美，不琢不成其寶。」《爾雅・釋地》：「西南之美者，有華山之金石焉。」㈢九員：謂「形狀屈曲而多變化」。在這裏因為和下句的「折方」相對，似乎可以作「多變化的弧形曲線」解。九，謂「形狀屈曲多變化」。《說文》：「九，陽之變也，象其屈曲究盡（達到極頂）之形。」員，和「圓」字通。《孟子・離婁篇・上》：「規矩，方員之至（最高頂點）也。」㈣折方：謂形狀的「折線構成的方形」。㈤淵：作「潭」或「池」解。㈥琳琅：玉石的名稱。《宋書》卷十四〈禮志・一〉：晉尚書謝石上書：「雕琢琳琅，和寶（和氏玉）必至。」㈦夜光：一種「珠玉」的名稱，如「夜光珠」、「夜光璧」之類。《史記》卷八十七〈李斯列傳〉：「則是夜光之璧，不飾朝廷。」㈧煥：音ㄏㄨㄢˋ，謂「光亮」、「鮮明」。㈨灼：音ㄓㄨㄛˊ，「明」的意思，這裏作「照亮」解。㈩顧：「反」的意思。《漢書》卷四十八〈賈誼傳〉：「足反居上，首顧居下。」唐顏師古《注》：「顧亦反也，言如人反顧然。」

【今譯】　先生你說：「玉石由於出產得少，才被人看得貴重；石材由於出產得多，才常常遭人賤視。」「在崑崙山上天帝居住的玄圃中，和出產玉璞的荊山和出產金石的華山頂上，彎曲多變的水澤和屈折方正的水池裡，所儲存的玉石堆積如山，所收藏的夜光明珠煥放出來的光芒可以把天空照得閃閃發亮，難道說有了這些寶藏反而不好嗎？同樣的道理，長篇的著作，包含許多高論讜言、金科玉律，總比短促的文辭、平淡無奇、全不精彩要強得多。」

「又引庖犧氏著作不多㈠，若夫周公既繇《大易》，加之以禮樂㈡；仲尼作《春秋》，而重之以十篇㈢。過於庖犧，多於老氏，皆當貶也？言少則至理㈣不備，辭寡即庶事㈤不暢。是以必須篇累卷積，而綱領(六)舉也。羲和(七)昇光以啟旦，望舒(八)曜景(九)以灼夜。五材(一〇)並(一一)生而異用，百藥雜秀(一二)而殊治。四時(一三)會(一四)而歲功(一五)成，五色(一六)聚而錦繡(一七)麗。八音(一八)諧而《簫韶》(一九)美，群言(二〇)合(二一)而道藝(二二)辨。積猗頓(二三)之財，而用之甚少，是何異於原憲(二四)也；懷無銓(二五)之量(二六)，而著述約陋，亦何別於瑣碌(二七)也？音為知者珍，書(二八)為識者傳。瞽曠(二九)之調鍾(三〇)，未必求解於同世；格言(三一)高文(三二)，豈患莫賞而減之哉！且夫江海之穢物不可勝計，而不損其深也；五嶽(三三)之曲木(三四)不可訾(三五)量，而無虧其峻也。夏君之璜(三六)，雖有分毫之瑕(三七)，暉曜(三八)符彩(三九)，足相補也。數千萬言，雖有不豔(四〇)之辭，事義高遠，足相掩也。故曰：四瀆(四一)之濁，不方(四二)瓮(四三)水之清；巨象(四四)之瘦，不同羔羊(四五)之肥矣。」

【今註】(一)庖犧氏著作不多：相傳庖犧氏作八卦，並把「八卦」加以重複，變成六十四卦，除此以外，並無「著作」，所以說「著作不多」。(二)周公既繇《大易》，加之以禮樂：意思說「《大易》

既然出之於周公，另外還制作了禮樂」。周公，姓姬，名旦，是周武王的弟弟，周成王的叔父。他輔助武王推翻了殷商的政權以後，被封為魯公。可是他沒有去封地，卻一直留在朝中輔佐武王。武王死後，成王年幼，就由周公攝政。此時，管、蔡、霍三叔對實際掌握朝政的周公十分猜忌，於是挾持了殷朝的後裔武庚謀反。成王命令周公到東方去征討，殺死了武庚，誅貶了三叔，滅亡了五十個國家，替周朝開拓了東南一帶地方。回朝之後，開始改定官制，創制禮法。如此，周朝的文物制度，才趨於完備。繇，當「自」講，和「由」字相同。《大易》，指《易經・繫辭》而言，分「卦辭」和「爻辭」兩個部分，它們的作者一般有兩種說法：一種以為「卦辭」和「爻辭」都是文王所作；一種以為「卦辭」是文王所作，而「爻辭」卻出之於周公的手筆。孔穎達在《周易正義・序》中，舉了〈升卦〉六四、〈明夷卦〉六五、〈既濟卦〉九五等爻辭文句來推斷，認為「爻辭」並不出於文王，而確確實實是周公所作。《抱朴子》在這裏說周公作《大易》，好像「卦辭」的作者不是文王也是周公，話說得似乎不周延。㊂重之以十篇：謂「又在『《易》卦』之外加上了『〈十翼〉』（〈上彖〉、〈下彖〉、〈上象〉、〈下象〉、〈上繫〉、〈下繫〉、〈文言〉、〈說卦〉、〈序卦〉、〈雜卦〉）等篇」。孔穎達《周易正義》第六〈論夫子十翼〉：「其〈彖〉〈象〉等〈十翼〉之辭，以為孔子所作，先儒更无（無）異論。」《漢書》卷三十〈藝文志〉：「孔氏為之〈彖〉、〈象〉、〈繫辭〉、〈文言〉、〈序卦〉之屬十篇。」㊃至理：謂「至極之道」，也就是「真理」。晉范甯《春秋穀梁傳・序》：「斯蓋非通方（通達道術）之至理。」㊄庶事：謂「眾多事務」。《漢書》卷十八〈外戚恩澤侯表〉：「庶事草創（初創而無所參考），目不暇給。」㊅綱領：謂「『大綱』和『要領』」。《抱朴子・外篇・君道篇》：「操綱領以整毛目（繁瑣的條目），握道數（道術）以御眾才。」㊆羲和：謂「日御」（神話中為太陽駕車的仙人），這裏用來稱「太陽」。《廣雅・釋天》：「日御謂之羲和，月御謂之望舒。」《楚辭》屈原〈離騷〉：「吾令羲和弭節（駐車。弭，作「止」解；節，指「行車進退的節奏」）兮。」王逸《注》：「羲和，日御也。」㊇望舒：謂「月御」（傳說中為月亮駕車的仙人），這裏是「月亮」的代稱。《廣雅・釋天》：「日御謂之羲和，月御謂之望舒。」《楚辭》屈原〈離騷〉：「前望舒使（被派充任）先驅兮。」王逸《注》：「望舒，月御也。」㊈曜景：謂「曜現的景色」。㊉五材：指「金、木、水、火、土」等五種性質的原料。《左傳》襄公二十七年：「天生五材，民並用之。」晉杜預《注》：「五材，金木水火土也。」⑪並：「併」的意思。⑫秀：謂「成長」。⑬四時：謂「春、夏、秋、冬」四季。⑭會：作「會合」解，就是「經過四時全部的變化」的意思。⑮歲功：謂「整整一歲的時序」，或謂「萬物的化育」。⑯五色：謂「青、黃、赤、白、黑」五種基本色彩。老子《道德經・第十二章》：「五色令人目盲。」

㉗錦繡：謂「織錦」和「刺繡」，都是精緻華麗的服飾材料。㉘八音：金（鐘）、石（磬）、絲（絃）、竹（管）、匏（笙）、土（壎）、革（鼓）、木（柷敔，形如方斗的木製樂器）八種樂器。《史記》卷一〈五帝本紀〉：「八音能諧（互相和諧），毋相奪倫（失其倫次），神人以和。」張守節《正義》：「八音，金、石、絲、竹、匏、土、革、木也。」㉙《簫韶》：舜樂名。《史記》卷三〈夏本紀〉：「《簫韶》九成（音樂演奏的九個段落），鳳皇（凰）來儀（前來展示高貴的儀態）。」裴駰《集解》引孔安國曰：「《簫韶》，舜樂名。備樂（盡善盡美的音樂）九奏，而致（招致）鳳皇也。」㉚群言：謂「各人的言論」。㉛合：作「聚會」解，這裏有「各人都能發表」的意思。㉜道藝：謂「道德與學藝」。《後漢書》卷三〈章帝紀〉：「此皆所以扶進（輔助增進）微學（衰微的學術），尊廣（敬重廣大）道藝也。」㉝猗頓：春秋時代魯國人，經營畜牧和鹽業，在十年間，成為豪富。因為在猗氏（縣名）發跡，所以叫做猗頓。事跡見《史記》卷一百二十九〈貨殖列傳〉和《孔叢子・陳士義篇》。㉞原憲：春秋時代魯國人（一說宋國人），字子思，又叫原思，孔子弟子。傳說他生活蓬戶之中，穿著褐衣，吃著蔬食，可是並不減低他的樂趣。事跡見《莊子・讓王篇》、《史記》卷六十七〈仲尼弟子列傳〉和劉向《新序・節士篇》。後代的詩文中，多用他來泛指貧士。唐杜甫《杜工部草堂詩箋》卷十九〈寄李十二白二十韻〉：「處士（不做官的士人）禰衡俊，

諸生（儒生）原憲貧。」㉕銓：「銓」同「詮」，謂「說明解釋」。《晉書》卷四十五〈武陔傳〉：
「文帝甚親重之，數與詮論時人。」㉖量：作「想念」講，在這裏就是「觀念」或「想法」的意思。
元稹詩：「閒坐思量小來事。」㉗瑣碌：謂「繁細而平庸」。碌，依「疊字為訓」例，猶「碌碌」，
謂「平庸無能」。㉘書：謂「文字」或「書籍」。《易經・繫辭・下》：「上古結繩而治，後世聖
人易之以書契。」《論語・先進篇》：「何必讀書，然後為學。」㉙瞽曠：春秋時代晉國的樂師「師
曠」，字子野，生而目盲，長於分辨聲樂。他的事跡散見於《逸周書・太子晉》、《左傳》襄公十四
年、《國語・晉語・八》、《孟子・離婁篇・上》和《呂氏春秋・長見篇》。瞽，音ㄍㄨˇ，「目盲」的
意思。古代樂官多半由瞽者充任，因此一般就用「瞽官」來代稱「樂官」。《呂氏春秋・長見篇》：
「晉平公鑄為大鐘，使工聽之，皆以為調（調和）矣。師曠曰：『不調，請更鑄之。』平公曰：『工
皆以為調矣。』師曠曰：『後世有知音者，將知鐘之不調也。臣竊為君恥之。』」㉚調鍾：謂「調
弄」、或「演奏」樂「鐘」。㉛格言：謂「含有教育意義可作規範人類行為的言語」。㉜高文：謂
「高妙優美的文章」。㉝五嶽：稱「嵩山（中嶽）、泰山（東嶽）、華山（西嶽）、衡山（南嶽）、
恆山（北嶽）」五座高峻的大山。㉞曲木：謂「彎曲不直的樹木」。《漢書》卷五十八〈公孫弘
傳〉：「揉（矯正）曲木者不累日（多日），銷（熔化）金石者不累月。」㉟訾：音ㄗ，通「貲」，

「計量」的意思。㊱夏君之璜：謂「夏代君主佩戴的美玉」。禹受舜禪，建立了夏王朝，一般也稱夏后氏、夏后、或夏氏。璜，是「佩玉」。《左傳》定公四年：「昔武王克商，成王定之，……分魯公（伯禽的封號）以大路（也叫「大輅」，是天子賞賜給臣下的一種車輛）、大旂（懸掛在「大輅」上，畫上龍形圖案的旗幟）、夏后氏之璜。」㊲瑕：玉上的斑點，一般也泛指「疵病」、「過失」或「缺點」。㊳暉曜：音ㄏㄨㄟ 一ㄠˋ，和「輝耀」兩字相通。㊴符彩：也作「符采」，謂「玉上的紋理和光澤」。㊵豔：稱文辭的「美好」。㊶四瀆：謂「長江、黃河、淮水、濟水」等四條大河流。《史記》卷二十八〈封禪書〉：「四瀆者，江、河、淮、濟也。」瀆，音ㄉㄨˊ，「溝渠」的意思。㊷方：「比擬」的意思。㊸瓮：同「甕」，音ㄨㄥˋ，陶製小口大肚的盛器。㊹巨象：大象。㊺羔羊：謂「小羊」。《說文》：「羔，羊子也。」

【今譯】　「此外，還要引據庖犧氏來加以說明。庖犧一生只給我們留下《易》卦的著作，和周公比較起來就差多了。後者不但著作了解釋《易》卦的〈繫辭〉，並且還為周朝製訂了禮樂制度。至於孔子，不但刪定了《春秋》，並且為《易》卦增加了十篇解說文字。從著作多寡方面來說，周公和孔子無疑的都超過了庖犧氏，也比老子的《道德經》多得多，難道說：因為周公、孔子的著作分量比庖犧氏多，就應該遭受後人的貶抑嗎？要曉得：一本著作如果所用的文字太短促，所要發揮的理論很難說得完備；著作中的文辭，如果用得太簡陋，所要說明的事實很難說得通暢；由於這個緣故，著作必須篇章很多，卷帙繁複，然後再從綱領上去加以把握，如此才好。太陽昇起燦爛的光輝，才能揭開美好的早晨；月亮閃現出玲瓏的景象，才能營造出晶瑩的夜晚。同樣的道理，作家的氣質不同，秉賦不一，發展和貢獻也互有差異。宇宙間同時出產金、木、水、火、土五種性質的原料，它們的功用各不相同；雜亂生長的各種藥草，對人畜的病症也各有醫療的功效。正如同人間才士，各有擅長，豈可一般看待？同等要求？經過春夏秋冬四季的全部變化，一年的時序才能完成；把青、黃、紅、白、黑五種色彩聚集在一起，才可織成華麗的錦緞和刺繡。要想人類社會顯得多采多姿，充實完美，必須讓各個組成分子得到充分的發揮，完美的配合。金、石、絲、竹、匏、土、革、木等八類樂器所發出來的聲音如果配合和諧，舜樂《簫韶》的演奏，就會顯得非常美妙；各人的言論如果都能充分發表，道德學藝上的爭執，就會讓人分辨得清清楚楚。意思是說人的資質有高低，嗜好有差異，各人的立場也互不相同，必須各自得到充分的發揮，互相調劑，互相配合，達到完美合理的境界。如果一個人蓄積了春秋時代豪富猗頓那樣多的財物，不加運用，那和住蓬戶、穿褐衣、吃蔬食的原憲又有什麼分別？正如同一個富才華、有精力的作家，不知加以充分運用，讓他得不到充分的發展，那和一個愚鈍庸碌的普通人又有什麼兩樣？對世間事物懷有無須加以詮釋觀念，不願透露內心意見這種想法的那些人，如果他們有著述發表，一定篇幅用得很節省，辭語用得簡單粗陋。一本著作果然如此，那和非常繁瑣、非常平庸的作品又有什麼分別？美妙的音樂，常常被那些懂得欣賞的人喜愛和珍惜；同樣的情形，文字或書籍，一定要得到行家的認識和欣賞，才能流傳長遠。春秋時代的樂師師曠，調弄編鐘的時候，未必一定要求同時代的人對他的表演有所瞭解。對作家來說，寫作的時候，也不一定會希求世人的欣賞。如果著作中包含了若干『格言』和『嘉話』，雖然只不過一鱗半爪是大大有益於世道人心，那又何必擔心沒有人賞識？因為沒人欣賞而貶低它本身的價值？一般說來：江海中漂浮的垃圾和雜物，雖然多到不可計算，但是並不虧損江海的實際深度。嵩山、泰山、華山、衡山、恆山等五座高峻的大山上，所生長的許多彎曲不直的樹木，雖然多到不可計量，可是它們所造成的景觀，對五嶽的高峻，並無任何減損。上面這兩個譬喻意思說：文字辭章各有價值標準，各有成其偉大的道理在，不會因為可能含有若干瑕疵、些許缺失，就影響到它本身的價值。要曉得夏后氏的佩玉，雖然稍稍有些兒瑕疵，但它所顯現的紋理，耀射出的光澤，美麗非凡，實在足以相補而有餘。幾千萬字的著作，其中偶然摻雜少許不怎麼美好的辭語，可是因為它們所敘述的事實非常詳盡，所發揮的義理非常高遠，實在足以完全掩蓋。所以說：長江、黃河、淮水、濟水等四條大河，水流儘管混濁，但它們究竟都是偉大的河川，陶製水甕中所盛放的水儘管清澈，總計只有一陶甕，怎好拿來互相比較。大象不管怎麼瘦，總是一頭大象，羔羊不管怎麼肥大，仍然是一隻羔羊，體積的大小，總不能拿來相比。同樣的道理，巨萬著作，長篇高論，也不能和短促的篇章、零碎的文辭相提並論啊！」

子又譏云：「乍入乍出㈠，或儒或墨。」「夫發口為言，著紙㈡為書㈢。書者所以代言，言者所以書事。若用筆㈣不宜雜載，是論議㈤當常守一物。昔諸侯訪政㈥，弟子問仁，仲尼答之，人人異辭。蓋因事㈦託規㈧，隨時所急㈨。譬猶治病之方千百，而針灸之處無常；卻寒以溫，除熱以冷，期於救死存身而已。豈可詣者⑩逐⑪一道如⑫齊、楚，而不改路乎？」

【今註】㈠乍入乍出：即前文「乍出乍入」，參見前注。㈡著紙：猶言「著筆」，謂「落筆撰述」。㈢書：「文辭」，或「書籍」。㈣用筆：謂「使用筆墨」。意指：如何「遣詞」、「造句」、「安排篇章」。㈤論議：即「議論」。㈥訪政：謂「問政」（詢問政事）。訪，有「問」的意思。為了避免和下句「問仁」的「問」字重複而改作「訪」。㈦因事：謂「基於事實的需要」。《史記》卷四十三〈趙世家〉：「聖人觀鄉（觀察地方的情形）而順宜（順應風俗所宜），因事而制禮（制訂禮法）。」㈧託規：謂「託附於某項法則」。託，「依託」、「託附」的意思。㈨隨時所急：謂「隨時間變換，解決所要急於解決的問題」。㈩詣者：謂「出外旅行的人」。詣，「往」的意思。㈡逐：「走」的意思。《廣韻》入聲一〈屋〉韻：「逐，走也。」㈢如：「往」、「去」的意思。

【今譯】　先生你又譏諷王充說：「他的著作內容並不純一，所涉及的問題，一會兒在『經籍』的範圍之內；一會兒又超出了『聖賢書』的藩籬；他論說的立場，有時屬於儒家，有時卻又可以歸入墨家學派。」「要曉得開口說出來的叫『言語』，寫在紙上的叫『文辭』。所謂『文辭』，就是用來代替語言用的；所謂『語言』，那是敘述事項用的；兩者，都是發表思想、抒洩情緒的工具。作家著作時如果運用筆墨作遺詞、造句，或安排篇章的活動，不宜發生目標不一、對象雜亂的情形；因而我們發表議論，也應當維持一個固定的主題、選定一個單純的目標。要曉得古代諸侯向孔子徵詢如何處理政事；孔門弟子向夫子請問『仁』的意義；夫子回答的話，常常因對象不同而有不一樣的答案。一般說來，寫作和做事並沒有什麼太大的分別，原則上它們都是基於事實的需要，然後託附於某項法則，因應時間的變化，去解決當前所要急需解決的問題。正像醫生診病開出來的藥方千變萬化，針灸所下的穴道也沒有不變的規定；主要的原則是：要驅趕寒氣不能不下暖性的藥，要減低熱度非得選用涼性的藥材，所有這一切的處置，目的只不過在拯救死亡、保存生命罷了。出外旅行的人，由於道路的情況隨時有變化，自身的需要也各不一樣，前往東方的齊國或南方的楚國，怎麼可以認定一條路線而不加變換呢？」

「陶朱㈠、白圭㈡之財不一物㈢者，豐也。雲夢㈣、孟諸㈤所生萬殊者，曠㈥也。故《淮南鴻烈》㈦，始於〈原道〉㈧、〈俶真〉㈨，而亦有〈兵略〉㈩、〈主術〉⑪；莊周⑫之書，以死生為一⑬，亦有畏犧⑭、慕龜⑮、請粟救飢⑯。若以所言不純，而棄其文，是治珠⑰翳⑱而剜⑲眼，療溼⑳痹㉑而刖㉒足，患葸㉓蒡㉔而刈㉕穀，憎枯枝而伐樹㉖也。」

【今註】㈠陶朱：一稱「朱公」、「陶朱公」，就是春秋時代輔佐越王句踐的范蠡。越王滅掉了吳國以後，范氏認為越王的為人不可以共安樂，於是改名換姓，棄官逃亡到了齊國。先經營耕種和畜牧事業，後來又做了齊國的相，最後才定居於陶（今山東定陶縣），改稱「朱公」。在離去的十九年間，他三次獲致千金；又由於經營繁息，終於成為巨萬的富翁，後世因以「陶朱公」稱富有的人。事跡見於《史記》卷一百二十九〈貨殖列傳〉。㈡白圭：戰國魏文侯時代，周王都的人，善於經商，世人都稱他是長於治生產的人。《史記》卷一百二十九〈貨殖列傳〉：「當魏文侯時，李克（應作「李悝」）務盡地方（盡力為地方服務），而白圭樂觀（喜歡觀察）時變（當時的變化），故人棄我取，人取我與。……故曰『吾治生產，猶伊尹、呂尚之謀；孫吳用兵；商鞅行法是也』。……天下言治生祖（以……為先祖）白圭。」㈢不一物：謂「不限於某一種類」。物，「種類」的意思。㈣雲夢：古代的大澤名。本為二澤，分跨今湖北省境長江兩岸。江南稱做夢，江北稱做雲，面積廣大，共有八、九百方里。今湖北京山以南，枝江以東，蘄春以西，和湖南北境華容以北，都在它的範圍之內。後世由於泥沙淤積變成了陸地，於是併稱為雲夢，一般也稱為「大夢」。現今的曹、洪、梁子、斧頭等數十個湖泊，都是他們的遺蹟。㈤孟諸：古代的大澤名。《尚書・禹貢》作「孟豬」，《周禮・夏官・職方氏》作「望諸」，《漢書・地理志》作「盟諸」。故址在今河南商丘東北，一直連接虞城的邊界。從宋朝以來，屢次遭受黃河的水患，它的涯岸已經很難認識出來。㈥曠：「遼闊」、「寬大」的意思。㈦《淮南鴻烈》：也叫《鴻烈》、《淮南》、《淮南子》、或《劉安子》，是漢代淮南王劉安和他的門客等所撰。《漢書・藝文志》把這部書歸入了雜家。全書分兩部分：內篇二十一，討論的有關「道」的問題；外篇三十三，全部是雜說。現今僅存內篇。從內容方面看，這部書大體上可以歸屬道家的自然天道觀，實際上也糅合了先秦各家的學說。書名原叫《鴻烈》，自從劉向對它加以校訂後，稱它叫《淮南》；從《隋書・經籍志》開始，才稱它作《淮南子》。《西京雜記・卷三》：「淮南王安著《鴻烈》二十一篇。鴻，大也。烈，明也。言大（光大）明（使顯明）禮教。號為《淮南子》，一曰《劉安子》。」㈧〈原道〉：今本《淮南子》，〈原道篇〉列在第一篇，它的內容是推究「道之根源」。㈨〈俶真〉：今本《淮南子》，〈俶真篇〉列在第二篇，它的內容是追求「萬事萬物之實質變化」。㈩〈兵略〉：今本《淮南子》，〈兵略篇〉列在第十五篇，它的內容是討論「戰勝和攻取的方法」。㈡〈主術〉：今本《淮南子》，〈主術篇〉列在第九篇，它的內容是討論「君主的法術」問題。㈢莊周：莊子，名周，戰國時代傑出的思想家。一般說他無所不學，是道家哲學的宗師。著有《莊子》一書，傳世的有三十三篇。㈢以死生為一：和王羲之〈蘭亭集序〉所謂「一死生」相似。意思說：把死生一般看待，認為兩者並無分別。《莊子・齊物論篇》：「予惡乎知說（悅）生之非惑邪（耶）？予惡乎知死之非弱喪（幼失故居）而不知歸者邪？」這段話以為「悅生」是一種「迷惑」；以為「惡死」不過彷彿「弱喪而不知歸」。認為莊子有「以死生為一」的主張，另外還有三處依據：一、《莊子・大宗師篇》：「子祀、子輿、子犁、子來四人相與語曰：

『孰能以无（虛無）為首（頭顱），以生（生存）為脊（脊梁），以死（死亡）為尻（音ㄎㄠ，尾閭），孰知死生存亡之一體者，吾與之友矣。』」二、《莊子・天地篇》：「萬物一府（一體），死生同狀。」三、《莊子・田子方篇》：「夫天下也者，萬物之所一（被統一；所，助詞，表被動）也，得其所一而同焉，則四支百體將為塵垢，而死生終始將為晝夜而莫之能滑（亂），而況得喪禍福之所介（介意）乎！」全段的大意是：說到「天下」這個辭，那是用來統一萬物的，有了這個統一萬物的名稱，那麼四肢百體也就會變成塵垢值不得重視；死亡和生存，終結和開始，也只不過彷彿日夜交替一樣，難以混亂一樣，沒有什麼值得大驚小怪！更何況「獲得」和「喪失」，「禍害」和「幸福」，怎值得我們去介意呢？㈣畏犧：謂「害怕成為宗廟祭祀用的犧牲」。《莊子・列禦寇篇》：「或聘（以幣帛「徵召」隱逸賢者做官）於莊子。莊子應（回答）其使曰：『子見夫犧牛乎？衣（披上）以文繡（文彩錦繡），食以芻（草料）叔（同「菽」字，豆類），及其牽而入於大廟，雖欲為孤犢（孤單的小牛），其可得乎？』」晉郭象《注》：「樂生者（喜好延續生命的人）畏犧而辭聘（辭謝徵召）。」㈤慕龜：謂「羨慕」在泥巴中搖尾打滾的「烏龜」。《莊子・秋水篇》：「莊子釣於濮水，楚王使大夫二人往先焉（先往相見說明心意），曰：『願以境內（境內之事）累（當「縛結」──勞累──講；當「憂愁」──讓你添憂──講）矣！』莊子持竿不顧，曰：『吾聞楚有神龜，死已三千歲矣。王巾（絲巾）笥（竹箱）而藏之廟堂之上。此龜者，寧其死為留骨而貴乎？寧其生而曳尾於塗（途）中乎？』二大夫曰：『寧生而曳尾塗中。』莊子曰：『往矣！吾將曳尾於塗中。』」

㊅請粟救飢：謂「請求給與糧食救飢」。這個成語可能有兩項根據：一、《論語・雍也篇》：「子華使於齊，冉子為其母請粟。」二、莊子家貧向監河侯貸粟：《莊子・外物篇》：「莊周家貧，故往貸粟於監河侯（一說是魏文侯；一說是管理河川的官員）。監河侯曰：『諾。我將得邑金（從城邑收取來的稅金），將貸子三百金，可乎？』莊周忿然作色（變臉色）曰：『周昨來，有中道（途中）而呼者（呼叫的聲音）。周顧視車轍中，有鮒魚（鯽魚）焉。周問之曰：「鮒魚來！子何為者邪（你幹什麼來著）？」對曰：「我，東海之波臣（水族）也。君豈（其）有斗升之水而活我哉？」周曰：「諾。我且（將）南遊吳、越之王（與吳、越的國王交往），激（鼓動）西江之水而迎子（你），可乎？」鮒魚忿然作色曰：「吾失我常與（常相與，指「水」），我无（無）所處。吾得斗升之水然（猶「則」）活耳，君乃言此，曾（音ㄗㄥ，作「則」——可是——解）不如早索（尋求）我於枯魚（乾魚）之肆（店鋪）！」』」㊆珠：謂「眼珠」。㊇翳：音ㄧˋ，指「瞳孔上膜狀的障蔽」，《宋史》卷四百四十四〈文苑傳・六〉、〈劉恕傳〉：「目為之翳。」㊈剜：「削取」、「挖去」的意思。

㊉溼：音ㄕ，俗作「濕」，指「溼氣」。㊀痹：音ㄅㄧˋ，俗作「痺」，通常指風、寒、濕等侵犯肌

體所引起肌肉或關節腫大、麻木和疼痛的病。㊂刖：一作「跀」，音ㄩㄝˋ。「砍斷」的意思；古代斷腳的酷刑也叫「刖」。《韓非子・和氏篇》：「王以和為誑，而刖其左足。」㊂荑：就是「稊」，音ㄊㄧˊ。很像稻穀的雜草，結實細小，可以作飼料。㊃莠：音ㄧㄡˇ，草名，俗稱「狗尾草」，它的莖、葉和穗，長得很像稷（高粱），可是不結實。㊄刈：音ㄧˋ，「割取」的意思，引伸為「剷除」。㊅憎枯枝而伐樹：謂「因憎惡枯枝卻砍去了全棵大樹」。這個詞語，可能以《論衡・自紀篇》「豐草多華英，茂林多枯枝。為文欲顯白（顯露說明）其為（指所要達成的目標），安能令文而無譴（譴責）毀（毀謗）」為依據。

【今譯】「陶朱和白圭是我國古代兩位極富有的人，由於他們獲取財富不限於一種方式，因此才能構成他們財富上的『豐盛』。雲夢和孟諸是我國古代兩個大澤，因為它們的水域非常廣闊，裏面所生長的水產，才會千奇百怪、變化多端。因為如此，《淮南子》這部書，從推究『道之根源』的〈原道篇〉、和追求『萬事萬物之實質變化』的〈俶真篇〉開始；為了顯示包容之大、學識之富，書中也包含了討論『戰勝攻取方法』的〈兵略篇〉、和『君主法術』的〈主術篇〉啊！《莊子》書中，一逕認為死亡和生存完全相同。話雖這麼說，可是他在書中卻仍有害怕做一個宗廟中祭祀用的犧牲，這頭牛生前吃用雖然很好，終究不免被人牽入大廟，挨上一刀，因此非常羨慕活在泥塘中搖尾打滾的烏龜，以為『好死不如癩活』，這樣的記載。向有關方面請求撥發糧食救濟人民的飢餓，如果因為文件的用語不怎麼純淨，竟然拋棄他的文字內容於不顧，這和醫治眼珠上的翳膜，卻剜掉了整個一隻眼；療治濕氣和痲痺的病，卻砍斷一隻腳；憂慮田中所長的荑莠，卻割掉全部的穀物；憎恨部分的枯枝，卻砍去整棵的大樹；有什麼不同？」

百家篇　第四十四

【篇旨】　此篇敘說諸子百家的言論，雖然不全都是筆墨清麗、文辭精細，但可說都是內容十分弘大華麗、寬廣深邃。諸子百家之書是擴張思想領域的水流，他們的工夫下得既精微又深沉，一方面統合了難於測度的思想源流，一方面又一無遺漏地激起了流動的思潮。所以不要因為某一部子書不出於周公、孔子的手筆，就放棄書中所蘊含、有益於教誨的言論。諸子百家之書，全都是才智之士集中精力，用來寄託心志，經過再三思慮才完成的著作，書中包含了當代社會思潮的精髓，我們絕不可以把他視同普通的粗俗文章。

抱朴子曰：「百家之言，雖不皆清翰(1)銳藻(2)，弘麗(3)汪濊(4)，然悉才士所寄心(5)，一夫澄思(6)也。正經(7)為道義之淵海，子書為增深(8)之川流(9)。仰而比之(10)，則景星(11)之佐三辰(12)(13)；俯而方(14)之，則林薄(15)之裨(16)嵩岳(17)(18)。而學者專守(19)一業(20)，游井忽海(21)，遂躋躓(22)於泥濘之中，而沈滯㊂乎不移之困。」

【今註】 ㊀清翰：謂「清麗的筆墨」。翰，「筆」、「詞翰」的意思。㊁銳藻：謂「精細的文辭」。藻，作「辭藻」解。㊂弘麗：「弘大華麗」的意思。《漢書》卷八十七上〈揚雄傳・上〉：「先是時，蜀有司馬相如，作賦甚弘麗溫雅（溫文儒雅），雄心壯之（壯，「大」的意思。「壯之」，「認為了不起」），每作賦，常擬（摹擬）之以為式（法式、模範）。」㊃汪濊：謂「寬廣深邃」。見〈鈞世篇〉注。㊄寄心：猶「寄意」，「寄託心意」、或「寄託心志」的意思。㊅澄思：謂「集中精神加以思索」。㊆正經：謂「孔子親手所定的經籍」，一般所謂「一本正經」的「正經」，也就是這個意思。㊇增深：「增加」思想的「深度」、或「增廣」思想的「層面」。深，有「大」、「長」和「盛」的意思。㊈以上兩句，都重見於〈尚博篇〉。㊉仰而比之：謂「抬起頭來把它和所看到的物件相比」。「之」字，指「子書」和「抬頭所看到的物件」。⑪景星：大星。《白虎通・封禪》：「景星者，大星也。」⑫三辰：謂「太陽、月亮，和星星」。《左傳》桓公二年：「三辰旂旗（畫有「三辰」的旌旗），昭其明也（為的是表示明亮）。」杜預《注》：「三辰，日月星也。」⑬以上二句，除後句句末無「也」字以外，其餘都重見於〈尚博篇〉。⑭方：「比」的意思。⑮林薄：謂「草木叢雜的處所」。《楚辭・九章・涉江》：「露申（帶有香氣的「瑞香」花）辛夷（又名「木筆花」），死林薄兮。」王逸《注》：「叢木曰『林』，草木交錯曰『薄』。」㊅裨：「增加」、「輔助」的意思。㊆嵩岳：和「嵩山」相同，是五嶽中的中嶽，在河南登封縣北。㊇以上二句，除後句末尾無「也」字以外，其餘都重見於〈尚博篇〉。㊈守：當「主」講，「主修」的意思。㊉一業：謂「一門學問」。業，當「事」講。㊁游井忽海：游井，指井蛙在井中游動。忽海，謂井蛙不可和它談論大海的快樂。《莊子・秋水篇》：「井鼃（蛙）不可以語於海者，拘於虛也；夏蟲不可以語於冰者，篤於時也；曲士不可以語於道者，束於教也。」《荀子・正論篇》：「坎井之鼃，不可與語東海之樂。」《淮南子・原道篇》：「夫井魚不可與語大，拘於隘也；夏蟲不可與語寒，篤於時也；曲士不可與語至道，拘於俗、束於教也。」㊂踸踔：音ㄓㄨㄛˋ ㄓˋ，謂「因跳躍而顛仆」。踸，小跳；踔，顛仆。㊃沈滯：謂「不流暢」。這裏說「事情的無進展」、「無結果」。《後漢書》卷四十五〈袁安傳〉：「久議沈滯，各有所志。」

【今譯】　抱朴子說道：「諸子百家的言論，雖然不全都是清麗的筆墨，精細的文辭，但他們可都是十分弘大華麗、寬廣深邃，不管怎麼說，全都是才智之士集中精力，用來寄託心志，經過再三思慮才完成的成品啊！聖賢的經典是儲積道義的淵海；哲人的子書是擴張思想領域的水流。抬起頭來觀看，子書就好像天上的一顆大星，襯托著太陽、月亮和星星，經常發射出璀璨的光芒。低下頭來凝視，把所看到的東西拿來相比，子書又像是山麓間叢雜的草木，可以讓高大的嵩岳添加一件美麗的外衣。可是一般學者主修一門學問，專守一種主張，就好比青蛙在井底游來游去，根本不知道去海洋遨遊有什麼樂趣，偶然在泥濘中因跳躍而跌倒，自身陷在不可改易的困境之中，那是可想而知的事。」

「子書披引（一）玄曠（二），眇邈泓窈（三），總（四）不測之源，揚無遺之流。變化不繫（五）於規矩之方圓（六），旁通不淪（七）於違正之邪徑。風格高嚴（八），重仞（九）難盡。是偏嗜酸甜者（一〇），莫能賞其味也；用思有限者，不得辯其神也。先民（一一）歎息於才難，故百世為隨踵（一二）。不以璞（一四）不生板桐之嶺（一五），而捐（一六）曜夜之寶（一七）（一八）；不以書不出周、孔之門，而廢助教之言（一九）。猶彼操（二〇）水者，器（二一）雖異而救火（二二）同焉（二三）；譬若鍼灸者，術雖殊而攻（二四）疾均（二五）焉（二六）。」

【今註】（一）披引：「析分」、「導引」的意思。披，作「析」解。（二）玄曠：謂「深邃而又廣闊」。

《文選》卷二十四陸機〈贈馮文羆遷斥丘令詩〉：「邁心（邁，「行」（擴展）的意思。邁心，「高尚其心性」的意思）玄曠，矯志（矯揉其志趣。矯，「舉」（推舉）的意思）崇邈（高遠）。」㊂眇邈泓窈：謂「精微而又深沉」。眇，音ㄇㄧㄠˋ，精微；邈，音ㄇㄧㄠˇ，遠；泓，音ㄏㄨㄥˊ，深；窈，音ㄧㄠˇ，幽深。㊃總：當「聚」、「合」講。㊄繫：有「系」、「統屬」、「聯綴」的意思。㊅規矩之方圓：〈辭義篇〉中有「乾坤方圓，非規矩之功」兩句，用義雖不同，但用辭頗有相似之處。㊆淪：作「陷溺」解。㊇高嚴：謂「地位高、有威嚴」。㊈重仞：比喻「高峻」。重，有「再」、「疊」的意思。仞，八尺。㊉偏嗜酸甜者：比喻「學術上有特殊癖好、在思想上有乖僻主張的人」。㊁先民：謂「上古的君主」。《禮記・坊記篇》：「先民有言。」鄭《注》：「先民，謂上古之君也。」《詩經・大雅・板》：「先民有言。」《箋》：「古之賢者有言。」㊂隨踵：謂「跟隨在腳跟後走」，比喻「隨後跟著來的人」。《韓非子・難勢篇》：「且夫堯、舜、桀、紂千世而一出，是比肩隨踵而生也，世之治者不絕於中。」㊂以上二句，〈尚博篇〉作「古人歎息於才難，故謂百世為隨踵」，文義相似。㊃璞：謂未經琢磨的「玉石」，在這裏用來比喻「正經」中所含的「道理」。㊄板桐之嶺：板桐，又作「樊桐」或「板松」，山名，是仙人所住的地方。在這裏比喻某一種子書。《楚辭》嚴忌〈哀時命〉：「望閬風（山名。閬，音ㄌㄤˇ）之（與）板桐。」王逸《注》：

「板桐，山名也。」㉖捐：「拋棄」的意思。㉗曜夜之寶：和「夜光之璧」相似，謂「黑夜發光的貴重璧玉」。在這裏比喻「道義、道理」之外有價值的事物。《戰國策・楚策・一》：「張儀為秦破從（縱）連橫，說楚王……（楚王）乃遣使車百乘，獻雞駭（讓雞驚嚇得慌亂逃走）之犀、夜光之璧於秦王。」㉘以上二句，〈尚博篇〉作「不以璞非崑山，而棄耀夜之寶」，文義相似。㉙以上二句，〈尚博篇〉作「不以書不出聖，而廢助教之言」，文義相似。㉚操：有「持」、「接」的意思，如同「操火」的「操」作「持」或「接」講一樣。《淮南子・說山篇》：「今人放燒（放火燒山），或操火往益之（增加火勢），或接水往救之。」㉛器：謂「工具」、「器皿」。這裏用來譬喻「子書」的「文句」（包括「用辭」、「用語」）。㉜救火：喻救世的「功效」。㉝以上二句，〈尚博篇〉作「譬操水者，器雖異而救火同焉」，文義相似。㉞攻：當「治療」、「醫治」講。《廣雅・釋詁・三》：「攻，治也。」㉟均：作「相同」、「平等」解。㊱以上兩句，〈尚博篇〉作「猶鍼灸者，術雖殊而攻疾均焉」，文義相似。

【今譯】　「子書把哲人的思想分析導引得十分深遠而又廣闊，它們的功夫下得既精微又深沉，一方面統合了難於測度的思想的源流，一方面又一無遺漏地激起了流動的思潮。子書變化莫測，很難用規和矩來規範它的形象；它所涉及、討論到的問題，常常讓人觸類旁通，多所發明，多所理會，說什麼也不會讓人陷溺於有違正統的旁門左道。子書的風格實在既崇高而又威嚴，我們即使用量器去一仞一仞地測量，也很難把它量完；由於這個緣故，那些癖好特殊、主張乖僻的人，絕難真實欣賞其中的真味；那些思慮膚淺、不能深入思考的人，也很難申述其中所蘊藏的神奇和奧妙啊！古代的賢人常有『才傑之士難得一見』的歎息，儘管如此，在百代之間傑出的哲人仍然不斷一個接著一個來到人間。不因某一部子書不含有傳統的『道理』就不去加以研究，而放棄了書中所蘊含的其他理念——寶物——；正如不因為板桐嶺上不出產璞玉就不去重視，而放棄了所蘊藏的夜光璧玉。不因某一部子書不出於周公、孔子的手筆，就放棄書中所蘊含、有益於教誨的言論。子書所發揮的道理各不相同，但是它們具備有益於世的效用卻完全一樣；好比接水的人用來接水的器具雖然不同，可是救火的功效卻完全一樣。也如同醫生替人鍼灸，所用的方法雖然和普通醫生完全有別，但治病的功效可能完全相同呢！」

「狹見之徒，區區㊀執一㊁，去㊂博亂㊃精，思而不識。合錙銖㊄可以齊重於山陵，聚百千可以致數於億兆㊅。或㊆詩賦瑣碎之文，而忽子論深美之言㊇。真偽顛倒，玉石㊈混殽㊉。同廣樂㊁於桑間㊂，均龍章㊂於素質㊃，可悲可慨，豈一條哉㊄！」

【今註】㊀區區：音ㄑㄩ，謂「洋洋得意的樣子」。《呂氏春秋・務大篇》：「區區焉相樂也，自以為安矣。」高誘《注》：「區區，得志貌也。」㊁執一：謂「偏執不變（掌握其中的一點，卻放棄了其他所有的部分）」。《孟子・盡心篇・上》：「執中（掌握中道）無權（懂不得變通的辦法。權，當「變」講），猶執一也。」㊂去：當「離去」、「違背」講。㊃亂：當「違背」講，和「去博」的「去」字相應，意義也相近。㊄錙銖：音ㄗ ㄓㄨ，都是很少的數量，在這裏比喻細微。《禮記・儒行篇》：「雖分國（把國家分給他人）如錙銖（十分微小的事），不臣（他不臣屬於別人）不仕（不在別人屬下做官），其規為（儒者的規距行為）有如此者。」《抱朴子・內篇・極言篇》：「況無錙銖之來，而有千百之往乎？」㊅以上兩句，都重見於〈尚博篇〉，且在「合錙銖」句上添「而不識」三個字。㊆惑：原本作「或」，因為它和下文的「忽」字相應，所以依據孫星衍的校本改為「惑」字。㊇以上兩句，〈尚博篇〉作「或貴愛詩賦淺近之細文，忽薄深美富博之子書」，文義相似。㊈玉石：比喻「精華」和「糟粕」。㊉以上兩句，都重見於〈尚博篇〉，僅「殽」字寫作「淆」不同。㊁廣樂：謂「盛大的仙樂」。《史記》卷四十三〈趙世家〉：「居二日半，簡子寤

（醒）。語大夫曰：我之（往）帝所（天帝居所）甚樂，與百神游於『鈞天』（天帝所居，「九天」中的「中天」），廣樂九奏萬舞，不類三代之樂，其聲動人心。」㊂桑間：指「流行於鄭、衛兩地的淫靡音樂」。《呂氏春秋・音初篇》：「鄭、衛之聲，桑間之音（流行於桑林之間的歌聲。桑林是年輕婦女工作的場所，常發生男女相悅的事件），此亂國（擾亂——影響——國家）之所好（喜好），衰德（敗壞道德）之所說（悅）。」㊂龍章：指「天子的服飾」，或「服飾上的龍形圖案」。《後漢書》卷十六〈鄧禹傳〉：「褫（奪去）龍章於『終朝』（一個上午）。」唐李賢《注》：「龍章，『衮龍』（本「天子之禮服」，在這裏代替「天子」）之服也。」㊃素質：「『樸素質地』的綢緞」，這裏當是「樸素質地」的省詞。㊄以上四句，〈尚博篇〉作「同廣樂於桑間，鈞龍章於卉服，悠悠皆然，可歎可慨者也」，文義相似。

【今譯】　「見識狹窄的人，常常偏執一端，堅持不變，卻自命不凡，洋洋得意；如此作風，和『研究學問』『了解問題』要『博』要『精』兩項原則，完全相背；這種人不管怎麼用心思考，對任何事情都很難認識清楚。累積許多錙銖一般少量的物品，可以讓它們變得和山陵一般沉重；無數的『百』和無數的『千』聚合起來，也可以變成億兆龐大的數目。受了詩賦作品瑣碎零星的佳句所迷惑，卻不忽略了子書中為了討論主題，或發揮論點所應用既深奧又美妙的言辭。上面所說的這些事，可說是真實和虛假的相互顛倒，精華和糟粕的兩相混淆。怎麼可以把鈞天的仙樂，看成是桑間、濮上（濮水旁邊）的靡靡之音？把天子所穿配上龍形圖案的服飾和平民所著樸素質地的服裝看得完全沒有分別？諸如此類不分清混皂白的事，實在可悲可歎！諸子百家的精深著作，我們怎麼可以把它們和普通的粗俗文章一例看待。」

文行篇 第四十五

【篇旨】 此篇說的是「文章」和「德行」兩者之間的關係，立意出諸「孔門四科」的觀念。抱朴子藉著反駁當時對文章較為輕視的態度，來凸顯他對文章的重視。篇首他先用時人的話，來說明當時的觀念，時人認為：「在我們全部生活中，德行的表現是根本，至於文章，比較起來實在並不怎麼重要。所以孔門教學四科的次序，德行首居在前，文學則殿乎其後。」抱朴子卻認為：「文章和德行兩相比較，彷彿是十尺和一丈，長度完全相等；如果有人認為文章是德行的餘事，我可從來沒聽說過。」

只是在「孔門四科」中，「文學科」以學術為主，涵意與後世的文學並不全然相同。到了曹丕《典論・論文》以後，文學的觀念逐漸釐清，才將「學術」與「文章」分別開來，葛洪可能是根據曹氏的說法而來。

或曰：「德行㈠者，本也；文章者，末也。故四科㈡之序㈢，文不居上㈣。然則著紙㈤者，糟粕㈥之餘事㈦；可傳者，祭畢之芻狗㈧㈨。卑㈩高㈡之格㈢，是可譏㈢矣㈣。」

【今註】㈠德行：謂「道德、品行」。㈡四科：謂「孔門教學課程中的四個科目」，指的就是德行、言語、政事，和文學。《論語・先進篇》曾列舉了四科各有特殊成就的學生姓名。《後漢書》卷三十五〈鄭玄傳〉：「仲尼之門，考以四科。」㈢序：謂「次序」。㈣以上文字，都重見於〈尚博篇〉。㈤著紙：猶言「著筆」，謂「落筆撰述」。㈥糟粕：本指「酒滓」，用來比喻「廢棄的物品或惡食」，常和「精華」對稱。《晉書》卷五十五〈潘尼傳〉：「名位為糟粕，勢利為埃塵。」㈦餘事：和「末物」（不甚重要的事物）相似。㈧芻狗：古時編結草類做成狗的形狀，供祭祀時應用，用完以後，就隨手丟棄。一般常用「芻狗」來比喻廢棄的物品。老子《道德經・第五章》：「天地不仁，以萬物為芻狗；聖人不仁，以百姓為芻狗。」㈨以上文字，都重見於〈尚博篇〉。㈩卑：指「文章」的「卑下」，和前句「文章者末也」的「末」字，以及「文不居上」、「糟粕之餘事」、「祭畢之芻狗」等句相應。㈡高：指「德行」之「高」，和前句之「本」相應。㈢格：謂「法則」，在這裡指考核的「標準」。㈢譏：謂「譏諷」、「譴責」。㈣以上二句，重見於〈尚博篇〉。

【今譯】　有人說：「在我們全部生活中，德行的表現是根本；至於文章，比較起來實在是不怎麼重要的事。因為這個緣故，孔門四科的次序，文學並不放在前面，居於重要的地位。如此說來，下筆撰述的著作，常常只是糟粕之類、不甚重要的事物；我們不妨說：得以流傳下來的作品，也只不過是祭祀完畢以後就該隨手拋棄的芻狗罷了。如此判別卑下、高超的標準，實在是該受到譏諷的。」

抱朴子答曰：「荃(一)可棄，而魚未獲，則不得無荃；文可廢，而道未行，則不得無文(二)。若夫(三)翰迹(四)韻略(五)之廣逼(六)，屬辭(七)比義(八)之妍媸(九)，源流(一〇)至到(一一)之修短，韞藉(一二)汲引(一三)之深淺(一四)。其懸絕(一五)也，雖天外(一六)、毫內(一七)，不足以喻其遼邈(一八)(一九)；其相傾(二〇)也，雖三光(二一)、熠燿(二二)，不足以方其巨細；龍淵(二三)、鉛鋌(二四)，未足以譬其銳鈍；鴻羽(二五)、積金(二六)，未足以方其輕重(二七)。而俗士唯見能染毫(二八)畫紙，便概以一例(二九)。斯伯氏(三〇)所以永思鍾子(三一)，郢人(三二)所以格斤不運(三三)也(三四)。夫斲削(三五)者比肩(三六)，而班、狄(三七)擅(三八)絕手(三九)之名(四〇)；援琴(四一)者至多，而夔(四二)、襄(四三)

專㊹清聲㊺之稱㊻；颬馬㊼千駟㊽，而騏、騮㊾有邈群㊿之價(51)；美人萬計，而威(52)、施(53)有超世之色者，蓋遠過眾也(54)。且文章之與德行(55)，猶十尺之與一丈(56)。謂之餘事，未之前聞也(57)。八卦(58)生乎鷹隼(59)之飛，六甲(60)出於靈龜(61)之負(62)。文之所在，雖〔賤〕且貴(63)(64)。本(65)不必便疏(66)，末(67)不必皆薄(68)(69)。譬錦繡(70)之因(71)素地(72)，珠玉之託蜯、石(73)(74)，雲雨(75)生於膚寸(76)，江河(77)始於咫尺(78)(79)。理誠若茲，則雅論(80)病矣！」

【今註】 ㈠荃：音ㄑㄩㄢˊ，竹製的捕魚器具，一種瓠形的篾罟，可以讓魚自由游進去，但卻無法游出來。《莊子・外物篇》：「荃者所以在魚（在於捕得魚類），得魚而忘荃。」㈡以上四句，〈尚博篇〉作「荃可以棄，而魚未獲則不得無荃；文可以廢，而道未行則不得無文」，文義相似。㈢若夫：轉語詞，有「至於」、「譬如」的意思。㈣翰迹：謂「筆墨留下的痕迹」，在這裏指一般「文章」。㈤韻略：謂「韻律的法則」，在這裏指合乎韻律的「詞賦」。韻，與「韵」字相同；略，「法」的意思。㈥廣逼：「廣大」或「仄逼」。在這裏指「文章」「辭賦」的「體製」和「氣局」而言，有的「體製」、「氣局」很廣大；有的「體製」、「氣局」卻很仄逼。㈦屬辭：謂「綴會文辭」（連綴會集文章所用的辭語）來撰寫文稿。《禮記・經解篇》：「屬辭比事（排比史事），《春秋》教（所包含的「訓誨」作用）也。」孫希旦《集解》：「屬辭者，連屬其辭，以月繫年，以日繫月，以事繫日也。」㈧比義：謂「比較文辭的含義」。㈨妍媸：音ㄧㄢˊ ㄔ，和「妍蚩」相同，就是「美」和「醜」的意思。㈩源流：比喻「思想的根源」、或「內涵的源流」。⑪至到：「到達」的意思，在這裏比喻「思想的引伸」或「內涵的發揮」。⑫韞藉：一作「蘊藉」、「醞藉」或「溫藉」，謂「含蓄有餘」（和「顯露無遺」相反）。⑬汲引：謂「汲取引用」。⑭以上四句，〈尚博篇〉作「若夫翰迹韻略之宏促；屬辭比事之疏密；源流至到之脩短；蘊藉汲引之深淺」，文義相似。⑮懸絕：謂相差「懸殊（遠甚）」。《論衡・知實篇》：「聖賢之實同（實質相同）而名號（姓名稱號）殊，未必才（才華）相懸絕，智（智慧）相兼倍（兩倍）也。」懸，「遠」的意思；絕，「極」、「盡」的意思。⑯天外：謂「天邊之外」，比喻「極遠的地方」。《文選》卷十五張衡〈思玄賦〉：「廓（空）盪盪（空的樣子）其無涯兮，乃今窺乎天外。」⑰毫內：和「筆下」相似，也有「眼前」的意思。毫，謂「筆」；內，猶「下」字。⑱遼邈：謂「邈遠」。遼，「遠」的意思。⑲以上文字，都重見於〈尚博篇〉。⑳相傾：和上面「懸絕」三句相應。傾，謂「高」或「下」。「相傾」，就是因為高下相差而「傾倚」（傾斜倚靠）的意思。老子《道德經・第二章》：「故有無相生（相對待而生長），難易相成（相對待而完成），長短相形（相對待而顯形），高下相傾。」《淮南子・齊俗篇》：「故高下之相傾也，短修之相形也。」㉑三光：稱「日、月、星」三種星球所發出來的光。《莊子・說劍篇》：「上法（效法）圓天（渾圓的天象），以順（順應……秩序）三光。」㉒熠燿：謂發放燐光的「螢火」。《詩經・豳風・東山》：「熠燿宵行。」毛《傳》：「熠燿，燐也；燐，螢火也。」㉓龍淵：楚國寶劍的名稱，相傳為歐冶子所鑄造。《文選》卷四十二曹植〈與楊德祖書〉：「有龍淵之利（鋒利），乃可以議（議論）於斷割。」呂向《注》：「龍淵，寶劍也。」㉔鉛鋌：謂「鉛片」。鋌，音ㄉㄧㄥˋ或ㄊㄧㄥˇ，鍛煉成條的金屬。㉕鴻羽：和「鴻翼」相似，謂「鴻鳥的羽毛」。㉖積金：謂「聚積金銀財物」。《新唐書》卷八十九〈尉遲敬德傳〉：「公之心如山岳然，雖積金至斗，豈能移之?」㉗以上七句，〈尚博篇〉作「其相傾也：雖三光熠燿，不足以方其巨細；龍淵鉛鋌，未足譬其銳鈍；鴻羽積金，未足比其輕重」，文義相似。㉘染毫：猶「染筆」，謂「書畫著色落墨」。㉙以上兩句，〈尚博篇〉作「而俗士唯見能染毫畫紙者，便概之一例」，文義相似。㉚伯氏：指春秋時代楚國人伯牙。傳說中因為精於琴藝而享有盛名。依照《呂氏春秋・本味篇》記載，伯牙善於鼓琴，可是最後他發現：只有知友鍾子期完全理解琴曲的寓意。等到子期死後，伯牙終身就不再鼓琴。㉑鍾子：即春秋時代楚國人鍾子期。伯牙鼓琴，意在高山，或在流水，子期一一俱能心領神會。子期死後，伯牙以為世間不再有知音，從此不再鼓琴。㉒郢人：照文義推測，「郢人」當指揮斧的「匠石」。郢，音ㄧㄥˇ，春秋、戰國時代楚國的都城，在今湖北江陵縣北。㉓格斤不運：當由「運斤成風」變化而來。原成語是說：揮動斧頭去削擊郢人鼻尖上的「堊慢」（塗在鼻上的『薄薄一層石灰』）。揮斧的動作乾淨俐落，毫釐不差，卻像沒有揮動斧頭一樣的迅速。用在這裏，是說：神乎其技的匠石既已不在世間，因而郢人不會去找普通工匠為他削去鼻上的「堊慢」。這個成語源出《莊子・徐无鬼篇》：「郢人堊慢其鼻端若蠅翼（薄如蠅翼），使匠石（石工）斲（音ㄓㄨㄛˊ，砍削）之。匠石運斤成風（風一般地迅速），聽而斲之，盡堊而鼻不傷，郢人立不失容（不變臉色）。」格，作「擊（削擊）」解；斤，「斧頭」；格斤，作「找人去『運用斧頭』削擊鼻上的堊慢」講；不運，因為神乎其技的匠石已不在人世，所以再也「不去找人運用斧斤」的意思。運，謂「旋轉」，作「揮動」講。㉔以上兩句，除「伯氏」作「伯牙」外，都重見於〈尚博篇〉。㉕斲削：謂對菜肴材料的「砍削」。㉖比肩：謂「肩相近」（肩膀挨著肩膀），比喻「接連而來」，有「眾多」的意思。比，音ㄅㄧˋ。㉗班、狄：指魯國的巧匠魯班和齊國的名廚狄牙。魯班，春秋魯哀公時代的巧匠。狄牙，是齊桓公時代能辨味的名廚師。㊳擅：謂「據而有之（擁有）」。㊴絕手：謂「具有絕等技藝的高手」。《抱朴子・外篇・譏惑篇》：「吳之善書者，則有皇象、劉纂、岑伯然、朱季平，皆一代之絕手。」㊵以上兩句，〈尚博篇〉作「蓋刻削者比肩，而班、狄擅絕手之稱」，文義相似。㊶援琴：謂「引琴」。援，謂「引（「牽引」琴絃）」。《北史》卷六十四〈韋夐傳〉：「死生命也，去來常事，亦何足悲！援琴撫之如舊。」㊷夔：唐堯時代的音樂家。《尚書・舜典》：「帝曰：夔，命汝典（掌管）樂，教胄子（帝王的「長子」）。」㊸襄：就是師襄，也叫做「師襄子」，春秋時代魯國的樂官。孔子曾跟他學習鼓琴。《韓詩外傳・卷五》：「孔子學鼓琴於師襄子。」《淮南子・主術篇》、《史記・孔子世家》、《孔子家語・辨樂篇》都有類似的記載。㊹專：「專擅」（「獨享」、「專長」）的意思。㊺清聲：謂「清妙的歌聲」。揚雄〈太玄賦〉：「聽素女（古神女）之清聲兮，觀宓妃（相傳是伏羲氏的女兒，溺死於洛水後成為水神）之妙曲。」陸雲〈答兄平原書詩〉：「詠彼清聲，被（音ㄆㄧ，同「披」，當「翻弄」、「分解」講）之瑟琴。」㊻以上兩句，〈尚博篇〉作「援琴者至眾，而夔、襄專知音之難」，文義相似。㊼廄馬：謂「馬廄裏飼養的馬匹」。㊽駟：音ㄙˋ，本指「一車四馬」，這裏泛指「馬匹」。《禮記・三年問篇》：「若駟之過隙。」《釋文》：「駟，馬也。」㊾騏、騮：皆謂「駿馬」。㊿逸群：謂「凌駕（超越）群倫（同群朋輩）」。邈，「遠」（「遠遠」超越）的意思。(五一)以上兩句，〈尚博篇〉作「廄馬千駟，而騏驥有邈群之價」，文義相似。(五二)威：指晉文公的美姬南之威（省稱「南威」）。《戰國策・魏策・二》：「晉文公得南之威，三日不聽朝，遂推南之威而遠之，曰『後世必有以色亡其國者。』」(五三)施：指吳王夫差的美姬西施。《吳越春秋》卷九〈句踐陰謀外傳〉：「（越王）乃使相者（相士）國中，得苧蘿山鬻薪之女，曰西施、鄭旦，飾以羅縠（羅布和縐紗），教以容步（儀容和步履），習於土城（模擬城市），臨於都巷（都市中的巷道之間），三年學服（穿著衣裝），而獻於吳。」(五四)以上三句，〈尚博篇〉作「美人萬計，而威、施有超世之容，蓋有遠過眾者也」，文義相似。(五五)文章之與德行：文章謂「文辭」，德行謂「道德品行」，作者在本文開始，曾有「德行者本也，文章者末也」問題的提出。(五六)猶十尺之與一丈：意思說兩相比較，不分高下，完全相等，真所謂半斤與八兩。(五七)以上四句，除末句句尾有「也」字外，其餘都重見於〈尚博篇〉。(五八)八卦：指《周易》中的八種符號，相傳為伏羲氏所作。(五九)鷹隼：謂「鷹」和「隼」（音ㄓㄨㄣˇ，就是「鷙鳥」，鷹類的猛禽）。(六〇)六甲：謂「隱遁自身的一種方術」。晉葛洪《神仙傳》：「左慈，……乃學道，尤明六甲，能役使鬼神。」(六一)靈龜：謂「神龜」。《爾雅・釋魚》：「一曰神龜，二曰靈龜。」晉郭璞《注》：「涪陵郡出大龜，甲可以卜，緣中（沿甲片的中線）文似瑇瑁（玳瑁），俗呼為靈龜。」(六二)以上兩句，

〈尚博篇〉作「八卦生鷹隼之所被，六甲出靈龜之所負」，文義相似。(六三)文之所在，雖賤且貴：原文「雖」字下有脫漏，依〈尚博篇〉增補一「賤」字。文，包括「文章」、「紋理」、「文辭」、「文化」與「典章制度」。「所在」，指「文章」……等「所作的表現」、或「所形成的效果」。賤，是說「和『德行』（文章所要談論或表現的「主題」）比較起來，雖然不怎麼重要」；貴，是說「寫作的成功與否，『文』常佔有極重要的地位」。(六四)以上兩句，〈尚博篇〉作「文之所在，雖賤猶貴」，文義相似。(六五)本：指「德行」（篇首有「德行者本也」句）。(六六)便疏：便於疏理。(六七)末：指「文章」（篇首有「文章者末也」句）。(六八)薄：謂「賤視（看輕）」。(六九)以上兩句，〈尚博篇〉作「且夫本不必皆珍，末不必悉薄」，文義相似。(七〇)錦繡：謂「織錦」和「刺繡」，都是精緻華麗的服飾材料。(七一)因：謂「依」、「賴」。(七二)素地：謂「素色的底絲或底線」。(七三)蜯、石：蜯，與「蚌」同。《集韻》上聲三〈講〉韻：「蚌，或作蜯。」蜯、石，即「蚌、石」，謂「珠所寄生的蚌殼，玉所生存的岩石」。(七四)以上兩句，〈尚博篇〉作「譬若錦繡之因素地，珠玉之居蜯、石」，文義相似。(七五)雲雨：和下句的「江河」相似，在這裏用來比喻「創作的文章」。(七六)膚寸：指「有限度的長度」，在這裏比喻文章的每一句、每一個辭藻。古以一指寬為「寸」，四指寬為「膚」。(七七)江河：和上句的「雲雨」相似，在這裏用來比喻「創作的文章」。(七八)咫尺：謂「距離很近」，在這裏比喻文章中每一句、每一個辭藻。《左傳》僖公九年：「天威（天子的威嚴），不違顏咫尺（不離開咫尺之間顏面上所作的表現）。」杜《注》：「八寸曰咫。」㉟以上二句，都重見於〈尚博篇〉。

㊱雅論：謂「風雅的評論」。在這裏指「一般流俗『德本文末』的論點」。

【今譯】抱朴子答道：「文章彷彿捕魚的『魚筌』——瓠形的篾罟，在沒有捕得魚兒之前，我們可不能沒有這種捕魚的工具；文章製作的事可以廢除，在大道未得充分推行之前，可不能沒有這種製作文章的工具。至於普通的文章和有韻律的詩賦，有的篇幅非常寬廣，有的篇幅卻又十分仄逼；寫作的時候，連綴文辭，比較含義，所用的詞語有時十分美妙，有時又極為醜惡；所引用的故實，發揮的層次、長短有無，也不完全一樣；文字有無含蓄，汲引故實的深淺多少，每每也不相同。其間的差別是十分相差甚遠的：所想像的事物，雖然遠在天外，可是表現出來的文辭，卻又近在筆下；儘管可以用天外眼前作比喻，可也無法說明它們相距的邈遠啊！篇章高下的懸殊，雖有日月星三種發光體和燐火螢光那般巨細的分別；可也不能比喻它們差距的遠大；龍淵寶劍的銳利和鉛質條片的鈍檄，兩者之間的差別，也無法加以形容；鴻鳥的羽毛和累積的金銀，兩相比較，也很難形容它們輕重的不同。可是一般世俗人士只要看到在畫紙上能夠點點畫畫塗塗抹抹的人，就把他們一例看成畫人或藝匠。由於人與人間差別很大，真正的判別一件事更不容易，伯牙是精於琴藝的高手，因為重視鍾子期這樣的知音難求，為了永遠思念鍾氏，決意終身不再彈琴；郢人鼻端生有堊慢的病症，因為神乎其技的匠石難於尋求，從此也就不敢找人為他運斧削割。一般說來，能夠操刀弄斧從事砍削的人比肩皆是；可是只有巧匠魯班和名廚狄牙才擁有『頂尖高手』的名號。精於彈奏琴絃的人非常眾多，可是像堯帝時代音樂家夔、和春秋時代魯國樂官師襄子那樣可以專擅『清妙歌聲能手』這種稱號的，卻並不多見。馬廄中所飼養的馬匹雖然上千，可是只有騏騮駿馬才有超越群倫的高貴身價。天下的美女可以用萬來計數，可是像晉文公的美姬南威、以及吳王夫差的愛妾西施那般有超凡絕世的美色的女子，實在也是遠遠超越眾人的啊！而且文章和德行兩相比較，彷彿十尺和一丈，長度完全相等，如果認為文章是德行的餘事，我可從來沒聽說過啊！八卦形象的創制，產生於鷹和隼飛翔時羽毛上的紋理；隱身遁形的六甲方術，出生於神龜所背負的甲片上的花紋。在立言的過程中，文辭的表現和所要表現的『德行』兩相比較起來，雖然不算怎麼重要，但一般來說，仍然值得我們加以重視。說到『德行』，它雖然是文章的根本，但每篇文章所談論到的不必字字便於疏理；『文辭』在創作的過程中，雖然是不怎麼重要的部分，但也不能完全輕視，不加斟酌。彷彿錦繡必須依賴素色的底絲底線，才能發揮出它的精緻華麗來；珍珠寶玉不寄託生長在平常的蚌殼或崖石中，就不能表現它的珍貴一樣。雲和雨的大小、久暫、或濃淡，決定於發生雲雨的每一寸山林或每一處巖穴；江河水流的長短、寬狹，和急徐，常常決定於各處河源的許許多多咫尺之間；文章篇幅的長短、情感的濃淡等等，也決定所用的每一個文句、每一個辭藻。理論上果真如此，那麼一般流俗『德本文末』的論點，實在是值得詬病的啊！」

又曰：「應龍㈠徐舉㈡，顧眄㈢而凌雲㈣；汗血㈤緩步，呼吸㈥而千里㈦。故螻螘㈧怪其無階而高致㈨，駑蹇㈩驚過己之不漸⑪也⑫。」

【今註】㈠應龍：一種「有翼的龍」。《楚辭・天問》：「應龍何畫（如何用尾巴畫地），河海（河川海洋，流域廣闊）何歷（如何「經歷」其間）。」王逸《注》：「有鱗曰蛟龍，有翼曰應龍。」㈡徐舉：謂「徐徐舉起頭來在天空中遊行」。舉，當「揚」講。㈢顧眄：「顧」，本作「還視」解；「眄」，本作「斜視」解；在這裏有「驚視」的意思。《文選》卷十一王延壽〈魯靈光殿賦〉：「俯仰顧眄，東西周章。」李周翰《注》：「顧眄、周章，言『驚視』也。」㈣凌雲：和「凌霄」相同，謂「乘駕雲朵」。㈤汗血：西漢時代西域大宛國所產的「駿馬」名。《漢書》卷六〈武帝紀〉：「（太初）四年春，貳師將軍（李）廣利斬大宛王首，獲汗血馬來，作〈西極天馬之歌〉。」㈥呼吸：本指「波潮的進退」，在這裏用來比喻「時間」的「短促」。《文選》卷十二郭璞〈江賦〉：「（川瀆）呼吸萬里，吐納靈潮。」呂向《注》：「呼吸、吐納，謂『作潮波而納群流，須臾萬里，自然往復』。」㈦以上四句，〈尚博篇〉作「夫應龍徐舉，顧眄凌雲；汗血緩步，呼吸千里」，文義相似。㈧螻螘：音ㄌㄡˊㄧˇ，俗作「螻蟻」，謂「螻蛄和蚍蜉」。螻蛄（音ㄍㄨ），俗稱「土狗」，是一種直翅類的昆蟲，有足三對，適宜於掘土，常常棲息於泥土之中，到了夜晚就出來活動，喜歡撲向燈火。蚍蜉，是大螞蟻的一種。㈨高致：謂「最高的極致」——（飛到）極高處。致，當「極」講。㈩駑蹇：比喻「庸劣」。駑，音ㄋㄨˊ，謂「劣等的馬」。蹇，音ㄐㄧㄢˇ，謂「跛足」。《漢書》卷一百上〈敘傳・上〉「是故駑蹇之乘（馬匹），不騁（不能馳騁）千里之塗（途）。」⑪漸：謂「行進徐緩」。⑫以上兩句，〈尚博篇〉作「而螻螘怪其無階而高致，駑蹇患其過己之不漸也」，文義相似。

【今譯】 抱朴子又說：「要知道有翼的應龍慢慢抬起頭來，就可以騰雲駕霧，左顧右盼，在天空中到處遊行；西域的汗血名馬展開緩緩的步伐，一呼一吸之間，就能夠馳騁千里。因此螻蛄和蚍蜉，不免要怨恨沒有階梯的設備，讓牠能夠像應龍一樣，登上天空的極高處，然後可以遨遊四方；跛腳的劣馬，驚駭的是血汗名駒，天賦超過自己，跑起路來不像牠們那般行動遲緩。」

「若夫馳騾㈠《詩》、《論》㈡之中，周旋㈢一經之內，以常情㈣

覽㈤巨異㈥，以徧量㈦測㈧無涯㈨，始自髫齓㈩，詣㈡于振素㈢，不能得也㈢。」

【今註】㈠馳騁：和下句的「周旋」相應，意思也相仿。謂「乘馬疾馳」，比喻「研究」《詩》《論》。《後漢書》卷七十三〈公孫瓚傳〉：「汝當碎首於張燕（當時黑山賊帥），馳騁以告急。」騁，音ㄔㄥˇ，謂「馬急步」。㈡《詩》、《論》：和下句的「一經」相應。謂「《詩》（《詩經》）」和「《論》（《論語》）」。用《詩》、《論》兩經來代替當時通行的《七經》（依《後漢書》卷三十五〈張純傳〉「《七經》」李賢《注》：「《七經》謂《詩》、《書》、《禮》、《樂》、《易》、《春秋》及《論語》也。」或依清人皮錫瑞《經學歷史》：《樂經》亡佚，於《六經》減《樂經》，增《論語》《孝經》，合稱《七經》）。㈢周旋：謂「運轉」、「追逐」、「交往」、「應酬」、「打交道」，和上句的「馳騁」相應，意思也相仿。㈣常情：謂「通常的人情」，或「人情的通常現象」。《莊子・人間世篇》：「傳其常情，無傳其溢言（溢美之言）。」㈤覽：當「觀看」講，這裏有「觀測」的意思。㈥巨異：指「巨大」或「奇特」的問題。㈦徧量：謂「狹小的氣量」。徧，音ㄅㄧㄢˇ，「狹小」的意思。㈧測：謂「測量」，或「測度」。㈨無涯：謂「無邊際」。㊉髫齓：音ㄊㄧㄠˊ ㄔㄣˋ，謂「幼童」。《後漢書》卷八十下〈文苑列傳・邊讓傳〉：「髫齓夙（早）孤。」唐李賢《注》：「髫，翦髮為鬌（音ㄊㄨㄛˇ，三月為嬰兒剪髮，留下不剪的叫做鬌）也。齓，毀齒（毀洗乳齒，換生新齒）也。」㊁詣：「至」的意思。㊂振素：謂「生化白髮」，有「老年」或「白髮」的意思。振，當「開」、「發」講。素，謂「白色生絹」，這裏也指「白髮」。㊂以上七句，〈尚博篇〉作「若夫馳騁於《詩》、《論》之中，周旋於傳記之間，而以常情覽巨異，以褊量測無涯，以至粗求至精，以甚淺揣甚深，雖始自髫齓，詣于振素，猶不得也」，兩相比較，雖多出「以至粗求至精，以甚淺揣甚深」兩句，文義仍甚相似。

【今譯】　「至於在諸多經書之中追逐推究，往來鑽研；或者對某一部經典反覆專攻，酬對交接；如果不具備獨立的眼光和客觀的標準，卻止用一種世俗的常情去觀測許多巨大奇特的問題，即使從幼童時代一直研求到垂暮之年，也難發現事實的真相。」

「又世俗率㊀貴㊁古昔而賤㊂當今，敬㊃所聞而黷㊄所見。同時雖有追風㊅、絕景㊆之駿，猶謂不及伯樂㊇之所御也㊈；雖有宵朗㊉、兼城之璞㊁，猶謂不及楚和之所泣㊂也㊂；雖有斷馬、指雕㊃之劍，猶謂不及歐冶㈤之所鑄㈥也㈦；雖有生枯、起朽㈧之藥，猶謂不及和㈨、鵲㈩之所合㈡也㈢；雖有冠群㈢、獨行㈣之士，猶謂不及於古人也㈤。」

【今註】㈠率：有「皆」、或「大都」的意思。㈡貴：謂「神奇」或「重視」。㈢賤：謂「看輕」或「賤視」。㈣敬：有「尊敬」的意思。㈤黷：音ㄉㄨˊ，有「怠慢」，或「瞧不起」的意思。㈥追風：良馬名。《古今注》：「秦始皇有名馬，曰追風。」《抱朴子・外篇・君道篇》：「市（買進）馬骨（千里馬的頭骨）以招追風之駿（像『追風一般的名馬』）。」（燕昭王「市馬骨」的故事，參見《戰國策・燕策・一》）㈦絕景：亦良馬名。景，同「影」。絕影，謂奔行之速，不見其影。㈧伯樂：春秋秦穆公時代善於相馬的人，姓孫名陽。《呂氏春秋・分職篇》：「夫馬者伯樂相之，造父御之，賢主乘之，一日千里。」㈨以上四句，〈尚博篇〉作「又世俗率神貴古昔，而黷賤同時：雖有追風之駿，猶謂之不及造父之所御也」，文義相似。㈩宵朗：謂「夜空明朗」。㈡兼城之璞：謂「和兩座城市等價的璞玉」，這和〈尚博篇〉中的「連城之珠」意思相近。㈢楚和之所泣：指楚人卞和所呈獻的玉璞（因為楚王認定那塊玉璞只是普通的石塊，而在楚山下大哭不止）。《韓非子・和氏篇》：「楚人和氏得玉璞楚山中，奉而獻之厲王。厲王使玉人相之，玉人曰：『石也。』王以和為誑，則刖（音ㄩㄝˋ，斷也）其左足。及厲王薨，武王即位，和又奉其璞而獻之武王，武王使玉人相之，又曰：『石也』，王又以和為誑，而刖其右足。武王薨，文王即位，和乃抱其璞而哭於楚山之下，三日三夜，泣盡而繼之以血。王聞之，使人問其故，曰：『天下之刖者多矣，子奚哭之悲也？』和曰：『吾非悲刖也，悲夫寶玉而題之以石，貞士而名之以誑，此吾所以悲也。』王乃使玉人理其璞而得寶焉，遂命曰：『和氏之璧』。」㈢以上兩句，〈尚博篇〉作「雖有連城之珍，猶謂之不及楚人之所泣也」，文義相似。㈣斷馬、指雕：斷馬，謂有「截斷馬索」、或者「阻斷馬匹奔馳」；指雕，謂「指著天上的飛鵰，就能使牠墜落下來」；在這裏都比喻「劍的鋒利和神奇」。雕，和「鵰」字相同。㈤歐冶：又作「區（音ㄡ）冶」。春秋時代有名的冶工。曾接受越王的聘請，鑄造了湛盧、巨闕、勝邪、魚腸、純鉤五支劍；後來又和干將替楚王鑄造了龍淵、泰阿、工布三支劍。事蹟詳見《吳越春秋・闔閭內傳》、《越絕書》卷十一〈記寶劍〉、及《韓非子・顯學篇》。㈥鑄：音ㄓㄨˋ，謂「鑄造」。㈦以上兩句，〈尚博篇〉作「雖有擬斷之劍，猶謂之不及歐冶之所鑄也」，文義相似。㈧生枯、起朽：謂「使枯者再生、朽者復蘇」。㈨和：指春秋時代秦國的良醫醫和。相傳晉平公生了病，到秦國去求醫，秦景公使醫和前往診視，說道：「疾不可為也，是為近女室，疾如蠱。」趙孟說：「何為蠱？」答道：「淫溺（過分陷溺）惑亂（迷惑不正的生活）之所生也。」趙孟說：「良醫也。」厚禮而歸之。事蹟詳見《左傳》昭公元年。⑳鵲：指戰國時代鄭國的名醫扁鵲。姓秦，名越人，得到長桑君傳授的秘術，治病時，以診脈為名，事實上卻能把病人的五臟內的癥結看得一清二楚。因為精於醫術而享名天下。家居於盧（今山東長青縣），一般都稱他叫盧醫或盧扁。後來，秦國的太醫令李醯由於嫉妒殺害了他。事蹟詳見《史記》卷一百零五〈扁鵲列傳〉。㉑合：音ㄍㄜˋ，謂「集合」，有「合（音ㄍㄜˋ）製」（照藥方調製）的意思。㉒以上兩句，〈尚博篇〉作「雖有起死之藥，猶謂之不及和、鵲之所合也」，文義相似。㉓冠群：猶言「冠絕群倫（群輩）」。㉔獨行：謂「志節高尚不隨俗浮沉」的意思。《禮記・儒行篇》：「其特立獨行，有如此者。」㉕以上兩句，〈尚博篇〉作「雖有超群之人，猶謂之不及竹帛之所載也」，文義相似。

【今譯】　「還有世人大都看重往古而賤視當今，並且對於『親耳聆聽』來的表示肅然起敬，對於『親眼觀察』來的從來就瞧不起：因為這個緣故，我們雖然發現了奔跑迅速的追風和絕景這些駿馬，但世俗的一般人卻還要說牠們不如秦穆公時代善相馬者伯樂所驅策的名駒；雖然擁有能在夜晚發出明朗光彩的價值連城的璞玉，卻仍然認為趕不上卞和所獻、因楚王不相信而一再哭泣的稀世珍寶；雖然擁有截斷絡馬韁繩、阻止馬匹奔跑，和指著飛鵰就能使牠墜落下來的神奇寶劍，卻仍然說它趕不上越國良匠歐冶所鑄造的劍；雖然擁有讓枯萎的樹木再生，讓腐朽物類復蘇的萬有靈藥，卻仍然說它趕不上秦國的名醫醫和、鄭國的名醫扁鵲所合製的藥劑那樣靈驗有效；雖然社會上出現了冠絕群輩、志節高超的獨立人士，卻仍然說他趕不上古代歷史上所記載的那些人物。」

正郭篇 第四十六

【篇旨】 本篇說的是如何正確地評價郭林宗，故題名「正郭」。郭林宗是東漢末年太學生領袖，名聲甚宏。有人以為他是「亞聖之器」，「志在乎匡斷行道，與仲尼相似。」而抱朴子則有不同的評論，認為「林宗才非常應期，器不絕倫。出不能安上治民，移風易俗；入不能揮毫屬筆，祖述六藝。行自衒耀，亦既過差，收名赫赫，受饒頗多。然卒進無補於治亂，退無跡於竹帛。」尖銳地提出：「亞聖之器，其安在乎？」篇末，借「問者」的感歎道：「斯人乃避亂之徒，非全隱之高矣。」

抱朴子曰：「嵇生㈠以為『太原郭林宗竟不恭三公之命㈡，學無不涉，名重於往代。加之以知人，知人則哲，蓋亞聖之器也。及在衰世，棲棲惶惶，席不暇溫，志在乎匡亂行道，與仲尼相似。』」

【今註】 ㈠嵇生：即嵇含，為葛洪的友人，曾任廣州刺史。㈡太原郭林宗竟不恭三公之命：郭林宗，即郭泰，字林宗，太原介休（今屬山西）人。東漢時為太學生領袖，不就官府徵召，後歸鄉里。

黨錮之禍起，遂閉門教授，生徒數千人。見《後漢書》卷六十八〈郭符許列傳〉。三公，東漢時以太尉、司徒、司空合稱三公，為共同負責軍政的最高長官。

【今譯】 抱朴子說：「有位嵇生以為：『太原郭林宗竟不恭順三公之命，不當官，他的學問無所不涉，名聲為往代所推重。加上他會知人，知人者則明哲，他大概是具有亞聖的才器。他生在東漢衰敗的時代，棲棲惶惶，席不暇暖，到處奔走，其志在於匡救時世並行其主張，可謂與孔子相似。』」

余答曰：「夫智與不智，存於一言。樞機㈠之玷，亂乎白圭㈡。愚謂亞聖之評，未易以輕有許也。夫所謂亞聖者，必具體而微，命世絕倫，與彼周、孔其間無所復容之謂也。若人者，亦何足登斯格哉？」

【今註】 ㈠樞機：指君子的關鍵言行。《易經・繫辭・上》：「言行，君子之樞機。」 ㈡白圭：戰國時周人，主張採用「人棄我取，人取我與」的辦法經商，認為經商必須掌握時機，運用智謀。猶如孫、吳用兵，商鞅行法。事見《史記》卷一百二十九〈貨殖列傳〉。

【今譯】　我回答說：「明智與不明智，區別存在於一言。君子言行受到玷污，是由於白圭之類擾亂的結果。我以為亞聖的評價，不可以輕易地讚許。所謂亞聖，必須具體而細微，命世絕倫，跟周公、孔子一樣無所復容。至於一般人，又如何夠得上亞聖呢？」

「林宗拔萃翹特㊀，鑒識朗徹，方㊁之常人，所議固多，引之上及㊂，實復未足也。此人有機辯風姿，又巧自抗遇而善用。且好事者為之羽翼，延其聲譽於四方。故能挾之見准㊃慕於亂世，而為過聽不覈實者所推策。」

【今註】㊀翹特：特別突出。㊁方：比較。㊂引之上及：楊明照《抱朴子外篇校箋・下》：「及」，魯藩本作「聖」。按「上及」二字費解。上文云「與仲尼相似」，則此以作「聖」為是。〈清鑒篇〉：「郭泰所論，皆為此人過上聖乎？」亦其證。㊃准：孫星衍校云：各本作「推」。

【今譯】　「郭林宗拔萃突出，鑒識明徹，比較常人所議說的，固多稱之為上聖，那實在是不夠資格的。郭林宗有機辯的風姿，又巧自抗遇而善用。而且一些好事者為他鼓吹，使他的聲譽傳播及四方。

所以能在亂世之中推慕他，並為道聽途說而不經核實的人所推崇。」

「及其片言所褒，則重於千金；遊涉所經㊀，則賢愚波蕩㊁。謂龍鳳之集，奇瑞之出也。吐聲則餘音見法㊂，移足則遺跡見擬㊃。可謂善擊建鼓㊄而當揭㊅日月者耳，非真隱㊆也。」

【今註】㊀遊涉所經：楊明照《抱朴子外篇校箋・下》：「涉」，《藏》本、魯藩本、吉藩本、慎本作「步」。按〈疾謬篇〉：「游步不去勢利酒客之門。」疑此亦以作「步」為是。㊁賢愚波蕩：指賢人愚人皆興奮激動。㊂吐聲則餘音見法：吐聲，指說話。見法，被效法。㊃見擬：被模擬。㊄建鼓：豎立的鼓。㊅揭：孫星衍校云：舊寫本作「揚」。㊆真隱：真正的隱士。

【今譯】「他褒獎士人的隻言片語，則重於千金；他遊歷所經之處，則賢人愚人都興奮激動起來。真是所謂龍鳳之聚集，奇瑞之出現。他說話吐聲則餘音被人效法，他舉足移步則遺跡被人擬作。這真是所謂善擊豎鼓而當揚日月，並非真正的隱居之士。」

「蓋欲立朝㊀則世已大亂，欲潛伏則悶而不堪。或躍則畏禍害㊁，確爾則非所安。彰偟㊂不定，載肥載臞㊃。而世人逐其華而莫研其實，翫其形而不究㊄其神。故遭雨巾壞，猶復見傚㊅，不覺其短㊆，皆是類也。俗民㊇追聲，一至於是。故其雖有缺隙㊈，莫之敢指也。夫林宗學涉知人，非無分也。然而未能避過實之名，而闇於自料也。」

【今註】 ㊀立朝：做官。㊁ 害：指黨錮之禍。㊂彰偟：彰，明顯。偟，仿偟。㊃臞：瘦。㊄究：孫星衍校云：《藏》本作「統」，今從舊寫本。㊅遭雨巾壞，猶復見傚：事見《後漢書》卷六十八〈郭符許列傳〉：郭泰「嘗於陳、梁閒行遇雨，巾一角墊，時人乃故折巾一角，以為『林宗巾』。其見慕皆如此。」㊆不覺其短：不覺察他的短處。㊇俗民：庸俗之民。㊈隙：同「隙」。

【今譯】 「大概他要想立朝做官而時世已經大亂，要想潛伏隱居而又不堪悶心。他有時要躍進仕途而又怕黨錮之禍害，確然不動而又有所不安。他明顯地惶惶不定，載肥載瘦。而當時人們追慕他的華美而不探究其實，欣賞他的外形風姿而不探究其精神。所以郭林宗遭到落雨時頭巾壞了，還是被人們所效法，人們不覺察到他的短處，都是這類例子。庸俗之民追慕他的聲名，一直到了這種地步。所以他雖然有缺點，沒人敢於指責他。郭林宗的學問涉及如何知人，並非無分。然而他沒有避躲超過實際情況的名聲，而闇於對自己的估計。」

「或勸之以出仕進㊀者，林宗對曰：『吾晝察人事，夜看乾象，天之所廢，不可支也㊁。方今運在〈明夷〉㊂之爻，值勿用之位，蓋盤桓潛居之時，非在天利見㊃之會也。雖在原陸，猶恐滄海橫流㊄，吾其魚也。況可冒衝風而乘奔波乎？未若巖岫頤神，娛心彭、老㊅。優哉游哉，聊以卒歲㊆。』按林宗之言，其知漢之不可救，非其才之所辦審矣。法當仰隮商、洛㊇，俯泛五湖，追巢父㊈於峻嶺，尋漁父㊉於滄浪。若不能結蹤山客㊁，離群獨往，則當掩景淵洿，韜鱗括囊。」

【今註】㊀仕進：指做官。㊁「不可支也」以上數句：《後漢書》卷六十八〈郭符許列傳〉云：「司徒黃瓊辟，太常趙典舉有道。或勸林宗仕進者，對曰：『吾夜觀象，晝察人事，天之所廢，不可支也。』遂並不應。」㊂明夷：六十四卦之一，離下坤上。《易經．明夷》：「象曰：明入地中，明夷，君子以莅，用晦而明。」㈣在天利見：《易經・乾卦》：「九五，飛龍在天，利見大人。」㈤橫流：孫星衍校云：《藏》本作「流橫」，今從舊寫本。㈥未若巖岫頤神，娛心彭、老：楊明照《抱朴子外篇校箋・下》：按「巖岫」與「頤神」當互乙，始能與下句相儷。《抱朴子・內篇・暢玄篇》：「頤光山林」。語法與此同，亦可證。彭，彭祖。《列仙傳・上》：「彭祖者，殷大夫也，姓籛名鏗，帝顓頊之孫，陸終氏之中子，歷夏至殷末，八百餘歲。」老，指老子。㈦以上林宗之語：見《後漢紀・靈帝紀》。㈧仰隮商、洛：隮，登，升。商、洛，指商山與洛水。㈨巢父：傳說中的隱者。晉皇甫謐《高士傳・許由》：「堯贈天下于許由，……不受而逃去。堯又召為九州長，由不欲聞之，洗耳于潁水濱。時其友巢父牽犢欲飲之，見由洗耳，問其故。對曰：『堯欲召我為九州長，惡聞其聲，是故洗耳。』巢父曰：『子若處高岸深谷，人道不通，誰能見子？子故浮游，欲求聞其名譽，污吾犢口！』牽犢上流飲之。」㈩漁父：漁翁。《楚辭・漁父》：「漁父莞爾而笑，鼓枻而去。」㈡若不能結蹤山客：楊明照《抱朴子外篇校箋・下》：「客」，吉藩本作「容」。按「谷」字是。《莊子・刻意篇》、《晏子春秋・內篇・問下》、《潛夫論・賢難篇》並有「山谷」之文，皆謂退士所隱居之處也。

【今譯】　「當時有人勸說他出來做官，林宗回答說：『我白天觀察人事，夜晚仰看天象，天之所廢棄的，是不可支持得住的。如今時運在明夷之爻，碰到了不被任用的位置。大概盤桓潛居之時，並非在天利見之命。雖然在原野大陸，猶恐滄海橫流，我將成魚類了。何況冒著衝風而乘凌波濤嗎？未若養頤精神於岩穴，從心底裡與彭祖、老子相娛樂。優游地生活，聊以終歲。』根據林宗上述的話，他是知道漢室已經不可挽救，不是他的才能之所辦到的了。應當效法仰登商洛，俯泛五湖，追慕巢父於峻嶺，尋覓漁父於滄浪。如果不能隱退於山谷，離開人群，獨往孤居，則當採自己的身影於淵海，韜鱗括囊。」

「而乃自西徂㈠東，席不暇溫，欲慕孔、墨㈡棲棲之事。聖者憂世，周流四方，猶為退士所見譏彈。林宗才非應期㈢，器不絕倫㈣，出不能安上治民，移風易俗；入不能揮毫屬筆㈤，祖述六藝㈥。行自衒耀，亦既過差；收名赫赫，受饒頗多。」

【今註】 ㈠徂：往。 ㈡孔、墨：指孔子、墨子。 ㈢才非應期：才，才幹。應期，適合當朝所用。 ㈣器不絕倫：器，才能。絕倫，超邁群倫。 ㈤入不能揮毫屬筆：楊明照《抱朴子外篇校箋・下》：

繼曰：「《藏》本作『彈毫』，今從舊寫本。」按魯藩本、吉藩本、慎本、盧本、柏筠堂本、文溯本、《叢書》本、《崇文》本亦並作「彈毫」。以〈嘉遯篇〉「殫毫騁藻」證之，「彈」蓋「殫」之誤。若原是「揮」字，不易誤為「彈」矣。㊅六藝：六經。

【今譯】「然而，他自西往東，席不暇暖，慕孔子、墨子棲棲遑遑之事跡。聖者憂世，周遊天下四方；猶為退隱之士，所見譏彈。林宗才非應期，器不絕倫。他出仕不能安定君主，治理民眾，移風易俗；入內不能動筆寫文章，祖述六經。他自行誇耀，亦既過差，收取赫赫的名聲，受饒頗多。」

「然卒進無補於治亂，退無跡於竹帛㊀，觀傾視汩㊁，冰泮㊂草靡，未有異庸人也。無故沈浮於波濤之間，倒屣㊃於埃塵之中，遨集京邑，交關貴游，輪刓筴弊㊄，匪遑啟處㊅，遂使聲譽翕熠㊆，秦、胡㊇景附。巷結朱輪㊈之軌，堂列赤紱㊉之客，軺車㈡盈街，載奏㈢連車。誠為游俠㈢之徒，未合逸隱之科也。有道之世而臻此者，猶不得復廁高潔之條貫㈣，為秘丘㈤之俊民。而修茲在於危亂之運，奚足多哉？」

【今註】㈠竹帛：竹簡、帛書，泛指書籍。㈡觀傾視汩：觀察治亂的情況。傾，傾覆。汩，治也。㈢泮：融解。㈣倒屣：急忙之中把鞋子穿倒。屣，音ㄒㄧˇ，鞋。㈤輪刓筴弊：刓，音ㄨㄢˊ，磨損。筴，策，趕馬的一種鞭子。㈥匪遑啟處：匪，非。遑，暇。啟處，安居休息。《詩經・小雅・四牡》：「不遑啟處」。毛《傳》：「啟，跪也；處，居也。」㈦遂使聲譽翕熠：楊明照《抱朴子外篇校箋・下》：「熠」，《藏》本、魯藩本、吉藩本、慎本、盧本作「習」。按《後漢書》卷六十上〈馬融傳〉：「翕習春風。」又卷六十下〈蔡邕傳〉：「隆貴翕習。」《文選》卷十一王延壽〈魯靈光殿賦〉：「祥風翕習以颯灑」。又《文選》卷十三張華〈鷦鷯賦〉：「翔又翕習。」李《注》並云：「翕習，盛貌。」是此當以作「習」為是。㈧秦、胡：秦，指中國人。胡，胡人，指邊遠少數民族。㈨朱輪：猶朱軒，古代王侯貴族所乘的紅色車子。㈩赤紱：紅色系印的絲帶。⑪軺車：一馬駕駛的輕便車。漢代貴輜軿而賤軺車，魏晉貴軺車而賤輜軿。⑫奏：「奏」疑當作刺。《郭泰別傳》曰：「泰名顯，士爭歸之，載刺常盈車。」⑬游俠：見《史記》卷一百二十四〈游俠列傳〉。⑭廁高潔之條貫：廁，列入。條貫，系統。⑮秘丘：隱居之處。

【今譯】「然而他終於進而無補於天下治亂，退而沒有在書籍上留下事跡，觀傾視汩，冰泮草靡，沒有跟庸俗之人區別的地方。無故踪浮於波濤之間，倒穿著鞋奔走於塵埃之中，遨遊於京邑，與權貴交結，車輪磨光，鞭子弊壞，未暇安居休息，遂使聲譽繁盛，中外人心影附。街巷朱輪連接，堂屋坐看達官貴人，輕便的馬車滿街都是，收到的名片將車子都裝滿了，這些人確實是游俠之徒，並不屬於隱逸之士。在有道之世，做到這樣行為的人，尚且不得列入高潔逸士的系統，作為隱居的俊民。而在危亂之世，修習上述行為的人，又如何值得讚美呢？」

「孰不謂之闇於天人之否泰，蔽於自量之優劣乎？空背恬默之塗，竟無有為之益，不值禍敗，蓋其幸耳。以此為憂世念國，希擬素王㈠，有似蹇足㈡之尋龍騏，斥鷃㈢之逐鴻鵠，焦冥㈣之方雲鵬，鼷鼬㈤之比巨象也。」

【今註】㈠素王：特指孔子，漢代儒者以為孔子有王者之道，而無王者之位，故稱「素王」。㈡蹇足：跛足之劣馬。㈢斥鷃：也叫「老扈」，麥收時的候鳥。㈣焦冥：蟭螟，古代傳說中一種小蟲。

本書〈刺驕篇〉：「蟭螟屯蚊眉之中，而笑彌天之大鵬。」㊄鼷鼬：鼷，音ㄒㄧ，鼠類最小的一種。鼬，音ㄧㄡˋ，小動物名，屬哺乳綱。

【今譯】「誰不說他不懂天人之際好壞的變化，對自己的優劣不會作出估量。空白違背恬默之塗，竟沒有有所作為的效益，這樣的人不碰到禍敗，大概算是達運的了。以為這樣就是憂世念國，希望比擬為孔子，這就好像跛足之劣馬去追尋飛龍與騏驎，斥鷃去追逐鴻鵠，蟭螟去跟雲鵬比較，鼷鼬跟巨象去比較。」

「然則林宗可謂有耀俗之才，無固守之質。見無不了，庶幾大用。符采外發，精神內虛，不勝煩躁，言行相伐，口稱靜退，心希榮利，未得口玄圃之棲禽㊀，九淵之潛靈也。自衒自媒，士女之醜事也。知其不可而尤傚尤師，亞聖之器，其安在乎？」

【今註】㊀未得口玄圃之棲禽：口，孫星衍校云：舊寫本空白一字。玄圃，仙山名。《文選》卷三張衡〈東京賦〉：「右睨玄圃。」李善《注》：「懸圃在崑崙閶闔之中。玄與懸古字通。」

【今譯】「既然如此，那麼，林宗可說是有耀俗之才，沒有固守之質。見無不了，庶幾大用。符采外發，精神空虛，不勝煩躁，言行自相矛盾，口稱靜靜地退隱，心裡卻希望榮貴利祿，這樣就不可能得到玄圃的棲禽以及九淵的潛龍。自我誇耀，自我作媒，這些是士女的醜事。知道這樣做不可以，但還是加以效法，所謂亞聖的才器，又在哪裡呢？」

「雖云知人，知人之明，乃唐、虞㈠之所難，尼父㈡之所病。夫以明並日月，原始見終，且猶有失，不能常中。況於林宗螢燭之明，得失半解，已為不少矣。然則名稱重於當世，美談盛於既沒，故其所得者，則世共傳聞；而所失者，則莫之有識爾。雖頗甄無名之士於草萊，指未剖之璞於丘園，然未能進忠烈於朝廷，立禦侮於壃埸，解亡徵於倒懸㈢，折逆謀㈣之競逐，若鮑子之推管生㈤，平仲之達穰苴㈥。」

【今註】㈠唐、虞：唐，唐堯。虞，虞舜。㈡尼父：孔子。㈢倒懸：比喻處境的痛苦與危急，像人被倒掛著一樣。㊃逆謀：造反之圖謀。㊄鮑子之推管生：鮑子，鮑叔牙。管生，即管仲。史稱：管仲少時常與鮑叔游，鮑叔知其賢。後鮑叔事齊公子小白，管仲事公子糾。及小白立為桓公，公子糾死，管仲囚焉。鮑叔遂進管仲。管仲既用，任政於齊，桓公以霸。見《史記》卷六十二〈管晏列傳〉。㊅平仲之達穰苴：平仲，即晏嬰。穰苴，即司馬穰苴，春秋齊國大夫，田氏，名穰苴，官司馬，深通兵法。齊景公時，晉燕入侵，齊師敗績。景公患之。晏嬰乃薦田穰苴曰：「其人文能附眾，武能威亂，願君試之。」景公大悅，以為將軍。率軍擊退亂軍，收復失地。見《史記》卷六十四〈司馬穰苴列傳〉。

【今譯】 「雖然說及知人，而知人的明察，乃是堯、舜也感到困難的，連孔子也是有缺點的。明察如日月，原始見終，尚且有失誤，不能常常準確。何況林宗只有螢燭之明，對人的得失一知半解，已經算是了解不少的了。既然如此，那麼，林宗名稱重於當世，美談盛於死後，所以他所得到的則是世共傳聞，所失的則沒有人知道。雖然他頗能從草野無名之士中甄別才能之士，指明丘園中璞石內含有寶玉，但是他未能向朝廷進獻過忠烈之士，在戰場上立下禦侮之功，解救苦難的滅亡跡象，折退競逐的謀反企圖，好像鮑叔推薦管仲一樣，好像晏嬰推薦司馬穰苴一樣。」

「林宗名振於朝廷，敬於一時，三、九肉食㈠，莫不欽重。力足以拔才，言足以起滯，而但養疾京輦㈡，招合賓客，無所進致，以匡危蔽。徒能知人，不肯薦舉，何異知沃壤之任良田，識直木之中梁柱，而終不墾之以播嘉穀，伐之以構梁棟！奚解於不粒，何救於露居哉？其距貢舉㈢者，誠高操也；其走不休㈣者，亦其疾也。」

【今註】㈠三、九肉食：三九，三公九卿。肉食，指達官貴人。㈡京輦：指京城。㈢貢舉：官吏向君主薦舉人才。㈣其走不休：指郭泰不應貢舉之後，周遊郡國。

【今譯】「林宗名振於朝廷，為當時人所敬仰，三公九卿與達官貴人無不欽重他。他力足以獎拔人才，言論足以起用滯留之士，但他養病於京城，招集賓客，沒有推薦過人才，以匡救危蔽的情況。他只能知人，不肯薦舉，這無異於只知道良田上的沃肥土壤，談論直木適宜於做梁柱，而最終不去耕墾以播種嘉穀，不去伐木以構造棟梁。這又如何解救飢餓與露居的狀況呢？林宗拒絕別人的貢舉，確實是高尚的節操。而他到處遊歷，不得休息，亦是他的毛病。」

嵇生又曰：「林宗存㊀為一世之所式，沒㊁則遺芳永播。碩儒俊士，未或指點，而吾生獨評其短，無乃見嗤於將來乎？」

【今註】 ㊀存：活。㊁沒：通「歿」，死亡。

【今譯】 嵇生又說：「郭林宗生前為當世所學習的模範，死後則遺芳永播。碩儒俊士從未有指點的，而你卻獨自評論他的短處，不怕被將來後生所恥笑嗎？」

抱朴子曰：「曷為其然哉？苟吾言之允者，當付之於後。後之識者，何恤於寡和乎？且前賢多亦譏之㊀，獨皇生㊁褒過耳。故太傅諸葛元遜㊂亦曰：『林宗隱不修遁，出不益時，實欲揚名養譽而已。街談巷議以為辯，訕上謗政以為高。時俗貴之歙然，猶郭解、原涉㊃見趨於曩時也。後進慕聲者，未能考之於聖王之典，論之於先賢之行，徒惑華名，咸競準的㊄，學之者如不及，談之者則盈耳。中人猶不覺，童蒙安能知？』」

【今註】 ㈠且前賢多亦譏之：楊明照《抱朴子外篇校箋・下》：按「多亦」二字當互乙。㈡皇生：生，孫星衍校云：《藏》本作「主」，從舊寫本改。㈢故太傅諸葛元遜：楊明照《抱朴子外篇校箋・下》：孫曰：「（『葛下』）《藏》本有『公』字，從舊寫本刪。」按下文「故零陵太守殷府君伯緒」、「又故中書郎周生恭遠」，除著官銜外，並稱「府君」，稱「生」；則稱諸葛恪為「公」，實無不合。孫刪非是。諸葛恪，字元遜，三國琅邪陽都（今山東沂南南）人。吳主孫權死，輔立孫亮，任大將軍，專國政，更拜太傅。傳見《三國志》卷六十四〈吳書・諸葛恪傳〉。㈣郭解、原涉：郭解，西漢河內軹縣（今河南濟源）人，字伯翁，以「任俠」聞名，後漢武帝徙往關中，與當地豪強結交，因門客殺人，被指為叛逆，族誅。原涉，任俠之士。字巨先。傳見《漢書》卷九十二〈游俠傳〉。㈤準的：標準。

【今譯】 抱朴子回答說：「怎麼會這樣呢？如果我的話是對的，將會流傳於後世。未來的有識之士，何愁少人贊同我呢？而且前代賢者也有不少人批評過郭林宗，唯獨皇生對他褒獎過度，故太傅諸葛恪也曾經說過：『郭林宗隱逸卻不遯身於山林，出世又未有益於後世，實在不過想要張揚自己的聲譽而已。他街頭巷尾式的議論被認為是善辯，攻擊朝廷、誹謗時政被認為是高尚，時俗推崇，紛紛依附。這就像過去郭解、原涉受到當時人的尊重與崇敬，是一樣的。那些欽慕郭林宗聲譽的後進之輩，未能認真考察前代聖王的典冊，未能對照先賢的行為進行分析。只是受到虛名的迷惑，便紛紛奉他為榜樣，學習的人唯恐不及，談論的人洋洋滿耳。中智之人尚且不能覺察，童蒙之輩又豈能知曉？』」

「故零陵太守殷府君伯緒㊀，高才篤論之士也，亦曰：『林宗入交將相，出游方國㊁，崇私議以動眾，關毀譽於朝廷。其所善，則風騰雨驟，改價易姿；其所惡，則摧頓陸沈㊂，士人不齒。折其名賢，遭亂隱遁，含光匿景，未為遠矣。君子行道，以匡君也，以正俗也。于時君不可匡，俗不可正，林宗周旋清談閭閻㊃，無救於世道之陵遲㊄，無解於天民之憔悴也。』」

【今註】㊀殷府君伯緒：疑為三國時代零陵太守殷禮。參見《三國志》卷五十二〈吳書・顧邵傳〉：「烏程吳粲、雲陽殷禮起乎微賤，邵皆拔而友之，為立聲譽。……禮零陵太守，粲太子少傅。」唯裴《注》引禮子殷基所作《通語》，禮字德嗣，與此處「伯緒」不合。㊁方國：指郡國。㊂陸沈：比喻隱於市朝中，有埋沒之意。㊃閭閻：里巷的門，借指里巷。㊄陵遲：衰頹。

【今譯】「故零陵太守殷伯緒府君，是一位才學非凡、不苟議論之士，他也曾經說過：『郭林宗入則將與相公卿交往，出則漫遊於各地方國。推崇私議以搖動眾心，對於朝政或毀或譽。得到他的表揚的人，其聲譽之起如同風急雨驟，都時改觀，身價高漲。受到他厭惡的人則困頓不堪，為人所棄，士人恥於與之交往。名聲遭受挫折，好似遇到禍亂，只能韜晦隱藏的日子也就不遠了。君子行道，是為了輔佐君主，匡正世俗。當時的君主不可輔佐，世俗不可匡正。而郭林宗只是周旋其中，清談於民間，對於挽救世道的頹敗無所幫助，對於解除人民的困苦無所補益。』」

「又故中書郎周生恭遠㈠，英偉名儒也。亦曰：『夫遇治而贊之，則謂之樂道；遭亂而救之，則謂之憂道；亂不可救而避之，則謂之守道。虞舜，樂道者也；仲尼，憂道者也；微子㈡，守道者也。漢世將傾，世務交游㈢，林宗法當慨然虛心，要同契君子共矯而正之；而身棲棲為之雄伯㈣，非救世之宜也。于時雖諸黃門㈤，六畜自寓耳。其陳蕃、竇武㈥之徒，雖鼎司牧伯㈦，皆貴重林宗，信其言論臧否，取定於匡危易俗，不亦可冀乎？而林宗既不能薦有為之士，立毫毛之益。而逋逃不仕者㈧，則方之巢、許㈨；廢職待客者，則比之周公；養徒避役者，則擬之仲尼；棄親依豪者，則同之游、夏㈩。是以世眩名實，而大亂滋甚也。若謂林宗不知，則無以稱聰明；若謂知之而不改，則無以言憂道。昔四豪似周公而不能為周公，今林宗似仲尼而不得為仲尼也。』

【今註】㈠周生恭遠：三國時吳官吏。字恭遠，潁川（今河南禹縣）人。與韋曜、薛瑩、華覈共同撰寫〈吳書〉。見《三國志》卷五十二〈吳書・步騭傳〉。㈡微子：名啟，殷紂王的庶兄，封於微（今山東梁山西北）。因見殷代將亡，數諫紂王，王不聽，遂出走。㈢漢世將傾，世務交游：楊明照《抱朴子外篇校箋・下》：《藏》本、魯藩本、吉藩本、舊寫本作「漢室」按作「室」始不重出，當據改。㈣雄伯：伯同「霸」，指傑出的人物。㈤黃門：指宦官。漢代給事內廷有黃門令、中黃門諸官，皆以宦者充任，故稱。㈥陳蕃、竇武：陳蕃，東漢大臣。字仲舉，汝南平與（今屬河南）人。

桓帝時，任太尉，與李膺等反對宦官專權，為太學生所敬重。靈帝立，他為太傅，與外戚竇武謀誅宦官，事敗被殺。竇武，字游平，扶風平陵（今陝西咸陽西北）人。女為桓帝后。桓帝死，他迎立靈帝，任大將軍，掌握朝政。後謀誅宦官，兵敗自殺。㈦牧伯：古時州牧與方伯的合稱，指封疆大吏。㈧者：孫星衍校云：《藏》本作「也」，舊寫本作「者」。㈨巢、許：巢，巢父；許，許由。㈩游、夏：游，子游；夏，子夏。

【今譯】 「又故中書郎周恭遠先生，是一位英才卓異的名儒。他也曾經說過：『遇上太平之世而輔佐治理，這叫作樂道；遇上動亂之世而去盡力挽救，這叫作憂道；處在動亂之世，無可挽救因而避世潔身，這叫作守道。虞舜，就是樂道之人；孔子，就是憂道之人了；微子，就是守道之人。當漢朝社稷頹壞、大廈將傾之時，世人都以交遊為務。郭林宗理應有感於世俗之弊，虛心邀集志同道合的君子，共同去矯正它；然而他卻奔波不已，作了清談的首領，這不是救世者所應有的行為。當時的那些宦官，不過是帝王所豢養的家奴，而陳蕃、竇武等人，無論是朝廷的三公，還是各地的州牧郡守，都尊重郭林宗，相信他的言論。扶正除邪，安定朝綱，挽救危局，移風易俗，不是可以指望成功嗎？然而郭林宗既不能推薦有為之士，又不能對於國事有絲毫補益。他將在逃的罪人比為巢父、許由，將曠廢職事、接待賓客的人比為周公，將招養門徒、不服勞役的人比為孔子，將捐棄雙親、依附豪門的人比為子游、子夏之徒。使得世人分不清虛名與實際，於是混亂更加嚴重了。如果說郭林宗不知道，那麼不能說他聰明，如果他明知其非而不改，那麼不能說他憂道。因此，從前四豪之輩形跡類似周公卻不能成為周公，如今郭林宗形跡類似孔子卻不能成為孔子。』

於是問者慨而歎曰：『然則斯人乃避亂之徒，非全隱之高矣。』」

【今譯】 於是問話的人慨然而歎道：『這麼說來，這人是個避亂之徒，而不是像全然的隱士一般高潔啊。』」

彈禰篇　第四十七

【篇旨】　禰，即禰衡，東漢末建安時代的年輕人，頗有辯才，長於筆札，性剛傲物，最終被殺。當時有人獎頌之，亦有人憎恚之。抱朴子寫了這篇「彌衡」短文，指責禰衡說「雖言行輕人，密願榮顯，是以高游鳳林，不能幽翳蒿萊。然修己駁刺，迷而不覺，故開口見恨，舉足蹈禍。齎如此之伎倆，亦何理容於天下而得其死哉？」認為「衡懵蔽之效」，才士應當引以為戒的。

抱朴子曰：「漢末有禰衡㊀者，年二十有三。孔文舉齒過知命㊁，身居九列㊂，文學冠群，少長稱譽㊃，名位殊絕㊄，而友衡於布衣，又表薦之於漢朝，以為宜起家作臺郎。云：『惟嶽降神，異人並出。目所一見，輒誦於口；耳所瞥㊅聞，不忘於心。性與道合，思若有神。』其歎之如此。」

【今註】㊀禰衡：字正平，平原般（今山東臨邑東北）人。少有才辯，然性傲慢。因事忤曹操，曹操遂將其遣送荊州劉表。後不合，轉送夏口太守黃祖。後觸怒黃祖，終被殺，年僅二十六歲。傳見《後漢書》卷八十下〈文苑傳・下〉。㊁孔文舉齒過知命：孔文舉，即孔融，東漢末文學家，字文舉，魯國（今山東曲阜）人。曾任北海相，時稱孔北海。又任少府，大中大夫等職。齒，年紀。知命，指「五十歲」。《論語・為政篇》：「五十而知天命。」㊂九列：指卿大夫之列。㊃稱譽：稱讚。㊄殊絕：超邁群倫。㊅瞥：指「瞬間」，比喻見到的時間極短。

【今譯】抱朴子說：「東漢末年，有一位叫禰衡的，年紀二十三歲。孔融年已過五十歲，身居卿大夫之列，文學冠群，年長的或者年少的都稱讚他，名聲與地位十分卓絕。而且孔融與布衣禰衡結交朋友，並把衡推薦給朝廷，以為應當封衡一個郎官，說：『惟山嶽才會有神靈，同時出現異能之士。禰衡目所一見，就能從口中背誦出來；耳朵一聽，心裡就不會忘記。性情與道合一，思考時彷彿有神。』孔融如此讚歎。」

「衡游㊀許下，自公卿國士以下，衡初不稱其官，皆名之云阿某，或以姓呼之為某兒，呼孔融為大兒，呼楊脩為小兒，荀彧猶強

可與語。過此以往，皆木梗泥偶，似人而無人氣，皆酒瓮飯囊耳。百官大會，衡時在坐，忽顰顣㈡悽愴，哀歎忼㈢慨。」

【今註】㈠游：遊歷。㈡顰顣：皺眉蹙額。㈢忼：同「慷」字。

【今譯】「後來，禰衡到京城許昌遊歷，凡是公卿國士以下的人，衡開始不稱呼他的官銜，都叫為阿某，或者以其姓呼之為某兒，叫孔融為大兒，叫楊脩為小兒，只有荀彧才勉強可以和他交談。除此以外的人，都被他看成是木梗泥偶，形體像人而沒有人的氣味，都是些酒甕飯桶。有一次，百官大會聚，禰衡也在座，皺眉蹙額，悽愴神傷，慷慨地哀鳴。」

「或譏之曰：『英豪樂集，非所歎也。』衡顧眄歷視稠眾而答曰：『在此積尸列柩之間，仁人安能不悲乎？』曹公嘗切齒欲殺之，然復無正有入法應死之罪，又惜有殺儒生之名，乃謫作鼓吏。衡了無悔情恥色，乃縛角㈠於柱，口就吹之，乃有異聲。並搖鼗㈡擊鼓，聞者不知其一人也。而論更劇，無所顧忌。」

【今註】 ㈠角：一種樂器。擊鼓進軍，吹角收兵。㈡鞞：《周禮・春官・小師》鄭玄《注》：「鞞如鼓而小。持其柄搖之，旁耳還自擊。」

【今譯】 「有人譏議地說：『這裡是英雄豪傑歡樂的聚會，並非哀鳴的地方。』禰衡回顧了大眾，回答說：『在這積屍停柩的地方，仁人哪裏能不想悲傷哀鳴呢？』後來曹操對他有切齒之恨，想殺死他，但恐怕沒有合法應死之罪的依據，又怕蒙上殺儒生的惡名，就把禰衡貶為鼓吏。禰衡一點也沒有懊悔或恥辱的神色，他把角（樂器）縛在柱上，用口吹起來，竟發出奇異的聲音。他並且一邊搖動鞞一邊擊鼓，聽到這種鼓聲的人以為是幾個人敲出來的，並不知道是禰衡一個人。就這樣，他言論更加劇烈，無所顧忌。」

「尋亡走投荊州牧劉表㈠，表欲作書與孫權，討逆于時已全據江東㈡，帶甲百萬，欲結輔車之援，與共距中國㈢。使諸文士立草，盡思而不得表意，乃示衡。衡省之曰：『但欲使孫左右持㈣刀兒視之者，此可用爾；儻令張子布㈤見此，大辱人也。』即摧壞投地。」

【今註】 ㈠劉表：字景升，山陽高平（今山東魚臺東北）人，東漢王室遠友族人。曾任荊州刺史，據有今湖北、湖南地方。後為荊州牧。對當時軍國混戰，採取觀望態度，所據地區破壞較少，中原人前來避難者甚眾。㈡表欲作書與孫權，討逆于時已全據江東：楊明照《抱朴子外篇校箋・下》：按此上文云「孫權」，下稱「討逆」，殊為可疑。考孫策於建安三年轉拜討逆將軍，越兩年即遇刺身死（見《三國志》卷四十六〈吳書・孫策傳〉）。孫權即位後，被表為討虜將軍（見《三國志》卷四十七〈吳書・吳主權傳〉），非因仍其兄之銜也。時禰衡早已被殺（衡被殺於建安三年），劉表何得與之商討作書？是「權」字定誤。《典略》：「余曩聞劉荊州（即劉表）嘗自作書與孫伯符（策字），以稱正平，正平嗤之，言：如是為欲使張子布見乎？」（《三國志》卷五十二〈吳書・張昭傳〉裴《注》引）與此所敘同為一事，則「權」當作「策」，必矣。㈢距中國：距，抵抗。中國，中原。㈣持：孫星衍校云：《藏》本作「杜」，今從舊寫本改。㈤張子布：即張昭，彭城人。善隸書，好學，博覽群籍。漢末大亂，南渡江避難。孫策創業，命他為長史、掌理軍中郎將，文武之事。傳見《三國志》卷五十二〈吳書・張昭傳〉。

【今譯】 「不久，他亡奔荊州，投靠荊州牧劉表，劉表想給孫策寫封信，當時討逆將軍孫策已經完全占據了江東一帶，擁兵百萬，劉表想與孫策結輔車之援，一起抵抗中原的曹操，於是命令諸文士立即起稿，盡思而不得。後來劉表將稿給禰衡看，衡看了說：『如果只想使孫策左右持刀小兒看的話，大概可以使用。倘若讓張昭看見，就太恥辱了。』立即把稿子撕毀丟在地上。」

「表悵然有怪色，謂衡曰：『為了不中芸鋤乎？惜之也！』衡索紙筆，便更書之。眾所作有十餘通，衡凡一歷視之而已，暗記書之，畢以還表。表以還主，或有錄所作之本㊀也，以比校㊁之，無一字錯，乃各大驚。表乃請衡更作，衡即作成，手不停輟㊂。表甚以為佳，而施用焉。衡驕傲轉甚，一州人士莫不憎恚㊃。而表亦不復堪㊄，欲殺之。或諫以為曹公名為嚴酷，猶能忍容。衡少有虛名，若一朝殺之，則天下游士，莫復擬足於荊楚者也。表遂遣之。」

【今註】㊀本：原來的底稿。㊁比校：即「比較」。㊂輟：停止。㊃憎恚：憎，恨。恚，音ㄏㄨㄟˋ，憤怒。㊄堪：忍受。

【今譯】「劉表悵然有奇怪的樣子，對禰衡說：『為了不中用嗎？可惜啊！』禰衡索取紙筆，便重新書寫。當時眾人所寫的有十多封，禰衡一一看過而已，就根據默記的書寫出來，寫完還給劉表。劉表再把書信還給原來的人，有的曾錄下原稿的，就和禰衡寫的校對，竟沒有一個錯字，於是大家大為驚奇。劉表就請禰衡重新寫信，衡又立即寫成，手不停筆。劉表以為很好，便加以採用。後來，禰衡也就愈來愈驕傲，荊州士人無不憎惡他。而劉表也感到難以忍受，想殺死他。有人諫阻說：『曹操以嚴酷著名，尚能容忍而不殺。禰衡頗有虛名，若一朝殺之，則天下游士沒有人敢再來荊楚了。』於是，劉表把禰衡遣送出境。」

「衡走到夏口㈠，依將軍黃祖㈡，祖待以上賓。祖大兒黃射，與衡偕行㈢，過人墓下，俱讀碑銘，一過而去。久之，射曰：『前所視碑文大佳，恨不寫也。』衡曰：『卿存其名耳，我一覽尚記之。』即為暗書之，末有一字，石缺乃不分明，衡與半字，曰：『疑此當作某字，恐不審也。』射省可㈣。……」

【今註】㈠夏口：古地名，指夏水（漢水下游的古稱）注入長江處。㈡黃祖：漢末擁兵割據者。

㊂偕行：相偕而行，「一起」的意思。㊃孫星衍校云：下缺數行。

【今譯】 「衡到了夏口，投靠將軍黃祖。黃祖待他如上賓。黃祖的大兒子名叫黃射，有一次與禰衡一起走過某人墓下，俱讀碑銘文字，一過而去。久之，黃射說：『剛才看到的碑文是佳作，可恨沒有抄下來。』禰衡說：『你只記住名字，我卻一看都能記得。』立刻據默記而書寫出來。末了有一個字，碑石缺了，不甚分明，禰衡衡量半字，說：『疑此當作某字。』黃射看了是這樣的。……

「雖言行輕㊀人，密㊁願榮顯。是以高游鳳林㊂，不能幽翳蒿萊。然修己駁刺，迷㊃而不覺。故開口見憎，舉足蹈禍。齎㊄如此之伎倆，亦何理容於天下而得其死哉？猶梟鳴狐嚾㊅，人皆不喜，音響不改，易處何益？」

【今註】 ㊀雖言行輕：雖，孫星衍校云：《藏》本作「難」，今從舊寫本。輕，輕慢。㊁密：私自。㊂高游鳳林：指與權貴顯達者交往。㊃迷：執迷。㊄齎：懷。㊅梟鳴狐嚾：梟，鴞。嚾，音ㄏㄨㄢ，叫。

【今譯】「禰衡雖然言行輕慢傲人，私下還是想要榮貴顯達的。因此他跟貴戚達官交遊，不能隱沒在蒿萊之中。然而他修己駁刺，執迷而不覺悟，所以一開口就被人憎惡，一舉動就遭逢災禍。一個人懷著如此的技倆，又有什麼理由容於天下而死得其所呢？猶如梟鳴狐叫，人人都不喜歡；禰衡言談不改，換了地方又有什麼益處呢？」

「許下，人物之海也。文舉為之主任，荷之足為至到。於此不安，已可知矣。猶必死之病，俞附、越人㊀所無如何；朽木、鉛鋌㊁，班輸、歐冶㊂所不能匠也。而復走投荊楚閒，終陷極害，此乃衡懵蔽之効也。蓋欲之而不能得，非能得而弗用者矣。於戲㊃，才士可勿戒哉！」

【今註】㊀俞附、越人：俞附，附一作跗、柎、拊，傳說為黃帝時的良醫。《史記》卷一百五〈扁鵲倉公列傳〉：「上古之時，醫有俞跗。」《正義》引應劭曰：「（俞跗），黃帝時將也。」又《敦煌變文集》卷八引《搜神記》云：「昔皇（黃）帝時有榆（俞）跗者，善好良醫，能回喪車，起死人。」越人，即扁鵲，姓秦，春秋時名醫，傳見《史記》卷一百五〈扁鵲倉公列傳〉。㊁鉛鋌：未經熔化的鉛。㊂班輸、歐冶：班輸，即公輸班，戰國初魯國人，有巧藝，能造雲梯之械，見《墨子・公輸篇》。歐冶，歐冶子，春秋時越人，以善鑄劍聞名。見《吳越春秋》卷四。㊃於戲：嗚呼。

【今譯】「許昌是傑出人物聚集之地。孔融為他推薦任職，扶助他足算是最周到了。而於此不能安，已經可以知道了。猶如患了必死之病，即使是名醫俞跗與扁鵲，又有如何辦法？朽木與鉛鋌，即使是班輸與歐冶，也不能做成器械、鑄成寶劍。而禰衡又走投荊楚之間，最後被殺死，這是禰衡懵蔽的結果。大概想要而又得不到，非能得到的也就不用了。嗚呼才士，能不以此為戒嗎！」

稽生曰：「吾所惑㊀者，衡之虛名也；子㊁所論者，衡之實病㊂也。敢不寤寐指南㊃，投杖於折中乎？」

【今註】㊀惑：疑惑。㊁子：你。㊂實病：實際上的毛病。㊃寤寐指南：寤寐，覺醒。指南，指導。

【今譯】稽生說：「我所迷惑的，是禰衡的虛名；你所迷惑的，則是禰衡實際上的毛病。我豈敢不從你的指導中覺醒過來，投杖於折中嗎？」

詰鮑篇 第四十八

【篇旨】 本篇的宗旨，是問疑和批駁鮑敬言的無君論。鮑敬言「無君論」思想大體內容是：一、君主不是「受命於天」的「天子」，而是靠暴力和欺詐取得權力的暴徒和陰謀家；二、黎民百姓所遭受的一切剝削、壓迫、貧困、飢餓、苦役、罪刑、戰亂……等種種苦難，都是君主造成的；三、君主給社會帶來的災難，主要不是由於君主個人的因素，而是由於君主專制制度；四、君主制度是一切社會弊病、百姓災難的根源，消除這種根源必須消除君主制度，再回復到無君的「曩古之世」。鮑敬言並確認：「古者無君，勝於今世。」

我國儒家自古以來就對「立君」特別重視，咸認為「國君」的設置，是「上天」的「兒子」在「代天牧民」。一部《尚書》幾乎全是國君的領導學，儒家崇尚「仁政」。《論語》、《孟子》對國君的要求，幾乎佔了篇幅的大半。一套二十四史，全是國君政治事務的記錄，而司馬光的《資治通鑑》更是指導「國君」修己治人的專書。至於歷代大臣的奏疏、史官的記述，千方百計、連篇累牘、明諫暗喻，其目的亦不外祈盼當時的皇帝能察納雅言、明辨是非，用賢黜佞，做個好「國君」。因而葛洪以堅定的儒家思想為主，站在「護儒」的觀點，站在反面立場，針對鮑敬言「無君論」的看法，提出了問疑與辯正，好借此引伸自己崇儒的觀點而已。

鮑生敬言㈠好老、莊之書，治劇辯㈡之言，以為「古者無君，勝於今世」。故其著論云：「儒者曰：『天生烝民，而樹之君㈢。』豈其皇天諄諄言㈣，亦將欲之者為辭哉㈤？夫彊者凌弱，則弱者服之矣；智者詐愚，則愚者事之矣。服之，故君臣之道起焉；事之，故力寡之民制㈥焉。然則隸屬役㈦御㈧，由乎爭彊弱而校㈨愚智，彼蒼天果無事也。」

【今註】㈠鮑生敬言：即鮑敬言。生，古時候對儒者的尊稱。鮑敬言其生平事迹不詳，其書也失傳。唯其無君論，保存在葛洪《抱朴子・外篇・詰鮑篇》中；但被摘引之材料，多屬消極方面指摘君主罪惡的，後人仍難窺其全貌。葛洪書作於東晉元帝建武年間（西元三一七年左右），則鮑當為同時人。㈡劇辯：雄辯；激烈的論辯。㈢天生烝民，而樹之君：上天創造了眾多的百姓，並替他們樹立君主來統治他們。《左傳》文公十三年：「邾子（文公）曰：『……天生民而樹之君，以利之也。』」（又見《說苑・君道篇》〔「民」上有「烝」字〕）又《左傳》襄公十四年：「（師曠）對曰：『……天生民而立之君，使司牧之。』」（又見《新序・雜事篇・一》）《漢書》卷四〈文帝紀〉：「（二年詔）朕聞之，天生民，為之置君以養治之。」烝，眾。烝民，眾多的百姓。《詩經・大雅・烝民》「天生烝民」毛《傳》：「烝，眾。」㊃皇天諄諄言：上天叮嚀告誡的話。諄諄，殷勤教誨之貌；叮嚀告誡。孫星衍校：「言」，舊寫本作「然」。㊄欲之者為辭哉：意謂想當國君的人所編造出這樣的言辭呢？辭，指替君主制辯說的言辭。㊅力寡之民制：言智力寡少的弱者受制於人。制，受人控制。㊆役：役使。㊇御：駕御。㊈校：通「較」，較量。

【今譯】　鮑先生敬言喜好老子、莊子的書籍，研究激烈論辯的言辭，認為「古時候沒有國君，情況遠遠勝過今世。」所以他著文論說道：「儒家人士說：『上天創造了眾多的百姓，並替他們樹立了國君來統治他們。』難道這是上天親自叮嚀告誡的話（設立國君的言論），抑或只是那些想當國君的人所編造出這樣的言辭呢？強者欺凌弱者，那麼弱者無力抵抗，只好屈服於強者他們了；聰明的人詐騙愚笨的人，那麼愚笨的人只好奉事智者他們了。弱者屈服於強者，所以君臣之道就興起了；愚笨的人奉事聰明的人，所以智力寡少的弱者就受制於人了。如此說來，弱者愚者隸屬於強者智者，強者智者奴役駕御弱者愚者，是由於競爭強弱、較量智愚的結果，那和蒼天果真是完全無關的（意謂並無蒼天替人民樹立國君的事）。」

「夫混茫以無名為貴㈠，群生以得意為歡。故剝桂刻漆㈡，非木之願；拔鶡㈢裂翠㈣，非鳥所欲；促轡銜鑣㈤，非馬之性；荷軛運重㈥，非牛之樂。詐巧之萌，任力違真㈦。伐生之根㈧，以飾無用，捕飛禽以供華玩。穿本完之鼻，絆天放之腳㈨，蓋非萬物並生之意。夫役彼黎烝㈩，養此在官，貴者祿厚，而民亦困矣。」

【今註】㈠混茫以無名為貴：天地之初，萬物處於混沌茫昧有實無名，自由自在，因而可貴。混茫，亦作「混芒」，指原始社會天地混沌茫昧，一切尚未分明之際。無名為貴，語本老子《道德經・第一章》：「無名天地之始。」王弼《注》：「凡有皆始於無，故未形無名之時，則為萬物之始。」㈡剝桂刻漆：桂皮可食，故剝下桂樹皮，製成肉桂藥材；漆汁可用，割刻漆樹之幹，收取漆汁。《莊子・人間世篇》：「桂可食，故伐之；漆可用，故割之。」㈢鶡：音ㄏㄜˊ，鳥名，雉屬，比雉大，黃黑色，頭有毛冠，性猛好鬥，至死不卻。拔其毛製武士帽，名「鶡冠」，以示英勇。㊃翠：即翡翠，鳥名。其羽毛美麗，可作裝飾品。㊄促轡銜鑣：促使馬兒套上轡繩，銜著馬嚼子。促，使。轡，馬韁。鑣，音ㄅㄧㄠ，馬勒旁的鐵，俗稱馬嚼子。㊅荷軏運重：給牛脖子架上轅木，使之負重。軏，音ㄩㄝˋ，車轅前端支持橫木的重心，架在牲口的背上。㊆任力違真：憑藉暴力，違背人類自然的天性。㊇伐生之根：戕害生命的根本。孫星衍校：《藏》本作「伐根之生」，今從舊寫本。伐，戕害；根，根本。㊈穿本完之鼻，絆天放之腳：指穿牛鼻，絆馬足，釘馬掌。絆，套馬足的繩索。天放之腳，自然的馬腳。㊉黎烝：黎民；百姓。

【今譯】 「當天地之初，混沌茫昧，一切尚未分明之際，萬物有實無名，自由自在，因而可貴，眾生民以能夠稱心如意為歡樂。所以剝下桂樹皮，割取漆汁，都不是樹木本身的心願；拔取鶡毛製成武士帽，撕扯翡翠鳥羽來作裝飾品，並不是鳥類的希望；促使馬兒套上轡繩，口銜著馬嚼子，也不是馬的本性；架上橫木，運輸重物，更不是牛的樂事。狡詐機巧之心開始萌生，憑藉暴力，背離天然的本性。戕害生命的根本，用來裝飾無用的東西，捕捉飛鳥以供奢華的娛樂；穿透原本完整的牛鼻子、絆住天生開放的馬蹄，這些大概都不是各種生物同生在世的本意。奴役那些無數的黎民百姓，供養這些身在官位的人，使得尊貴的人俸祿愈是豐厚，人民卻愈陷於困苦。」

「夫死而得生，欣喜無量，則不如向無死也。讓爵辭祿，以釣虛名，則不如本無讓也。天下逆亂焉，而忠義顯矣；六親不和焉，而孝慈彰矣㊀。」

【今註】㊀天下逆亂焉四句：六親，父子、兄弟、夫婦。這四句本老子《道德經．第十八章》：「六親不和有孝慈，國家昏亂有忠臣。」河上公《注》：「六紀絕，親戚不和，乃有孝慈相牧養也。政令不行，上下相怨，邪僻爭權，乃有忠臣匡正其君也。」王弼《注》：「六親，父子、兄弟、夫婦也。」

【今譯】「人死亡之後得以復生，當然會歡欣喜悅到極點，那還不如一向就有生無死。辭讓爵位俸祿，以釣取虛假的名聲，那還不如本來爵位俸祿就低不用辭讓。天下發生了叛逆與動亂，於是忠義之士就能顯示出來了；六親之間不能和睦相處，於是孝順慈祥之輩就能彰顯出來了。」

「曩古之世，無君無臣，穿井而飲，耕田而食；日出而作，日入而息㊀。汎然不繫㊁，恢爾自得㊂，不競不營，無榮無辱。山無蹊徑，澤無舟梁㊃。川谷不通，則不相并兼；士眾不聚，則不相攻伐。是高巢不探，深淵不漉㊄；鳳鸞棲息於庭宇，龍鱗群遊於園池㊅；飢虎可履，虺蛇可執㊆；涉澤而鷗鳥不飛，入林而狐兔不驚㊇。勢利不萌，禍亂不作。干戈不用，城池不設。萬物玄同㊈，相忘於道。疫癘不流，民獲考終㊉。純白在胸，機心不生㊀㊀。含餔而熙，鼓腹而遊㊀㊁。其言不華，其行不飾。安得聚斂以奪民財，安得嚴刑以為坑穽㊀㊂？」

【今註】㊀穿井而飲四句：《論衡・藝增篇》：「傳曰：有年五十擊壤於路者，觀者曰：大哉堯德乎！擊壤者曰：吾日出而作，日入而息，鑿井而飲，耕田而食，堯何等力？」此或葛洪所本。㊁汎然不繫：謂舟不繫纜，任其隨波飄浮。比喻上古的人沒有任何約束、控制，自由自在的生活著。《莊子・列禦寇篇》：「巧者勞而知者憂，无能者无所求，飽食而敖遊，汎若不繫之舟，虛而敖遊者也。」成《疏》：「唯聖人汎然無係，泊爾忘心，譬彼虛舟，任運逍遙。」㊂恢爾自得：心胸寬廣，怡然自得。恢，廣大的樣子。恢爾，廣闊之貌。㊃山無蹊徑二句：意謂上古之民陶然自樂，無須翻山渡水，以相交通。《莊子・馬蹄篇》：「故至德之世，其行填填，其視顛顛。當是時也，山无蹊隧，澤无舟梁。」郭《注》：「（填填、顛顛）此自足於內，無所求及之貌。不求非望之利，故止於一家而足。」成《疏》：「蹊，徑；隧，道也。舟，船也。當是時，即至德之世也。人知守分，物皆淳樸，不伐不奪，徑道所以可遺；莫往莫來，船橋於是乎廢。」㊄高巢不探二句：意謂上古之世，人民不傷害生物。把水排盡叫漉，深淵不漉就是說不排盡深淵的水來把魚類捕盡。㊅龍鱗群遊於園池：楊明照按：「鱗」當作「麟」，字之誤也。「龍麟群遊於園池」者，謂龍遊於池，麟遊於園也。《禮記・禮運篇》：「鳳皇麒麟皆在郊棷，龜龍在宮沼。」《漢書》卷八十七上〈揚雄傳・上〉：「其十二月（永始三年）羽獵，雄從。以為昔在二帝三王，……鳳皇巢其樹，黃龍游其沼，麒麟臻其囿，神爵棲其林。」㊆飢虎可履二句：意謂上古人性和悅，即使踐踏飢虎之尾，虎亦不傷人；即使手執毒蛇，毒蛇也不會咬人。虺，音ㄏㄨㄟˇ，蛇類。㊇涉澤而鷗鳥不飛二句：《莊子・馬蹄篇》：「夫至德之世，同與禽獸居，族與萬物並。」《莊子・山木篇》：「入獸不亂群，入鳥不亂行。鳥獸不惡，而況人乎？」郭《注》：「若草木之無心，故為鳥獸所不畏。」㊈萬物玄同：玄同，謂玄道混同，默然合為一體，無彼此之分。《文子・道原篇》：「無所樂，無所苦，無所喜，無所怒，萬物玄同，無非無是。」㊉考終：壽考而死，盡其天年；善終，老死。《尚書・洪範》：「（五福）五曰考終命。」

孔《傳》：「各成其短長之命以自終，不橫夭。」㊁純白在胸二句：純白，指純淨潔白。機心，機變巧詐的心。《莊子・天地篇》：「有機械者必有機事，有機事者必有機心。機心存於胸中，則純白不備。」㊂含餔而熙二句：是說口中嚼著食物，到處嬉戲；吃飽了拍著肚腹，到處遊逛。含餔，口中嚼著食物。熙，嬉戲。《莊子・馬蹄篇》：「夫赫胥氏之時，民居不知所為，行不知所之，含哺而熙，鼓腹而遊（「熙」、「遊」二字當互乙），民能以此矣。」《淮南子・俶真篇》：「當此之時，萬民猖狂，不知東西，含哺而游，鼓腹而熙。」高《注》：「鼓，擊也。熙，戲也。」許《注》：「哺，口中嚼食也。」（《一切經音義》卷一引）《後漢書》卷十七〈岑彭傳〉：「含哺鼓腹，焉知凶災？」李《注》：「哺，食也。鼓，擊也。」㊃嚴刑以為坑穽：設立嚴刑以懲辦人民，如同設陷阱以捕殺野獸。

【今譯】　「從前上古時代，沒有國君也沒有臣下。人民掘井飲水，種地吃飯；太陽出來就去耕作，太陽下山就回去休息。人們就像一隻不被繫絆的船兒，在廣闊的天地間無拘無束、自由自在地飄蕩著，沒有競爭沒有營求，沒有榮耀沒有恥辱。山裏沒有小道路徑，湖澤上沒有舟船和橋梁。河流和山谷之間互不相通，就不會出現相互兼併的現象。士民百姓不能聚首一起，就不會互相攻戰。因此，高樹上的鳥巢不被掏搗，深淵裏的潭水不被排盡；鳳鸞敢棲息在庭院中、屋簷下，龍和麒麟敢成群結隊浮遊盤旋在園子裏、池塘中；即使踩到飢餓老虎的尾巴，也不咬人；將毒蛇捉在手裏，也不會傷人；

涉水經過湖澤，鷗鳥不會警惕而高飛；進入山林，狐狸兔子也不會受驚而逃走。權勢利益的概念不曾萌發產生，禍患混亂就不會發生。用不著武器，也用不著設置城牆和護城河。天下的萬物混然一體同生，以致相互忘懷於道德之中。瘟疫疾病不會流行，人民都可以享盡天年高壽善終。胸襟純淨潔白坦蕩，不會萌生機變巧詐的念頭。人們口含著食物到處嬉戲，吃飽了拍著肚子到處遊逛。他們說話質樸無華、不浮誇，他們行為不加掩飾與修飾。怎麼會因聚斂搜刮財富而掠奪百姓的錢財，怎麼會為實施嚴刑峻法作為陷阱用來陷害人民呢？」

「降及杪季㈠，智用巧生，道德既衰，尊卑有序。繁升降損益之禮㈡，飾紱冕玄黃之服㈢。起土木於凌霄㈣，構丹綠於棼橑㈤。傾峻搜寶㈥，泳淵採珠㈦。聚玉如林，不足以極其變；積金成山，不足以贍其費。澶漫於淫荒之域㈧，而叛其大始之本㈨。去宗㈩日遠，背朴⑪彌增。尚賢，則民爭名；貴貨，則盜賊起。見可欲，則真正之心亂⑫；勢利陳，則劫奪之塗開。造剡銳之器⑬，長侵割之患。弩恐不勁，甲恐不堅，鋒㊃恐不利，盾恐不厚。若無凌暴㊄，此皆可棄也。」

【今註】㊀杪季：猶言末世。杪，樹木的末端。㊁繁升降損益之禮：指上下尊卑繁瑣的禮節。意謂對於具體的禮儀規定，歷代有所增損、改動，很是繁瑣。語本《墨子・非儒篇》：「繁登降之禮以示儀」。㊂飾紱冕玄黃之服：意謂有了冠帽服飾的規定，以區別等級尊卑。紱冕，禮服與禮冠。紱，古時祭服。冕，古代王侯及卿大夫的禮冠。玄黃，古代帝王之服色「玄衣黃裳」，用來象徵天地，所以叫「玄黃之服」。《易經・坤卦・文言》：「夫玄黃者，天地之雜也，天玄而地黃。」㊃凌霄：高空。㊄棼橑：樓閣的棟梁、屋椽。棼，音ㄈㄣˊ，短梁。橑，音ㄌㄧㄠˊ，椽子。㊅傾峻搜寶：推倒挖剖高山峻嶺，用來搜尋財寶，亦即《抱朴子・內篇・黃白篇》所謂「披沙剖石，傾山漉淵，……以求珍玩」。傾，傾倒。峻，高山。㊆泳淵採珠：潛入深淵採收珍珠。㊇澶漫於淫荒之域：放縱於荒淫奢靡之境。澶漫，音ㄉㄢˋ ㄇㄢˋ，放縱，濫逸。《莊子・馬蹄篇》：「澶漫為樂。」《釋文》引李頤云：「澶漫，猶縱逸也。」㊈叛其大始之本：完全背叛了造物者初始的本原、根本。大始之本，乃萬物之本原，指玄。《抱朴子・內篇・暢玄篇》：「玄者，自然之始祖，而萬殊之大宗也。」㊉宗：

本原；主旨。《呂氏春秋・下賢篇》：「以道為宗」。㊁朴：樸素。㊂「尚賢……則真正之心亂」：語本老子《道德經・第三章》：「不尚賢，使民不爭；不貴難得之貨，使民不為盜；不見可欲，使民心不亂。」見可欲則真正之心亂，言看見了可要的東西就迷亂了原本正直的內心。㊂剡銳之器：銳利的兵器。剡，音ㄧㄢˇ，尖銳；銳利。《爾雅・釋詁・下》：「剡，利也。」《說文解字》刀部：「剡，銳利也。」㊃舒：古文「矛」字。㊄凌暴：謂強凌弱，眾暴寡。

【今譯】「降及末世，使用智謀萌生機巧；社會上的道德既已衰落、淪喪，於是人群中出現了尊卑貴賤之分的次序；同時地位升降和制度興革的禮儀日見繁瑣，人們穿戴起禮冠和『玄衣黃裳』的禮服。大興土木地建造起高入雲霄的樓閣，用紅綠色彩塗飾棟梁和楹椽；推倒挖剖高山搜尋財寶，潛入深淵採收珍珠。聚集的玉石像樹林一樣多，也不夠用來窮盡他們的需求變化；積累的黃金像座山那般高，也不夠用來供給他們的奢侈費用。放縱於荒淫奢靡的境地，而叛離了造物者初始的本原。離開宗旨日益遙遠，違背淳樸更加厲害。崇尚賢者，於是百姓就爭奪名位了；貴重財貨，於是盜賊便興起了；看見可要的東西，於是原本正直的內心就被迷亂了；權勢利益擺列眼前，於是爭權奪利的大門就打開了。製造了鋒利的武器，助長了侵略宰割的禍患。弓弩唯恐不強勁，鎧甲唯恐不堅固，槍矛唯恐不銳利，盾牌唯恐不厚實。假使世間沒有『強凌弱、眾暴寡』的事，這些武器全都可以拋棄。」

「故曰：『白玉不毀，孰為珪璋？道德不廢，安取仁義？』㈠使夫桀、紂之徒，得燔人，辜諫者㈡，脯諸侯，葅方伯㈢，剖人心㈣，破人脛㈤，窮驕淫之惡，用炮烙之虐㈥。若令斯人並為匹夫，性雖凶奢，安得施之？使彼肆酷恣欲，屠割天下，由於為君，故得縱意也。」

【今註】㈠「白玉不毀」以下四句：見《莊子・馬蹄篇》。珪、璋，都是玉器名。上尖下方為珪，半珪為璋。㈡得燔人，辜諫者：燔，焚燒。燔人，將人燒死。辜諫者，謂加罪於諫者；辜解作「罪」。商紂無道，在銅柱下燃炭來燒殺生人，叫「炮烙之刑」。比干進諫，紂挖其心。《淮南子・俶真篇》：「逮至夏桀、殷紂，燔生人，辜諫者。」此葛洪所本。㈢脯諸侯，葅方伯：脯諸侯，殺死諸侯，製成肉脯。脯，脯醢，音ㄈㄨˇ ㄏㄞˇ，古代一種酷刑，將屍體架起，讓風吹日曬成乾肉。葅方伯，殺死諸侯之長，製成肉醬。葅，音ㄐㄩ，葅醢，古代一種酷刑，把人剁成肉醬。方伯，一方諸侯之長。據《史記》卷三〈殷本紀〉的記載：商紂王曾「脯鄂侯」、「醢九侯」。㈣剖人心：商紂淫亂不已，比干強諫，商紂便剖比干，觀其心。見《史記》卷三〈殷本紀〉。㈤破人脛：脛，膝以下至腳跟的部分。據載：商紂見有冬月清晨涉水者，謂其脛耐寒，斬而視之。㈥炮烙之虐：據載：商紂曾以炭燒銅柱，令人爬行柱上，則墮炭上而被燒死，名曰炮格之法。後世易「格」為「烙」。虐，暴虐，此處用作刑罰。

【今譯】「所以莊子說：『如果原來的白玉不毀掉，拿什麼做成珪璋呢？如果道德不廢弛，從那裏去取得仁義？』讓那些夏桀、商紂之輩能夠用火燒人，加罪於忠言進諫之臣，將諸侯殺死做成肉脯，將一方的諸侯之長殺死剁成肉醬，挖剖人心，斬斷人腿，極盡驕奢淫逸的罪惡，甚至採用炮烙那種暴虐的刑罰。假如讓這些人也都只是普通平民，性情即使凶暴驕奢，又怎麼能夠幹這些壞事呢？使他們肆無忌憚地殘酷、恣意為所欲為，屠殺宰割天下人，就是由於他們做了君主，因此得以縱意妄行。」

「君臣既立，眾慝日滋㈠。而欲攘臂㈡乎桎梏㈢之間㈣，愁勞於塗炭之中㈤；人主憂慄㈥於廟堂之上，百姓煎擾乎困苦之中，閑㈦之以禮度㈧，整之以刑罰；是猶闢滔天之源㈨，激㈩不測之流，塞之以撮壤㈠，障之以指掌㈢也！」

【今註】㊀眾慝日滋：各種邪惡之事日甚一日。慝，音ㄊㄜˋ，邪惡。滋，增長。㊁攘臂：振動手臂，或捲起衣袖，伸出手臂。㊂桎梏：刑具，亦即腳鐐手銬，在手曰梏，在腳曰桎。也比喻一切束縛人的東西。㊃閒：同「間」。㊄愁勞於塗炭之中：意謂在極端困苦的生活當中憂愁勞動不已。塗炭，爛泥與炭火，比喻生活極端困苦。㊅憂慄：憂懼。《莊子・在宥篇》：「天下脊脊大亂，罪在攖人心。故賢者伏處大山嵁巖之下，而萬乘之君憂慄乎廟堂之上。」《爾雅・釋詁・下》：「慄，懼也。」㊆閑：限制，防範，約束。㊇禮度：禮節制度。㊈闢滔天之源：打開了滔天之水的源頭。闢，開。滔天，漫天的大水，形容水勢之大。㊉激：阻當。㊁撮壤：一撮的土，言其微少。㊂指掌：掌上一指。

【今譯】「君臣的關係既已建立確定，各種邪惡的事情也就日漸滋生。而人們要想在桎梏枷鎖之間振臂呼嚷，在極端困苦的生活當中憂愁勞動不已；國君在朝廷之上憂慮恐懼，百姓在困苦當中受盡煎熬，然後用禮節制度來加以防範，用刑罰來加以整治；這就好像打開了滔天之水的源頭，激起了一個深不可測的波流，才想到用一小撮的土去塞住它，用手掌上的一指去擋住它一樣。」

抱朴子難曰：「蓋聞沖昧㊀既闢，降濁升清㊁，穹隆仰燾㊂，旁泊

俯停㈣。乾坤定位㈤，上下以形。遠取諸物，則天尊地卑，以著人倫之體㈥；近取諸身，則元首股肱，以表君臣之序㈦。降殺之軌㈧，有自來矣。」

【今註】㈠沖昧：天地原始的混沌狀態。沖，虛而無物。昧，暗而不明。㈡降濁升清：即濁氣下降為地，清氣上升為天。㈢穹隆仰燾：謂天。穹隆，高大，指天。燾，同「幬」，覆蓋。仰燾就是在上面覆蓋著。㈣旁泊俯停：謂地。旁泊，即旁薄，廣大的樣子，這裏指地。停，靜止。俯停，是說大地在下面安靜不動。㈤乾坤定位：乾為天，坤為地。乾坤，《易經》中的兩個卦名，指陰陽兩種對立勢力。陽性的勢力叫做乾，乾之象為天；陰性的勢力叫做坤，坤之象為地。引申為天地、日月、男女、父母、世界的代稱。㈥天尊地卑二句：依據天尊地卑的形象，確定了人世倫理的體制及原則。《易經・繫辭・上》：「天尊地卑，乾坤定矣；卑高以陳，貴賤位矣；動靜有常，剛柔斷矣。」㈦元首股肱二句：用人身體部位來作比喻：由人的頭部和四肢就表明了君臣間的次序——先君後臣。元首，頭部，比喻君主。股，大腿；肱，臂膊，比喻臣子。《尚書・益稷》：「元首明哉，股肱良哉，庶事康哉！」孔《傳》：「先君後臣，眾事乃安，以成其義。」㈧降殺之軌：由上而下依次降低的法度。降殺，由上而下地分等級。殺，衰，等差。軌，法度。

【今譯】抱朴子辯駁說：「似乎聽說天地原始混沌狀態初開以後，濁物下降為地，清氣上升為天，天在上面覆蓋萬物，大地在下面靜止不動。天地定位了，上下的關係也因此而形成。拿遠處事物的道理來取法，那麼天尊處上，地卑處下，這就顯現了人間倫理的體制；拿近處自己身體的部位來取法，那麼人的頭和四肢，就表明了君臣間的秩序。由上而下依次降低等級的法度，是有所由來的。」

「若夫太極混沌，兩儀無質㈠，則未若玄黃剖判㈡，七耀㈢垂象，陰陽陶冶，萬物群分也。由茲以言，亦如鳥聚獸散㈣，巢棲穴竄㈤，毛血是茹㈥，結草斯服。入無六親之尊卑，出無階級之等威㈦。未若庇體廣廈，梗㈧梁嘉旨㈨，黼黻綺紈㈩，御冬當暑，明辟蒞物㈡，良宰匠世㈢，設官分職，宇宙穆如㈢也。」

【今註】㈠兩儀無質：意謂天地尚未成體以前的混沌狀態。兩儀，指天地。㈡玄黃剖判：天地開闢；亦即天地既分的意思。天玄地黃，故以玄黃代指天地。剖判，分開。《易經・坤卦・文言》：

「夫玄黃者，天地之雜也，天玄而地黃。」《正義》：「天色玄，地色黃。」③七耀：即七曜，指日、月及金、木、水、火、土五星。④如鳥聚獸散：意謂上古之人像鳥獸那樣自由自在地聚合與分散。「如」舊作「知」，繼昌校舊寫本作「如」，今據改。⑤巢栖穴竄：如鳥栖於巢中，如獸藏於洞穴內。⑥毛血是茹：連毛帶血地生食獵物。茹，食；吃。《禮記・禮運篇》：「未有火化，食草木之實，鳥獸之肉，飲其血，茹其毛。」⑦等威：不同等級的威儀。《左傳》宣公十二年：「貴有常尊，賤有等威。」杜預《注》：「威儀有等差。」⑧粳：音ㄍㄥ，粳米。⑨嘉旨：美味。⑩黼黻綺紈：指四時各色衣服。黼黻，古代之禮服；或指古代禮服上所繡飾的文彩。綺，有花紋的絲織品。紈，細白的絹綢。⑪明辟莅物：聖明的君主統治天下。辟，君主。《爾雅・釋詁・上》：「辟，君也。」明辟，明君。莅，臨。物，眾。⑫良宰匠世：賢良的官吏料理世務。孫星衍曰：「匠」舊寫本作「匡」。⑬穆如：和悅；和諧；德化盛美。

【今譯】 「至於說原始狀態混沌為一，天與地的實體都還不存在的時候，那就不如玄天黃地分開，日月和五星高懸天際向人們顯示徵兆，陰陽二氣相互陶冶，造就了萬物分門別類的景象。由此來說，上古的人像鳥獸那樣自由自在地聚合與分散，在樹上築巢，或在洞穴中藏身；連毛帶血的生吃獵物，編結草葉當作衣服。在內沒有親屬間的尊卑關係，在外沒有不同等級間的威儀。還不如住在高大的房室之內遮蔽身體，吃著粳稻小米及美味嘉餚，穿著繡飾文彩的綢緞綾絹衣服，既能抗禦冬寒，又能抵擋暑熱；上有聖明的君主統治天下，下有賢良之臣治理世務，設立官府，劃分職司，天下就和諧太平了。」

「貴賤有章，則慕賞畏罰；勢齊力均，則爭奪靡憚㈠。是以有聖人作，受命自天。或結罟以畋漁㈡，或瞻辰而鑽燧㈢，或嘗卉以選粒㈣，或構宇以仰蔽㈤。備物致用㈥，去害興利，百姓欣戴，奉而尊之。君臣之道，於是乎生，安有詐愚凌弱之理？」

【今註】㈠靡憚：謂有恃無恐。㈡結罟以畋漁：傳說伏犧氏開始教民結網捕魚田獵。罟，網罟。畋，打獵。漁，捕魚。㈢瞻辰而鑽燧：傳說燧人氏上觀星辰，發現了鑽木取火的方法。《尸子》：「燧人上觀辰星，下察五木以為火也。」（《藝文類聚》卷八十、《太平御覽》卷八六九引。）「瞻」本作「贍」，依楊明照校改。辰，星辰。燧，古代取火器。《淮南子．本經篇》：「鑽燧取火。」㈣嘗卉以選粒：傳說神農氏嚐百草，教民播種五穀。卉，草。選粒，選種子。㈤構宇以仰蔽：傳說有巢氏教人構木為巢，以蔽風雨。《韓非子・五蠹篇》：「上古之世，人民少而禽獸眾，人民不勝禽獸蟲蛇，有聖人作，搆木為巢以避群害，而民悅之，使王天下，號曰有巢氏。」構宇，建造房屋。宇，居處。㈥備物致用：備萬物加以使用。語見《易經・繫辭・上》。

【今譯】「有了顯貴和卑賤的章法，那麼人們就會羨慕賞賜、畏懼責罰；如果彼此勢均力敵，那麼雙方爭奪起來就會有恃無恐、肆無忌憚。因此就有聖人產生，他們受命於天上：有的教人結網打獵捕魚，有的上觀星辰而教人鑽木取火，有的親嚐百草選取種子而教人播種五穀，有的教人構造房屋以便遮蔽風雨。準備好萬物以便使用，消除禍害，興辦福利的事業；因此老百姓高高興興地擁戴他們、尊奉他們。君臣之道，於是就產生了，怎麼會有詐騙愚者、欺凌弱者的道理呢？」

「三、五迭興㈠，道教㈡遂隆，辯章勸沮㈢，德盛刑清。明良之歌㈣作，蕩蕩之化㈤成。太階既平㈥，七政㈦遵度，梧禽激響於朝陽㈧，麟、虞㈨覿㈩靈而來出，龜、龍吐藻於河湄⑪，景、老摛耀於天路⑫，皇風振於九域⑬，凶器戢乎府庫⑭。是以禮制則君安，樂作而刑厝⑮也。」

【今註】 ㈠三、五迭興：三皇、五帝相繼興起。三、五，指三皇、五帝。都是傳說中的上古帝王。㈡道教：道德教化。㈢辯章勸沮：辨別彰明，勸善懲惡。辯章，同「辨章」，亦即《尚書・堯典》中的「平章」，意謂辨別彰明。「辯」，通「辨」。勸沮，勸勉與阻止。沮，同「阻」，勸阻。㈣明良之歌：為舜臣皋陶所作的歌。亦指《尚書・益稷》所載之歌，曰：「元首明哉，股肱良哉，庶事康哉！」明良，指聖明之君、忠良之臣。㈤蕩蕩之化：廣大的教化。孔子讚美堯德的偉大說：「大哉堯之為君也！……蕩蕩乎，民無能名焉！」見《論語・泰伯篇》。㈥太階既平：太階，星名。共六星組成，兩兩並排而斜上如階梯。亦即北斗七星中第一星以下的六星。分上階、中階、下階，各有上下二星。封建迷信認為上階象天子，中階象諸侯、公卿、大夫，下階象士、庶人。星相家認為三階平則陰陽和、風雨時，天下安樂，是謂太平。所以「太階平」，就是象徵天下太平。說詳《漢書》卷六十五〈東方朔傳〉顏《注》引《黃帝泰階六符經》。㈦七政：即七曜，指日月及五星。㈧梧禽激響於朝陽：鳳凰朝陽而鳴。象徵賢者在朝。梧禽，即鳳凰。鳳凰非梧桐不棲，所以叫梧禽，山的東面叫朝陽。《詩經・大雅・卷阿》：「鳳皇鳴矣，干彼高崗；梧桐生矣，于彼朝陽。」㈨麟、虞：指麒麟和騶虞。相傳兩個都是仁獸。封建迷信認為有感帝王仁德，因而麒麟、騶虞等祥瑞之獸都出現了。⑩覿：音ㄉㄧˊ，見，引伸為「出現」。⑪龜、龍吐藻於河湄：表示吉祥的靈龜、神龍也出現於水邊吐出華麗的紋藻。河湄，河邊；水邊；河岸。湄，水草交聚之處。㊁景、老摛耀於天路：景星、老人星也在天空放出了光明。古人認為景星、老人星都是瑞星，出現則治平，主人長壽。景，指景星。老，指老人星，即南極星。摛耀，光明四射。摛，散布。㊂皇風振於九域：帝王的德化遍布天下。皇風，指帝王的德化。九域，猶九州，傳說中的我國中原上古行政區劃，後泛指中國。㊃凶器戢乎府庫：刀槍入庫。意謂沒有戰事。兇器，指兵器。戢，收藏。㊄刑厝：刑罰不用。厝，廢；停。

【今譯】「三皇、五帝相繼興起，道德教化因而隆盛。有分辨有表彰，有勸勉有阻止，德化繁盛，刑罰清明。頌揚賢君良臣的『明良之歌』（「元首明哉，股肱良哉」）創作了，於是成就了廣大的教化。天上的太階六星顯示了天下太平，日月五星「七曜」都能遵循律度正常的運行。鳳凰在朝陽之下發出激越的鳴叫，麒麟和騶虞兩種仁獸都出現了。靈龜和神龍在河邊吐出華麗的紋藻，景星和老人星兩顆瑞星在天空中發出明亮的光輝。帝王的德化、恩澤遍布於天下，刀槍兵器都收藏到倉庫裏。因此，禮的制度建立起來，君主的地位就安定了，音樂興起，刑罰就可以廢棄不用了。」

「若夫奢淫狂暴，由乎人已，豈必有君便應爾乎？而鮑生獨舉衰世之罪，不論至治之義，何也？且夫遠古質朴，蓋其末變，民尚童蒙，機心㊀不動。譬夫嬰孩，智慧未萌，非為知而不為，欲而忍之也。若人與人爭草萊㊁之利，家與家訟巢窟㊂之地，上無治枉㊃之官，下有重類之黨㊄，則私鬪過於公戰，木石銳於干戈。交尸布野㊅，流血絳路㊆。久而無君，噍類㊇盡矣。」

【今註】 ㊀機心：指機巧、變詐之心。《淮南子・原道篇》：「故機械之心藏於胸中。」高《注》：「機械，巧詐也。」 ㊁草萊：雜生的叢草，意謂荒蕪之地。 ㊂巢窟：鳥獸居處，借指人們藏身之所。蓋上古無房屋，故稱巢窟。 ㊃治枉：治理枉曲；審理枉曲。 ㊄重類之黨：偏重、袒護同族或同類利益的人們。黨，指其親屬、鄉黨或同類。 ㊅交尸布野：形容殺人眾多。 ㊆流血絳路：流血之多，將道路都染紅了。絳，深紅色。 ㊇噍類：原謂能飲食的動物，在此特指活著的人。噍，音ㄐㄧㄠˋ，咬；嚼；食。

【今譯】 「至於驕奢淫逸、瘋狂暴虐，只是由於各人的稟性所致而已。難道一定是由於有了君主就應該如此呢？而鮑先生唯獨舉出那些衰敗時代的罪責，不論太平治世時的情況，是為什麼呢？況且遠古時代風氣質樸，是因為社會還沒有發生變化，人民還處在童年蒙昧的階段，機巧之心還沒有生成。

就像是個嬰孩，智慧還沒萌發，並不是知道而不去做，想要卻又忍住了。倘若人與人之間為一棵雜生叢草般的小利而爭奪，家與家之間為鳥巢獸窟般的藏身之地而打官司，上面沒有治理枉曲的官員，下面卻有偏向、袒護同族或同類利益的同伙，那麼私人的毆鬥遠超過公家的戰爭，木棍石塊的銳利傷害也會勝過干戈兵器。屍體布滿了原野，流血染紅了道路。假使長此以往而無君主，人類將會滅絕殆盡了。」

「至於擾龍馴鳳㈠，《河圖》《洛書》㈡，或麟銜甲負㈢，或黃魚波湧㈣，或丹禽翔授㈤，或回風三集㈥，皆在有君之世，不出無王之時也。夫祥瑞之徵，指發玄極㈦，或以表革命之符㈧，或以彰至治之盛。若令有君不合天意，彼嘉應之來，孰使之哉？子若以混冥㈨為美乎？則乾坤不宜分矣；若以無名㈩為高乎？則八卦⑪不當畫矣。豈造化⑫有謬，而太昊⑬之闇⑭哉？」

【今註】㈠擾龍馴鳳：馴養龍鳳。擾龍，使龍馴服。相傳帝堯時有董父「實甚好龍，能求其耆欲以飲食之，龍多歸之，乃擾畜龍，以服事帝舜」；號豢龍氏。見《左傳》昭公二十九年。馴鳳，相傳黃帝時鳳凰巢於阿閣，帝堯時鳳凰止於庭。見《尚書中候》。此處均視龍鳳為祥瑞之物。㈡《河圖》《洛書》：《易經・繫辭・上》：「河出圖，洛出書。」相傳伏犧氏王天下，龍馬負圖出於河，伏犧因則其文以畫八卦，故名曰《河圖》。相傳大禹治水，洛龜負書於背，有數至九，禹因而以第之以成九疇，故名曰《洛書》。㈢麟銜甲負：「麟」，《藏》本、魯藩本、吉藩本作「鱗」。疑當作「鱗」，指龍。《尚書中候》：「堯時，龍馬銜甲，赤文綠色。」即是「鱗銜」，指龍銜圖。甲，指龜。甲負，指龜負書。㈣黃魚波湧：《尚書中候》載曰：「天乙（湯）在亳，東觀乎雒，黃魚雙躍，出躋于壇，化為黑玉。」（《文選》卷三十一江淹〈雜體詩三十首・擬袁淑詩—袁太尉〉李《注》引）黃魚，此處作祥瑞之物。《帝王世紀》稱，湯東觀，沉璧於洛，獲黃魚黑玉之瑞，於是始受命稱王。㈤丹禽翔授：謂赤雀銜丹書授文王。《尚書中候》：「季秋之月甲子，赤雀銜丹書入豐，止於昌（《史記》卷四〈周本紀〉：「公季卒，子昌立，是為西伯。西伯曰文王。」）戶，再拜稽首受。」（《詩經・大雅・文王・序》《正義》、《周禮・春官》賈《疏》、《公羊傳》隱公元年徐《疏》引）丹禽，指赤鳥。㈥回風三集：回風，旋風；暴風。依據《六韜》佚文（《通典》卷一六二、《太平御覽》卷三二八引）、《史記》卷三十二〈齊太公世家〉及《淮南子・覽冥篇》，得知：武王伐紂，曾遇氾水、孟津、牧野三地風暴，故曰「回風三集」。㈦指發玄極：意旨出於上天。指，通「旨」。玄極，謂至高之天。㈧表革命之符：表示朝代更替的徵兆。革命，實施變革以順應天命，意謂將建立新的王朝。㈨混冥：亦作「混溟」，同「混茫」，指混沌茫昧的時候。㈩無名：亦指天地開闢前之狀態。老子《道德經・第一章》：「無名，天地之始；有名，萬物之母。」㈡八卦：《易經》中的八種基本圖形。《易傳》作者認為八卦主要象徵天、地、雷、風、水、火、山、澤八種自然現象。㈢造化：指天地。《淮南子・原道篇》：「乘雲陵霄，與造化者俱。」高《注》：「造化，天地。」《淮南子・本經篇》：「與造化者相雌雄。」高《注》：「造化，天地也。」㈢太昊：即伏犧氏。相傳伏犧畫卦。㈣闇：同「暗」，愚昧不明。

【今譯】　「至於馴養龍鳳，黃河出圖，洛水出書，或是龍馬銜圖、靈龜負書，或是黃魚從波浪中躍起，或是赤雀銜丹書授予文王，或是武王伐紂時遭遇三次風暴，這些全都出現在有國君的時代，而不出現在沒有帝王的時候。祥瑞的徵兆，意旨出於上天：有的是表明將要改朝換代的符命，有的是用來表彰治理最好的盛世。如果有國君不符合天意的話，那麼這些祥瑞徵兆的到來出現，是誰使之呈現出來的呢？你若認為混沌蒙昧是美好的嗎？那麼天地就不應該分開了；如果認為原始的狀態——無名——是最高尚的，那麼八卦就不應當畫了。難道造化主——天地本有謬誤，而伏犧氏也愚昧不明嗎？」

「雅論㈠所尚㈡，唯貴自然。請問夫識母忘父，群生之性也；拜伏之敬，世之末飾㈢也。然性不可任，必尊父焉；飾不可廢，必有拜焉。任之廢之，子安乎？古者生無棟宇，死無殯葬，川無舟檝㈣之器，陸無車馬之用。吞啖毒烈㈤，以至殞斃。疾無醫術，枉死無限。後世聖人，改而垂㈥之，民到于今，賴其厚惠。機巧之利，未易敗矣。今使子居則反巢穴之陋，死則捐㈦之中野；限水㈧則泳之游之㈨，山行則徒步負戴㈩；棄鼎鉉㈡而為生臊之食，廢針石㈢而任自然之病；裸以為飾，不用衣裳；逢女為偶，不假行媒。吾子亦將曰不可也。況於無君乎！」

【今註】㈠雅論：高雅之論，指鮑敬言的觀點。㈡尚：崇尚；推崇。㈢世之末飾：楊明照按：「世之末飾」，疑當乙作「末世之飾」，始合文意。蓋謂拜伏之禮，起於後代，上古無有也。㈣檝：同「楫」，船槳。㈤吞啖毒烈：意謂誤食有毒之物。啖，吃。㈥垂：流傳。㈦捐：《說文解字》手部：「捐，棄也。」㈧限水：限於水；即被水所阻隔。㈨泳之游之：《詩經・邶風・谷風》：「就其淺矣，泳之游之。」鄭《箋》：「潛行為泳。」朱《注》：「潛行曰泳，浮水曰游。」㈩負戴：背負而首戴。負，謂負於背。戴，謂戴於首。㈡鼎鉉：烹飪所用的器具。鼎，古時烹調食物的器具；鉉，舉鼎的工具。㈢針石：針灸。用針和藥石治病。這裏指醫術。

【今譯】 「您高雅言論所崇尚的，只是以自然為可貴。那麼請問：記得母親而忘記父親，這是群生的本性；跪拜俯伏的禮敬，那是後代、末世的修飾。然而不能放任本性、任情而為，必須尊敬父親；禮儀修飾不可荒廢，所以一定得要有跪拜的動作。如果放任本性，荒廢禮儀，你能夠安心嗎？古時候人活著沒有房子住，死了也不停柩下葬；渡越江河沒有舟船槳楫的器具，行於陸地沒有車馬可用。有時吞食了劇毒的東西，以致於死掉。疾病缺乏醫術治療，冤枉而死的人不計其數。後世有了聖人，改變了這種情況並流傳下來，百姓到今天還依賴這巨人的恩惠。所以機巧智慧給人類的福利，是不能輕易廢棄的。假如現在讓您住回古代簡陋的巢穴裡去，死了就將屍體丟棄在荒野；遇到水的阻隔就游泳渡過，逢著山路就背扛頭頂著東西徒步走去。放棄用鼎鑊烹煮而去吃生臊的食物，有病並不用針灸藥石治療而任其自然發展。裸露身體當作裝飾，不穿衣服；遇到女人就結為配偶，不求媒人。您也將會說不行吧！更何況沒有國君呢！」

「若令上世人如木石，玄冰㊀結而不寒，資㊁糧絕而不飢者，可也。衣食之情，苟在其心，則所爭豈必金玉？所競豈必榮位？橡茅㊂可以生鬭訟，藜藿㊃足用致侵奪矣。夫有欲之性，萌於受氣之初㊄；厚己之情，著於成形之日㊅。賊殺并兼，起於自然。必也不亂，其理何居？」

【今註】㊀玄冰：很厚的冰。冰厚則色深，故曰玄冰。玄，深。㊁資：舊作「肴」，從馬總《意林》引改正。㊂橡茅：即橡栗、橡實、櫟實，荒年可以充飢。茅，音ㄒㄩˋ，《藏》本作「茅」，因形近而訛，今從舊寫本。㊃藜藿：野菜和豆角的葉子。藜草初生的嫩葉可食。藿，豆角的葉子。㊄有欲之性二句：人生之欲望乃與生俱來。㊅厚己之情二句：厚待於己之情乃是天然生成的。

【今譯】「如果讓上古之人要像樹木石頭一樣，凍結了厚冰不覺得寒冷，糧食沒了也不感到飢餓，這才可以做到無君的主張呢！如果心中老是存有想要吃飽穿暖的念頭，那麼所競爭的豈止是金玉？所搶奪的又豈止是名譽地位呢？其實，一棵橡實就可以產生打鬥訴訟，野菜和豆葉夠吃時也會導致侵佔掠奪。人生各種欲望的性情，在人受氣之初就萌生了；自私自利厚待自己的情感，在人的生命剛剛成形之時就已存在了。因此殘殺人命、吞併財產，乃是自然產生的事。一定要讓它不混亂，這是什麼道理呢？」

「夫明王在上，群后㈠盡規，坐以待旦㈡，昧朝旰食㈢。延誹謗以攻過㈣，責昵屬之補察㈤。聽輿謠以屬省㈥，鑒履尾而夕惕㈦。颺清風以埽穢，厲秋威以肅物。制峻網密㈧，有犯無赦。刑戮以懲小罪，九伐以討大憝㈨。猶懼豺狼之當路㈩，感彝倫之不敘⑪。憂作威之凶家⑫，恐姦宄⑬之害國。」

【今註】㈠群后：「群后」和「明王」對舉，則群后指王侯公卿。㈡坐以待旦：坐等天明。意謂先王為了朝政教化之事，不能安寐。《孟子・離婁篇・下》：「周公思兼三王，以施四事；其有不合者，仰而思之，夜以繼日；幸而得之，坐以待旦。」趙《注》：「坐以待旦，言欲急施之也。」《偽古文尚書・太甲・上》：「伊尹乃言曰：『先王昧爽丕顯，坐以待旦。』」㈢昧朝旰食：天未亮就上朝，很遲才吃飯。旰，音ㄍㄢˋ，晚、遲。《小爾雅・廣言》：「旰，晚也。」㈣延誹謗以攻過：

接納別人批評的意見，以幫助自己改正過錯。傳說堯置諫鼓，舜設謗木。人民可以敲諫鼓謗木來提意見。《淮南子・主術篇》：「故堯置敢諫之鼓也，舜立誹謗之木。」高《注》：「書其善否於表木也。」延，接納。㊄責昵屬之補察：責成親近的人補其愆過並觀察朝政之得失。昵屬，親近的人。《玉篇・日部》：「暱，女栗切。親近也。昵，同上。」《左傳》襄公十四年：「自王以下，各有父兄子弟，以補察其政。」杜《注》：「補其愆過，察其得失。」㊅聽輿謠以屬省：傾聽輿論民謠來自我省察。周時有采詩之官，太師陳詩以觀民風。聽了這些歌謠，從人民的反映裏就知道政治的得失。輿，輿誦；輿論。謠，歌謠；謠言。屬省，非常認真地思考；反省；省察。㊆鑒履尾而夕惕：以踐踩到老虎的尾巴作為借鑒，應該早晚警惕戒懼。履，踐踏。尾，指虎尾。《易經・履卦》：「六三，……履虎尾，咥人，凶。」《正義》：「以此履虎尾，咥齧於人，所以凶也。」夕惕，夜晚十分謹慎小心，形容戒慎恐懼、小心翼翼。㊇制峻網密：法制嚴峻和法網嚴密。㊈九伐以討大憝：九伐，指朝廷對於行為不端之諸侯的九種討伐辦法，包括削地、撤職、誅滅等。詳見《周禮・夏官・大司馬》。大憝，元凶；首惡；大惡人；大奸惡。㊉豺狼之當路：譬喻貪戾的大臣盤踞在朝廷之上。豺狼，比喻貪戾之臣。《漢書》卷七十七〈孫寶傳〉：「（侯）文曰：『豺狼橫道，不宜復問狐狸。』」㈡感彝倫之不敘：感慨正常的人倫關係不上軌道。彝倫，正常的人倫。《尚書・洪範》：

「天乃錫禹洪範九疇，彝倫攸敘。」㈢憂作威之凶家：憂慮作威作福的卿大夫擾亂了他的封地。凶，作動詞，解作傷害。家，指卿大夫。《尚書・洪範》：「臣之有作福作威玉食，其害于而家，凶于而國。」㈢姦宄：歹徒；犯上作亂的人；違法作亂的人；姦邪的人。宄，音ㄍㄨㄟˇ。《國語・晉語・六》：「亂在內為宄，在外為姦。」

【今譯】「當聖明的君王在上，眾多的王侯公卿群相效法，像周公、文王那樣為國家大事坐待天明，天未亮就上朝，過了時辰才進食。接納別人批評的意見用來糾正過錯，責成親近的人彌補過錯和觀察朝政的得失。傾聽輿論民謠來自我省察，用踐踩虎尾危險狀況作為借鑒，應該早晚保持警惕。像揚起的清風掃除了污穢，像嚴厲的秋威肅清了萬物。法制嚴峻、法網嚴密，對於違犯者絕不寬貸。用刑罰殺戮懲制小罪犯，用九種討伐的辦法來誅滅大惡人。仍然害怕、擔心貪戾的大臣盤踞當道，感慨正常的人倫關係不上軌道。憂慮作威作福的卿大夫擾亂了他的封地，恐怕違法作亂的人禍害國家。」

「故嚴司鷹揚以彈違㈠，虎臣杖鉞於方嶽㈡。而狂狡之變，莫世乏之。而令放之，使無所憚，則盜跖㈢將橫行以掠殺，而良善端拱㈣以待禍。無主所訴，無彊所憑。而冀家為夷、齊㈤，人皆柳惠㈥，何異負豕而欲無臭，憑河㈦而欲不濡㈧，無轡筴㈨而御奔馬，棄柂櫓㈩而乘輕舟？未見其可也。」

【今註】㈠嚴司鷹揚以彈違：嚴厲的官員威武地彈劾違法的官吏。嚴司，嚴厲的官吏。鷹揚，如鷹之飛揚，比喻威武。彈違，彈劾違法的官吏。㈡虎臣杖鉞於方嶽：威武的武官執掌大斧監督四方諸侯。虎臣，英勇的武官。《詩經・魯頌・泮水》：「矯矯虎臣。」鄭《箋》：「矯矯，武貌。」《正義》：「矯矯然有威武如虎之臣。」杖鉞，執大斧，指執掌征伐之權。方嶽，為一方之長，指四方諸侯。㈢盜跖：一作盜蹠，春秋末期人，相傳率數千之眾，橫行天下。㈣端拱：端身拱手。㈤夷、齊：即伯夷、叔齊。孤竹君之二子，被認為是清高廉潔之士。㈥柳惠：春秋魯大夫展禽，食邑柳下，謚曰惠，不慕榮利，亦為著名清高廉潔之士。㈦憑河：徒步涉水，不用舟船渡水。代指游泳。㈧濡：音ㄖㄨˊ，濕。㈨轡筴：馬繮繩、馬鞭。筴，同「策」，馬鞭。㈩柂櫓：駕船的用具；在船尾定方向的叫柂（船舵），在船身搖駛的叫櫓。

【今譯】「因此嚴厲的官員威武地彈劾違法的官吏，威武的武官手執大斧監督四方諸侯。然而狂妄狡詐之徒所興起的事變，沒有那一個時代沒有。假如放任不管，讓壞人無所忌憚、畏懼，那麼盜跖那樣的強盜將會橫行不法、掠財殺人，而善良的人民只能拱手端立等待災禍的到來。沒有君主可以去投訴，沒有強權可以依靠憑藉。而希望每家都像伯夷、叔齊一樣的廉潔，希望每人都像柳下惠一樣的清高，那和揹著豬玀卻想沒有臭味，下水過河卻不想沾濕身體，沒有繮繩和馬鞭卻想駕御奔馬，拋棄船舵和船槳卻想乘坐小船，有什麼區別呢？看不出這樣作是可行的。」

鮑生又難曰：「夫天地之位，二氣範物㈠。樂陽則雲飛，好陰則川處。承柔剛以率性㈡，隨四、八而化生㈢。各附所安，本無尊卑也。君臣既立，而變化遂滋㈣。夫獺多則魚擾，鷹眾則鳥亂。有司㈤設則百姓困，奉上厚則下民貧。壅崇㈥寶貨，飾玩臺榭㈦。食則方丈㈧，衣則龍章㈨。內㈩聚曠女㈡，外㈢多鰥男㈢。採難得之寶，貴奇怪之物，造無益之器，恣不已之欲。非鬼非神，財力安出哉？」

【今註】㈠二氣範物：謂陰陽二氣陶冶鑄造了萬物。二氣，指陰陽之氣。㈡承柔剛以率性：承受或者剛健或者柔順而都各遵循自己自然的稟性去做。率，孫星衍校：《藏》本作「卒」，從舊寫本改。

率性，儒家倫理思想，謂遵循稟性。《禮記・中庸篇》：「天命之謂性，率性之謂道。」鄭《注》：「率，循也；循性行之是謂道。」㊂隨四、八而化生：⑴隨著四季八節而化育滋生。四，四時。即春、夏、秋、冬四季。八，八節。即立春、立夏、立秋、立冬、春分、夏至、秋分、冬至八個節氣。⑵隨著四象八卦的運行而化育滋生。四、八，指四象與八卦。四象，即金、木、水、火。八卦，指天、地、水、火、風、雷、山、澤。㊃滋：增益；加多。《孟子・公孫丑篇・上》：「若是，則弟子之惑滋甚。」㊄有司：即官吏。古代設官分職，各有專司，因稱官吏為「有司」。《尚書・周書・立政》：「惟有司之牧夫。」㊅壅崇：堆積；積累；囤積。崇，貴重；珍愛。㊆飾玩臺榭：把臺榭裝飾得極為美麗精緻。臺榭，建在高土臺上的敞屋，一般供眺望或遊觀之用。《偽古文尚書・泰誓篇・上》：「惟宮室臺榭陂池侈服。」孔《傳》：「土高曰臺，有木曰榭。」《禮記・月令篇》：「（仲夏之月）可以處臺榭。」鄭《注》：「闍者謂之臺。有木者謂之榭。」㊇食前方丈：是說吃飯時菜餚極多，食物擺了一丈見方。形容豐富、浪費。㊈衣則龍章：穿衣就穿繡飾了各種龍形圖案花紋的衣服。龍章，指帝王的衣服，上面繡著龍紋。㊉內：指宮庭。⑪曠女：成年而無夫的女子。⑫外：指民間。⑬鰥男：成年而無妻的男子。《釋名・釋親屬》：「無妻曰鰥。」

【今譯】 鮑敬言先生又辯駁說：「天地之間，陰陽二氣陶冶鑄造了萬物。偏喜陽氣的就像雲一樣飛上天空，偏好陰氣的就像河水一樣匯聚在低處。承受或者剛健或者柔順的稟性各自遵循著去做，並隨著四季八節而化育滋生（或譯作：並隨著四象八卦的運轉而化育滋生）。各自依附在它安然適舒的地方，本來就沒有地位高低之分的。君臣之道確立之後，變化就增多了。食魚的水獺多了，魚就受到了騷擾；捕鳥的老鷹多了，鳥群就會受到騷亂。設置了官吏，百姓就陷入了困境，對上奉獻豐厚，那下面百姓就會貧窮。囤積珍愛財寶貨物，精心裝飾亭臺樓閣；吃飯就要擺滿一丈見方的食物，穿衣就要繡龍花紋的衣服。宮殿內聚集了很多未嫁的女子，外面民間就有許多無妻的單身漢。採集難得的寶貝，推崇珍愛稀奇特異的物品，製造沒有益處的器物，放縱那沒有盡頭的欲望，如果不是鬼也不是神，財力從那裏來呢？」

「夫穀帛積，則民有飢寒之儉；百官備，則坐靡㊀供奉㊁之費。宿衛㊂有徒食之眾，百姓養游手之人。民乏衣食，自給已劇㊃，況加賦斂，重以苦役。下不堪㊄命，且凍且飢。冒法斯濫㊅，於是乎在。王者憂勞於上，臺鼎顰顣於下㊆，臨深履薄㊇，懼禍之及。恐智勇之不用，故厚爵重祿以誘之；恐姦釁之不虞㊈，故嚴城㊉深池以備之。而不知祿厚則民匱㈡而臣騎㈢，城嚴則役重而攻巧㈢。」

【今註】㈠坐靡：無故的消耗。靡，消耗。㈡供奉：本指以犧牲祀神祭祖，這裏指人民向政府繳納的賦稅。㈢宿衛：指在宮中值宿擔任警衛者。㈣劇：艱難；艱辛；繁重；艱難。㈤堪：勝。㈥冒法斯濫：違法亂紀，胡作非為。冒法，犯法。斯濫，放肆為非。《論語・衛靈公篇》：「小人窮斯濫矣。」㈦臺鼎顰顣於下：朝廷三公宰輔緊皺眉頭，心情憂愁。臺鼎，即三臺和鼎足，以比三公，用為宰輔之稱。顰顣，音ㄆㄧㄣˊ ㄘㄨˋ，憂愁貌。顰，皺眉；顣同「蹙」，蹙額。㈧臨深履薄：如臨深淵，如履薄冰。形容戒慎恐懼。《詩經・小雅・小旻》：「戰戰兢兢，如臨深淵，如履薄冰。」㈨恐姦釁之不虞：恐怕發生沒有預料到的禍端。姦釁，奸言與瑕隙，引伸為奸邪不軌之事。不虞，意料外之事。㈩嚴城：即高其城牆。嚴，高峻。㈡匱：貧乏。㈢騎：楊明照校曰：陳澧曰：「『騎』當作『驕』。」陳說是。「騎」乃《平津》本寫刻之誤，各本均作「驕」，當據改。㈢攻巧：攻城的技術巧妙。

【今譯】「糧食、布帛囤積如山，人民還得忍受挨餓受凍的節儉生活；百官齊備了，就白白地消耗了百姓向政府繳納賦稅的經費。在宮中值宿的禁衛，有很多是白吃飯的人，百姓所奉養的，正是這些遊手好閒的人。人民本身還缺吃少穿，自我供給已很艱難，何況還要加倍繳納賦稅，承受繁重的苦役。下面的人民實在受不了，又得受凍、挨餓。於是違法亂紀、胡作非為的現象，也就存在了。君王在上憂愁勞碌，三公宰輔大臣在下皺眉蹙額憂煩不已，好像臨深淵、踩薄冰，害怕禍患降臨到面前。惟恐有智謀、有勇力的人不被朝廷所用，所以用高官厚祿來引誘他們；恐怕奸邪不軌的事意料不及興起禍端，於是加高城牆、加深護城河用來防備。卻不知道俸祿愈豐厚，那麼百姓就愈窮困，而官員卻變得愈驕傲了。城池的防備愈加高厚深邃，勞役就愈加繁重，而攻城的技術也就更加巧妙。」

「故散鹿臺之金，發鉅橋之粟㊀，莫不懽然；況乎本不聚金，而不斂民粟乎？休牛桃林，放馬華山㊁，載戢干戈，載櫜弓矢㊂，猶以為泰㊃。況乎本無軍旅，而不戰不戍乎？茅茨土階㊄，棄織拔葵㊅，雜囊為幃㊆，濯裘㊇布被㊈，妾不衣帛，馬不秣粟㊉；儉以率物，以為美談。所謂盜跖分財，取少為讓㊁；陸處之魚，相呴以沫也㊂。」

【今註】 ㊀散鹿臺之金二句：鹿臺是殷紂儲存財貨的地方。鉅橋是殷紂貯存糧食的倉庫，周武王滅商，「散鹿臺之財，發鉅橋之粟，以振貧弱萌隸」。見《史記》卷四〈周本紀〉。㈡休牛桃林二句：《史記》卷四〈周本紀〉說武王伐紂，平定天下以後，「縱馬於華山之陽，放牛於桃林之虛，偃干戈，振兵釋旅，示天下不復用也」。桃林即桃林塞，在今陝西省潼關以東一帶。㈢載戢干戈二句：把兵器收藏起來，把弓箭也裝入袋子裏面，自此天下太平，不必用兵。《詩經·周頌·時邁》：「載戢干戈，載櫜弓矢。」載，乃；於是。戢，收斂。櫜，音ㄍㄠ，裝弓矢的袋子。㈣泰：過甚。與「否」相對。㈤茅茨土階：以茅草蓋屋，以土為臺階。形容居住簡陋。《韓非子·五蠹篇》：「堯之王天下也，茅茨不翦，采椽不斲。」《史記》卷一百三十〈太史公自序〉引司馬談〈論六家要旨〉：「墨者亦尚堯、舜道，言其德行，曰：堂高三尺，土階三等，茅茨不翦，采椽不刮。」㈥棄織拔葵：這是春秋時公儀休的故事，言其不與民爭利。公儀休為魯相。《史記》卷一百一十九〈循吏列傳〉說他：「食茹而美，拔其園葵而棄之。見其家織布好，而疾出其家婦，燔其機，云：『欲令農士工女安所讎（售）其貨乎？』」㈦雜囊為幃：這是漢文帝的故事。傳說漢文帝非常儉樸，殿前的帷幕是用各地上書的布套縫製成的。見《漢書》卷六十五〈東方朔傳〉。《風俗通義·正失篇》也說文帝「躬自節儉，集上書囊，以為前殿帷」。㈧濯裘：指晏子以儉樸著稱。傳說他一件狐裘穿了三十年。語見《禮記·檀弓篇·下》。㈨布被：這是公孫弘的故事。公孫弘為丞相，而用布被。《史記》卷三十〈平準書〉：「公孫弘以漢相，布被，食不重味，為天下先。」《史記》卷一百一十二〈平津侯列傳〉：「弘為布被，食不重肉。」後世以布被喻大臣儉樸的作風。㊉妾不衣帛二句：春秋時魯國的季文子不蓄私財，以公儉著稱。《左傳》成公十六年：「范文子謂欒武子曰：『季孫於魯，相二君矣（杜《注》：「二君，宣、成。」），妾不衣帛，馬不食粟，可不謂忠乎？』」又襄公五年：「季文子卒。……無衣帛之妾，無食粟之馬；無藏金玉，無重器備。君子是以知季文子之忠於公室也，相三君矣（宣、成、襄），而無私積，可不謂忠乎？」《國語・魯語・上》：「季文子相宣、成，無衣帛之妾，無食粟之馬。」《說苑・反質篇》：「季文子相魯，妾不衣帛，馬不食粟。」㊁盜跖分財二句：《莊子》寓言記載：盜跖曾論盜亦有道，其中有「分均，仁也」一項，與此意通，所以這裏說：「取少為讓。」《莊子・胠篋篇》：「故跖之徒問於跖曰：『盜亦有道乎？』跖曰：『何適而无有道邪！夫妄意室中之藏，聖也；入先，勇也；出後，義也；知可否，知也；分均，仁也。五者不備而能成大盜者，天下未之有也。』」㊂陸處之魚二句：到了陸地上的魚，用口吐泡沫相互哈氣。楊明照曰：「沬」當作「沫」。《莊子・大宗師篇》：「泉涸，魚相與處於陸，相呴以濕，相濡以沫，不如相忘於江湖。」（《莊子・天運篇》同）呴，同「煦」，音ㄒㄩˇ，噓氣；哈氣。

【今譯】 「因此，如果將諸如商紂王鹿臺所藏的金子和鉅橋儲存的糧食散發出去，百姓沒有不高興、不歡欣的。更何況原本就不聚斂金錢、不收繳、徵調糧食呢？效法周武王將軍用的牛放牧於桃林之野，將戰馬放牧於華山之下，於是收藏起兵器，又把弓箭裝入袋中，人民尚且會以為天下太平了。更何況原本就沒有軍隊，並且不用打戰、不用防守呢？用茅草搭蓋屋舍，用泥土築為臺階；放棄自家織布、拔掉自種葵菜；將臣下上書的布囊，製為殿前的帷幕；穿著翻洗過的皮裘，蓋著麻布被子；妾不以絹帛為衣，馬不用糧食作飼料；提倡儉樸以表率天下，人們把這當做一種美談、一種佳話。這就是所說的盜跖分配贓物，拿得少的就算是謙讓；到了陸地上的魚，利用口吐泡沫相互哈氣來勉強維持生命罷了。」

「夫身無在公㈠之役，家無輸調之費㈡，安土樂業，順天分地，內足衣食之用，外無勢利之爭，操杖㈢攻劫，非人情也。象刑之教㈣，民莫之犯。法令滋彰，盜賊多有㈤。豈彼無利性㈥，而此專貪殘？蓋我清靜則民自正㈦，下疲怨則智巧生也。」

【今註】㈠在公：服務公事；服役公門。《詩經・召南・采蘩》：「夙夜在公。」鄭《箋》：「公，事也。」朱《傳》：「公，公所也。」㈡家無輸調之費：家中沒有繳納戶稅的費用。漢末及魏、晉時有戶調，每年繳納絹帛若干。輸調，繳納戶稅；指賦稅。輸，輸送穀糧。調，徵調（去聲）布帛。㈢杖：泛指棍棒，如拿刀動槍。㈣象刑之教：傳說上古之世無肉刑，僅以特異的服飾象徵五刑，以示恥辱，而推行教化。《慎子》：「有虞氏之誅，以蒙巾為墨，以草纓當劓，以菲履當刖。」《荀子・正論篇》：「治古無肉刑，而有象刑。」象刑，象徵性的刑罰。㈤法令滋彰二句：意謂法令是用以防止盜賊的，然而法令愈是顯明，盜賊卻愈加增多。語見老子《道德經・第五十七章》。㈥利性：指爭利、好利、求利的本性。㈦我清靜則民自正：我喜歡清靜，那麼百姓自然就純正。老子《道德經・第五十七章》：「我無為而民自化，我好靜而民自正。」清靜，心地潔淨，不受外物干擾。《戰國策・齊策・四》：「晚食以當肉，安步以當車，無罪以當貴，清靜貞正以自虞。」

【今譯】　「如果人人自身都不用負擔公門（官府）的徭役，家家都不必繳納戶稅的費用，大家安居樂業，順應天地自然的本分。在家中足夠吃穿的用度，在外面和人沒有權勢利害的爭執，這時要他們拿刀動槍去攻打劫奪，終非人之常情。實施象徵性的刑罰，用來推行教化，人民便都不去違犯它。而後世法令愈是顯明，盜賊就愈是增多。難道是古時候的人沒有好利、爭利的本性，而後世的人較為專注於貪婪殘酷。這是由於在上者自身清正潔淨，那麼百姓自然就正——就正道而行了；如果百姓疲憊怨恨，那麼要智謀、使巧詐就會產生了。」

「任之自然，猶慮凌暴。勞之不休，奪之無已，田蕪倉虛，杼柚之空㈠，食不充口，衣不周身，欲令勿亂，其可得乎？所以救禍而禍彌深，峻禁而禁不止也。關梁㈡所以禁非，而猾吏因之以為非焉；衡量㈢所以檢偽㈣，而邪人因之以為偽焉。大臣所以扶危，而姦臣恐主之不危。兵革㈤所以靜難㈥，而寇者盜之以為難。此皆有君之所致㈦也。」

【今註】㈠杼柚之空：織布機上空空如也，表示被剝削得精光。《詩經．小雅．大東》：「小東大東，杼柚其空。」杼柚，織布機上的梭與軸。杼，織機上持緯線者。柚，織機上持受經線者。空，盡。㈡關梁：指在關口、津梁處設立的稽查、防守機關與官員。關，關口。梁，津梁。指水陸要道關卡。㈢衡量：衡具與量器。㈣檢偽：檢驗虛假。㈤兵革：泛指軍備。㈥靜難：同「靖難」，謂平定禍亂。靜，通「靖」，安定的意思。難，禍難；災難。《後漢書》卷五十八〈蓋勳傳〉：「勳諫

㈦致：招致；導致。

曰：『……今不急靜難之術，遽為非常之事。』」

【今譯】　「聽任自然，還憂慮發生欺凌暴虐的事。何況百姓勞累不休，掠奪不停，田園荒蕪，倉庫空虛；織布機上空無一物；食物填不飽肚子，衣服遮不住身體，想要讓它不發生動亂，難道可能嗎？這正是用來解救禍患而禍患愈深，嚴刑峻法加以禁止而禁止愈是止不住。水陸要道的關口津梁本來是為了防禁非法勾當，然而刁猾的官吏卻利用它來為非作歹；衡具與量器本來是用來檢驗做假的，然而奸邪的人卻利用它來作偽造假。朝廷大臣本來是匡扶危難的，然而奸臣卻惟恐君主不危難；武器裝備本來是用來平定禍亂的，然而流寇匪徒卻盜劫了它去製造災難。這全都是有了君主之後所導致的。」

「民有所利，則有爭心。富貴之家，所利重矣。且夫細民㈠之爭，不過小小㈡；匹夫㈢校力，亦何所至？無疆土之可貪，無城郭之可利，無金寶之可欲，無權柄之可競。勢不能以合徒眾，威不足以驅異人㈣。孰與王赫斯怒㈤，陳師鞠旅㈥，推無讎之民，攻無罪之國，僵尸則動以萬計，流血則漂櫓丹野㈦？無道之君，無世不有，肆其虐亂，天下無邦㈧，忠良見害於內，黎民暴骨㈨於外。豈徒小小爭奪之患邪？」

【今註】 ㈠細民：小民；平民。㈡小小：極小；少許。㈢匹夫：庶人；平民。㈣異人：指奇才異能之士。㈤王赫斯怒：君主勃然震怒。語本《詩經．大雅．皇矣》：「王赫斯怒，爰整其旅。」毛《傳》：「旅，師。」鄭《箋》：「赫，怒意。斯，盡也。五百人為旅。」赫，盛怒的樣子。赫斯猶赫然。㈥陳師鞠旅：是說出征以前陳列軍隊，告誓師旅。語本《詩經．小雅．采芑》：「鉦人伐鼓，陳師鞠旅。」毛《傳》：「鞠，告也。」鄭《箋》：「此言將戰之日，陳列其師旅誓告之也。」鞠，告；誓告。鞠旅，猶言誓師。㈦流血則漂櫓丹野：是說戰爭中殺人之多，流的血使盾牌也漂浮起來，原野也染紅了。櫓，通「櫓」，大盾牌。《史記》卷四十八〈陳涉世家〉：「追亡逐北，伏尸百萬，流血漂櫓。」《漢書》卷三十一〈陳勝傳〉：「追亡逐北，伏尸百萬，流血漂鹵。」㈧邦：國。㈨暴骨：謂屍骨暴露。

【今譯】 「人民凡有可獲利的事，就會有相爭之心。富貴的家庭可獲利的事更是貴重。小百姓爭奪的不過是小而又小的東西，一般人較量力氣，又能到那裏呢？沒有疆土可以貪求，沒有城郭可加利用，沒有金銀財寶可以獲得，沒有權柄可供競逐。他們的勢力不能夠用來集合眾人，威風不足以驅使奇才異能之士。這怎麼能和帝王勃然大怒，便擺開軍隊、誓師出征，把原本毫無仇恨的人民推上戰場，攻擊沒有罪過的國家，死屍動輒以萬計算，流血可以漂起盾牌、染紅原野相比呢？無道的君主，沒有那個朝代沒有，他們放肆暴虐、胡作非為，天下連邦國都沒有了。忠臣良將被殺害在朝廷之內，黎民百姓拋露屍骨在荒野之外。怎麼會僅僅是小小的爭奪所造成的禍患呢？」

「至於移父事君㈠，廢孝為忠，申令㈡無君，亦同有之耳。古之為屋，足以蔽風雨，而今則被以朱紫，飾以金玉。古之為衣，足以掩身形，而今則玄黃黼黻㈢，錦綺㈣羅紈㈤。古之為樂，足以定人情，而今則煩乎淫聲㈥，驚魂傷和。古之飲食，足以充飢虛，而今則焚林漉淵㈦，宰割群生。豈可以事之有過，而都絕之乎㈧？」

【今註】㈠移父事君：意謂將孝敬父母的心轉移於服事君主。㈡申令：申述命令。㈢玄黃黼黻：彩色的絲帛，繡上各種美麗的圖案與花紋。黼黻，古代官員禮服上繡飾的花紋。㈣錦綺：有花紋的絲織品。㊄羅紈：細緻潔白的薄綢。㊅煩乎淫聲：王國維「乎」校為「手」。語出《左傳》昭公元年：「（醫和）對曰：『……先王之樂，所以節百事也。故有五節，遲速本末以相及，中聲以降，五降之後，不容彈矣。於是有煩手淫聲，慆堙心耳，乃忘平和，君子弗聽也。』」其中，「煩手淫聲，慆堙心耳，乃忘平和」，即此文所本。煩手，指複雜的演奏技巧。淫聲，古指別於傳統雅樂的鄭、衛之音等俗樂，後泛指浮靡不正派的樂調樂曲。《周禮・春官・大司樂》：「凡建國，禁其淫聲、過聲、凶聲、慢聲。」鄭《注》：「淫聲，若鄭、衛也。」㊆焚林漉淵：焚燒樹林，以捕野獸；漉乾積淵，以捕魚蝦。漉，使乾涸。㊇豈可以事之有過二句：依孫星衍校：這是抱朴子的駁難之辭，誤錄於此。

【今譯】　「至於將孝敬父親的態度轉移於奉事君主，廢棄孝道去做忠臣；然而再三申述命令無視君主的存在，也同時都存在的。古代所蓋的房屋，只要足夠用來遮蔽風雨就可以了，而現在卻要塗覆上紅色紫色，再用黃金美玉裝飾起來。古代所編製的衣服，只要足夠用來掩蓋身體就可以了，而現在卻必須要是彩飾錦繡，並且都必定是絲綢羅綺才可以。古代所演奏的音樂，只要足夠安定人的情感就可以了，而現在卻用複雜的手法技巧演奏浮靡不正派的樂曲樂調，以致驚人魂魄大傷和諧。古代的飲食，只要足夠用來充飢飽虛就可以了，而現在卻焚燒森林、排盡深淵之水，為著捕捉、宰殺各種的生靈。……（抱朴子說）怎麼可以因為事情當中的有些過失，就全都加以拒絕禁止呢？」

「若令唐、虞㈠在上，稷、卨贊事㈡，卑宮㈢薄賦，使民以時。崇節儉之清風，肅玉食之明禁㈣。質素簡約者，貴而顯之，亂化侵民者，黜㈤而戮㈥之，則頌聲作而黎庶安矣。何必慮火災而壞屋室，畏風波而填大川乎？」

【今註】㈠唐、虞：相傳陶唐氏（堯）與有虞氏（舜），皆以揖讓有天下，古以唐、虞時為太平盛世。《論語・泰伯篇》：「唐、虞之際，於斯為盛。」㈡稷、卨贊事：后稷、契為其輔佐，處理事務。稷，傳說中周的始祖，堯、舜時為農官，教民種稷與麥。卨，即契。傳說是商的始祖，舜時為司徒，掌管教化。《文選》卷五十九沈約〈齊故安陸昭王碑文〉：「稷、契身佐唐、虞，有大功於天地。」㈢卑宮：卑陋的宮室。《後漢書》卷八十下〈文苑列傳・下・邊讓傳〉：「思夏禹之卑宮，慕有虞之土階。」㈣肅玉食之明禁：嚴格執行明確禁止珍饈美味。肅，嚴。玉食，珍美之食物。《尚書・洪範》：「臣無有作福作威玉食。」㈤黜：貶斥；廢除。㈥戮：殺；懲罰。

【今譯】「如果讓堯、舜在上當君主，后稷和契來輔佐他，住卑陋的宮室、徵收微薄的賦稅，讓人民能按季節耕作。崇尚節儉的清廉風氣，嚴格執行明確禁止珍饈美味。對於質樸素淡、生活簡易節約的人，就給予顯貴尊重他；對於擾亂教化、侵害百姓的人，就予以罷黜並且殺掉他。那麼頌揚之聲就會振響，黎民百姓就安定了。為什麼一定要顧慮火災而毀壞房屋，害怕風浪就填平大河呢？」

抱朴子曰：「鮑生貴上古無君之論，余既駁之矣。後所答余，文多不能盡載。余稍條㈠其論而牒㈡詰㈢之云。」

【今註】㈠稍條：《藏》本、魯藩本、吉藩本、慎本作「抄條」；舊寫本作「條抄」。楊明照按：舊寫本是。以下六段，皆分條先抄鮑生之論，隨即加以詰難也。㈡牒：小簡。㈢詰：音ㄐㄧㄝˊ，尋求；問疑。《說文解字》言部：「詰，問也。」《廣雅・釋詁》：「何、詰、譏、……考，問也。」《抱朴子・外篇・清鑒篇》：「吾子舉論形之例，詰精神之談。」《抱朴子・外篇・安貧篇》：「於是偶俗公子造而詰之曰。」《抱朴子・外篇・博喻篇》：「偏詰其短，則觸物無可。」

【今譯】抱朴子說：「鮑先生推崇上古時代無君的言論，我已經反駁過了。後面所答覆我的文字，由於文字太多不能全部載錄。我現在分條抄錄他的論點，然後寫在小簡上再加以問疑。」

鮑生曰：「人君採難得之寶，聚奇怪之物，飾無益之用，猒㊀無已之求。」

【今註】㊀猒：音一ㄢ，通「饜」，滿足。《說文解字》甘部：「猒，飽也；足也。」

【今譯】鮑先生說：「國君搜採難得的寶貨，聚集稀奇怪異的物品，裝飾沒有益處的用具，這樣來滿足沒有盡頭的要求。」

抱朴子詰曰：「請問古今帝王，盡採難得之寶，聚奇怪之物乎？有不爾㊀者也。余聞唐堯之為君也，捐金於山㊁；虞舜之禪也，捐璧於谷㊂。疏食菲服㊃，方之監門㊄。其不汔㊅淵剖珠，傾巖刊玉㊆；鑿石鑠黃白之鑛㊇，越海裂翡翠㊈之羽；網瑇瑁㊉於絕域⑪，掘丹青於嶓、漢⑫，亦可知矣。」

【今註】㊀爾：如此；這樣。㊁余聞唐堯之為君也二句：捐，棄。陸賈《新語・術事篇》：「舜棄黃金於嶄嵓之山，禹捐珠玉於五湖之淵，將以杜淫邪之欲，絕琦瑋之情。」此葛洪所本。㊂虞舜之襌也二句：《藝文類聚》卷八四、《太平御覽》卷八百六引：「襌」上並有「承」字；「捐璧」，作「抵璧」。《抱朴子・外篇・安貧篇》：「故唐、虞捐金而抵璧」。按：「襌」上當據補「承」字，始能與上句之「為君」相儷。「捐璧」當為「抵璧」之誤。抵，擲的意思。抵璧，意即擲璧於地而毀之。《後漢書》卷八十下〈文苑列傳・下・禰衡傳〉：「因毀以抵地。」璧，古玉器名。《爾雅・釋器》：「肉倍好謂之璧。」邢昺《疏》：「肉，邊也；好，孔也。邊大倍於孔者名璧。」㊃疏食菲服：吃粗糙的飯食，穿單薄的衣服。謂衣食儉樸。疏食，粗糙的食物。菲服，穿著單薄。《小爾雅・廣言》：「菲，薄也。」㊄方之監門：就像是個守門的人。方，比；比擬；比方。監門，守門的人。《韓非子・五蠹篇》：「堯之王天下也，……糲粢之食，藜藿之羹，冬日麑裘，夏日葛衣，雖監門之服養，不虧於此矣。」《荀子・榮辱篇》：「或監門御旅。」楊《注》：「監門，主門也。」㊅汔：音ㄑㄧˋ，同「汽」，水涸；把水排盡。《說文解字》水部：「汽（《類篇》水部、《集韻》九迄並引作汔），水涸也。」《玉篇》水部：「汔，許訖切，水涸也。」《廣韻》入聲九迄：「汔，水涸盡。」㊆傾巖刊玉：推倒山崖挖掘寶玉。《淮南子・原道篇》：「持盈而不傾。」高《注》：「傾，覆也。」刊，開採。㊇鑠黃白之鑛：從鑛石中熔煉出金銀。鑠，融化。黃白之鑛，謂金銀鑛石。《周禮・地官・序官・丱人》鄭《注》：「丱之言礦也。金玉未成器（《說文解字》石部磺字段《注》：

「未成器，謂未成金玉。」）曰礦。」《釋文》：「丱，徐（邈）音礦，虢猛反。」「鑛」、「礦」同。㈨翡翠：翠雀之羽毛美麗，可以製為裝飾品。㈩瑇瑁：亦作「玳瑁」，一種龜類動物，產於南海之中，其甲殼光滑可製為裝飾品。㈡絕域：極遠的地方。㈢掘丹青於嶓、漢：到岷山、漢水去挖掘朱砂和青雘。丹青，指丹砂和青雘，兩種可製顏料的礦石。《管子・小稱》：「丹青在山，民知而取之。」岷、漢，岷山、漢水。岷山，一作汶山，亦名沃焦山，在今四川省松潘縣北。漢水，一稱漢江，為長江最大的支流，源出陝西寧縣北蟠冢山，至武漢市漢陽入長江。

【今譯】 抱朴子問疑說：「請問從古至今的帝王，全都搜採難得的寶貨，聚集稀奇怪異的物品嗎？也有不這樣做的。我聽說唐堯做國君的時候，把黃金拋棄在山上；虞舜接受禪讓後，把璧玉扔到山谷裏。他們吃粗糙的飯食，穿單薄的衣服，和守門人相差無幾。他們不會排盡潭水、剖取蚌蛤裡的珍珠，不會推倒山崖挖掘寶玉，不會鑿開石頭熔煉出金銀礦藏，不會渡海去割裂翠鳥的羽毛，不會到極遠的地方去網捕瑇瑁，不會在岷山、漢水間去挖掘朱砂和青雘，由此也就可以知道了——可以想見其儉樸了。」

「夫服章㈠無殊，則威重不著；名位不同，則禮物異數㈡。是以周公辨貴賤上下之異式㊂：宮室居處，則有堵雉之限㊃；冠蓋旌旗，則有文物之飾㊄；車服器用，則有多少之制；庖廚供羞㊅，則有法膳之品㊆。年凶災眚㊇，又減撤之。無已之慾，不在有道㊈。子之所云，可以聲桀、紂之罪，不足以定雅論之證也。」

【今註】㊀服章：指服裝的顏色及裝飾。可以顯現官員的品級、身分。《左傳》宣公十二年：「君子小人，物有服章，貴有常尊，賤有等威。」杜《注》：「（服章）尊卑別也。（等威）威儀有等差。」㊁禮物異數：指由於名分爵位的不同，所用的禮物器數的多少也不同。《左傳》莊公十八年：「王命諸侯，名位不同，禮亦異數。」《正義》：「周禮：王之三公八命，侯、伯七命，是其名位不同也。其禮各以命數為節，是禮亦異數也。」《漢書》卷三十〈藝文志・諸子略〉：「名家者流，蓋出於禮官。古者名位不同，禮亦異數。」㊂周公辨貴賤上下之異式：「異」，《藏》本、魯藩本、吉藩本、慎本、盧本、舊寫本、柏筠堂本、文溯本、《叢書》本、《崇文》本作「典」。楊明照按：「典」字是。周公，姬姓，名旦，周文王第四子。采邑在周（今陝西岐山北），故稱周公。輔助武王滅紂，建立周王朝。成王立，周公攝政。曾依據周制，參酌殷禮，「制禮作樂」，定出了一套比較完備的典章制度，稱「周禮」或「周公之典」。《小爾雅・廣言》：「辨，別也。」㈣宮室居處二句：意謂古代諸侯的宮室城牆，都有規定的限制。堵雉，古代的城牆，或稱作「垣」，據《左傳》隱公元年杜預《注》：「方丈曰堵，三堵曰雉。一雉之牆，長三丈，高一丈。」古代一般以一丈為板，五板為堵；長三丈，高一丈為雉。但究竟幾尺為板，幾堵為雉，古今說法不一。㈤冠蓋旌旗二句：意謂衣冠、車蓋、旌旗上所繪的花紋圖案，都有所規定。㈥羞：所進獻的食品。㈦法膳之品：依照常法所規定飲食的品級。法膳，猶言常膳，即依常法供給御膳。㈧災眚：災殃，禍患。眚，音ㄕㄥˇ。《易經・復卦》：「上六，迷復，凶，有災眚。」孔《疏》：「『有災眚』者，闇於復道，必无福慶，唯有災眚也。」㈨有道：聖明之君主。

【今譯】　「如果冠服的顏色及飾物沒有什麼特殊之處，那麼他的威嚴就不顯著；名分爵位不同，那麼所用的典禮之物數目也有不同。所以周公這樣來區別貴賤尊卑不同的典章制度；宮室城牆居處，就有一定大小規格的限制；帽子、車蓋、旌旗，就有圖紋繪飾不同的規定；車輛、服裝、用具，就有數量上多少的制度；庖廚供應飯食，就有依照常規所規定膳食的品級。遇到災荒的年頭，又有所減少或撤消。所以那些沒有止盡的欲望，不會存在於聖明君主的身上。先生所說的，只可以用來聲討夏桀、商紂的罪行，但不足以做為您的高論的證據。」

鮑生曰：「人君後宮三千㈠，豈皆天意？穀帛積，則民飢寒矣。」

抱朴子詰曰：「王者妃妾之數㈡，聖人之所制也。聖人，與天地合其德者也㈢。其德與天地合，豈徒異哉！夫豈徒欲以順情盈慾而已乎？乃所以佐六宮㈣，理陰陽教爾㈤。崇奉祖廟，祇㈥承大祭㈦，供玄紞㈧之服，廣本支之路㈨。且案周典九土之記，及漢氏地理之書，天下女數，多於男焉㈩。王者所宗，豈足以逼當娶者哉！姬公㈡思之，似已審矣。」

【今註】㈠人君後宮三千：據說古代帝王除皇后以外，還有嬪妃百二十人，漢以後，國君奢淫無度，嬪妃增至三千人。《後漢書》卷十上〈皇后紀・序〉：「自武（帝）、元（帝）之後，世增淫費，至乃掖庭三千。」㈡王者妃妾之數：《周禮・天官・內宰》：「以陰禮教六宮。」鄭《注》引鄭司農（眾）云：「王之妃百二十人：后一人，夫人三人，嬪九人，世婦二十七人，女御八十一人。」㈢聖人，與天地合其德者也：聖人的德行與天地相合。㈣佐六宮：輔佐天子宮內之事。相傳天子有六宮，後來泛稱后妃嬪御居住的地方。㊄理陰陽教爾：「陽」疑為衍文。孫星衍曰：「『陽』字疑衍。」㊅祗：敬也。㊆大祭：重大祭祀，如祭天地。㊇玄紞：古代禮冠前後裝飾的絲帶。《國語・魯語・下》：「王后親織玄紞。」韋昭《注》：「紞，冠之垂前後者。」《抱朴子・外篇・疾謬篇》：「而今俗婦女，休其蠶織之業，廢其玄紞之務。」㊈廣本支之路：意謂使得王室子孫眾多。本支，原指樹木的根幹和枝葉，此處用以比喻嫡系和庶出子孫。《詩經・大雅・文王》：「文王孫子，本支百世。」毛《傳》：「本，本宗也；支，支子也。」鄭《箋》：「其子孫適為天子，庶為諸侯，皆百世。」㊉周典九土之記四句：周典，指《周禮》。九土之記，指《周禮》關於九州的記載。漢氏地理之書，指《漢書・地理志》。案《周禮・夏官・職方氏》載九州人民男女的比例數，總的看來都是女多男少：「東南曰揚州……其民二男五女；……正南曰荊州……其民一男二女；……河南曰豫州……其民二男三女；……正東曰青州……其民二男二女；……河東曰兗州……其民二男三女；……正西曰雍州……其民三男二女；……東北曰幽州……其民一男三女；……河內曰冀州……其民五男三女；……正北曰并州……其民二男三女。」《漢書》卷二十八下〈地理志・下〉述九州男女的比例數，則全本〈職方志〉之文。㊁姬公：即周公，姓姬，故又稱姬公。

【今譯】鮑敬言先生說：「國君的後宮有三千宮女，難道都是天意嗎？糧食、布帛囤積在宮中，那麼百姓就要挨餓受凍了。」抱朴子問疑說：「帝王妃妾的數目，是聖人所制定的。聖人的德行是和天地相合的。他們的德行和天地相合，怎麼會只在這一點上和天意不同呢？這難道只是想要以此來順從帝王的感情、滿足情欲而已嗎？設置妃妾的目的，乃是用來佐助王后治好六宮，管理女子的教化罷了。教導人們追崇恭奉祖廟，誠敬地承辦重大的祭祀，供給帝王禮冠服飾，使得王室宗族子孫眾多昌盛。況且，按照《周禮》有關九州的記載，以及《漢書．地理志》書上的說法，天下女子的數目多於男子。帝王所宗奉的做法，難道足以威脅到天下應當娶妻的男子嗎？周公對此的思考，似乎已經相當審慎周詳了。」

「帝王帥百僚以藉田㊀，后妃將命婦以蠶織㊁。下及黎庶，農課㊂有限，力佃有賞，怠惰有罰。十一而稅㊃，以奉公用。家有備凶之儲，國有九年之積㊄。各得順天分地，不奪其時，調薄役希㊅，民無飢寒。衣食既足，禮讓㊆以興。昔文、景之世㊇，百姓務農，家給戶豐，官倉之米，至腐赤不可勝計㊈。然而士庶㊉猶侯服鼎食㊀㊀，牛馬蓋澤㊂。由於賦斂有節，不足損下也。」

【今註】㊀帝王帥百僚以藉田：古代君主在春耕時，率領百官，親自耕作，以奉祀宗廟，且寓勸農之意，謂之藉田，亦作「籍田」。㊁后妃將命婦以蠶織：《周禮．天官．內宰》職曰：「中（仲）春，詔后帥外內命婦，始蠶于北郊。」即言：仲春，皇后率領外內命婦始蠶於北郊。命婦，受有封號的貴族婦女。㊂農課：指農事稅賦。課，賦稅及徭役。㊃十一而稅：十分取其一的稅制。相傳三代稅法都是十分取一，所以叫十一而稅。㊄國有九年之積：國家有九年積蓄儲備。《禮記．王制篇》曰：「國無九年之蓄，曰不足；無六年之蓄，曰急；無三年之蓄，曰國非其國也。三年耕，必有一年之食；九年耕，必有三年之食。」㊅調薄役希：稅賦甚輕，勞役甚稀。魏、晉時按戶徵調絹帛的賦稅，謂之戶調。㊆禮讓：謂禮節民心，讓則不爭。《論語．里仁篇》：「能以禮讓為國乎？何有？不能以禮讓為國，如禮何？」㊇文、景之世：指西漢文帝、景帝統治時期的太平盛世。統治者採取「與民休息」、「輕徭薄賦」的政策，使生產逐漸得到恢復和發展，出現了多年未有的富裕景象。㊈官倉之米二句：《史記》卷三十〈平準書〉：「至今上（武帝）即位數歲，漢興七十餘年之間，國家無事，非遇水旱之災，民則人給家足，都鄙廩庾皆滿，而府庫餘貨財。京師之錢累巨萬，貫朽而不可校。太倉之粟陳陳相因，充溢露積於外，至腐敗不可食。」（《漢書》卷二十四〈食貨志〉同）《漢書》卷六十四下〈賈捐之傳〉：「捐之對曰：『……至孝武皇帝元狩六年，太倉之粟紅腐而不可食，都內之錢貫朽而不可校。』」顏《注》：「粟久腐壞，則色紅赤也。校，謂數計也。」⑩士庶：指士族與庶族。東漢開始，世家大族叫士族，不屬於士族的地主階級叫庶族。到了魏、晉、南北朝時，士庶等級區別更加顯著。㈡侯服鼎食：穿著有如王侯那般華美的服飾，吃著鼎烹盛著的肉食物品，形容生活奢侈富足。㈢蓋澤：滿於山澤。澤，水草叢雜之地。

【今譯】「帝王帶領眾多的僚屬在春天裏親自耕種農田，后妃帶領有封號的婦女們養蠶織布。下至黎民百姓，所徵收的農事賦稅有所限度。努力耕作的人有獎賞，懈怠懶惰的人要懲罰。抽取十分之一的稅賦，以供給公家之用。每家都有防備災荒的儲糧，國家有九年的積蓄儲備。人人都能順應天時區分地質，不會去侵奪他們的農時，徵稅微薄，勞役稀少，百姓不會挨餓受凍。豐衣足食之後，禮讓之風就可以興起了。從前漢代文帝、景帝的時候，百姓一心努力從事農業生產，家家戶戶都很富足，官府倉庫中儲積的米糧，多到腐爛變紅、不能食用的就不計其數。然而當時的士族和庶族，還是穿著有如王侯那般華美的服飾、吃著鼎烹盛著的肉食物品，牛馬遍布水草叢生的地方。這正是由於官府的賦稅有所節制，所以不足以對百姓造成損害。」

「至於季世㈠，官失佃課之制㈡，私務浮末㈢之業，生穀之道不廣，而游食㈣之徒滋多。故上下同之，而犯非者眾。鮑生乃歸咎有君。若夫㈤譏采擇之過限㈥，刺農課之不實，責牛飲之三千㈦，貶履畝與太半㈧，但使後宮依《周禮》㈨，租調不橫加，斯則可矣，必無君乎？夫一日晏起㈩，則事有失所。『即鹿無虞，維入于林中。』⑪安可終已！靡所宗統⑫，則君子失所仰⑬，凶人得其志。網⑭踈猶漏，可都無網乎？」

【今註】㈠季世：末世；衰世。㈡佃課之制：農業稅制。指前面所稱「十一而稅」的制度。佃課，田賦；租稅。㈢浮末：舊指從事工商業活動。古代以農桑為本業，以工商為末業。漢王符《潛夫論・浮侈篇》：「今察洛陽，浮末者什於農夫，虛偽游手者什於浮末。」㈣游食：不務農而食。《商君書・農戰篇》：「夫農者寡而游食者眾，故其國貧危。……故其民農者寡，而游食者眾。眾則農者殆，農者殆則土地荒。學者成俗，則民舍農，從事於談說，高言偽議，舍農游食，而以言相王也。」

⑤若夫：孫星衍校：《藏》本作「未若」，從舊寫本改。⑥過限：謂超越規定取稅。⑦責牛飲之三千：傳說夏桀為酒池糟堤，一鼓而牛飲者三千人。《韓詩外傳・卷二》：「昔者桀為酒池糟堤，縱靡靡之樂，（一鼓）而牛飲者三千（人）。」又卷四：「桀為酒池可以運舟，糟丘足以望千里，而牛飲者三千人。」牛飲，俯身就池而飲酒，形狀如牛。後稱豪飲或暴飲為「牛飲」。⑧貶履畝與太半：貶斥按畝數徵稅和稅率超過一半。履畝，就是按畝徵收租稅，廢除了十一稅法。《公羊傳》宣公十五年：「初稅畝，何以書？譏，何譏爾？譏始履畝而稅也。」太半，過半數，就是徵收三分之二的租稅。⑨後宮依《周禮》：《周禮・天官》〈九嬪〉、〈世婦〉、〈女御〉等篇，對於後宮的職事及制度均有詳細的規定。⑩一日晏起：相傳周康王晚起，詩人賦〈關雎〉來諷刺他。《後漢書》卷五十四〈楊賜傳〉：「康王一日晏起，〈關雎〉見幾而作。」三家《詩》意並同。葛洪本此，所以說「則事有失所」。⑪即鹿無虞二句：這是說打獵時，追逐鹿，鹿逃入林中，如果沒有管理山林的虞人作嚮導，就不免迷失在叢林中。比喻國家不能沒有君主。語見《易經・屯卦》：「六三，即鹿無虞，惟入于林中。君子幾不如舍，往吝。」即，就也。虞，謂虞官。⑫宗統：同「嫡統」，宗族的系統。《後漢書》卷一下〈光武帝紀・下〉：「陛下德橫天地，興復宗統，褒德賞勳，親睦九族。」

⑬仰：依靠。⑭網：指法網。

【今譯】　「到了末世，官府違背了往日佃稅的制度，民間私自致力從事工商浮末行業的活動，生產糧食的途徑沒有拓寬，而遊蕩不耕作務農的人越來越多。因此上下都是這樣，而犯法的人多了。鮑先生乃歸咎於有了君主的緣故。如果譏諷選擇超越了規定取稅，諷刺農業的賦稅不符合實際情況，責備過度的縱酒濫飲，貶斥按畝數徵稅和稅率超過一半，只想讓後宮的制度符合《周禮》，田稅戶稅不要無理施加，那就可以了。難道一定要沒有君主嗎？如果君主一天晚起床，事情就會有安排不妥當的地方。『深入林間追鹿，如果沒有虞官的相助，就不免迷失道路。』怎麼能有個終了呢！沒有了所宗族的系統的東西，君子就失去了依靠，凶惡的人就會實現其志願。法網一旦稀疏就等於有漏洞，難道可以完全不要網嗎？」

鮑生曰：「人之生也，衣食已劇㈠；況又加之以斂賦㈡，重之以力役㈢，飢寒並至，下不堪命，冒法犯非㈣，於是乎生。」

【今註】　㈠劇：艱難；困苦；繁難；繁重。㈡斂賦：孫星衍校：《藏》本作「收賦」，從舊寫本改。㈢力役：勞役。㈣非：孫星衍校：舊寫本作「罪」。

【今譯】　鮑敬言先生說：「人的一生，穿衣吃飯已經很困難了；何況又要繳納賦稅，還要加上承擔繁重的勞役呢！飢餓寒冷一齊到來，百姓不堪忍受，違法犯罪的事情，於是就發生了。」

抱朴子詰曰：「蜘蛛張網，蚤蝨不餒㊀。使人智巧，役用萬物。食口衣身㊁，何足劇乎？但患富者無知止之心，貴者有無限之用耳。豈可以一蹶之故，而終身不行㊂；以桀、紂之虐，思乎無主也？」

【今註】㊀蚤蝨不餒：言蚤蝨能自覓食物而不飢餓。餒，音ㄋㄟˇ，飢；餓。㊁食口衣身：供給口中之食、身上之衣。㊂以一蹶之故，而終身不行：因一次失足跌倒，即終生不敢行走。《說苑・談叢篇》：「一蹶之故，卻足不行。」蹶，孫星衍校：《藏》本作「蹷」，從舊寫本改。蹶，音ㄐㄩㄝˊ，亦作「蹷」，倒、顛仆的意思。

【今譯】抱朴子問疑說：「蜘蛛能張網覓食，跳蚤蝨子從來不會感到飢餓。使用人的智慧機敏，役使利用世上的各種事物。吃一口飯、穿一身衣服，怎麼會有困難呢？只是憂慮富有的人沒有知足的心地、想法，而尊貴的人又有無限的用度揮霍。怎麼能因為偶然失足跌倒一次的緣故，而一輩子都不走路了；因為夏桀、商紂的暴虐，就想到不要君主呢？」

「夫言主㊀事彌張㊁，賦斂之重於往古，民力之疲於末務㊂，飢寒所緣㊃，以譏㊄之可也。而言有役有賦，使國亂者，請問唐、虞㊅升平之世，三代㊆有道之時，為無賦役以相供奉，元首股肱㊇躬耕以自給邪？鮑生乃唯知飢寒並至，莫能固窮㊈，獨不知衣食並足，而民知榮辱乎㊉！」

【今註】㊀主：君主。㊁彌張：過於誇張。彌，益、更加。㊂末務：指從事工商業活動。㊃緣：由來；原因。㊄譏：進諫；規勸。《楚辭・天問》：「殷有惑婦何所譏？」王逸《注》：「惑婦，謂妲己也。譏，諫也。」㊅唐、虞：即陶唐氏和有虞氏，亦即堯、舜。㊆三代：即夏、商、周。

㊇元首股肱：指國君及大臣。元首，比喻國君。股肱，原指大腿和胳膊，常以比喻輔佐君主的大臣。

㊈固窮：甘於貧窮，保持操守。《論語・衛靈公篇》：「子曰：『君子固窮，小人窮斯濫矣。』」

㊉衣食並足二句：《管子・牧民篇》：「倉廩實，則知禮節。衣食足，則知榮辱。」葛洪本此。

【今譯】「人們談論君主的事情，愈來愈誇張其辭。後世的賦稅徵收重於往古，民間百姓的力量拼命去從事工商業活動，這是造成百姓飢寒的緣由，規勸它、諷刺它是可以的。然而說因為有了勞役及賦稅，就使得國家陷於混亂，請問堯、舜天下太平的時代，夏、商、周三代政治清明的時候，難道百姓都沒有繳稅服役，用來供奉朝廷，而是君主和大臣都要親自去耕種來達到『自給自足』的需求嗎？鮑先生只是知道飢寒一起來到，便難以固守窮節，而竟然不知道豐衣足食，百姓才知道榮耀和恥辱啊！」

鮑生曰：「王者臨深履尾㈠，不足喻危。假寐㈡待旦，日昃旰食㈢，將何為懼禍及也。」

抱朴子難㈣曰：「審能如此，乃聖主也。王者所病㈤，在乎驕奢。賢者不用，用者不賢。夏癸指天日以自喻㈥，秦始憂萬世之同謚㈦，故致傾亡，取笑將來。若能懼危夕惕㈧，廣納規諫，詢蒭蕘以待聽㈨，養黃髮以乞言㈩，何憂機事⑪之有違，何患百揆⑫之不康⑬？夫戰兢⑭則彝倫敘，怠荒則姦宄作⑮。豈況無君，能無亂乎？」

【今註】㈠臨深履尾：如臨深淵，如履虎尾。形容謹慎小心。履尾，踩到老虎尾巴上，借喻處境危險。㊁假寐：不解衣而睡；不脫冠帶而眠。寐，入睡；睡著。《詩經・小雅・小弁》：「假寐永歎。」鄭《箋》：「不脫冠衣而寐曰假寐。」《左傳》宣公二年：「（趙盾）盛服將朝，尚早，坐而假寐。」杜《注》：「（假寐）不解衣冠而睡。」㊂日昃旰食：本指事務繁忙不能按時用膳，後指勤於政務。日昃，太陽偏西。旰食，晚食。㊃難：論難、問難之意。㊄病：弊病。㊅夏癸指天日以自喻：夏癸，即夏桀。名履癸，故又稱夏癸，為夏朝最後一個君主，暴虐荒淫。《韓詩外傳・卷二》記載：夏桀曾稱「吾有天下，猶天之有日也。日有亡乎？日亡，吾亦亡也」。《尚書大傳》亦記載：夏桀曰：「天之有日，猶吾之有民也，日亡吾亦亡矣。」（《藝文類聚》卷十二、《太平御覽》卷八三、《路史・後紀》卷十四引）得知夏桀均是指天日以自喻。㊆秦始憂萬世之同謚：秦始皇憂慮後代帝王同用一個謚號，於是頒布制文，廢除謚法，自稱「始皇帝」，「後世以計數，二世三世至于萬數，傳之無窮」，企圖世世代代永遠承襲帝位統治天下。《史記》卷六〈秦始皇本紀〉：「（二十六年）制曰：『朕聞太古有號毋謚，中古有號，死而以行為謚。如此，則子議父，臣議君也，甚無謂，朕弗取焉。自今已來，除謚法。朕為始皇帝。後世以計數，二世三世至于萬世，傳之無窮。』」㊇夕惕：形容戒慎恐懼，不敢怠慢。《易經・乾卦》：「君子終日乾乾，夕惕若厲，無咎。」㊈詢蒭蕘以待聽：向樵夫請教，聽取他們的意見。蒭蕘，割草砍柴的人。楊明照按：芻已從艸，不必再加艸頭。當依《崇文》本改作芻。《詩經・大雅・板》：「先民有言，詢于芻蕘。」毛《傳》「芻蕘，薪采者。」孔《疏》：「言『詢于芻蕘』，謂謀於取芻取蕘之人。」㈩養黃髮以乞言：贍養老人用來請求建議。《禮記・文王世子篇》「養老乞言」，就是贍養老人之賢者而聽取他們的意見。黃髮，指老人。老人之髮白，白久則黃，因以黃髮為壽高之象徵。㈡機事：指政務；或指國家大事。㈢百揆：古代總理國政的長官。《尚書・堯典》：「納于百揆，百揆時敘。」蔡沈《集傳》：「百揆者，揆度庶政之官，惟唐、虞有之，猶周之家宰也。」㈢康：成。㈣戰兢：恐懼戒慎之狀。「戰戰兢兢」的省稱。㈤怠荒則姦宄作：懈怠荒忽那麼違法作亂的事情就會出現了。姦宄，違法作亂的事情。《尚書・舜典》：「蠻夷猾夏，寇賊姦宄。」孔《傳》：「在外曰姦，在內曰宄。」

【今譯】 鮑敬言先生說：「做國君的人面臨深淵、踩上虎尾，也不足以明白他心存危險的處境。平日和衣而睡等待天亮，白天忙於政事，太陽西落、很遲才吃飯。為什麼如此懼怕災禍到來啊！」抱朴子問難說：「果真能夠這樣，那就是聖明的君主了。做帝王的人常犯的弊病，在於驕縱奢侈。有賢德的人不用，而所任用的人並非有賢德的人。夏桀將自己比作天上的太陽，秦始皇憂慮萬代帝王同用一個謚號，因此導致社稷傾覆滅亡，被後世之人取笑。如果君主能夠懼怕危險早晚謹慎警惕，廣泛地採納朝臣的規諫，向樵夫請教並聽取他們的意見，贍養黃髮老人並請求他們的建議，還何必憂慮國家大事有不順利、處理不當的，何必擔心總理國政的長官不能成功呢？只要戰戰競競地小心謹慎行事，就能美化人倫關係次序，如果懈怠荒忽，就會出現違法作亂的事情。更何況沒有君主，天下怎麼能夠不混亂呢？」

鮑生曰：「王者欽想奇瑞㈠，引誘幽荒㈡，欲以崇德㈢邁威㈣，厭耀未服㈤。白雉玉環㈥，何益齊民㈦乎？」

抱朴子詰曰：「夫王者德及天，則有天瑞；德及地，則有地應。若乃景星㈧摛㈨光，以佐望舒㈩之耀；冠日含采⑪，以表羲和之晷⑫。靈禽⑬嗈喈⑭於阿閣⑮，金象⑯焜晃⑰乎清沼⑱。此豈卑辭所致，厚幣所誘哉？王莽⑲姦猾，包藏禍心，文致太平⑳，誑眩㉑朝野，貺遺外域，使送瑞物㉒。豈可以此謂古皆然乎？」

【今註】 ㈠欽想奇瑞：意謂君王想要出現神奇的祥瑞。欽，舊時對於帝王的敬稱。㈡幽荒：指很遠很遠的外國。《文選》卷三〈東京賦〉：「惠風廣被，澤洎幽荒。」薛《注》：「幽荒，九州外，謂四夷也。」㊂崇德：發揚盛德。㊃邁威：行其威德。邁，行。㊄厭耀未服：炫耀盛德，以壓服那些不順從的人。厭，通「壓」。厭耀，即鎮壓顯耀。㊅白雉玉環：均為遠方外國君民進獻的貢物。傳說舜之時，西王母來獻白玉環；周成王之時，越裳氏來獻白雉。㊆齊民：指普通人民；平民。㊇景星：傳說中的祥瑞之星，常出於有道之國。㊈摛：舒展；發布。㊉望舒：月神，神話傳說中為月亮駕車的仙人。在這裏代指月亮。(一一)冠日含采：日暈出現於太陽上方，其形如冠。冠日，是說日為雲氣所籠罩。《晉書》卷三〈世祖武帝紀〉言太康元年正月朔「五色氣冠日」。此即指冠日含采之類。(一二)羲和之晷：太陽之光。羲和，日神，神話中替太陽駕車的仙人。在這裏代指太陽。晷，日影。《說文解字》日部：「晷，日景也。」(一三)靈禽：指鳳凰。《禮記・禮運篇》：「麟、鳳、龜、龍謂之四靈。」所以叫鳳凰為靈禽。(一四)嗈喈：形容鳳凰之鳴和諧悅耳。(一五)阿閣：四面有檐的樓閣，王者所居。(一六)金象：即金像，金身佛像。(一七)熀晃：閃耀燦爛的樣子。(一八)清沼：清澄的池沼。(一九)王莽：新王朝的建立者。西漢末，以外戚掌握政權。元始元年（公元五年），毒死平帝，自稱假皇帝。初始元年（公元八年）稱帝，改國號為新。更始元年（公元二三年），在綠林軍攻長安時被殺。(二〇)文致太平：《漢書》卷一百上〈敘傳・上〉：「莽秉政，方欲文致太平。」文致，粉飾。(二一)誑眩：欺騙迷惑。(二二)晛遺外城二句：據《漢書》卷九十九上〈王莽傳・上〉記載：王莽秉政，乃遣使者多持金幣引誘塞外之民，於是越裳氏獻白雉，黃支貢生犀，東夷王度大海奉國珍。《漢書》卷二十八下〈地理志・下〉亦記：「平帝元始中，王莽輔政，欲燿威德，厚遺黃支王，令遣使獻生犀牛。」貺遺，賜贈。貺，音ㄎㄨㄤˋ，賜。遺，贈予。

【今譯】　鮑敬言先生說：「做帝王的總想要發生神奇祥瑞的事，因而誘使幽遠荒僻國度的人們，想要藉此以發揚盛德、傳播德威，向未服的方國施壓炫耀。但是邊遠之國所貢獻的白雉、玉環，對於普通平民有什麼益處呢？」抱朴子問疑說：「做帝王的德化上達於天，那麼上天就有瑞兆；帝王的德化下及於地，那麼地上就有應和。至於說景星發布出陣陣光芒，更增添、輔助了月亮的光耀；太陽之上有光彩如冠，更可以顯示太陽的影像。鳳凰在樓閣上發出和諧悅耳的鳴叫，金身佛像在清澄的池沼中發出閃耀燦爛的光輝。這些難道是謙卑的言辭所能召致，豐厚的財貨所能誘惑的嗎？王莽奸詐狡猾，心懷作惡的想法，粉飾太平，欺騙迷惑朝廷內外的人，用向外邦賜予餽贈的辦法，讓他們來呈送祥瑞的東西。難道可以由此就說古時候都是這樣嗎？」

「夫見盈丈之尾，則知非咫㈠尺之軀；覩尋仞㈡之牙，則知非膚寸㈢之口。故王母之遣使㈣，明其玄化㈤通靈㈥，無遠不懷也。越裳之重譯㊆，足知惠沾殊方，澤被無外也。夫絕域㊇不可以力服，蠻、貊㊈不可以威攝。自非至治，焉能然哉！」

【今註】㊀咫：八寸為咫。㊁尋仞：古代長度單位。周制為八尺，漢制為七尺。㊂膚寸：古代長度單位。一指為寸，一膚等於四寸。在此比喻微小。㊃王母之遣使：指西王母派遣使者，向舜獻白玉環一事。王母，指西王母，神話人物，亦稱金母、王母或西姥。㊄玄化：至高無上的德化。㊅通靈：神異，與神靈相通。㊆越裳之重譯：越裳氏，古代南海國名。相傳周公輔成王，制禮作樂，越裳氏以三象重譯而獻白雉於周公。見《漢書》卷十二〈平帝紀・元始元年〉、《後漢書》卷八十六〈南蠻傳〉及《韓詩外傳・卷五》。重譯，輾轉翻譯。㊇絕域：極遠地域。㊈蠻、貊：古代對東南方各少數民族的泛稱，南方曰蠻，東方曰貊。在此指邊遠未開化的人民。

【今譯】「看見長達丈餘的尾巴，就知道身驅不只是一尺上下；看見長達七八尺的牙齒，就知道嘴巴不只是一寸大小。因此，西王母派遣使者來，證明舜的聖德教化通於神靈，無論多遠的人都懷想他。越裳氏經過多重翻譯來朝，足以知道周公恩惠廣沾異國，德澤覆蓋概莫能外（廣被天地之間）。極為偏遠地方的人民不能夠用武力去征服，未開化的蠻荒地域的民族不能夠靠威勢來統攝。除非是太平盛世、治理最完美的時候，又怎麼能夠這樣呢！」

「何者？鮑生謂為不用？夫周室非乏玉，而須王母之環以為富也；非儉膳，而渴越裳之雉以充庖也㈠。所以貴之者，誠以斯物為太平，則上無苛虐之政，下無失所之人。蜎飛蠕動㈡，咸得其懽。有國之美，孰多於斯？而云不用，無益於齊民。源遠體大，固未易見。鮑生之言，不亦宜乎！」

【今註】㈠夫周室非乏玉四句：楊明照校：此文有錯脫。西王母獻玉環為舜時事，越裳氏獻白雉為周代事。二事時代不同，受者亦異，混而為一，實不倫類。疑「周室」二字原在「非儉膳」上；「非乏玉」上似脫「虞舜」二字（本書屢以「虞舜」為言）。楊說是也，故此四句當作「夫虞舜非乏玉，而須王母之環以為富也；周室非儉膳，而渴越裳之雉以充庖也」。㈡蜎飛蠕動：指能飛行、蠕動的小蟲。蜎，蚊的幼蟲。

【今譯】「為什麼？鮑先生說是沒有用處呢？虞舜並不是缺少白玉而等待西王母的玉環來致富；周

王室也不是飯食貧乏而渴望越裳國的野雞充實廚房。所以珍貴它們——玉環白雉，實在是這些東西做為太平的象徵，那麼上面沒有苛刻暴虐的國政，下面沒有流離失所的人民。即使是飛行蠕動的小蟲，也全都得以歡樂。國家的美盛，那能超過這樣呢？而鮑先生卻說是無用，對普通百姓是沒有好處的。這種說法溯源很遠、體系龐大，肯定不容易見到。鮑先生有這樣的言論，不也是很合適、自然的嗎！」

鮑生曰：「人君恐姦釁之不虞㈠，故嚴城以備之也。」

抱朴子詰曰：「侯王設險，大《易》所貴㈡。不審㈢嚴城，何譏焉爾。夫兩儀肇闢㈣，萬物化生，則邪正存焉爾。」

【今註】㈠恐姦釁之不虞：恐怕奸謀禍端難以預料。姦釁，奸謀、禍端；奸言、釁隙。不虞，沒有意料到。㈡侯王設險，大《易》所貴：王公侯爵在險要之地設立關塞以為防守，是偉大的《易經》所重視的。《易經・坎卦》：「彖曰：『……天險，不可升也；地險，山川丘陵也。王公設險以守其國。險之時用大矣哉！』」所以葛洪說「大《易》所貴」。貴，重視。㈢審：詳；明白；清楚。㈣兩儀肇闢：指天地初開。兩儀，指天地。肇，始。

【今譯】鮑敬言先生說：「國君害怕奸謀禍端難以預料，所以用厚實的城牆來防備它啊！」抱朴子問疑道：「王公侯爵設立險阻，是偉大的《易經》所重視的。不清楚堅厚的城牆，有什麼可譏諷的。自從天地初開，萬物剛剛化育產生的時候，邪惡和正直就都存在了。」

「夫聖人知凶醜之自然，下愚之難移㈠，猶春陽之不能榮枯朽，炎景㈡之不能鑠㈢金石。冶容慢藏，誨淫召盜㈣。故取法乎〈習坎〉㈤，備豫於未萌㈥。重門有擊柝之警㈦，治戎㈧遏暴客㈨之變。而欲除之，其理何居？」

【今註】㈠下愚之難移：最愚蠢之人，其本性難以改變。《論語・陽貨篇》：「子曰：『唯上知與下愚不移。』」㈡景：日光。㈢鑠：音ㄕㄨㄛˋ，熔化。㈣冶容慢藏，誨淫召盜：妖艷的容貌和疏於保管收藏，會招致淫蕩、引來盜賊。《易經・繫辭・上》：「慢藏誨盜，冶容誨淫。」《正義》：「若慢藏財物，守掌不謹，則教誨於盜者使來取此物。女子妖冶其容，身不精愨，是教誨淫者使來淫己也。」冶容，妖艷的打扮。慢藏，收藏不謹。㈤故取法乎〈習坎〉：〈習坎〉，即《易經・坎卦》。上下均為坎，象徵重重險難，故引申出防險備難的思想。㈥備豫於未萌：在太平安樂之時，對於未萌的禍患也應預作準備。《易經》有〈豫卦〉。《左傳》文公六年：「文子曰：『備豫不虞，古之善教也。』」備豫，預備；事先有所準備。㊆重門有擊柝之警：修築多重的城門，並且敲擊木梆，以為警戒。《易經・繫辭・下》：「重門擊柝，以待暴客。蓋取諸（〈豫〉）。」重門，雙重的門。擊柝，即敲木梆巡夜，打更，用作警戒，以防盜賊。㊇治戎：治軍；作戰；整治軍隊。㊈暴客：指盜賊。

【今譯】「聖人知道有些人凶惡和丑陋出於自然天性，極愚蠢的人是難於改變的，就像春天的太陽不能使枯萎腐朽的草木茂盛，炎熱的日光不能熔化金屬石頭。妖艷的容貌會招致淫蕩，財物疏於保藏會引來盜賊。所以要取法於〈坎卦〉，在太平安樂、禍患萌發未生之前就早作準備。設有重重城門並有敲擊木梆的警戒，用整治軍隊的方法來防止盜賊的變亂來犯。而鮑先生卻要除掉這些不用，其中的道理何在呢？」

「兕㊀之角也，鳳之距㊁也，天實假㊂之，何必日用哉！蜂蠆挾毒以衛身㊃，智禽銜蘆以扞網㊄。貛曲其穴㊅，以備徑至之鋒；水牛結陣，以卻虎豹之暴。而鮑生欲棄甲冑㊆以遏利刃㊇，隳㊈城池以止衝鋒⑽。若令甲冑既捐⑾而利刃不住⑿，城池既壞而衝鋒猶集⒀，公輸、墨翟⒁猶不自全。不審吾生計將安出乎？」

【今註】㈠兕：獸名，即犀牛。㈡距：爪子。㈢假：給予。㈣蜂蠆挾毒以衛身：蜂蝎之類用毒刺來防身。蠆，音ㄔㄞˋ，蝎子。㈤智禽銜蘆以扞網：聰明的鳥口銜蘆葦飛行是為了抵禦羅網。《淮南子・脩務篇》：「夫鴈順風（而飛），以愛氣力；銜蘆而翔，以備矰弋。」高《注》：「未秀曰蘆，已秀曰葦。矰，矢。弋，繳。銜蘆，所以令繳不得截其翼也。」這是傳說大雁飛行時，口銜蘆草以防止被矰矢射中的事。㈥貛曲其穴：貛子為了有利於自己的生存，將其洞穴弄得彎彎曲曲的。《淮南子・修務篇》：「貛貉為曲穴。」貛，音ㄏㄨㄢ，即狗貛，俗呼貛子。形似豬而小，穴居山野。㈦甲冑：鎧甲和頭盔。㈧利刃：指有鋒刃的兵器、刀劍之類。㈨墮：通「隳」，毀壞。⑽衝鋒：古代用以衝撞城牆的戰車，稱衝車。以大鐵著於車轅前端，衝於敵城，故云。《詩經・大雅・皇矣》：「與爾臨衝。」毛《傳》：「衝，衝車也。」《淮南子・覽冥篇》：「大衝車。」高《注》：「衝車，大鐵著其轅端，馬被甲，車被兵，所以衝於敵城也。」⑾捐：捨棄。⑿住：停止。⒀集：群鳥棲於樹上。引伸為聚集；會合。⒁公輸、墨翟：公輸善攻，墨翟善守，兩人都是春秋末年的人。

這裏比喻能攻能守的良將。公輸，一作公輸班或公輸盘、公輸般，即魯班。春秋時魯國著名的巧匠，曾為楚國製造攻城的雲梯等器械。墨翟，即墨子。春秋、戰國之際魯國人，一說宋國人。墨家創始者。曾從齊國出發，步行十日十夜趕到楚國，與公輸班較量攻守城池之事，制止楚國攻打宋國。見《墨子・公輸篇》。

【今譯】「犀牛的角，鳳凰的爪，是上天給予防敵的，又何必每日使用呢？蜜蜂蝎子挾帶毒刺是用來保衛自身，聰明的鳥飛翔時口銜蘆葦是用來抵禦羅網。狗貛將洞穴修得彎彎曲曲的，是用來防備直來的鋒利東西，水牛聯合結成陣式是用來卻退虎豹的凶暴。而今鮑先生卻想拋棄鎧甲頭盔以防止鋒利的刀劍，毀掉城牆和護城河來遏阻戰車的衝擊。如果讓鎧甲頭盔都拋棄了，而刀劍的攻擊仍未停止；城牆和護城河已經毀壞了，而敵人戰車仍然聚集衝過來，那麼即使是公輸班、墨翟那樣的巧匠也還不能自我保全。不清楚您又將有何計策呢？」

或曰：「苟無可欲之物，雖無城池之固，敵亦不來者也。」

抱朴子答曰：「夫可欲之物，何必金玉？錐刀之末㊀，愚民競焉。越㊁人之大戰，由乎分蚺蛇㊂之不鈞。吳、楚之交兵㊃，起乎一株之桑葉㊄。饑荒之世，人人相食。素手裸跣㊅。……」

【今註】㊀錐刀之末：錐刀的末端很細微、微小，比喻極小的利益。《左傳》昭公六年：「叔向使詒子產書曰：『……錐刀之末，將盡爭之。』」杜《注》：「錐刀末，喻小事。」《淮南子・覽冥篇》：「而爭於錐刀之末。」高《注》：「錐刀之末，謂小利，言盡爭之也。」錐刀，小刀。㊁越：古國名，亦稱于越。姒姓。相傳為夏少康之後，建都會稽（今浙江紹興）。後為楚所滅。㊂蚺蚦：即髯蛇，南方所產一種長達數丈的大蛇，可食。越地之人以髯蛇為美肴，故因分之不均而發生爭鬥。《淮南子・精神篇》：「越人得髯蛇以為上肴，中國得而棄之無用。」蚦，「蛇」字的別體。㊃吳、楚之交兵二句：傳說楚邊邑與吳邊邑之女在採桑時發生糾紛，先是兩家相鬥，最後引起兩國的戰爭。《史記》卷三十一〈吳太伯世家〉：「公子光伐楚，拔居巢、鍾離。初，楚邊邑卑梁氏之處女與吳邊邑之女爭桑，二女家怒相滅，兩國邊邑長聞之，怒而相攻，滅吳之邊邑。吳王（僚）怒，故遂伐楚，取兩都而去。」㊄起乎一株之桑葉：王廣恕曰：「（『起乎』）下疑脫『爭』字。」楊明照校：有「爭」字始能與上「由乎分蚺蚦之不鈞」句相儷，王說是。㊅素手裸跣：猶言空手赤腳。《玉篇》足部：「跣（音ㄒㄧㄢˇ），蘇殄切。跣，赤足也。」裸跣，一作「倮跣」，不著衣履。引申為無衣履之貧民。孫星衍校：（素手裸跣）下有脫文，疑缺一二葉。

【今譯】　有人說：「如果沒有可要的東西，那麼即使沒有堅固的城牆和護城河，敵人也不會到來。」抱朴子回答說：「能夠引起人們可要的東西，為什麼一定是金玉呢？即使像錐刀的尖銳那麼小的東西，愚蠢的百姓也會為之競爭不休。越地人的大戰，就是從分配髯蛇肉分得不平均開始。吳、楚兩國互相興兵打仗，起因是為了爭奪一棵樹上的桑葉。饑荒的年頭，人人相食。空著手、光著腳，不著衣服鞋子的貧民。……」

「遠則甫侯㈠、子羔㈡，近則于公㈢、釋之㈣，探情審罰㈤，剖毫析芒㈥，受戮者吞聲而歌德㈦，刖劓者沒齒無怨言㈧。此皆非無君之時也。昔有鯀在下而四嶽不蔽㈨，明揚仄陋而元凱畢舉㈩。或投屠刀而排金門⑪，或釋版築而躡玉堂⑫，或委芻豢而登卿相⑬，或自亡命而為上將⑭。伯柳達讎人，解狐薦怨家⑮。方回叩頭以致士⑯，禽息碎首以推賢⑰。敢問於時有君否邪？」

【今註】㈠甫侯：即呂侯，周穆王時司寇。《尚書》〈呂刑〉篇的編纂者。對於有疑惑的罪，從輕處理。㈡子羔：高柴，字子羔，孔子之弟子，曾仕為武城宰。《孔子家語》說他「為人篤孝而有法正」。《韓非子・外儲篇・左下》記載：子羔曾為衛國獄吏，刖人之足。後因故，上面派人來逮捕子羔，跀者就引他逃跑，因為感激他的仁德。㈢于公：于定國，字曼倩，漢東海郯（今山東郯城縣）人。其父曾為郡縣刑官，執法公平，百姓為立生祠，號于公祠。後來于定國亦為刑官，積年為廷尉，執法審慎，哀憐鰥寡，為朝野一致推許。㈣釋之：張釋之，字季，漢堵陽人。曾任漢文帝時廷尉，也以斷獄公正見稱。《漢書》卷七十一〈于定國傳〉曰：「張釋之為廷尉，天下無冤民；于定國為廷尉，民自以不冤。」㈤探情審罰：探究實情，審慎處罰。審，慎重。㈥剖毫析芒：精細得像是剖開毫毛和芒刺一般。《文子・道原篇》：「析毫剖芒，不可為內。」《淮南子・俶真篇》：「析豪剖芒，不可為內。」（「毫」、「豪」古通）㈦受戮者吞聲而歌德：指子羔所刖守門者。㈧刖劓者沒齒無怨言：被處以刖刑、劓刑的受刑人終身都沒有怨言。刖，斷足；劓，割鼻。均為古代的一種刑罰。沒齒，猶言終身。「沒齒無怨言」，語見《論語・憲問篇》。㈨有鰥在下而四嶽不蔽：有鰥，指舜。獨居無妻，故名。四嶽，指堯時掌管四嶽之諸侯。四嶽曾向堯舉薦舜。見《尚書・堯典》。㈩明揚仄陋而元凱畢舉：謂薦舉地位卑微的賢者，使得才能之士都聚集於朝廷。明揚仄陋，語本《尚書・

堯典》。就是薦舉隱伏的賢士。明，察。揚，舉。仄，通「側」，伏的意思。仄陋，指不居要職的隱伏者。元凱，八元、八凱，是古代傳說中的才士。㈡投屠刀而排金門：丟下屠宰牲畜的刀具，推開了皇家宮殿的大門到朝廷任高官。相傳太公望呂尚原來在朝歌是屠牛的，文王卻重用他。《說苑・雜言篇》說呂望：「行年七十屠牛朝歌，行年九十為天子師，則其遇文王也。」金門，即金馬門之省稱。後沿用為宮門、官署的代稱，或指富貴之家。㈢釋版築而躡玉堂：放下了築牆工作而踏上了宮殿之上。相傳傅說原來是在傅巖築牆的，殷高宗武丁舉以為相。《孟子・告子篇・下》：「傅說舉於版築之間。」版築，築牆時用兩板相夾，以泥置其中，然後用杵舂實。躡，踏。玉堂，指宮殿。㈢委芻豢而登卿相：放下餵養牲畜之事，便登上了卿相之高位。相傳甯戚至齊，餵牛於車下，扣牛角而歌，齊桓公拜為上卿。詳《呂氏春秋・舉難篇》。芻豢，指牛羊犬豕之類的家畜。《孟子・告子篇・上》：「故理義之悅我心，猶芻豢之悅我口。」朱《注》：「草食曰芻，牛羊是也；穀食曰豢，犬豕是也。」㈣自亡命而為上將：自行逃亡者被拜為上將。此典故計有三說：⑴謂黥布。黥布，姓英氏，秦時為布衣，曾犯法被黥面。亡命江中為盜，初附項羽，後歸於劉邦，封淮南王。⑵謂陳平。《漢書》卷六十七〈梅福傳〉：「（上書）陳平起於亡命而為謀主。」《漢書》卷一百上〈敘傳・上〉：「（班彪〈王命論〉）收陳平於亡命。」《文選》卷五十二班彪〈王命論〉呂延濟《注》：「亡命，謂自楚逃歸於高祖也。」⑶謂韓信。韓信自楚逃亡歸漢，漢王劉邦不能用，軍行至漢中，韓信逃亡，蕭何急追信，還，謂劉邦曰：「必欲爭天下，非信無所與計事者。」漢王乃以最隆重的禮節拜韓信為「大將」。所以這裏說「自亡命而為上將」。詳《史記》卷九十二〈淮陰侯列傳〉。㈤伯柳達讎人二句：邢伯柳被自己的仇人引進了仕途，而解狐卻能薦舉自己的怨家。伯柳，指邢伯柳。解狐，春秋趙人。相傳解狐與邢伯柳兩家有仇，但解狐以公事舉邢伯柳為上黨守。伯柳往謝之，解狐曰：「舉子公也，怨子私也。」見《韓非子・外儲說左下》。達，引進。㈥方回叩頭以致士：方回叩頭來薦引士人。方回，古仙人名。相傳為堯時人。詳《淮南子・俶真篇》高《注》。㈦禽息碎首以推賢：禽息碰碎頭骨來推薦賢者。禽息，春秋秦大夫。傳說他向秦穆公推薦百里奚，不見納。穆公出，禽息當車叩頭，頭腦破碎而死。穆公感動，乃用百里奚，秦國稱霸。詳見《論衡・儒增篇》。

【今譯】　「古代有呂侯、子羔，近世有于定國、張釋之，他們都能探究實情，審慎處罰，精細得像是剖開毫毛和芒刺一般，使得被處死的人，還吞聲忍氣地歌功頌德；被處以斷足割鼻的人更是終身沒有怨言。這全都不是在沒有國君的時候啊！前從虞舜在下民間獨居時，掌管四嶽的諸侯向堯推薦舜；處處薦舉隱伏的賢士，使得才能之士都聚集於朝廷。有的人丟下屠刀推開了皇家宮殿的大門進入了王宮，有的人放下了築牆工作而踏上了宮殿之上，有的人拋棄飼養之事立刻就登上卿相的高位，有的人自行逃亡卻被任命為上將。邢伯柳被自己的仇人引進了仕途，而解孤卻能出以公心舉薦自己的怨家。方回叩頭來薦引士人，禽息撞碎頭骨來推舉賢者。敢問在當時有國君還是沒有國君？」

又云：「田蕪廩虛㈠，皆由有君。」「夫君非塞田之蔓草，臣非秏倉之雀鼠也。其蕪其虛，卒㈡由戹運㈢，水旱疫癘，以臻㈣凶荒。豈在賦稅㈤，令其然乎？至於八政首食㈥，謂之民天㈦。后稷躬稼㈧，有虞親耕㈨。豐年多黍多稌㈩，我庾惟億(一一)，民食其陳(一二)。白渠開而斥鹵膏壤(一三)。邵父起陽陵之陂，而積穀為山(一四)。叔敖創期思(一五)，而家有腐粟。趙過造三犁之巧(一六)，而關右(一七)以豐。任延教九真之佃(一八)，而黔庶(一九)殷飽。此豈無君之時乎(二〇)？」

【今註】㈠田蕪廩虛：田地荒蕪，糧倉空虛。廩，糧倉。㈡卒：楊明照按：「卒」疑「率」之誤。率，大都。㈢戹運：同「厄運」，不幸的遭遇，壞的氣運；多指地震、水旱、冰雹之類的自然災害。㈣臻：至。㈤稅：孫星衍校：《藏》本作「求」，從舊寫本改。㈥八政首食：《尚書・洪範》記載：箕子曾向周武王講述八政，而以食為首。八政，指八種主要的國家大事。㊆民天：民以食為天。《史記》卷九十七〈酈生陸賈列傳〉：「王者以民人為天，而民人以食為天。」㊇后稷躬稼：后稷親自耕稼。后稷，周之始祖。傳說堯、舜時為農官，教民耕稼。詳見《史記》卷四〈周本紀〉。㊈有虞親耕：有虞，指舜。傳說舜曾耕田於歷山，陶於河濱，漁於雷澤。詳見《史記》卷一〈五帝本紀〉。㊉豐年多黍多稌：豐收之年，收穫了很多黍米、稻米。《詩經・周頌・豐年》：「豐年多黍多稌。」毛《傳》：「豐，大。稌（音ㄊㄨˊ），稻也。」鄭《箋》：「豐年，大有年也。」㊁我庾惟億：我們露天的穀倉多到億萬。《詩經・小雅・楚茨》：「我黍與與，我稷翼翼，我倉既盈，我庾維億。」毛《傳》：「露積曰庾。」鄭《箋》：「萬物成，則倉庾充滿矣。倉言盈，庾言億，亦互辭，喻多也。」庾，露天糧倉。惟億，言其多。㊂民食其陳：百姓要吃隔年陳糧。《詩經・小雅・甫田》：「我取其陳，食我農人，自古有年。」毛《傳》：「尊者食新，農夫食陳。」陳，指陳米；陳糧。㊂白渠開而斥鹵膏壤：修建了白渠之後，昔日的鹽鹹地便成了良田。漢武帝時，白公穿渠，引涇水注渭水中，長二百里，灌田四千五百多頃，名曰白渠。詳見《漢書》卷二十九〈溝洫志〉。斥鹵，鹽鹹地。膏壤，肥沃土地。㊃邵父起陽陵之陂二句：邵信臣修建起陽陵的水堤，於是糧食堆積如山。邵父，西漢邵信臣之尊稱。曾任南陽太守，興修水利，開通溝渠水門，灌溉農田三萬餘頃，吏民尊之為邵父。詳見《漢書》卷八十九〈循吏傳〉。㊄叔敖創期思：孫叔敖，春秋楚之令尹。曾開鑿芍陂，灌田萬頃。芍陂，又名期思陂，在今安徽境。詳見《淮南子・人間篇》、《論衡・超奇篇》、《後漢書》卷七十六〈循吏・王景傳〉。㊅趙過造三犁之巧：趙過，漢武帝時對農業生產作過貢獻的官吏，曾創代田法，並創製出三犁等新農具。崔寔《政論》：「武帝以趙過為搜粟都尉，教民耕殖，其法三犁共一牛，一人將之，下種挽耬，皆取備焉，日種一頃，至今三輔猶賴其利。」（《齊民要術・耕田第一》引）三犁與三足耬相似，播種時效率很高。㊆關右：泛指函谷關以西之地。㊇任延教九真之佃：任延教導九直地區（今越南北部）的人民耕作莊稼。《後漢書》卷七十六〈循吏・任延傳〉：「任延字長孫，南陽宛人也。……建武初，延上書願乞骸骨，歸拜王庭。詔徵為九真太守。光武引見，賜馬雜繒，令妻子留洛陽。九真俗以射獵為業，不知牛耕，民常告糴交阯，每致困乏。延乃令鑄作田器，教之墾闢。田疇歲歲開廣，百姓充給。」李《注》：「《東觀漢記》曰：『九真俗燒草種田。』」《後漢書》卷八十六〈南蠻傳〉：「任延守九真，於是教其耕稼。」㊈黔庶：即庶民；平民。㊉此豈無君之時乎：孫星衍曰：「從『遠則甫侯』以下二百七十字，疑當在本篇前半。未敢輒移。」

【今譯】　又說：「田地荒蕪，倉廩空虛，全由於有了國君。」「國君並不是長滿田間的蔓草，臣子也不是消耗糧食的麻雀和老鼠。田地荒蕪和糧倉空虛，大都由於壞運氣，水災旱災瘟疫，以致造成凶歲荒年。難道是由於有了賦稅，而使得造成這樣的結果嗎？至於八政當中，首要的是吃飯，叫做『民以食為天』。后稷曾經親自種植莊稼，虞舜曾經親自耕耘田地。豐收之年收穫了許多黍子及稻穀，我們露天的糧倉多到億萬數量，使得百姓要先行吃掉隔年的陳糧。白渠開鑿後，昔日的鹽鹹土地變成了肥沃的良田。邵信臣修建起陽陵的水堤，使得糧食堆積如山。孫叔敖開挖了期思的水堤，而使得家家戶戶都多到有發霉腐壞的米粟。趙過創造了巧妙的三犁新農具，使關西地區因此豐收。任延教導九真地區的人民耕作莊稼，於是那裡的百姓便殷富溫飽起來。這難道是沒有國君時候的事情嗎？」

知止、窮達、重言篇　第四十九

【知止篇　篇旨】　「禍莫大於無足，福莫厚乎知止。」這是本篇論述的主旨。抱朴子宣揚隱居丘園的思想，強調：「審機識致，凌儕獨往，不牽常愁，神參造化，心遺萬物。可欲不能蔓介其純粹，近理不能耗滑其清澄。苟無若人之自然，誠難企及乎絕軌也。」

抱朴子曰：「禍莫大於無足，福莫厚乎知止㊀。抱盈居沖㊁者，必全之筭㊂也；宴安盛滿者，難保之危也。若夫善卷、巢、許、管、胡之徒㊃，咸蹈雲物以高騖，依龍鳳以竦跡，覘韜鋒於香餌之中，寤覆車乎來軔㊄之路，違險塗以遐濟，故能免詹何㊅之釣緡。可謂善料微景於形外，覿堅冰於未霜，徙薪㊆曲突於方熾之火，纚㊇舟弭機於衝風之前，瞻九犗㊈而深沈，望密蔚而曾逝，不託巢於葦苕㊉

之末，不偃寢乎崩山之崖者也。」

【今註】 ㊀福莫厚乎知止：楊明照《抱朴子外篇校箋・下》：「福莫」，《藏》本、魯藩本、吉藩本、舊寫本作「福無」。按作「福無」與上句「禍莫」避重出，較勝。㊁沖：謙和，淡泊。㊂筭：通「算」，謀畫。㊃善卷、巢、許、管、胡之徒：善卷，大才也。舜以天下讓之，不受。沉遁放逸，養其浩然。詳見《抱朴子・內篇・釋滯篇》注。巢，巢父；許，許由；詳見〈正郭篇〉注。管，即管寧，字幼安，三國時代魏人。篤志於學，不樂仕宦，朝廷屢徵不就。當時天下大亂，管寧乃乘桴越海，羈旅遼東三十年。因山為廬，講詩書，明禮讓，百姓多來依從他。見《三國志》卷十一〈魏書・管寧傳〉。胡，即胡昭，字孔明，三國時代潁川（今河南禹縣）人。曾經拒絕袁紹的徵召。曹操徵辟，亦不起。躬耕樂道，以經籍自娛，德化感染於一方。見《三國志》卷十一〈魏書・胡昭傳〉。㊄軔：阻止車輪轉動的木頭，引伸為阻止。㊅詹何：戰國時人，繼承楊朱「為我」思想，以為「重生」必然「輕利」，反對縱欲自恣的行為。㊆薪：柴草。㊇纚：音ㄕˇ，維繫。㊈犗：音ㄐㄧㄝˋ，犍牛。㊉苕：葦花。

【今譯】 抱朴子說：「災禍沒有比不知足更大的，幸福沒有比知足而止更豐厚的。抱盈謙沖，是必定保全自己的謀畫；而宴居安樂並驕盛凌人，則會有難以保全的危險。至於善卷、巢父、許由、管、胡等人，他們都踩蹈雲物以高升天空，依照龍鳳以樹立自己的形跡，目覩香餌的誘惑而把自己藏了起來，從受阻路上的覆車悟出了道理，避免險途而遠遠地離去，所以，他們避免詹何鈞緡的情況，可說是善於從形外料察微景，覩堅冰於未霜，把薪草從正燃燒的火堆中搬開，在暴雨來臨之前繫好船藏好檝，看著眾多犍牛而深沉淵底，望著曾經消失的茂盛之草木，不在葦花上面構築巢居，不在崩塌的山崖上躺著睡覺。」

「斯皆器大量弘，審機識致，凌儕獨往，不牽常慾，神參造化㈠，心遺萬物。可欲不能甍㈡介其純粹，近理不能耗滑其清澄。苟無若人之自然，誠難企及乎絕軌也。徒令知功成者身退，慮勞大者不賞。狡兔訖㈢則知獵犬之不用，高鳥盡則覺良弓之將棄。鑒彭、韓㈣之明鏡，而念抽簪之術；覩越種㈤之闇機，則識金象之貴。若范公㈥汎艘以絕景，薛生遜亂以全潔㈦，二疏㈧投印於方盈，田豫釋紱於漏盡㊈，進脫亢悔㊉之咎，退無濡㊁尾之吝，清風足以揚千載之塵，德音足以怯將來之惑。方之陳、竇㊂，不亦邈乎？」

【今註】㊀造化：創造化育。㊁躉：音ㄉㄨㄣˇ，整數。㊂訖：孫星衍校云：舊寫本作「死」。㊃彭、韓：彭，彭越；韓，韓信，二人皆漢初功臣，先後被殺。㊄越種：指越國的文種。曾輔政越王句踐，滅亡吳國。後句踐聽信流言，賜劍命他自殺。㊅范公：即范蠡，曾輔助句踐滅吳，後泛舟離去，隱名經商，致富，號陶朱公。㊆薛生遜亂以全潔：楊明照《抱朴子外篇校箋・下》：繼曰：「舊寫本作『遜辭』。」按薛生即薛方。《漢書》卷七十二〈王貢兩龔鮑傳〉：「齊則薛方子容，……及（王）莽安車迎方，方因使者辭謝曰：『堯、舜在上，下有巢、由。今明主方隆唐虞之德，小臣欲守箕山之節也。』使者以聞，莽說其言，不強致。」（《聖賢高士傳》略同，見《御覽》卷五百十引）據此，舊寫本作「避辭」。《文選》卷三十八桓溫〈薦譙元彥表〉：「退無薛方詭對之譏。」詭對，即遜辭也。㊇二疏：即疏廣及疏受。廣，字仲翁，西漢東海當陵（今山東棗莊東南）人。宣帝時，任太子太傅，其姪疏受亦任少傅。在任五年，皆稱病還少。後世用來作為「功遂身退」的典型。㊈田豫釋紱於漏盡：田豫，字國讓，三國魏漁陽雍奴人。仕魏為振威將軍，領并州刺史。屢乞退位，曰：「年過七十而以居位，譬猶鐘鳴漏盡而夜行不休，是罪人也。」見《三國志》卷二十六〈魏書・田豫傳〉。釋紱，退休。⑩亢悔：《易經・乾卦》：「上九，亢龍有悔。」㈡濡：沾濕。㈢陳、竇：陳，陳蕃；竇，竇武。詳見〈正郭篇〉注。

【今譯】「他們都是器大量弘，審察機遇，識別目標，凌眾獨自前往，不為平常的慾念所牽累，神參造化，心遺萬物。可允許的欲望不能占據整個純粹之身，淺近的道理不能耗損其清澄的心靈。如果沒有像他們那樣的自然氣質，確實難以達到卓絕的道路上。一般只知道功成而身退，考慮到功勞大而不索賞。狡兔死了，就知道獵犬不再用了；飛鳥打盡了，就知道良弓可以藏起來了。鑒於彭越、韓信被殺的教訓，而念及抽簪之術；目覩越國文種之闇機，則識金象之貴。從前，范蠡泛舟離開越國，隱居絕世；薛方以遜辭對答王莽，保全了自己的貞潔。疏廣與疏受在貴盛盈滿之時投印棄官，田豫在漏盡之際釋紱辭職，他們進脫亢悔之咎，退無濡尾之吝，清風足以揚掉千年的塵埃，德音足以除掉將來的迷惑。他們的事跡，跟貴盛而被殺的陳蕃、竇武相比較，相差不亦是很遠的嗎？」

「或智小敗於謀大，或轅㈠弱折於載重，或獨是陷於眾非，或盡忠訐㈡於兼會，或倡高筭而受晁錯之禍㈢，或竭心力而遭吳起㈣之害。故有跼高蹐厚，猶不免焉。公旦之放㈤，仲尼之行㈥，賈生遜擯於下土㈦，子長熏胥乎無辜㈧，樂毅平齊㈨，伍員破楚㈩，白起以百勝拓疆㈡，文子以九術霸越㈢，韓信功蓋於天下㈢，黥布滅家以佐命㈣，榮不移晷㈤，辱已及之。不避其禍，豈智者哉？」

【今註】㈠轅：車前駕牲口用的長木。㈡訐：攻訐，攻擊別人的短處。㈢倡高筭而受晁錯之禍：晁錯，潁川（今河南禹縣）人。西漢文帝時，任太常掌故，號「智囊」。景帝即位，任為御史大夫，主張削奪諸侯王的封地。不久，吳楚等七國以誅晁錯為名，發動叛亂，他為袁盎所譖，被殺。㈣竭心力而遭吳起之害：吳起，戰國時政治家。曾輔佐楚悼王實行變法，促進了楚國的富強。楚悼王死，他被貴族殺害。㈤公旦之放：周公旦曾被譖奔楚。《史記》卷三十三〈魯周公世家〉：成王少時，病，周公乃自揃其蚤沈之河，以祝于神，並藏其策于府。成王病有瘳。及成王用事，人或譖周公，周公奔楚。成王發府，見周公禱書，乃泣，迎回周公。㈥仲尼之行：指孔子悽悽惶惶，到處遊走。事見《史記》卷四十七〈孔子世家〉。㈦賈生遜擯於下土：賈生，名誼，洛陽人。西漢文帝時，議以賈生任公卿之位。諸大臣盡害之，乃短賈生「專欲擅權，紛亂諸事」。於是文帝亦疏之，以賈生為長沙王太傅。㈧子長熏胥乎無辜：子長，即司馬遷，曾無故而遭宮刑，憤而撰寫《史記》。㈨樂毅平齊：樂毅，戰國時燕將。中山國靈壽（今河北平山東北）人，樂羊的後代。燕昭王二十八年，率軍擊破齊國，先後攻下七十多城，因功封於昌國（今山東淄博市東南），號昌國君。燕惠王即位，中齊反間計，樂毅出奔趙國而死。㈩伍員破楚：伍員，即伍子胥，春秋時吳國大夫。曾助吳王闔閭奪取王位，整案經武，國勢日盛。不久率軍攻破楚，以功封於申。吳王夫差時，漸被疏遠，後吳王賜劍命他自殺。㈠白起以百勝拓疆：白起，戰國時秦國名將。郿（今陝西眉縣）人。秦昭王時以左庶長官至大良造。屢戰屢勝，奪得韓、越、魏、楚的很多地方，因功封武安君。長平之戰大勝越軍。後為相國范睢所妒忌，被逼自殺。㈡文子以九術霸越：文子，即文種，見前注。九術，一曰尊天事鬼，二曰重財市以遺其君，三曰貴糴粟稾以空其邦，四曰遺之好美以熒其志，五曰遺之巧匠，使起宮室高臺，以盡其財，以疲其力，六曰貴其諛臣，熒之易伐，七曰疆其諫臣，熒之自殺，八曰邦家富而略器利，九曰堅甲利兵以承其弊。見《史記》卷四十一〈越王句踐世家〉《正義》引《越絕》。㈢韓信功蓋於天下：楚漢相爭之際，齊人蒯通當遊說韓信自立，言道：「足下涉西河，虜魏王，禽夏說，引兵下井陘，誅成安君，徇趙，脅燕，定齊，南摧楚人之兵二十萬，東殺龍且，西鄉以報，此所謂功無二於天下，而略不世出者也。」事見《史記》卷九十二〈淮陰侯列傳〉。㈣黥布滅家以佐命：黥布，即英布，六安（今安徽六安東北）人。秦末，曾坐法黥面，輸驪山為刑徒，故稱黥布。後起義，屬項羽，封九江王。在楚漢相爭中，歸漢，而其妻子盡為楚所殺。封淮南王。漢初，繼韓信被殺後，舉兵反，被誅。㊄晷：日影。

【今譯】「或者智小敗於謀大，或者轅弱折於載重，或者獨是陷於眾非，或者盡忠訐於兼會，或倡導高策而遭受晁錯那樣的災禍，或者竭盡心力而遭到吳起被害那樣的結局。所以有局高小步行走的人，尚不免受禍。周公被譖奔楚，孔子悽惶奔走，賈誼被擯於長沙，司馬遷無辜遭到宮刑。至於樂毅有平齊之功，伍子胥有破楚之勳，白起以百勝開拓秦國的疆土，文種以九術使越國成為霸王，韓信軍功蓋於天下，英布雖遭妻子被戮，而仍佐命於漢王劉邦，上述諸人獲得榮貴地位不久，屈辱已經來臨了。他們不知道避開災禍，難道算是聰明的人嗎？」

「為臣不易，豈將一塗？要而言之，決在擇主。我不足賴，其驗如此。告退避賢，潔而且安，美名厚實，福莫大焉。能修此術，萬未有一。吉凶由人，可勿思乎？逆耳之言，樂之者希。獻納期㊀榮，將速身禍。救誹謗其不暇，何信受之可必哉？夫矰繳㊁紛紜，則鴛雛㊂徊翮；坑穽充蹊㊃，則麟、虞㊄斂跡。情不可極，慾不可滿。達人以道制情，以計遣慾。為謀者猶宜使忠，況自為策而詳不哉㊅？」

【今註】 ㊀期：孫星衍校云：《藏》本作「斯」，從舊寫本改。㊁矰繳：矰，音ㄗㄥ，獵取飛鳥的射具。繳，繫在箭上的絲繩。㊂鴛雛：鵷鶵。㊃坑穽充蹊：穽，陷阱，捕捉野獸用的陷坑。蹊，小路。㊄麟、虞：麟，麒麟。虞，良馬名。㊅為謀者猶宜使忠，況自為策而不詳哉：楊明照《抱朴子外篇校箋・下》：按《論語・學而篇》：「為人謀，而不忠乎？」疑此「謀」上脫一「人」字。

【今譯】 「作為臣子不容易，難道只有一條道路可走的嗎？要而言之，決定性的事在於選擇君主，本人是不足以依賴的。事實驗證如此。告退避賢，潔而自安，美名厚實，會有多麼大的福氣。可是，能夠修習這一方術，萬人之中未有一個。吉與凶由於本人，可不思考的嗎？對於逆耳之言，樂於聽取的人是不多的。獻納投靠，以企求榮貴，將會加速自身的災禍。挽救遭誹謗的人已經來不及，又如何會必定受到信用呢？矰繳紛紜眾多，則鵷鶵惶惶不定地飛走；陷阱布滿小路，則麟、虞也不敢來了。性情不可以極端，慾望也不可以全滿。明達的人以道來控制情性，用謀計來遣發慾望。為人謀者尚且要為之忠，何況為自己考慮而不詳盡呢？」

「蓋知足者常足也，不知足者無足也。常足者，福之所赴也；無足者，禍之所鍾也。生生之厚，殺哉生矣。宋氏引苗㊀，郢人張革㊁，誠欲其快，而實速萎裂。知進忘退，斯之以乎？夫筴㊂奔而不止者，尠㊃不傾墜；凌波而無休者，希不沈溺。弄刃不息者，傷刺之由也；斫擊不輟者，缺毀之原也。盈則有損，自然之理。周廟之器，豈欺我哉？故養由㊄之射，行人識以弛弦。東野之御，顏子知其方敗㊅。成功之下，未易久處也。」

【今註】㊀宋氏引苗：《孟子・公孫丑篇・上》：「宋人有閔其苗之不長而揠之者，芒芒然歸，謂其人曰：『今日病矣！予助苗長矣！』其子趨而往視之，苗則槁矣。」㊁郢人張革：意謂郢地人怕皮革不足而擴張拉長它。㊂筴：策，鞭。㊃尠：鮮，少。㊄養由：即養由基，一作養游基，春秋時楚國大夫，善射，能百步穿楊。楚共王十六年鄢陵之戰，戰前他與潘黨試射，一發穿七層甲葉。

㈥「東野之御」二句：東野，指東野稷，古代善於御馬者。顏子，指顏闔，魯國賢士。《莊子・達生篇》載：東野稷御馬，進退中繩，左右中規，往返百度。顏闔見之，對魯莊公說：「稷之馬將敗。」莊公問其緣由，顏闔曰：「其馬力竭矣，而猶求焉，故曰敗。」

【今譯】「大概知足者常常感到滿足，不知足者是沒有什麼會滿足的。常足者，福運就會赴集而來；無足者，災禍就會跟著而來。生長厚盛的，殺之也仍會生長。宋人拔苗助長，郢人張其皮革，確實想要快些，而實際上加速了枯萎與裂壞。知進忘退，就是這樣的嗎？揮鞭奔跑不止的人，鮮不傾墜；凌波而不休息的人，很少不沉溺的。擺弄刀槍不停的人，就會受到傷刺；砍擊不停的人，就會砍缺傷毀。盈則有損，這是自然的道理。周廟的祭器，難道會欺騙我嗎？所以，對於養由基的射箭，行人就看出他的弓弦將要鬆弛了；東野稷御馬駕車，顏闔就知道他的馬將會被累垮。事業成功之後，不容易久久地停留在那裡。」

「夫飲酒者不必盡亂，而亂者多焉。富貴者豈其皆危，而危者有焉。智者料事於倚伏㈠之表，伐木於毫末之初。吐高言不於累棊㈡之際，議治裘不於群狐之中。古人佯狂以為愚，豈所樂哉？時之宜然，不獲已也。亦有深逃而陸遭濤波，幽遁而水被焚燒。若龔勝之絕粒以殞命㊂，李業煎鴆以吞酖㊃，由乎跡之有眹，景之不滅也。若使行如蹈冰，身如居陰，動無遺蹤可尋，靜與無為為一，豈有斯患乎？又況乎揭日月以隱形骸，擊建鼓以徇利器者哉！夫值明時則優於濟四海，遇險世則劣於保一身。為此永慨，非一士也。」

【今註】㊀倚伏：指禍福互相轉化，語出老子《道德經‧第五十八章》：「禍兮福之所倚，福兮禍之所伏。」㊁棊：同「棋」。累棋，堆迭棋子，高則易倒。《國策‧秦策》：「致至而危，累棋是也。」㊂龔勝之絕粒以殞命：龔勝，字君賓，西漢名儒。王莽遣使即拜勝為講學祭酒，勝稱疾不應徵。後病，遂不復開口飲食（絕粒），積十四日死，死時七十九歲。傳見《漢書》卷七十二〈王貢兩龔鮑傳〉。㊃李業煎鴆以吞酖：李業，字巨游，東漢廣漢梓潼人。少有志操，介特，曾舉為郎。王莽秉政時，稱病不仕，隱居山谷間。及公孫述僭號，割據蜀中，欲以為博士，李業固辭不起。數年，述羞不致之，乃派使者持毒藥以劫業曰：「若起，則受公侯之位；不起，賜之以藥。」李業遂飲毒而死。見《後漢書》卷八十一〈獨行列傳〉。

【今譯】「飲酒的未必都導致亂政，而發生亂政的還是很多的。富貴的人未必都會遭到危險，但出現危險的情況是有的。聰明的人料事於禍福未發生的時候，伐木從毫末之初開始，不在累棋之際談論其高，不在狐群中議論做裘衣。古代的人假裝狂病自以為愚笨，難道願意那樣做嗎？時勢造成那樣的情況，不得已的。也有的人遠遠地逃避但仍遭到波濤入擊，有的人遁入幽途但仍遭到水淹火燒。至若龔勝拒絕出仕，最終絕食而死，李業煎蹙以吞酖，是由於他們跡象明顯，影之不滅的緣故。如果使人行走在冰霜之上，身居於陰暗的地方。動無遺跡可尋，靜與無為合一，難道會有這種禍患嗎？又何況揚日月之光以隱蔽形體，擊建鼓以徇利器呢！遇到聖明之世則優於濟四海，遇到險亂之世則劣於保一身。為此永歎，並非士人應該做的。」

「吾聞無熾不滅，靡溢不損。煥赫有委灰之兆，春草為秋瘁之端。日中則昃㈠，月盈則蝕。四時之序，成功者退。遠取諸物，則構高崇峻之無限，則穨壞惟憂矣。近取諸身，則嘉膳旨酒之不節，則結疾傷性矣。況乎其高概雲霄而積之猶不止，其威震人主而加崇又不息者乎！蚊虻墮山，適足翺翔；兕㈡虎之墜，碎而為虀㈢。此言大物，不可失所也。且夫正色彈違，直道而行，打撲干紀㈣，不慮讎隙㈤，則怨深恨積。若舍法容非，屬託㈥如響，吐剛茹柔㈦，委曲繩墨㈧，則忠□喪敗㈨。居此地者，不亦勞乎？是以身名並全者甚希，而折足覆餗㈩者不乏也。」

【今註】㈠昃：同「昃」，太陽西斜。㈡兕：雌的犀牛。㈢虀：酢菜之細切者。㈣干：犯，冒犯。《左傳》襄公二十三年：「干國之紀。」㈤隟：同「隙」。㈥屬託：以私事相託，走門路。㈦吐剛茹柔：吐出硬的，吃下軟的。比喻怕強欺弱。《詩經・大雅・烝民》：「人亦有言：柔則茹之，剛則吐之。維仲山甫，柔亦不茹，剛亦不吐；不侮矜寡，不畏彊禦。」㈧委曲繩墨：委曲，隱微不顯。繩墨，準則或法規。㈨則忠□喪敗：孫星衍校云：「『忠』下舊寫本空白一字。」㈩折足覆餗：《易經・鼎卦》云：「鼎折足，覆公餗。」餗，音ㄙㄨˋ，鼎中食物。鼎足摧折，其中食物傾覆而出。

【今譯】「我聽說沒有一處火焰是不滅的，溢滿沒有是不損的。火焰煥赫時已有委灰的兆象，春草茂盛時已經有秋天枯瘁的端倪。太陽正中則向西斜了，月亮盈滿則已漸虧蝕了。按照四季變法的次序，成功了的又漸漸消退。遠取之於物，如果構高崇峻之無效，就會有頹壞的憂患。近取之於身，如果美食美酒不加節制，就會生病傷性。何況高入雲霄而積之猶不止，威震人主而又加崇不息的情況呢？蚊虻從山上掉下，恰好可以飛翔；而兕與虎掉下來，就會碰得粉碎。這是說，大的東西不可喪失自已應該有的地方或者位置。嚴厲地彈劾違反法紀的事，按正直之道而實行，打擊冒犯綱紀的現象，不考慮到結下私仇，就會出現怨深恨積的情況。如果捨棄法紀，容納非法之事，請託如響，欺軟怕硬，隱蔽法則，就會國家喪敗。居於上述地位的人，不亦是勞苦了嗎？因此，身名並全的人甚為稀少，而如鼎足折而覆餗的情況卻不少。」

「然而入則蘭房窈窕㈠，朱帷組帳，文茵兼舒於華第㈡，豔容㈢粲爛於左右，輕體柔聲，清歌妙舞。宋、蔡㈣之巧，〈陽阿〉㈤之妍，口吐〈採菱〉、〈延露〉㈥之曲，足躡〈淥水〉、〈七槃〉㈦之節。知音悅耳，冶姿娛心，密宴繼集，醽、醁㈧不撤。抑登綺閣，俯映清淵，遊果林之舟翠，戲蕙圃之芬馥。文鱗瀺灂㈨，朱羽頡頏㈩，飛繳墮雲鴻，沈綸引魴⑪鯉。遠珍不索而交集，玩弄紛華而自至。」

【今註】㈠蘭房窈窕：蘭房，塗香料的屋室。窈窕，深遠的樣子。㈡華第：華麗的屋宅。㈢豔容：指美女。㈣宋、蔡：宋，宋國。蔡，蔡國。㈤〈陽阿〉：古歌曲名。《文選》卷四十五宋玉〈對楚王問〉：「其為〈陽阿〉，〈薤露〉，國中屬而和者數百人。」㈥〈採菱〉、〈延露〉：歌曲名。㈦〈淥水〉、〈七槃〉：歌舞名。㈧醽、醁：音ㄌㄧㄥˊ、ㄌㄨˋ，酒名。㈨文鱗瀺灂：文鱗，魚類。瀺灂，音ㄔㄢˊ ㄓㄨㄛˊ，魚出沒發出小水聲。㈩朱羽頡頏：朱羽，指鳥類。頡頏，音ㄒㄧㄝˊ ㄏㄤˊ，鳥飛上下貌。《詩經・邶風・燕燕》：「燕燕于飛，頡之頏之。」⑪魴：魚名，鯉科。

【今譯】「然而，進入深邈的蘭房，朱帷組帳，文彩展舒於華麗的屋宅，美女耀眼於左右，輕體柔聲，清歌妙舞。陳列著來自宋、蔡等地的巧玩，充盈著美妙的〈陽阿〉之曲，人們口唱〈採菱〉、〈延露〉之曲，腳蹈〈淥水〉、〈七槃〉的節拍。知音悅耳，美姿娛心，密宴繼集，美酒不撤。仰登綺麗的亭閣，俯映清澄的淵池，遊歷於丹翠的果林之中，在芬香的蕙園裡遊戲。魚兒出沒游動，鳥兒上下翻飛，飛繳射落雲鵬，沉綸釣出魴鯉。遠方的珍玩不必自己去求索而會彙集而來，滿載著美膳旨酒的車連接不絕。」

「出則朱輪耀路，高蓋接軫。丹旗雲蔚，麾節翕赫㈠。金口嘈囐㈡，戈甲璀錯。得意託於後乘，嘉旨盈乎屬車。窮遊觀之娛，極畋㈢漁之懽。聖明之譽，滿耳而入；諂悅之言，異口同辭。于時眇然，意蔑古人，謂伊、呂、管、晏㈣不足算也。豈覺崇替之相為首尾，哀樂之相為朝暮，肯謝貴盛乞骸骨㈤，背朱門而反丘園㈥哉？若乃聖明在上，大賢讚事，百揆非我則不敘㈦，兆民㈧非我則不濟，高而不以危為憂，滿而不以溢為慮者，所不論也。」

【今註】㈠翕赫：盛貌。㈡嘈囐：嘈雜。㈢畋：打獵。㈣伊、呂、管、晏：伊，伊尹。呂，呂尚，姜太公。管，管仲。晏，晏嬰。㈤乞骸骨：因年老自請退休。㈥丘園：田園。㈦百揆非我則不敘：百揆，古官名，猶冢宰。《尚書・堯典》：「納于百揆，百揆時敘。」敘，授官職。㈧兆民：百姓。

【今譯】「他們出門在外時乘坐的朱輪大車映照著道路，高敞的車蓋連接不斷，紅色的旗子像彩雲一樣密集，旌旗和符節十分繁盛，貴人的言語喧鬧嘈雜，戟戈甲冑光澤閃耀。喜愛的女色拖乘於後，精美的食品裝滿了隨同的車子。盡量地遊觀娛樂，備嘗漁獵的歡快。聖明之類讚頌之辭，滿耳而入；諂諛奉承之言，異口同聲。這時飄飄然，意念上蔑視古人，認為伊尹、呂尚、管仲、晏嬰也不算是高明的了。難道會發覺興亡如首尾相連，哀樂如朝暮相接，願意與貴盛告別，自動請求退休，離開朱門，返回田園嗎？至於聖明君主在上，有大賢臣參與輔佐，百揆非我則不敘用，百姓非我則不能救濟，地位雖高而不擔心危險，志滿而不以溢為慮，這種情況當有所別論。」

【窮達篇　篇旨】　「一流之才，而或窮或達，其故何也？」本篇就是對這個問題的回答。抱朴子強調：「審時者何怨於沈潛，知命者何恨於卑瘁乎？」他認為庸俗之人「唯以達者為賢，而不知僥求者之所達也。唯以窮者為劣，而不詳守道者之所窮也。」

或問：「一流之才，而或窮或達，其故何也？俊逸縶㊀滯，其有憾乎？」

抱朴子曰：「夫器業不異，而有抑有揚者，無知己也。故否泰時也，通塞命也。審時者何怨於沈潛，知命者何恨於卑瘁乎？故沈閭、淳鈞㊁，精勁之良也，而不以擊，則朝菌㊂不能斷焉。琲華、黎綠，連城之寶㊃也，委之泥濘，則瓦礫積其上焉。故可珍而不必見珍也，可用而不必見用也。」

【今註】㊀縶：用繩索絆住馬足。㊁沈閭、淳鈞：寶劍名。按「鈞」當作「鉤」。《淮南子・覽冥篇》：「區冶生而淳鉤之劍成。」沈閭，一作「湛盧」。越王允常聘歐冶子作名劍五枚，其一曰純鉤，二曰湛盧。參見《吳越春秋》卷四、《越絕書》卷十一。㊂朝菌：朝生暮死的菌類。《莊子・逍遙遊篇》：「朝菌不知晦朔。」㊃琲華、黎綠：美玉名。連城之寶，價值極其貴昂的寶玉。

【今譯】 有人問：「第一流的人才，而有的人窮寒，有的人旺達，其中原因何在呢？俊逸之才被束縛滯留住了，他們有遺憾嗎？」

抱朴子回答說：「才器與功業不是不同的，而有的人受到壓抑，有的人揚揚得意，而他們都不了解自己。所以，衰敗與安泰是時勢造成的，通達或者阻塞是由天命決定的。審視時勢的人為什麼要怨恨沉潛隱沒呢？知道天命的人為什麼要怨恨卑微勞累呢？所以，沈閭、淳鉤是精勁的良劍，但不用來砍擊，就是朝菌也不會斷。珧華、綠黎是價值連城的寶玉，但丟棄在泥濘裡，則瓦礫也堆積在它們之上。所以，可珍貴的東西而未必被珍視，可用的東西也未必被使用。」

「庸俗之夫，闇於別物，不分朱紫㈠，不辯菽麥。唯以達者為賢，而不知僥求者之所達也。唯以窮者為劣，而不詳守道者之所窮也。且夫懸象不麗天，則不能揚大明灼無外；嵩、岱㈡不託地，則不能竦峻極概雲霄。兔足因夷塗㈢以騁迅，龍艘汎激流以效速。離光非燧人不熾㈣，楚金非歐冶不剡㈤。豐華俟發春而表豔，棲鴻待衝飈而輕戾㈥。」

【今註】㈠朱紫：比喻以邪亂正或真偽混淆。㈡嵩、岱：嵩，嵩山；岱，泰山。㈢夷塗：夷，平坦。塗，途。㈣離光非燧人不熾：燧人，我國遠古傳說的人工取火技術的發明者。《韓非子・五蠹篇》：「有聖人作，鑽燧取火，以化腥臊，而民說之，使王天下，號之曰燧人氏。」㈤楚金非歐冶不剡：歐冶，即歐冶子，越人，以鑄劍聞名。後楚昭王聞之，召詢風胡子，對曰「歐冶子已死。」

金，即銅。剡，削。㈥棲鴻待衝颷而輕戾：颷，暴風。戾，凶暴。

【今譯】「庸俗之人不懂得區別事物，分不清真偽邪正，辨不清菽與麥。他們唯以為發達者是賢能之才，而不知道這是僥求者的發達。他們只以為寒素者是庸劣之才，而不了解這是守道者的貧窮。而且日月星辰不附於天際，就不能發揚大明並照耀無邊；嵩山、泰山不依託大地，就不能高高聳立並直達雲霄。兔足依靠平地才騁迅，龍舟泛波激流才效速。離光不靠燧人氏的鑽磨就不會燃燒，楚國銅不經由歐冶子的冶鑄就削不成寶劍。茂盛的花朵待春天才開放且鮮豐，棲鴻靠暴風而輕戾。」

「四嶽不明揚，則有鯀不登庸㈠；叔牙不推賢，則夷吾不式厚㈡。穰苴賴平仲以超踔㈢，淮陰因蕭公以鷹揚㈣。雋生由勝之之談㈤，曲逆緣無知之薦㈥。元直起龍縈之孔明㈦，公瑾貢虎臥之興霸㈧。故能美名垂於帝籍，弘勳著於當世也。漢之末年，吳之季世，則不然焉。舉士也，必附己者為前；取人也，必多黨者為決。而附己者不必足進之器也，同乎我，故不能遺焉。而多黨者不必逸群之才也，信眾口，故謂其可焉。」

【今註】㈠四嶽不明揚，則有鰥不登庸：四嶽，指堯時掌管四嶽的諸侯。有鰥，指舜。獨居無妻，故名。四嶽曾向堯舉薦舜。見《尚書・堯典》。㈡叔牙不推賢，則夷吾不式厚：叔牙，鮑叔牙。夷吾，管仲。齊桓公立，公子糾死，管仲囚。後鮑叔牙推薦之，遂用以霸。事見《史記》卷六十二〈管晏列傳〉。㈢穰苴賴平仲以超踔：穰苴，司馬穰苴。平仲，即晏嬰。晏嬰曾向齊景公推薦曰：「穰苴雖田氏庶孽，然其人文能附眾，武能威敵，願君試之。」齊景公乃任命穰苴為將軍。見《史記》卷六十四〈司馬穰苴列傳〉。㈣淮陰因蕭公以鷹揚：淮陰，即韓信。蕭公，即蕭何。韓信見漢王劉邦未加錄用，離去。蕭何親自追之，並薦之於漢王，拜為大將，一軍皆驚。見《史記》卷九十二〈淮陰侯列傳〉。㈤雋生由勝之之談：雋生，即雋不疑，字曼倩，勃海人。治《春秋》，名聞州郡。漢武帝末，直指使者暴勝之，督課郡國，東至海。勝之知不疑非庸人，深接以禮。勝之遂表薦不疑，拜為青州刺史。事見《漢書》卷七十一〈雋疏于薛平彭傳〉。㈥曲逆緣無知之薦：曲逆，即曲逆侯陳平。無知，即魏無知。陳平至修武降漢王劉邦，因魏無知求見漢王，召入。後漢王疑之，召讓魏無知。無知曰：「楚漢相距，臣進奇謀之士，顧莫計誠足以利國家不耳。且盜嫂受金又何足疑乎？」漢王遂拜平為護軍中尉。事見《史記》卷五十六〈陳丞相世家〉。㈦元直起龍縈之孔明：元直，即徐庶，本名福，字元直，潁川（今河南禹縣）人。劉備屯新野，徐庶往謂：「諸葛孔明者，臥龍也，將軍豈願見之乎？」劉備曰：「君與俱來。」庶曰：「此人可就見，不可屈致也。將軍宜枉駕顧之。」由是劉備遂詣亮。凡三往，乃見。見《三國志》卷三十五〈蜀書・諸葛亮傳〉。㈧公瑾貢虎臥之興霸：公瑾，即周瑜，字公瑾，廬江舒縣（今安徽舒城）人。興霸，即甘寧。甘寧投奔吳國，周瑜、黃蓋共為薦達，孫權遂加以信用。見《三國志》卷五十五〈吳書・甘寧傳〉。

【今譯】　「四嶽不向堯作推崇，有鯀氏就不會被敘用；鮑叔牙不向齊桓公推薦，管仲就不會被重用。司馬穰苴靠晏嬰的推薦而一躍為將帥，韓信因蕭何的追召才得以發揮作用。雋不疑的出仕是由於暴勝之的表薦，陳平的重用是由於魏無知的推薦。徐庶元直向劉備推薦臥龍孔明，周瑜向貢舉臥虎興霸。所以，他們的美名流傳在帝王的史籍上，他們的弘大功勳顯著於當世。可是，到了漢朝末年與孫吳末世，情況就不是這樣的了。推舉士人，必定把依附自己的人排在前面；錄用士人，必定由多黨的人決定。而依附於自己的人未必是有足以進仕的才能，只因為跟自己意見相同，所以不能丟棄他們。而多黨者也未必是逸群之才，只因為相信眾多人的推崇，所以認為可以錄用。」

「或信此之庸猥，而不能遺所念之近情；或識㊀彼之英異，而不能平心於至公。於是釋銓衡㊁，而以踈㊂數為輕重矣；棄度量，而以綸㊃集為多少矣。于時之所謂雅人高韻，秉㊄國之鈞，黜陟決己，褒貶由口者。尠哉免乎斯累也。又況於胸中率㊅有憎獨立，疾非黨，忌勝己，忽寒素者乎？悲夫！邈俗之士，不群之人，所以比肩不遇，不可勝計。或抑頓㊆於藪澤，或立朝而斥退也。蓋修德而道不行，藏器而時不會。或俟河清而齒已沒，或竭忠勤而不見知。遠用不騁於一世，勳澤不加於生民㊇。席上之珍，鬱於泥濘；濟物之才，終於無施。操築而不值武丁㊈，抱竿而不遇西伯㊉。自曩迄今，將有何限，而獨悲之，不亦陋哉？」

【今註】㊀識：孫星衍校云：《藏》本作「適」，從舊寫本改。㊁銓衡：衡量輕重的器具。㊂踈：粗疏。㊃綸：官吏繫印用的青絲帶。㊄秉：執掌。㊅率：孫星衍校云：《藏》本作「卒」，從舊寫本改。㈦抑頓：抑，壓抑。頓，止宿。㈧生民：百姓。㈨採築而不值武丁：武丁，商代國王，後被稱為商宗。盤庚弟小乙之子。《史記》卷三〈殷本紀〉：武丁夜夢得聖人，名曰說。以夢所見視群臣百吏，皆非也。於是乃使百工營求之野，得說於傅險中。是時說為胥靡，築於傅險，見於武丁，武丁曰是也。得而與之語，果聖人，舉以為相，殷國大治。放遂以傅險姓之，號曰傅說。㈩抱竿而不遇西伯：西伯，即周文王。《史記》卷三十二〈齊太公世家〉：呂尚蓋嘗窮困，年老矣，以漁釣奸周西伯。西伯將出獵，卜之，曰「所獲非龍非彲，非虎非羆，所獲霸王之輔」。於是周西伯獵，果遇太公於渭之陽，與語大說，載與俱歸，立為師。

【今譯】　「有時相信這些庸猥之人，而不能排除近情的牽念；有時也了解那些英異之人，但不能從最公正的立場上作考慮。於是，放棄了銓衡，以粗疏的數字來決定輕或重；放棄了度量，而綸集來決定多或少。這時，所謂雅人高韻、執掌國政之重臣，降或升由自己決定，褒或貶全出於口。這樣，要避免上迷情況的牽累的可能性是很少的。又何況胸中大抵已有心於憎惡獨立之士，痛恨非黨之人，妒忌勝過自己的人，怠忽寒素之人呢？可悲啊！所以，邈俗之士與不群之人比肩而立，卻沒有錄用的機遇，真是不可勝計。有的人被抑止於藪澤，有的人雖立於朝廷而被斥退。大概他們修德而道不行，雖具有才能而時機沒有來臨。或者要等到黃河水清之時而年紀已老，或者竭盡忠誠與勤勞而不被知道。

遠遠地離去，不為當世所用，動澤沒有比老百姓多一點。宴席上的珍肴，被隱蔽在泥濘之中；濟世救眾的人才，終於無法施展。雖然像傅說那樣操築於傅險，卻沒有遇著西伯周文王。自古迄今，這種情況將有多少，而你獨自感到悲傷，不亦是孤陋寡聞嗎？」

「瞻徑路之遠而恥由之，知大道之否而不改之。齊通塞於一塗，付榮辱於自然者，豈懷悒㈠悶於知希，興永歎於川逝乎㈡？疑其有憾，是未識至人㈢之用心也。小年之不知大年，井蛙之不曉滄海，自有來矣㈣。」

【今註】㈠悒：憂愁不安。㈡永歎於川逝：《論語・子罕篇》：「子在川上曰：『逝者如斯夫，不舍晝夜。』」㈢至人：道德修養達到了最高境界的人。㈣自有來矣：楊明照《抱朴子外篇校箋・下》：按「自有」當據舊寫本、文溯本乙作「有自」。〈用刑〉、〈名實〉、〈鈞世〉、〈詰鮑〉四篇並有「有自來矣」之文（此語《左傳》中凡六見）。

【今譯】「看到小路遙遠而恥於行走，知道大路已壞而不改道。這樣將通塞合於一途，付榮辱於自然的人，難道懷著知少而愁悶，面對川逝而永歎嗎？我懷疑這種遺憾是不懂得至人的用心。少年不知大年，井蛙不曉得滄海，是有自然的來歷的。」

【重言篇　篇旨】

本篇反對儒、墨的誇誇其談，強調「智者之不言」，認為「醜言自口，偷薄之變，生乎其閒，既玷之謬，不可救磨，未若希聲不全大音，約說以俟識者矣。」

抱朴子曰：「余友人玄泊先生㈠者，齒在志學，固已窮覽《六略》㈡，旁綜《河》、《洛》㈢。晝競羲和之末景㈣，夕照望舒之餘輝㈤。道靡遠而不究，言無微而不測。以儒、墨㈥為城池，以機神為干戈。故談者莫不望塵而銜璧㈦，文士寓目而格筆㈧。俄而寤智者之不言，覺守一㈨之無咎，意得則齊荃㈩蹄之可棄，道乖則覺唱高而和寡。於是奉老氏⑪多敗之戒，思金人三緘之義⑫，括鋒穎而如訥⑬，韜修翰於彤管⑭，含金懷玉，抑謐⑮華辯，終日彌夕，或無一言。」

【今註】㈠玄泊先生：「泊」字，孫星衍校云：《意林》作「伯」。㈡《六略》：西漢劉向、歆父子總校群書，編成《七略》。班固據《七略》撰《漢書・藝文志》，去《輯略》而成《六略》。《漢書・六略》即〈六藝略〉、〈諸子略〉、〈詩賦略〉、〈兵書略〉、〈數術略〉、〈方技略〉。㈢《河》、《洛》：即《河圖》《洛書》。《易經・繫辭・上》：「河出《圖》，洛出《書》，聖人則之。」傳說伏羲氏，有龍馬從黃河出現，背負「《河圖》」；有神龜從洛水出現，背負「《洛書》」。㈣羲和：傳說中駕日車的神。《楚辭・離騷》：「吾令羲和弭節兮。」洪興祖《補注》云：「日乘車駕以六龍，羲和御之。」㈤望舒：傳說中為月神駕車的神。〈離騷〉：「前望舒使先驅兮。」王逸《注》：「望舒，月御也。」洪興祖《補注》：「《淮南子》曰：『月御曰望舒。』」㈥墨：孫星衍校云：《藏》本作「道」，從《意林》改。㈦銜璧：孫星衍校云：舊寫本作「衡璧」。㈧寓目而格筆：寓，敬。格，停止。㈨守一：謂專一精思以通神。道家修養之術。㈩荃：香草。⑪老氏：老子。⑫思金人三緘之義：金人，銅人。《孔子家語・觀周篇》：「遂入太祖后稷之廟，廟堂右階之前有金人焉，三緘其口，而銘其背曰：此古之慎言人也。」⑬訥：出言遲鈍。⑭韜修翰於彤管：韜，藏，隱蔽。翰，筆。彤管，赤管筆，指文墨之事。㈤謐：音ㄇㄧˋ，安靜。

【今譯】 抱朴子說：「我的友人玄泊先生，志願在於學習，本來已經盡讀了《六略》，又旁及《河圖》、《洛書》。白天追逐羲和的晚景，夜裡照耀著望舒的餘輝。道無論怎麼遠遙也要探究，言論不管如何細微也要窺測。以儒、墨兩家學說為城池，以機智之神為武器。所以其他談者莫不望塵而銜璧，文士教目而停筆。不久，玄泊先生悟到了智者之不言，發覺只有專心守一，才能免除禍殃；得意時就把荃蹄都丟棄，道乖則唱高而和寡。於是信奉了老子多敗的告戒，思念金人三緘其口的慎言道理，括去了言談鋒穎，好像遲鈍隱蔽似的，修翰於彤管，含金懷玉，抑制了巧辯，終日到晚，不說一句話。」

「門人進曰：『先生默然，小子胡述？且與庸夫無殊焉。竊謂號鍾不鳴，則不異於積銅；浮磬㈠息音，則未別乎聚石也㈡。』玄泊先生答曰：『吾特收遠名於萬代，求知己於將來，豈能競見知於今日，標格於一時乎㈢？陶甄㈣以盛酒，雖美不見酣；身卑而言高，雖是不見信。徒卷舌而竭聲，將何救於流遁！古人六十笑五十九，不遠迷復，乃覺有以也。夫玉之堅也，金之剛也，冰之冷也，火之熱也，豈須自言，然後明哉？且八音九奏，不能無長短之病；養由㈤百發不能止，將有一失之蹠。甑憑河者，數溺於水；好劇談者，多漏於口。伯牙㈥謹於操絃，故終無煩手之累；儒者敬其辭令，故終無樞機之辱。』

【今註】㈠磬：樂器。㈡則未別乎聚石也：楊明照《抱朴子外篇校箋・下》：「聚」，《初學記》、《御覽》五一引作「眾」。按「眾」字是。〈交際篇〉：「蓋由眾石之積。」亦以「眾石」為言。㈢豈能競見知於今日，標格於一時乎：楊明照《抱朴子外篇校箋・下》：「標」上，吉藩本有「立」字。按「標格」不能與「競見知」相儷，確有脫字。然吉藩本亦未必是也。〈應嘲篇〉有「標峻格於九霄」語，則「格」上合補一「峻」字，「標」字係動詞，非「標格」連言為名詞也（〈嘉遯篇〉「標退靜以抑躁競之俗」，〈君道篇〉「遣私情以標至公」，皆以「標」字為動詞。㈣陶甄：《文選》卷五十六張華〈女史箴〉李善《注》引如淳曰：「陶人作瓦器謂之甄。」㈤養由：即養由基，見前注。㈥伯牙：《呂氏春秋・本味篇》：「伯牙鼓琴，鍾子期聽之。方鼓琴而志在泰山，鍾子期曰：『善哉乎鼓琴！巍巍乎若泰山』少選之間，而志在流水，鍾子期又曰：『善哉乎鼓琴！湯湯乎若流水。』鍾子期死，伯牙破琴絕弦，終身不復鼓琴，以為世無足復為鼓琴者。」

【今譯】「門人弟子進來問道：『先生默然不語，小子胡說一氣，這樣與庸夫俗子沒有區別了。私下認為，號鍾不鳴，就跟一堆銅沒有差異；浮磬停止了音響，就跟眾多石頭沒有區別。』玄泊先生回答說：『我只想獲取萬代以後的遙遠名聲，尋求將來的知己者，哪兒能爭著被今日之人所知道，在當世樹立高峻的標準呢？用陶甄盛酒，雖美不見酣；身分卑賤而言論高遠，雖然是對的但不會被信任。鼓舌而竭盡言談，又將如何挽救於流遁呢！古人到了六十歲，才譏笑自己以往五十九年都做得不對了，不再遠迷，就有所覺悟。寶玉的堅貞，金子的剛硬，冰的寒冷，火的熾熱，難道必須自己陳說然後才明白嗎？而且八音雜奏，不能沒有長短的毛病；善射的養由基連續射一百次，也將有一次的疏忽。玩游泳的人，往往被水溺死；善歡言談的人，大多會說錯話。伯牙謹慎地操琴弦，所以終於沒有煩手的累贅；儒者慎於言談辭令，所以最終不會在關鍵之地受到屈辱。』

『淺近之徒，則不然焉。辯虛無之不急，爭細事以費言。論廣修、堅白無用之說㈠，誦㈡諸子非聖過正之書。損教益惑，謂之深遠。委棄正經，競治邪學。或與闇見者較脣吻之勝負，為不識者吐清商㊂之談。對非敵力之人，旁無賞解之客，何異奏雅樂㊃於木梗之側，陳玄黃㊄於土偶之前哉！徒口枯氣乏，椎杭抵掌㊅，斤斧缺壞而槃節不破，勃然戰色而乘忤愈遠。致令恚㊆容表顏，醜言自口，偷薄㊇之變，生乎其閒。既玷之謬，不可救磨。未若希聲以全大音，約說以俟識者矣。』」

【今註】㊀論廣修、堅白無用之說：《公孫龍子・堅白論篇》：「石之白，石之堅，見與不見，二與三，若廣修而相盈也。」謝《注》：「修，長也。白雖自有實，然是石之白也；堅雖自有實，然是石之堅也。二物與石為三，見與不見共為體，其堅白廣修皆與石均而滿。」㊁誦：孫星衍校云：《藏》本作「訟」，從舊寫本改。㊂商：五音之一。㊃雅樂：典雅純正之樂舞，多用於宮廷及祭祠。㊄玄黃：指彩色絲帛。㊅抵掌：擊掌。㊆恚：恨，怒。㊇偷薄：苟且輕薄。

【今譯】『而那些學識淺近的人，就不是這樣的了。他們辯論虛無不急的事，為細事爭吵，徒費口舌。論述「廣修堅白」無用的學說，背誦諸子非難聖人並矯枉過失的書籍。他們把損害教化且增加疑惑的內容，說成是有深遠的意義。他們委棄堂堂正正的經典，爭著去研習邪惡的學說。或者跟闇愚之人爭論，比較言辭上的勝負，或者向沒有學識的人講清雅的言談。對著的不是相匹敵的人說話，旁邊就沒有能欣賞並理解的人了，這跟在木梗之側演奏雅樂有什麼不同呢？又跟在土偶之前陳列絲帛有什麼不同呢？這樣只是口枯氣乏，椎杭擊掌，斧頭破得壞缺了，而盤回的枝節不斷，勃然憤怒，乖忤愈遠。結果怒容滿面，口吐醜言，苟且浮薄的情況就出現於其間了。既然遭受謬誤的玷污，不可救助，不可磨滅，還不如沉默不大聲說話，簡說慎言以待有意之士了。』」

自敘篇 第五十

【篇旨】 本篇作者葛洪介紹自己的家世、經歷、著作及性格。

首先介紹遠祖讓功遷徙、移居句容情事，以及祖、父之輩居官廉正、德化興盛的功績。其次自述博覽群書的求學經歷，以及思想志趣的轉變過程。由於葛洪從小不喜彈棊、博戲之事，更不喜交結世俗，不愛拜訪長官，以及不計毀譽之性格，故養成其意欲前往山林、養生修煉，歸心於神仙長生久視的人生理想。

最後自敘志在隱逸著述，並說明寫作〈自敘〉的目的，是為了藉助著作傳名於未來。

抱朴子者，姓葛，名洪，字稚川，丹陽句容㈠人也。其先葛天氏㈡，蓋古之有天下者也。後降為列國，因以為姓焉。

【今註】 ㈠丹陽句容：今江蘇省句容縣。依梁陶弘景〈吳太極左仙公葛公之碑〉所載，葛洪與其從祖葛玄，當為「丹陽句容都鄉吉陽里」人。丹陽原作丹楊，以邑界楊樹生丹，故名；句容縣有句曲山，山形句曲而有所容，故名。㈡葛天氏：古帝王名號。唐徐堅《初學記》卷九引《帝王世紀》載：天皇氏迄燧人氏，凡九十一代，八萬二千七百六十年，其後女媧繼之，「及女媧氏沒，次有大庭氏、柏皇氏、中央氏、栗陸氏、驪連氏、赫胥氏、尊盧氏、混沌氏、有巢氏、朱襄氏、葛天氏、陰康氏、無懷氏，凡十五世，皆襲庖犧之號。」《路史・禪通紀》：「葛天者，權天也。爰儗施穹作權象，故以葛天為號。其為治也，不言而自信，不化而自行。」

【今譯】　抱朴子這個人，姓葛名洪，字稚川，是江蘇省丹陽郡句容縣人。祖先葛天氏，是古代的帝王，後來沒落了，淪為列國諸侯，於是用先前的朝代名號當作姓氏。

洪曩祖㈠為荊州刺史。王莽之篡，君恥事國賊，棄官而歸。與東郡太守翟義㈡共起兵，將以誅莽，為莽所敗。遇赦免禍㈢，遂稱疾自絕於世。莽以君宗強，慮終有變，乃徙君於琅邪㈣。

【今註】　㈠曩祖：葛洪十世祖也，未知其諱。約生於西漢元帝初元年間，卒於淮陽王更始元年之前，享年近七十。曾任荊州刺史，甚具忠節。㈡翟義：《漢書》卷八十四〈翟方進傳〉載：孺子嬰居攝二年（西元七年）九月，翟義起兵討莽，同年十二月敗，遭莽夷滅三族。㈢遇赦免禍：據《漢書》所載，新莽赦天下凡八次，始自始初元年（西元八年），迄於地皇元年（西元二〇年），先後凡十三年。㊃琅邪：今山東省諸城縣東南。

【今譯】 葛洪的遠祖曾任荊州刺史。王莽篡位時，遠祖不願侍奉叛國賊，所以拋棄官職回鄉；與東郡太守翟義一同發兵起義，準備消滅王莽，不幸被王莽打敗了。後來遇到大赦而免於刑禍，於是藉口生病而隱居起來，與世隔絕。可是王莽認為遠祖的宗族強大，害怕他日後還會有變亂的情事發生，於是強迫他舉家遷徙到山東琅邪地方。

君之子浦盧㈠，起兵以佐光武，有大功。光武踐祚㈡，以盧為車騎㈢，又遷驃騎大將軍㈣，封下邳僮縣㈤侯，食邑㈥五千戶。

【今註】 ㈠浦盧：葛洪九世祖，約生於西漢成帝陽朔年間（西元前二十四－前二十一年）。四十五、六歲之時，助光武起義有功。光武即位，分功論爵，遷為驃騎大將軍，封下邳僮縣侯。方起義時，其弟葛文與之出生入死，未得尺寸之報，乃讓爵於弟，南渡而家於句容，躬耕讀書，優遊以終。㈡踐祚：新君嗣位。古時殿前兩階無中間道，故以阼階為天子之位。天子祭祀升阼階，履主階行事，故云「踐祚」。《墨子・非攻篇・下》：「武王踐阼」。踐，履也。阼，主人所臨之階也。㈢車騎：

車騎將軍，漢文帝始置，為征伐異族者；其或散還，從文官之例，則位次三司。㈣驃騎大將軍：掌管征伐叛軍的四將軍之一。《後漢書・志》第二十四〈百官・一〉：「將軍，不常置。本注曰：掌征伐背叛。比公者四：第一大將軍，次驃騎將軍，次車騎將軍，次衛將軍。又有前、後、左、右將軍。」蔡質《漢儀》曰：「漢興，置大將軍、驃騎，位次丞相；車騎、衛將軍、左、右、前、後，皆金紫，位次上卿。」按：《後漢書》未見葛浦盧或葛文有任驃騎大將軍之記載。㈤下邳僮縣：僮縣，在今安徽省泗縣西北七十里處。下邳郡，府治在今江蘇省邳縣東。㈥食邑：采地也。食其封邑之租稅，故曰食邑。《漢書》卷一下〈高帝紀・下〉：「其有功者上致之王，次為列侯，下乃食邑。」

【今譯】遠祖的長子名浦盧，曾經率兵輔佐光武中興，建有大功。光武帝即位後，以軍功封浦盧為車騎將軍，後來又陞遷為驃騎大將軍，封為下邳郡僮縣侯，食邑五千戶。

開國初，侯之弟文㈠隨侯征討，屢有大捷。侯比上書文為㈡訟功㈢，而官以文私從兄行，無軍名，遂不為論。

【今註】㈠侯之弟文：葛文乃葛洪之九世從祖，約生於西漢成帝鴻嘉年間（西元前二十一—前十七年）。光武興漢，文嘗私從其兄浦盧征討，身冒矢石，創痍周身，且矢傷右眼，屢建大功。及開國論功，官以文不在軍籍，不為比論。浦盧不忍，上書乞轉封於弟。上聽之，文因襲封僮縣侯。文以是感激，為其兄營建博望里宅舍。《正統道藏・洞玄部》「虞」字號〈吳太極左仙公葛公之碑〉稱：「葛玄（洪之從祖）之七代祖葛文，為浦盧之弟，襲封僮侯。」以此推之，則文為洪之九世祖也無誤。㊁文為：依孫星衍校正，當作「為文」之訛。㊂訟功：爭功。爭是非曰訟。

【今譯】　當浦盧率師起義時，他的弟弟葛文，也一同隨軍征戰，打了好幾次勝仗。所以浦盧好幾次上書朝廷，為文爭論戰功，可是朝廷卻認為葛文是私自隨兄從軍，並未列名軍籍，所以不能談論戰功。

侯曰：「弟與我同冒矢石，瘡痍㊀周身，傷失右眼，不得尺寸之報。吾乃重金累紫㊁，何心以安？」乃自表乞轉封於弟，書至上請報㊂。漢朝欲成君高義，故特聽焉。文辭不獲已，受爵即第，為驃騎營立宅舍於博望里㊃。于今基兆石礎存焉。又分割租秩，以供奉吏士，給如二君㊄焉。驃騎殷勤止之而不從。

【今註】　㊀瘡痍：創傷也。戕體使傷曰創，或作瘡；侈開皮膚曰痍。㊁重金累紫：金印、紫綬，秦、漢時丞相、相國所佩用之信物，以喻地位顯貴之意。㊂請報：請求得到回音。㊃博望里：今安徽省當塗縣西南。㊄給如二君：葛文將所得租稅分為兩份，從兩份中各別提撥出官吏部屬的俸祿，就好像是他們侍奉兩位主管一樣。

【今譯】 浦盧說：「弟弟和我一同冒著飛箭流矢，使得全身布滿傷痕，更傷到右眼以致失明，他得不到丁點兒的報酬。我卻掛金印、帶紫綬、做大官，良心怎能安寧呢？」於是上書朝廷，請求將自己的官祿轉封給弟弟，奏疏上達朝廷，並祈求獲准。朝廷也願意成全他高潔的道義，特別聽從他的不情之請。葛文辭謝爵祿的轉封，可是不獲允許，只好接受爵位，住進官邸，另外又替哥哥在博望里營建寬廣的房舍，請他去住。那些房舍的地基礎石，直到現在還留存著。葛文又分出所得的租稅俸祿，作為官吏部屬的薪水，數額就像是他們侍奉兩位主管一樣多。浦盧幾次勸阻，葛文都不聽從。

驃騎曰：「此更煩役國人㊀，何以為讓？」乃託他行，遂南渡江，而家于句容。子弟㊁躬耕，以典籍自娛。文累使奉迎驃騎，驃騎終不還。又令人守護博望宅舍，以冀驃騎之反，至于累世無居之者。

【今註】 ㊀煩役國人：讓封邑內的百姓勞役更加繁擾。㊁子弟：指葛浦盧的宗族及支系親人。

【今譯】　浦盧說：「這樣就讓封邑內的百姓增加更多的雜役，怎能說是讓國之舉呢？」於是託辭要到遠方，就帶著自己這一支系的族人，向南渡過長江，在句容定居了下來。家人子弟親自耕種為生，閒暇則以讀書自娛。葛文屢次派遣使者迎接他回去，他仍不為所動。葛文只好派人守護博望里浦盧的宅第，希望哥哥終有回來定居的一天，以致於那些屋舍空廢下來，好幾代都無人居住。

洪祖父㈠學無不涉，究測精微，文藝之高，一時莫倫，有經國之才。仕吳，歷宰海鹽、臨安、山陰三縣。入為吏部侍郎、御史中丞、廬陵太守、吏部尚書、太子少傅、中書、大鴻臚㈡、侍中、光祿勳㈢、輔吳將軍，封吳壽縣㈣侯。

【今註】　㈠洪祖父：葛奚，嘗仕吳，歷官顯宦，偶因酒醉失言，為吳主酖死，時約當吳主孫皓鳳凰元年（西元二七二年）。㈡大鴻臚：秦代官名，漢武帝太初中始改稱為「大鴻臚」，掌管諸侯及歸義番邦。㈢光祿勳：守衛宮殿門戶之御官，漢代始置。㈣吳壽縣：今湖南常德縣東四十里。

【今譯】　葛洪的祖父諱奚（《晉書・葛洪傳》作「系」），讀書非常廣泛，而且研究得精深入微，文學才華之高超，在當時幾乎無人可比，有經綸國家的才能。在吳國作官，歷任海鹽、臨安、山陰三縣縣長。其後又入朝廷為吏部侍郎、御史中丞，再出為廬陵太守，又轉為吏部尚書、太子少傅、中書、大鴻臚、侍中、光祿勳、輔吳將軍，並且受封為吳壽縣侯。

洪父㈠以孝友聞，行為士表。方冊所載，罔不窮覽。仕吳五官郎、中正㈡，建城㈢、南昌㈣二縣令，中書郎、廷尉平㈤、中護軍㈥，拜會稽太守，未辭，而晉軍順流㈦，西境不守。博簡秉文經武之才，朝野之論，僉然推君，於是轉為五郡赴警。大都督給親兵五千，總統征軍，戍遏疆場。

【今註】㈠洪父：葛悌，博覽群書，仕吳多年，入晉後，歷任肥鄉令，邵陵太守。任官清廉，秋毫之贈，不入於門，恩洽刑清，野有頌聲。晉元帝元康五年（西元二九五年）卒於官。㈡五官郎、中正：守衛宮廷殿門，出時充為車騎者，聽命於五官中郎將。㈢建城：今江西省瑞州府高安縣。㈣南昌：今江西省南昌縣。㈤廷尉平：廷尉之屬官，掌理獄訟之事。㈥中護軍：吳官制，設中、左、右護軍各一人。中護軍指揮御林軍，統轄諸將，掌理武官之選舉。㈦晉軍順流：晉武帝咸寧五年（二七九年），以二十萬軍由四川東下伐吳。太康元年（二八〇年）三月，王濬以舟師至建業石頭，孫皓大懼，面縛輿櫬，降於軍門。

【今譯】 葛洪的父親諱悌，有孝悌友愛的美名，行為足可作為士人的表範。經典書籍，看得非常廣泛。仕吳為五官郎、中正，以及建城、南昌兩縣的縣長，轉為中書郎、廷尉平、中護軍。當朝廷準備任命他為會稽太守、未曾辭官時，晉軍就已順著長江攻入建業，西疆失守。朝廷甄選文武皆備的全才來抒解危局，所有的大臣都一致推許他堪為重任，於是他轉到五郡去禦敵。大都督給他親兵五千人，讓他統帥以保衛疆土。

天之所壞㈠，人不能支。故主欽若，九有同賓㈡。君以故官赴，除郎中，稍遷至大中大夫，歷位大中�鄉令㈢。縣戶二萬，舉州最治，德化尤異。恩洽刑清，野有頌聲，路無姦跡。不佃公田㈣，越界如市㈤。秋毫之贈，不入于門。紙筆之用，皆出私財。刑厝㈥而禁止，不言而化行。以疾去官，發詔見用為吳王郎中令㈦。正色弼違，進可替不。舉善彈枉，軍國肅雍㈧。遷邵陵㈨太守，卒於官。

【今註】㈠天之所壞：《左傳》定公元年：「天之所壞，不可支也；眾之所為，不可奸也。」㈡故主欽若，九有同賓：同賓即「同主」。全句意謂：吳主孫皓歸降，吳國臣民皆賓服於晉。欽若，敬順也，《尚書・堯典》：「欽若昊天。」九有，九州，指吳國。㈢大中肊鄉令：依孫星衍校正，此句當作「大中正、肥鄉令。」大中正，魏陳群創九品中正官制，晉宣帝司馬懿在各州設大中正，負責薦舉人才給尚書省。肥鄉，今河北省肥鄉縣南。㈣不佃公田：公田不許人民租用。佃，租田耕種。㈤越界如市：謂他縣百姓欲遷往肥鄉者甚眾，如人之趨向市集。㈥刑厝：不用刑罰。厝，安放也。㈦吳王郎中令：吳王，指晉武帝子吳敬王司馬晏。郎中令，掌理宮殿門觀、宿衛，並統轄殿中侍衛之官。㈧軍國肅雍：軍國，軍隊與國家。肅雍，謹慎謙恭貌。《詩經・周頌・清廟》：「於穆清廟，肅雍顯相。」㈨邵陵：今湖南省寶慶縣。

【今譯】　天命要亡吳國，人力實在無法抗拒。吳主孫皓投降了，全國臣民也歸順晉朝。葛悌以舊有的官銜，改任郎中，不久又陞遷為大中大夫，做過大中正以及肥鄉縣令，管轄二萬戶縣民，他當縣長時，是全州裏治安最好的縣分，品德教化更是水準之上。施恩普遍，刑罰輕簡，獲得民間的一致頌揚。路上沒有盜賊姦邪的惡事發生。農民也不致租用公田耕種，其他縣邑的百姓都趨之若鶩的來到肥鄉。即使一點點的餽贈，他都不拿回家中；紙筆等用具，也全是自己購買。刑法置而不用，人民卻不犯法；不用諄諄教誨，風俗卻自然醇厚。後來，他因為疾病，離開縣長之職，隨後又詔令他擔任吳王司馬晏的郎中令。任內，他嚴正的匡正吳王的過失，進用賢才，摒斥奸邪。推舉善人，彈劾枉曲正道的小人，使得全國顯出謹慎謙恭的風貌。後來又陞遷為邵陵太守，而在任內過世。

洪者，君之第三子也。生晚，為二親所嬌饒㈠，不早見督以書史。年十有三，而慈父見背，夙失庭訓㈡。飢寒困瘁，躬執耕穡，承星履草，密勿㈢疇襲㈣。又累遭兵火，先人典籍蕩盡，農隙之暇無所讀，乃負笈徒步行借。又卒於一家，少得全部之書。益破功日，伐薪賣之，以給紙筆。就營田園處，以柴火寫書。坐此之故，不得早涉藝文。常乏紙，每所寫反覆有字，人尠能讀也。

【今註】㈠嬌饒：嬌寵憐愛也。㈡庭訓：父親的教誨。《論語・季氏篇》：「他日，又獨立，鯉趨而過庭，曰：『學禮乎？』對曰：『未也。』『不學禮，無以立。』鯉退而學禮。」㊂密勿：黽勉努力也。《漢書》卷三十六〈楚元王傳〉：「故其《詩》曰：『密勿從事，不敢告勞。』」《注》：「師古曰：密勿猶黽勉從事也。」朱起鳳《辭通》謂：密勿、黽勉、閔勉、茂免、文莫、罔莫、茂明、黽沒，皆「勉強」之義也。㊃疇襲：疑乃「疇壟」之訛，謂耕治之田也。《文選》卷二十四曹植〈贈丁儀詩〉：「黍稷委疇隴，農夫安所獲。」

【今譯】 葛洪，是葛悌的第三子。因為是晚年得子，所以很受雙親的寵護憐愛，也因此沒有及早督促研讀經籍史書。十三歲時，父親過世，因此很早就失去了父親的教誨。受到了飢寒窮困的逼迫，只好親自耕種，頂著星光，踏著草叢，勤勉地於田園農事。又遭到好幾次兵災，家中積存的古書經籍，被燒毀奪棄的一無所存，所以農餘休閒的時候，沒有書籍可以閱讀，於是背著書箱，走到別人家去借閱。又倉猝之間在一戶人家，很少能夠得到所需的全部的書籍。於是更下功夫努力工作，砍柴售賣，用來購買紙筆。就近在田園裏，用燒黑的柴火抄繕書中文字。就因如此，才無法及早接觸文學藝術。由於常缺紙張，所以抄寫時，正反兩面都寫滿了字，別人也很少能看得懂所抄內容。

年十六，始讀《孝經》、《論語》、《詩》、《易》。貧乏無以

遠尋師友，孤陋寡聞，明淺思短㈠，大義多所不通。但貪廣覽，於眾書乃無不暗誦精持㈡。曾所披涉，自正經、諸史、百家之言，下至短雜文章，近萬卷。既性闇善忘㈢，又少文㈣，意志不專，所識者甚薄，亦不免惑。而著述時猶得有所引用，竟不成純儒，不中為傳授之師。

【今註】㈠明淺思短：明白的道理很膚淺，思慮也很平庸。㈡精持：確實地記住。精，善也；最好的意思。㈢性闇善忘：天賦愚昧，記性也差。闇，愚昧也。㈣少文：缺乏文學、辭藻的修養。

【今譯】到了十六歲，才開始讀《孝經》、《論語》、《詩經》、《易經》。因為生活貧困，所以也沒有多餘的錢財，到遠方去遊學，請教良師、結交益友，以致於孤陋寡聞，見識膚淺，思慮平庸，經典書籍裏的微言大義，多半了解不清。祇是貪心的盡量閱讀，最後，也對於所接觸過的許多書籍，記誦得非常深刻。曾經涉獵瀏覽的，從正統經典、各類史書、以及諸子百家的著作，到散見各處的短文雜著，篇幅接近萬卷之多。祇是天賦愚昧，記性又不好，從小就缺乏文學修養，再加上讀書的心志不夠專精，所以領悟得很淺薄，也無法祛除心中的疑惑。可是著述時仍然不能不加以引用，因為學得不夠深切專精，一直不能成為真正的儒者，也不能作為傳授道義的經師。

其河洛圖緯㈠，一視便止，不得留意也。不喜星書㈡及算術、九宮㈢、三棊㈣、太一㈤、飛符㈥之屬，了㈦不從焉，由其苦人而少氣味也。晚學風角㈧、望氣㈨、三元、遁甲㈩、六壬㈡、太一之法，粗知其旨，又不研精。亦計此輩率是為人用之事，同出身情，無急以此自勞役，不如省㈢子書之有益，遂又廢焉。

【今註】㈠河洛圖緯：有關河圖洛書之類的緯書。《易經‧繫辭‧上》：「河出圖，洛出書，聖人則之。」《尚書‧顧命》：「大玉、夷玉，天球、河圖，在東方。」孔《傳》：「河圖，八卦，伏犧王天下，龍馬出河，遂則其文，以畫八卦，謂之河圖。」《隋書》卷三十二〈經籍志〉：「《河圖》九篇、《洛書》六篇，云自黃帝至周文王所受本文。」㈡星書：有關天文之書籍，此處可能是指星占之書，即依星宿方位的隱現，來占卜未來之事。《漢書》卷三十〈藝文志〉載有：「傳（傳）周《五星行度》三十九卷」、「《禳祀天文》十八卷」，皆屬星書。㈢九宮：東漢讖緯家的名詞，涉及陰陽五行、占卜蓍策之事。隋蕭吉《五行大義・論九宮數》：「九宮者，上分於天，下別於地，各以九位。天則二十八宿、北斗九星，地則四方、四維及中央，分配九有。謂之宮者，皆神所遊處，故以名宮也。鄭司農云：『太乙行八卦之宮，每四乃入中央，中央云者，地神之所居，故謂之九宮。』」㊃三棊：即靈棋，以三級九枚棋子，依據棋局變化，以預測未來的方術。《四庫全書》收有舊題東方朔撰「《靈棋經》二卷」，《隋書》卷三十四〈經籍志〉亦有「《十二靈棊卜經》」，內容大概與《易》筮相為表裡。此處所說的「三棊」，或亦此類書籍。㊄太一：即道家常用「太乙」，又作「泰一」，乃大道、元氣之意，後借為北辰神之名，此處專指占卜的家派——太一家。《史記》卷一百二十七〈日者列傳〉稱占卜家有七：五行家、堪輿家、建除家、叢辰家、曆家、天人家、太一家。《史記》卷二十七〈天官書〉說：「中宮天極星，其一明者，太一常居也。」司馬貞《索隱》：「《文耀鉤》曰：『中宮大帝，其精北極星。含元出氣，流精生一也。』」又云：「《春秋合誠圖》云：『紫微，大帝室，太一之精也。』」張守節《正義》：「泰一，天帝之別名也。劉伯莊云：『泰一，天神之最尊貴者也。』」㊅飛符：道家的符籙秘文也。《抱朴子・內篇・登涉篇》繪有入山符等秘文十八幅，言此事甚詳。㊆了：全也；終也。㊇風角：古代占候之法。《後漢書》卷三十下〈郎顗傳〉：「父宗，字仲綏，學京氏《易》，善風角、星算。」李《注》：「風角，謂候四方、四隅之風，以占吉凶也。」㊈望氣：古代占候之法，觀看雲氣以預測人事的徵兆。《周禮・春官・保章氏》：「掌天星，以志星辰日月之變動，以觀天下之遷，辨其吉凶。……以五雲之物，辨吉凶水旱降豐荒之祲象。」《史記》卷七〈項羽本紀〉范增說項王曰：「吾令人望其氣，皆為龍虎，成五采，此天子氣也。」《史記》卷二十八〈封禪書〉：「趙人新垣平以望氣見上，言：『長安東北有神氣，成五采。』」又云：「入海求蓬萊者，言蓬萊不遠，而不能至者，殆不見其氣。上乃遣望氣佐候其氣云。」㊉三元、遁甲：根據特定對象的生日，所做出的九宮干支配置表，藉以判斷該人的運勢、行為、方位、吉凶等事。葛洪撰有《三元遁甲圖》三卷，並自行抄集其要為《遯甲肘後立成囊中秘》一卷。三元，術數家以六十甲子配九宮，故一百八十年為一周始，第一甲子稱上元，第二甲子稱中元，第三甲子稱下元。遁甲，古代方士預測未來的一種術數。以十個天干的乙丙丁為「三奇」，戊己庚辛壬癸為「六儀」，將三奇、六儀分置九宮之中，而以甲作統御，視甲所加臨的宮位以判斷吉凶，好作事先的預防，故稱「遁甲」；遁者，藏也。又有一說，認為遁甲當作循甲，以六十甲子中的六甲循環推數，故稱「循甲」。㈡六壬：古代占法之一，與太乙、遁甲，通稱占法三式。六壬以干支五行為依據，五行始於水，十干的壬癸屬水，故曰「壬」；天一生水，地六成之，故曰「六」。㈢省：考校。

【今譯】　有關河圖洛書這類的讖緯之學，一看就打住了，並無多大興趣。也不喜歡占星書、算術、九宮、三棊、太乙、飛符之類的占卜符籙之學，一直無法接受它們，主要是因為其內容細碎，缺少人文的生氣，所以讓我不耐煩。到了後來，還是學了一些風角、望氣、三元、遁甲、六壬、太乙等占卜的法術，稍稍知道它們的內容後，又沒有興趣作精深的鑽研了。是因為我覺得這些法術，都是被人創造出來，運用在人事之上的道理，同是出於人的常情，用不著急於為了這些而讓自己勞累煩憂，還比不上從事考校子書的工作來得有益，所以又放棄了它們。

案〈別錄〉、〈蓺文志〉，眾有萬三千二百九十九卷㈠。而魏代以來，群文滋長，倍於往者，乃自知所未見之多也。江表書籍，通同不具。昔欲㈡詣京師索奇異，而正值大亂，半道而還，每自㈢嘆恨㈣。今齒近不惑，素志衰頹，但念損之又損，為乎無為㈤，偶耕㈥藪澤，苟存性命㈦耳。博涉之業，於是日沮矣。

【今註】㈠〈別錄〉以下二句：劉歆《七略・別錄》載書目，合計六百七十七家，一萬二千九百九十四篇。《漢書》卷三十〈藝文志〉云：「大凡書，六略三十八種，五百九十六家，萬三千二百六十九卷。」與葛洪所言不同。㈡欲：原作「故」，從孫星衍校正所改。㈢自：原作「具」，從孫星衍校正所改。㈣昔欲詣京師四句：葛洪二十一歲時，助吳興太守討伐石冰之亂；明年亂平，洪投戈釋甲，欲詣洛陽，搜尋異書，正遇陳敏據江東作亂，洪遂流離於徐、豫、荊、襄之間。事見《晉書》卷七十二〈葛洪傳〉、《抱朴子・內篇・金丹篇》。㈤損之又損，為乎無為：老子《道德經・第四十八章》：「為學日益，為道日損；損之又損，以至於無為。無為而無不為。」㈥偶耕：耦耕也，二人合併耕作之意。《周禮・考工記・匠人》：「二耜為耦。」賈《疏》：「兩人耕為耦。」㈦苟存性命：《文選》卷三十七諸葛亮〈出師表〉：「臣本布衣，躬耕於南陽，苟全性命於亂世，不求聞達於諸侯。」

【今譯】　稽考劉歆《七略・別錄》，和班固《漢書・藝文志》上所載，經典書籍共有一萬三千二百九十九卷。到了魏代以後，著作更加繁雜，比往昔多了一倍的數量，這才深深的體會到自己未曾涉獵的文章，實在是太多了。而江南的藏書，也都缺乏這些新添的文籍。以前曾經想到京師洛陽去搜求異書，卻遇上了戰亂，衹好半途而廢，現在想起來，還每次都歎息悔恨。如今都快要四十歲了，以前的心意也逐漸衰頹，衹想志向降低又降低，要學學老子的清靜無為之道，在鄉野間耕種隱居，苟且保全性命罷了。廣博涉獵學問的事，因而一天天遠離了。

洪之為人也㊀，……而騃野㊁，性鈍口訥，形貌醜陋，而終不辯㊂自矜飾也。冠履垢弊，衣或繿縷㊃，而或不恥焉。俗之服用，俄而屢改：或忽廣領而大帶，或促身㊄而修袖，或長裾㊅曳地，或短不蔽腳。洪期於守常，不隨世變。言則率實，杜絕嘲戲，不得其人，終日默然。故邦人咸稱之為「抱朴㊆之士」，是以洪著書，因以自號焉。

【今註】㊀為人也：依句法排偶之形式，以下當有脫文。㊁騃野：愚昧無知而不馴。㊂辯：巧言；善談說也。㊃繿縷：破敝之衣衫也。亦作襤褸、藍褸。㊄促身：原作「身促」，依孫星衍校正所改。㊅長裾：衣襟曰裾；衣的前後幅曰長裾、曳裾。㊆抱朴：保守本真。抱，保也、持也，守持而弗失之。朴，同樸，誠摯之本然也。

【今譯】葛洪的為人，癡愚又不受教，才性魯鈍，言詞木訥，外貌又醜陋，卻始終不作自我掩飾。鞋帽都用得破爛污穢了，衣服也繿褸不整，卻一點也不覺得羞愧。社會上一般流行的服飾，常常在短時間就改變了好多次：有時忽然流行大帶、寬領，有時又變成緊身、長袖，一下子又改為襲地的長襟，忽而再改為不遮雙腳的短裳。葛洪都一直守著常態，不隨潮流變換。與人談話多半率直實際，絕不作嘲謔戲鬧的口吻，如果不遇合適的對象，就整天默默無言。所以鄉里的人都稱呼他是「抱朴之士」，因此葛洪寫書時，也在文中用「抱朴」來自稱。

洪稟性尫羸㈠，兼之多疾，貧無車馬，不堪徒行，行亦性所不好。又患弊俗捨本逐末，交游過差㈡，故遂撫筆閑居，守靜華門㈢，而無趨從之所㈣。至於權豪之徒，雖在密跡㈤，而莫或相識焉。

【今註】 ㈠尫羸：身體瘦弱。尫，同尪、尩字，短小之意。㈡過差：失禮度。《文選》卷十九宋玉〈登徒子好色賦〉：「揚詩守禮，終不過差。」㈢華門：以荊竹樹枝編成的門，喻為貧者之居所。華，荊也。㈣趨從之所：原作「趨所之從」，從孫星衍所改。㈤密跡：距離很近。

【今譯】 葛洪天生身體瘦弱，又常生病，加上貧窮，無法自備車馬，所以不能徒步遠行。不過，遠行也是本身不喜歡的，又厭惡世風頹弊，人們都棄道逐利，與這類人交往有失禮度，所以就隱居了起來，執筆為文，靜靜守著自己的陋居，不和世俗名流打交道。至於那些有權勢的豪門，即使相為毗鄰，也都從不與他們認識、往來。

衣不辟寒，室不免漏，食不充虛㈠，名不出戶，不能憂也。貧無僮僕，籬落頓決㈡，荊棘叢於庭宇，蓬蒿塞乎階霤㈢，披榛㈣出門，排草入室。論者以為意遠忽近㈤，而不恕㈥其乏役也。不曉謁㈦，以故初不修見官長。

【今註】㈠食不充虛：吃的不足以充飢。虛，腹空肚餓之意。㈡頓決：損壞斷裂之意。頓，損也；壞也。決，斷也；裂也。㈢階霤：臺階與屋簷。《禮記・玉藻篇》：「頤霤垂拱。」孔《疏》：「霤，屋簷。」霤，音ㄌㄧㄡˋ。㈣披榛：撥開矮樹叢。披，分也；開也。榛，叢木也。㈤意遠忽近：謂用心在高遠之事，而忽略眼前之務。㈥不恕：原作「不怒」，依孫星衍校正所改。㈦不曉謁：孫星衍於謁字下注：「有脫文。」疑當在「乏役也」之下脫文。

【今譯】　衣服單薄得不夠禦寒，居室老舊得不免漏雨，米糧少得不夠充腹，名聲出不了門戶，卻都不致讓他煩憂。貧窮得家中沒有僮僕，籬笆也損壞殘破，庭院裏長滿了荊棘，臺階和屋簷也長滿了雜草，出門時要一路撥門擋道的矮樹叢，入室時也要分開雜生的亂草。說閒話的人都怪他是荒廢眼前正事，卻費心在高遠而不實際的雜務上，而沒有體諒他缺少僕役。又因為不懂人情世故，不去拜謁長官，所以當初沒有修禮去拜見地方長官。

至於弔大喪，省困疾，乃心欲自勉強，令無不必至，而居疾少健，恆復不周。每見譏責於論者，洪引咎而不恤也。意苟無餘，而病使心違，顧不媿己而已，亦何理於人之不見亮乎？唯明鑒之士，乃恕其信抱朴，非以養高也。

【今譯】　至於弔唁他人的喪葬，探望別人的困疾，都是自己一直努力去做，並且勉強自己每次必到的，可是身體孱弱，病痛不斷，所以常常無法如願。也因此常被說閒話的人譏諷責備，葛洪把這事當作自己的過錯，也不計較。因為自己的心意如果到了，卻由於疾病而無法實行，祇要是問心無愧就好了，何必管別人諒不諒解呢？唯有識見清明的人，才會相信他是真的持著真樸的心意，並非用這種違悖人情的方式，表示自己的清高。

世人多慕豫親之好㈠，推闇室之密㈡。洪以為知人甚未易，上聖之所難㈢，浮雜之交，口合神疕㈣，無益有損。雖不能如朱公叔㈤一切絕之，且必須清澄詳悉，乃處意焉。又為此見憎者甚眾，而不改也。

【今註】㈠豫親之好：見面之前，就已有很親切的感覺。豫，早也。㈡闇室之密：與交情特殊的朋友，有著非比尋常的默契。闇室，原作「闇至」，依孫星衍校正所改。㈢知人甚未易，上聖之所難：《尚書・皋陶謨》：「皋陶曰：『都！在知人，在安民。』禹曰：『吁！咸若時，惟帝其難之。』」㈣口合神疕：言詞上敷衍附和，精神上卻感痛苦無比。疕，音ㄅㄧˇ，頭痛之意。「神疕」，原作「神离」，依孫星衍校正所改。㈤朱公叔：《後漢書》卷四十三〈朱穆傳〉：「穆字公叔。……其尊德重道，為當時所服。常感時俗澆薄，慕尚敦篤，乃作〈崇厚論〉。……又欲矯時弊，作〈絕交論〉」，絕存問遺，不與賓客酬遊。

【今譯】一般人都喜歡以見面前的印象，發展成見面後的深交；推許雙方之間，不容第三者介入的特殊交情。葛洪則認為了解一個人是很困難的，連聖明如大禹也深有同感，因此，與一些初識者情淺言深的交遊，常會形成貌合神離，自尋煩惱的結果，非但無益，還有害處。所以葛洪雖然不能像後漢寫〈絕交論〉的朱穆一樣，與世俗人事都斷絕瓜葛，卻也曉得必須神智澄澈的了解對方，才開始進行初步的交往。這種作法，又被很多人嫌厭，葛洪卻一直堅持不改。

馳逐苟達㈠，側立勢門㈡者，又共疾洪之異於己而見疵毀，謂洪為慠㈢物輕俗。而洪之為人，信心而行，毀譽皆置於不聞。至患近人或恃其所長，而輕人所短㈣。洪忝為儒者之末，每與人言，常度其所知而論之，不強引之以造彼所不聞也。

【今註】㈠馳逐苟達：奔馳競逐於權貴豪門之前，苟且求取利祿。㈡側立勢門：很恭敬地站在權貴者的門旁。側立，尊敬謙遜地在一旁站立。㈢慠：「傲」的異體字。㈣恃其所長，而輕人所短：《文選》卷五十二曹丕〈典論・論文〉：「各以所長，相輕所短」。

【今譯】　那些很恭敬地守候在權貴之家的門前，希求獲得權貴賞賜利祿的俗人，又都不滿葛洪和他們的行為不同，而盡量詆毀造謠，說葛洪傲氣凌人，輕蔑世俗。而葛洪做人，祇是順著本性去做，世俗的詆毀或讚譽，都從不顧慮。尤其不喜歡近代那種仗恃自己的長處，來批評別人的短處。葛洪很幸運的能列名於儒者之中，每次與人談話時，都會衡量對方知道的事來作話題，不會很勉強的引用自己熟悉而對方不曉的事，造成對方的困擾。

及與學士有所辯識㊀，每舉綱領，若值惜短，難解心義，但粗說意之與向，使足以發寤而已，不致苦理，使彼率不得自還也。彼靜心者，存詳而思之，則多自覺而得之者焉。度不可㊁與言者，雖或有問，常辭以不知，以免辭費之過也。

【今註】㊀辯識：辯論明察。㊁不可：原文無「可」字，依孫星衍校正所增。

【今譯】有時與讀書人要辯明一些疑義的時候，多半是提綱挈領地略作說明，若嫌不夠，無法釋去心中的疑惑，也祇是再作簡單的解釋，希望對方能夠舉一反三的領悟，不致於囿限在太煩瑣的道理中，反而忘了先前的主題了。那些能夠平心靜氣的人，將這些解釋放在心裏，詳細的慢慢思索，多半也會心有所悟而得到解答。若是那些不能夠自我省察的人，即使是有問題前來討教，也多半藉口不清楚，將他推辭掉，以免浪費太多的唇舌卻毫無解決疑問的幫助。

洪性深不好干煩官長，自少及長，曾救知己之抑者㊀數人，不得已㊁有言於在位者。然其人皆不知洪之恤也，不忍見其陷於非理，密自營之耳。其餘雖親至者，在事秉勢㊂，與洪無惜㊃者，終不以片言半字少累之也。

【今註】㊀知己之抑者：受到當權者壓抑而不得志的知交好友。㊁不得已：原文作「不得」，依孫星衍校注所改。㊂在事秉勢：主管事務，擁有權勢之意。㊃惜：愛也；憐也。

【今譯】葛洪的本性很不喜歡向長官去干求說項，不過，從少年時到成長以來，曾經為了援救幾位受到壓抑的至交好友，不得不向當政的官長去求情。可是事成之後，受幫助的那些人卻都不知道葛洪曾經出過力，我也祇是不忍心他們陷入不合理的困境中，而從旁暗中援救罷了。至於其他場合，即使是至親好友，只要當政主事者與洪沒有什麼交情，洪也不會用片語隻言向他請託，以免麻煩到他。

至於糧用窮匱，急合湯藥㊀，則喚求朋類，或見濟，亦不讓也。受人之施，必皆久久漸有以報之，不令覺也。非類則不妄受其饋致㈡焉。洪所食有旬日之儲，則分以濟人之乏；若殊自不足，亦不割己也。不為皎皎㈢之細行，不治察察㈣之小廉。

【今註】㈠急合湯藥：意謂急需買藥治病。合，煎煮調和之意。湯藥，以水煎熬而成的藥劑。㈡饋致：贈送也。以物贈人曰饋，通「餽」字。㈢皎皎：潔白明亮，喻貞潔。㈣察察：潔白也。

【今譯】至於自己糧食、費用感到窘困、匱乏的時候，或者急需調製藥劑的時候，就去呼喚尋求朋友們幫忙，有時被朋友接濟，葛洪也不推辭。一旦接受人家的施恩接濟，一定都會慢慢地逐漸報答人家，不讓人有所察覺。如果不是同一類的人——志同道合的人，就不隨便接受他人的贈送。葛洪所擁有的食物如果持有十天的儲積，就分出來接濟那些匱乏食物的人；當然如果自己還很不足，也不會將自己僅有的食物割讓給別人。不會在細小行為上表現清高，也不會在微小廉潔上顯示貞節不污。

村里凡人之謂良守善者，用時或齎酒餚候洪，雖非儔匹，亦不拒也。後有以答之，亦不登時㈠也。洪嘗謂史雲不食於昆弟㈡，華生治潔於昵客㊂，蓋邀名之偽行，非廊廟之遠量也。

【今註】 ㊀登時：即時；馬上。㊁史雲不食於昆弟：范丹，一名「冉」，字史雲，漢末之名士。結草屋而居，有時絕粒，時人有「甑中生塵范史雲」之說。據傳，范丹之姊病，范丹前往探望，姊設食，范丹因姊夫不德，出門留二百錢。詳見《後漢書》卷八十一〈獨行列傳・范冉傳〉。昆弟，兄弟、親戚友好。此指姊夫。㊂華生治潔於昵客：華生，指華歆，字子魚，漢、魏之名士。《世說新語・德行篇》記載說：華歆在子弟面前衣冠整齊，雖閒室之內，儼若朝典。昵，音ㄋㄧˋ，親也；近也。

【今譯】 村里平凡的善良之輩，有時會帶著酒餚前來問候葛洪，雖然不屬於同一階層，也不拒絕。後來會有所回報答謝他們，也不會在當時立即表現出來。葛洪曾經說過，范史雲不肯在親兄弟親戚家中用餐，華生在親昵子弟面前也衣冠整齊，都是沽名釣譽的虛偽行為，而不是能夠擔任朝廷重任的廊廟之才應有的遠大氣量。

洪尤疾無義之人，不勤農桑之本業，而慕非義之姦利。持鄉論㊀者，則賣選舉以取謝；有威勢者，則解符疏以索財；或有㊁罪人之賂，或㊂枉有理之家；或為逋逃㊃之藪，而饗亡命之人；或挾使民丁以妨公役；或強收錢物以求貴價；或占錮㊄市肆，奪百姓之利；或割人田地，劫孤弱之業。惚恫㊅官府之間，以窺掊克㊆之益。內以誇妻妾，外以釣名位。其如此者，不與交焉。由是俗人憎洪疾己，自然疏絕。故巷無車馬之跡，堂無異志之賓。庭可設雀羅，而几筵積塵焉。

【今註】㊀鄉論：審議鄉里選舉有關事宜。㊁有：孫星衍曰：「『有』字當誤，舊寫本空白。」㊂或：孫星衍曰：「當作而。」㊃逋逃：逃亡之意。㊄占錮：謂強行占有也。㊅惚恫：奔走，鑽營。惚，音ㄗㄨㄥˇ。㊆掊克：搜刮，聚斂。

【今譯】葛洪尤其痛恨那些無義的人，他們不努力從事農耕桑麻的根本事業，而是羨慕不合道義的財富利益。把持地方輿論的人，就通過推薦士人以謀取謝禮；擁有權威勢力的人，就憑仗特權來索取財物。有的收取罪犯的賄賂，而冤枉了有理的人家。有的窩藏逃犯，而招待那些亡命之徒。有的聚集民丁妨礙官府的差役，有的強收錢財物品以尋索高價的報酬。有的強霸市場的買賣，搶奪百姓的利益；有的侵割別人的土地，強奪孤弱無靠者的產業。有的在官府之中奔走鑽營，用來伺機攫取利益。在家中向妻妾誇耀，在外面沽名釣譽。對於這些人，葛洪不與他們交往。因此庸俗之人惱怒葛洪對他們的痛恨，自然疏遠斷絕了往來。所以他的住家巷前沒有車馬的痕跡，堂上沒有志向不同的賓客，庭院裡幾乎可以架設捕鳥的網，而几案上和座席上都積滿了塵土。

洪自有識以逮將老，口不及人之非，不說人之私，乃自然也。雖僕豎㈠有其所短所羞之事，不以戲之也。未嘗論評人物之優劣，不喜訶譴人交之好惡。或為尊長所逼問，辭不獲已，其論人也，則獨舉彼體中之勝事而已。其論文也，則撮其所得之佳者，而不指摘其病累，故無毀譽之怨。貴人時或問官、吏、民甲乙何如？其清高閑㈡能者，洪指說其快事；其貪暴闇塞㈢者，對以偶不識悉。洪由此頗見譏責，以顧護太多，不能明辯臧否㈣，使皁白區分，而洪終不敢改也。

【今註】㊀僕豎：童僕。㊁閑：通「嫻」，文雅。孫星衍曰：「舊寫本作賢。」㊂闇塞：愚昧無知。㊃臧否：是非；善惡。

【今譯】葛洪自從懂事以來，一直到臨近老年，嘴上從來不談論別人的是非，不說別人的私事，而且是自然而然的本性。即使童僕有什麼短處，或有什麼羞愧的事，他也從不拿來開玩笑。從未議論品評過人物的優劣，也不喜歡指責別人交往的好壞。有時被位尊輩長的人所逼問，不得不回答，當說到別人時，就只列舉出人家的好事而已。談到別人的文章，就只摘取對方的名言佳句，而不指摘他文章的缺點病句。因此沒有因褒貶而引出的怨恨。有時達官貴人問及官員、部吏、百姓中某人某人如何，對於其中清高有能力而不顯露的人，葛洪會指出述說他們令人滿意稱心的事；對於那些貪婪殘暴、昏亂愚昧的人，就回答不熟識、不了解。葛洪因此頗受到人們的譏誚責備，認為他顧慮庇護太多，不能明辨善惡，使是非黑白分明。然而葛洪始終未加以改變。

每見世人有好論人物者，比方倫匹㊀，未必當允，而褒貶與奪，或失準格㊁。見譽者自謂己分，未必信德㊂也。見侵者則恨之入骨，劇於血讎㈣。洪益以為戒，遂不復言及士人矣。雖門宗子弟，其稱兩㈤皆以付邦族，不為輕乎㈥其價數也。或以譏洪，洪答曰：「我身在我者也，法當易知。設令有人問我，使自比古人及同時，令我自求輩，則我實不能自知可與誰為匹也。況非我，安可為取而評定之耶？」漢末俗弊，朋黨分部。許子將㈦之徒，以口舌取戒，爭訟論議，門宗成讎。故汝南人士無復定價，而有月旦之評㈧。魏武帝深亦疾之，欲取其首，爾乃奔波亡走，殆至屠滅。前鑒不遠，可以得師矣。

【今註】㈠比方倫匹：作比較，擬為同類。倫匹，相當。㈡準格：猶今言標準。㈢未必信德：未必確有這份德行。㈣劇於血讎：勝於血海深仇。㈤稱兩：權衡；衡量；品題；評價。㈥乎：孫星衍曰：「（『乎』）當作『平』，舊寫本作『評』。」㈦許子將：許劭，字子將，汝南平輿人。以品評識別人物，當世有盛名。《後漢書》卷六十八〈郭符許列傳〉：「曹操微時，當卑辭厚禮，求為己目。（李《注》：「令品藻為題目。」）劭鄙其人而不肯對，操乃伺隙脅劭，劭不得已，曰：『君清平之姦賊，亂世之英雄。』操大悅而去。」三國吳諸葛恪曾批評說：「自漢末以來，中國士大夫如許子將輩，所以更相謗訕，或至於禍。……惟坐克己不能盡如禮，而責人專以正義。夫己不如禮，則人不服。責人以正義，則人不堪。內不服其行，外不堪其責，則不得不相怨。……」見《三國志》卷六十四〈吳書・諸葛恪傳〉。㊇月旦之評：據載：許劭與許靖好共覈論鄉黨人物，每月輒更其品題，故汝南俗有月旦之評。見《後漢書》卷六十八〈郭符許列傳〉。

【今譯】　葛洪經常見到世上有好批評人物的人，他們將人物互相作比較、擬為同類，卻不一定恰當，而褒貶取捨有時也沒有一個固定的標準。受讚譽的人自認為自己分內所應得的，實際上未必確有這份德行；而被侵害的人則恨之入骨，勝於血海深仇。葛洪對此更加引以為戒，於是不再言及士人了。即使是同門同宗的子弟，對他們的衡量也全都交給地方宗族，不輕易評判他們的聲價高低。有人以此譏刺葛洪，葛洪便回答說：「我的生命是屬於自己的，應當只有自己對自己最為了解。然而如果有人問我，讓我與古人及同時代的人相比較，那麼我實在不知道自己可以與誰相當了。更何況不是我自己，又怎麼可以隨意地為我選取而加以判斷評定呢？」漢末世俗的流弊，人們結為朋黨，界限分明。許子將之類的人，以言辭當作武器相爭，爭辯議論不休，同門宗派間形成仇敵。所以汝南地方的人士不再有一定不變的標準，而有每月初一改變議題的評論。曹操也對許劭深感嫉恨，想要取他的人頭。他於是到處奔脫逃亡，幾乎至於被殺死。從前的借鑑為時未遠，可以從中做為後世的師教了。

且人之未易知也，雖父兄不必盡子弟也。同乎我者遽㈠是乎？異於我者遽非乎？或有始無卒，唐堯、公旦、仲尼、季札，皆有不全得之恨㈡。無以近人信其嘍嘍㈢管見熒燭之明㈣，而輕評人物，是皆賣㈤彼上聖大賢乎？

【今註】㈠遽：音ㄐㄩˋ，遂；就。清劉淇《助字辨略》卷四：「遽，遂也。」㈡唐堯、公旦、仲尼、季札二句：意謂在鑑別人物上，唐堯、周公、孔子、季札都曾有失誤，也有無法做到完全正確的遺憾。指唐堯未能識別四凶、周公未能識別管叔蔡叔、孔子未能識別澹臺滅明、季札未能識別齊之牧者。㈢嘍嘍：喧噪多言貌。㈣管見熒燭之明：比喻見識狹小，如一管之見、燭光之微。《莊子・秋水篇》：「是直用管闚天，用錐指地也，不亦小乎？」《韓詩外傳・卷十》：「譬如以管窺天，……所窺者大，所見者小。」㈤賣：疑為訛字，孫星衍曰：「『賣』字疑，舊寫本空白。」

【今譯】 況且人是很不容易了解的，即使是父兄也不一定完全了解自己的兒子、弟弟，贊同自己的人就對嗎？和自己意見不同的就不正確嗎？有的人開始是正確的，後來卻錯了。唐堯、公旦、仲尼、季札，在鑑別人物上都有未能完全正確的遺憾。不要相信近人喋喋不休的言談，他們以一管之見、熒燭之明，輕率地評論別人，難道他們都超越了古代的上聖大賢了嗎？

昔太安中，石冰㈠作亂，六州之地，柯振葉靡㈡，違正黨逆。義軍大都督㈢邀洪為將兵都尉，累見敦迫。既桑梓恐虜，禍深憂大；古人有急疾之義，又畏軍法，不敢任志。遂募合數百人，與諸軍旅進。曾攻賊之別將，破之日，錢帛山積，珍玩蔽地。諸軍莫不放兵收拾財物，繼轂連擔㈣。洪獨約令所領，不得妄離行陣。士有摭得眾者，洪即斬之以徇㈤，於是無敢委杖㈥。而果有伏賊數百，出傷諸軍。諸軍悉發，無部隊，皆人馬負重，無復戰心。遂致驚亂，死傷狼藉，殆欲不振。獨洪軍整齊轂張㈦，無所損傷，以救諸軍之大崩，洪有力焉。後別戰，斬賊小帥，多獲甲首，而獻捷幕府。

【今註】㊀石冰：西晉人，隨張昌起事，率軍攻破揚州、江州，後來被殺。㊁柯振葉靡：如同大風所到，枝柯搖動，樹葉都隨風倒伏。㊂義軍大都督：指顧秘。《晉書》卷七十二〈葛洪傳〉：「太安中，石冰作亂。吳興太守顧秘為義軍都督。」㊃繼轂連擔：言裝運財物之車及人眾多、接連不斷。轂，音ㄍㄨˇ，指車輛。㊄斬之以徇：將其斬首，並宣示於眾。徇，向眾人宣示。㊅委杖：放下兵器。杖，泛指兵器。㊆轂張：以車轂之緊湊和弓弦之拉緊，以喻軍容嚴整。

【今譯】從前在晉惠帝太安年間，石冰作亂，方圓六州之地，如同狂風搖樹，樹枝振顫，樹葉也隨風倒伏，人們都違背正義而與叛亂者勾結。義軍大都督顧秘邀葛洪為將兵都尉，幾次緊急的催促。一方面家鄉父老害怕這些強盜逆虜到來，災禍深重，而古人有解決緊急危難的道義，一方面又畏懼軍法，不敢任意妄為。於是就募集了數百人，與各路軍隊一起進兵。葛洪曾經攻打過逆賊的一個部將，攻破之時，金錢布帛堆積如山、珠寶珍玩遍地都是。各路軍隊都放任士兵收斂財物，車擔相連不斷地挑運著。唯獨葛洪約束命令所率領的士兵，不得擅自離開隊伍。士兵有收拾財物的，葛洪馬上斬首示眾，因而士兵沒有人敢放下武器。後來果然有幾百名埋伏的逆賊出來，向諸軍發動突然的攻擊。各路軍隊雖然全都發起應擊，但隊伍混亂，人和馬皆背負著財物，無心應戰。因此導致驚慌混亂，死傷遍地，幾乎振作不起來了。唯有葛洪的軍隊整齊地嚴陣以待，沒有什麼損失，並因挽救了其他軍隊的大崩潰，葛洪出了大力、發揮了重要的作用。後來在另一次的戰鬥中，斬殺了一個逆賊的小帥，抓獲了許多俘虜，向都督府報捷。

於是大都督加洪伏波將軍，例給布百匹。諸將多封閉之，或送還家。而洪分賜將士，及施知故之貧者。餘之十匹，又徑以市肉酤酒，以饗㊀將吏。于時竊擅一日之美談焉。

【今註】㊀饗：犒賞。

【今譯】於是大都督就加封葛洪為伏波將軍的稱號。照例發給各將領們布帛百匹。其他各位將領多將其收封起來，或者送回家去。而葛洪卻分別賞賜手下的將士，以及施捨給舊識中貧困的友人。剩下的十匹，又直接拿去換回酒肉，犒賞將吏們。當時一天之內，私下裡被傳為美談。

事平，洪投戈釋甲，徑詣洛陽，欲廣尋異書，了不論戰功。竊慕魯連不受聊城之金㈠，包胥不納存楚之賞㈡，成功不處之義焉。正遇上國大亂，北道不通，而陳敏㈢又反於江東，歸塗隔塞。會有故人譙國嵇君道㈣，見用為廣州刺史，乃表請洪為參軍。雖非所樂，然利可避地於南，故黽勉㈤就焉。見遣先行催兵，而君道於後遇害，遂停廣州。頻為節將㈥見邀用，皆不就。

【今註】㈠魯連不受聊城之金：魯連，魯仲連，戰國齊人。燕將據聊城，齊攻之歲餘而不能下，魯仲連乃為書信，射入城中。燕將見書信，乃自殺，聊城遂下。齊欲封魯仲連，仲連不受，逃隱於海上。詳見《史記》卷八十三〈魯仲連鄒陽列傳〉。㈡包胥不納存楚之賞：包胥，申包胥，春秋楚大夫。吳軍攻楚入郢，申包胥求救於秦，哭於秦廷七日夜。秦出兵救楚，昭王得以返國。頒賞時，申包胥逃而不受。見《左傳》定公四年、五年。㈢陳敏：字令通，廬江人。鎮壓張昌之亂，以功為廣陵相。趁中原大亂，割據吳、越之地，自立為楚公、封十郡、加九錫，兵敗被殺。㈣嵇君道：嵇含，字君道，嵇紹之從子。居鞏縣之亳丘，因號亳丘子。永興初投奔劉弘，後為劉弘之部將所殺。㈤黽勉：努力；盡力。《詩經・邶風・谷風》：「黽勉同心。」毛《傳》：「言黽勉者，思與君子同心也。」㈥節將：持節大將。泛指駐軍將領。

【今譯】 石冰之亂平定之後，葛洪就投戈解甲，直接去了洛陽，想要廣泛地收集奇異的書籍，完全不談論自己立下的戰功。私下仰慕魯仲連不收取因破聊城之役所賜的黃金，申包胥不接受保存楚國而給予的獎賞，學習他們功成身退、不居功的高尚節義。正好遇上中原地區大亂，北向的道路不通，而陳敏又在江東造反，歸途受到阻隔。這時有一位籍貫譙郡名叫嵇君道的友人，被任命為廣州刺史，他於是上表朝廷讓葛洪擔任參軍。雖然參軍之職並非葛洪所樂意接受的，然而因為有可以避難於南方的益處，所以就勉強接受此職。葛洪被派遣先行前往催兵，而嵇君道在此之後被殺害，葛洪因此停留在廣州。雖然頻繁地被當地的駐軍將領邀請去任職，卻全都沒去就任。

永惟富貴可以漸得，而不可頓合㈠。其間屑屑㈡，亦足以勞人。且榮位勢利，譬如寄客，既非常物，又其去不可得留也。隆隆者絕，赫赫者滅，有若春華，須臾凋落。得之不喜，失之安悲？悔吝百端，憂懼兢戰㈢，不可勝言，不足為也。

【今註】㊀頓合：立即取得。頓，頓時；立即。㊁屑屑：勞累不安、辛勤忙碌。㊂憂懼兢戰：憂愁恐懼、戰戰兢兢。《詩經・小雅・小旻》：「戰戰兢兢，如臨深淵，如履薄冰。」毛《傳》：「戰戰，恐也。兢兢，戒也。（如臨深淵）恐隊（墜）也。（如履薄冰）恐陷也。」

【今譯】葛洪一直認為富貴只可以逐漸得到，而不能馬上得到。期間的辛勤忙碌，也足夠令人勞累。再說榮耀地位、權勢利益，就好像寄宿的客人，既不是時常可以得到的東西，而它的離去也挽留不住。興隆者將會消失，顯赫者也將會滅亡。這就像春天的花朵一樣，一會兒就會凋落。得到它時不必覺得歡喜，失去了又怎麼會感到悲傷呢？百般的悔恨、擔憂、憂愁、恐懼，說也說不完，這樣的事情實在不值得去作。

且自度性篤嬾而才至短，以篤嬾而御短才，雖翕肩㊀屈膝，趨走風塵，猶必不辦大致名位而免患累，況不能乎？未若修松、喬之道㊁，在我而已，不由於人焉。將登名山，服食養性。非有廢也，事不兼濟。自非絕棄世務，則曷緣修習玄靜哉？且知之誠難，亦不得惜㊂問而與人議也。是以車馬之跡，不經貴勢之域㊃；片字之書，不交在位之家。又士林之中，雖不可出，而見造之賓，意不能拒。妨人所作，不得專一。乃嘆曰：「山林之中無道也，而古之修道者必入山林者，誠欲以違遠讙譁，使心不亂也。今將遂本志，委桑梓，適嵩岳，以尋方平、梁公㈤之軌。先所作子書內外篇，幸已用功夫，聊復撰次，以示將來云爾。」

【今註】㈠翕肩：縮著肩膀，表示順從。㈡松、喬之道：神仙長生之道。松、喬，即赤松子、王子喬，都是有名的得道成仙者。㈢惜：楊明照按：「惜」疑「借」之誤。㈣貴勢之域：《藏》本作「貴世之城」，從舊寫本改。㈤方平、梁公：王遠，字方平，東漢東海人。舉孝廉，除郎中，遷中散大夫。知天下盛衰之期，後棄官入山修道。見《神仙傳・卷三》。梁公，即梁鴻，字伯鸞，東漢扶風平陵人。自幼家貧而尚節介，受業太學，博覽無不通。曾閉戶著書十餘篇，亦求仙學道者。見《後漢書》卷八十三〈逸民列傳〉。

【今譯】而且自我評估性格非常懶散而才能十分短淺，以十分懶散的性格駕馭淺短的才能，即使是縮肩屈膝，趨走在風塵中，尚且不能得到崇高的名位而免除禍患牽累，又何況不能那樣去做呢？還不如去修行赤松子、王子喬的神仙長生之道，一切全在於自己，而不受制於別人。將登上名山，服食丹藥、涵養本性。這並不是廢棄什麼，而是凡事不能兩全。自行不能斷絕世上的俗務，那麼有什麼機緣修煉學習玄靜專一的道行呢？況且認知人是很困難的，也無法靠著借問而去和別人商議。所以葛洪的車馬行跡，不經過權勢者的門前；即使是片紙的書函，也不與居官在位者的人家交往。又士人之中，雖然可以不必主動出入交往，但是有賓客前來拜訪，意想也不能加以拒絕。而這些就妨礙了修練，使人不能專心一意。葛洪因而歎息道：「山林之中雖然沒有道的存在，然而古代的修道者必入山林之中，的確是想遠離世間的嘈雜喧擾，使得心情不被擾亂。如今就將準備實現自己的志向，離開家鄉、登上中嶽嵩山，用來追尋王方平、梁鴻的足跡。以前所寫的子書——《抱朴子・內外篇》，有幸已頗用功夫，聊且再略加編排，以傳示給後來的人看看，如此而已。」

洪年十五、六時，所作詩賦雜文，當時自謂可行於代。至于弱冠，更詳省之，殊多不稱㊀意。天才未必為增也，直所覽差廣㊁，而覺妍媸之別。於是大㊂有所製，棄十不存一。今除所作子書，但雜尚餘百所卷。猶未盡損益之理，而多慘憒㊂，不遑復料護㊃之。

他人文成，便呼快意，余才鈍思遲，實不能爾。作文章每一更字，輒自轉勝，但患嬾，又所作多，不能數省之耳。

【今註】㈠稱：讀作去聲，合意；適合。㈡直所覽差廣：只是所閱覽過的比較廣闊了。直，只是；僅僅。差，比較；略微。㈢慘憒：楊明照按：「憒」疑「憒」之誤。謂心情煩亂。㈣料護：整理。

【今譯】葛洪年紀十五六歲的時候，所寫作的詩、賦和雜文，當時自認為可以流行於世。到二十歲時，再認真考察，有很多不滿意的地方。天生的才能未必是增長了，只是所閱讀過的比較廣闊了，因而能夠覺察文章優劣的區別。於是將原來所寫的大量文章，刪棄後保存不到原有的十分之一。現在除了所寫的子書——《抱朴子》，其他雜著還剩有百餘卷。然而還未能做到刪改得十分合理，又由於心情煩亂，沒空再去揀選整理它。別人的文章完成，就感到內心的快意，我自己才能差、文思慢，實在寫不成這樣。所作文章每修改一個字，就覺得比原來強，但是由於性格懶散，寫的東西又多，所以不能多加反覆察看、細審它。

洪年二十餘，乃計㈠作細碎小文，妨棄功日，未若立一家之言，乃草創子書。會遇兵亂，流離播越㊁，有所亡失。連在道路，不復投筆十餘年。至建武㊂中，乃定。凡著《內篇》二十卷，《外篇》五十卷，碑、頌、詩、賦百卷，軍書、檄移、章表、箋記三十卷，又撰俗所不列者為《神僊傳》十卷，又撰高尚不仕者為《隱逸傳》十卷，又抄五經、七史、百家之言、兵事、方伎、短雜、奇要三百一十卷，別有《目錄》。其《內篇》言神僊、方藥、鬼怪、變化、養生、延年、禳㊃邪、卻禍之事，屬道家；其《外篇》言人閒得失，世事臧否，屬儒家。

【今註】㊀計：思考。㊁播越：播蕩；離散；流亡。㊂建武：晉元帝年號，即西元三一七年（僅一年）。㊃禳：音ㄖㄤˊ，本指消災除邪的祭祀，引申為「卻除」。

【今譯】葛洪二十多歲，才思考到撰寫細碎雜文，浪費精力與時間，不如建立一家學說。於是開始起草子書。恰好遇上兵荒馬亂，離散流亡，有些稿子有所遺失。由於接連奔波路途，有十多年的時間未曾再動筆。到了元帝建武年間才將草稿寫定。總共寫成了《內篇》二十卷，《外篇》五十卷，碑、頌、詩、賦之文百卷，軍書、檄移、章表、箋記之文三十卷，又撰寫世俗所不列入者為《神仙傳》十卷，又撰寫品德高尚隱居不仕的人為《隱逸傳》十卷，又抄寫五經、七史、諸子百家之言，以及兵事、方伎、短雜、奇要文字共三百一十卷，別有《目錄》。其中《內篇》所論述的是神仙、方藥、鬼怪、變化、養生、延年、除邪、避禍的事，屬於道家思想；其中《外篇》所論述的是人間政治得失、世事善惡，屬於儒家思想。

洪見魏文帝《典論・自敘》，未及彈棊擊劍之事㊀，有意於略說所知，而實不數少所便能㊁，不可虛自稱揚。今將具言所不閑㊂焉。

【今註】㊀未及彈棊擊劍之事：曹丕《典論・自敘》曰：「余時年五歲，上以世方擾亂，教余學射，六歲而知射；又教余騎馬，八歲而能騎射矣。」又曰「余又學擊劍，閱師多矣，四方之法各異，唯京師為善。」又曰：「余於他戲弄之事少所喜，唯彈棊略盡其巧。」（見《三國志》卷二〈魏書・文帝紀〉「評曰」下宋裴松之《註》引）。㊁便能：熟悉、靈巧。意謂動作敏捷，技巧嫻熟。㊂閑：音ㄒㄧㄢˊ，通「嫻」，熟習。

【今譯】 葛洪看見魏文帝曹丕《典論・自敘》末尾談到下棋、擊劍的事，因而有意略微說一下自己所知道的，然而實在不能算是我年少時就便捷能幹的事例，不可以用來虛偽地自我稱讚表揚。現在我將具體地敘說自己所不熟習的事情。

洪體鈍性駑，寡所玩好。自總髮垂髫㈠，又擲瓦、手搏，不及兒童之群。未曾鬥雞鶩，走狗馬。見人博戲，了不目眄。或強牽引觀之，殊不入神，有若晝睡。是以至今不知棊局上有幾道，樗蒲㈡齒名。亦念此輩末伎，亂意思而妨日月，在位有損政事，儒者則廢講誦，凡民則忘稼穡，商人則失貨財。至於勝負未分，交爭都市，心熱於中，顏愁於外，名之為樂，而實煎悴㈢。喪廉恥之操，興爭競之端，相取重貨，密結怨隙。昔宋閔公㈣、吳太子㈤致碎首之禍，生叛亂之變，覆滅七國㈥，幾傾天朝。作戒百代，其鑒明矣。每觀戲者，慚恚交集㈦，手足相及，醜詈相加，絕交壞友，往往有焉。怨不在大，亦不在小，多召悔忝㈧，不足為也。仲尼雖有晝寢之戒㈨，以洪較之，洪實未許其賢於晝寢。何者？晝寢但無益，而未有怨恨之憂，鬥訟之變。聖者猶韋編三絕㈩，以勤經業；凡才近人，安得兼修？惟諸戲盡，不如示一尺之書。故因本不喜而不為，蓋此俗人所親焉。

【今註】㈠總髮垂髫：指童年時期。總髮，束髮為結，形狀如角。垂髫，不束髮，自然下垂。均為兒童的髮式。此下有脫句。㈡樗蒲：亦作「摴蒲」、「摴蒱」，盛行於漢、魏的一種類似今日以擲骰子決定輸贏的賭博遊戲。博具有子，有馬，有五木等。人執六馬，用五木擲彩，彩有十種，以盧、雉、犢、白為貴彩，餘為雜彩。貴彩得連擲，打馬、過關，雜彩則否。㈢煎悴：心情焦急愁苦。憔，憂傷。㈣宋閔公：據載：宋湣公十一年秋，湣公與宋國卿南宮萬打獵時，因博戲爭道。湣公發怒，怒罵南宮萬。南宮萬對湣公的話非常反感，便用棋盤將湣公打死在蒙澤之地。閔，通「湣」。見《史記》卷三十八〈宋微子世家〉。㈤吳太子：劉駒，漢吳王劉濞之子。漢文帝時，劉駒入長安，得侍皇太子飲酒博戲。劉駒因博戲爭道，態度不恭敬，皇太子便用棋盤扔向劉駒，殺之。見《漢書》卷三十五〈荊燕吳傳〉。㈥七國：漢景帝時，吳王劉濞聯合楚、趙、膠西、濟南、菑川、膠東等，以「清君側」為名義，發動武裝叛亂，後來被掃平，史稱「七國之亂」。㈦慚恚交集：又慚愧又憤怒，情感交織。㈧悔吝：悔恨。吝，「吝」字俗寫，見《廣韻・去聲・二十一震》「吝」字下。㈨仲尼雖有晝寢之戒：晝寢，白天睡懶覺。據載：宰予晝寢，孔子批評說：「朽木不可雕也，糞土之牆不可杇也。」見《論語・公冶長篇》。㈩韋編三絕：比喻讀書至勤。古時無紙，以竹簡寫書，用皮繩編綴，故曰韋編。後作為古代典籍的泛稱。

【今譯】 葛洪身體笨拙天賦低下，對於遊戲之事少有愛好。自從兒童時代起，諸如拋擲瓦片、徒手博打之類，從來都不如成群的孩童。從沒鬥過雞鴨、蹓跑狗馬的遊戲。看見別人對博下棋輸贏，葛洪連斜眼看一眼都不會。有時被人強拉著去觀看，很沒精神地了不入神，就像白天打瞌睡一樣。所以至今還不知道棋盤上有幾條行道，樗蒲上的齒名是什麼。又考慮到這是些末流小技，擾亂心思而且荒廢時間，如果是有職位當官的人就會損害政務，讀書人就會荒廢學業，普通百姓會忘記農耕稼穡，經商者會耽誤生意、失掉很多錢財。至於分不出輸贏時，相爭於街市之中，心中激動不已，外表愁容滿面，名義上是取樂，實際上卻是挨煎愁苦。它使人喪失了清廉、知恥的操守，而興起了爭鬥競逐的端倪，互相贏取了對方大量的錢財，但也暗中結下了深深的怨隙。從前春秋時的宋閔公、西漢時的吳太子都因此招致頭被砸碎的禍患，後者甚至滋生出吳楚之亂，使得七國覆亡，幾乎傾覆了漢室。後世百代都應引以為戒，他的借鑑作用是明顯的。每次見到博戲者愧恨交集，拳腳相加，用醜陋的言辭相罵，斷絕交情破壞友情，這樣的情況經常發生。仇怨不在大，也不在小，凡是多惹了就會招致悔恨，那是不值得去做的。孔子雖然曾經告誡弟子不該在大白天睡懶覺，以葛洪的比較判斷，認為博戲實在並不強於大白天睡懶覺的行為。為什麼呢？大白天睡懶覺只是沒有好處，卻不會有招致怨恨的憂慮，不會發生爭鬥、訟端的變故。孔子這樣的聖人尚且多次讀斷了編綴牢固的簡冊，勤奮於閱讀研究經書典籍的事業；才能普通智力淺近的人，怎麼能使學業、棋藝二者兼修呢？考慮到各種博戲棋藝，倒不如給傳示人們一尺長的書籍看看——讓人們多讀一點書，所以我葛洪因為根本上就不喜歡而不去博戲，總認為那是俗人們所親近的事情。

少嘗學射，但力少不能挽強，若顏高之弓㈠耳。意為射既在六藝㈡，又可以禦寇辟劫，及取鳥獸，是以習之。昔在軍旅，曾手射追騎，應弦而倒，殺二賊一馬，遂以得免死。

【今註】 ㈠顏高之弓：顏高是春秋時魯人，傳說他的弓重六鈞，即一百八十斤。見《左傳》定公八年。㈡六藝：指禮、樂、射、御、書、數六項藝能。

【今譯】葛洪年小時曾經學習過射箭，但是因為力氣小，拉不開像古人顏高所用那種的強弓罷了。想到射箭既然包括在六藝之中，又可以抵禦敵寇、防備盜劫，以及獵取鳥獸，因此就學習它。從前在軍隊裡，曾經親手射殺追趕的騎兵，使得敵人應弦聲而仆倒，射死兩個強盜一匹馬，於是得以免除一死。

又曾受刀楯及單刀、雙戟，皆有口訣要術，以待取人，乃有秘法，其巧入神。若以此道與不曉者對，便可以當全獨勝，所向無前矣。晚又學七尺杖術，可以入白刃，取大戟。然亦是不急之末學，知之譬如麟角鳳距，何必用之？過此已往，未之或知㈠。

【今註】㈠過此已往，未之或知：超越了這些範圍再往前發展，就不是我所能知道的了。語出《易經・繫辭・下》。過此，指超過某些範圍。往，猶言「發展」。未之或知，即「未有知之」。或，有。

【今譯】又曾經學習一刀一盾以及單刀、雙戟等兵器，都有口訣和技術要領，等待以此捉拿敵人，還有秘密方法，它的技巧出奇入神。如果用這些兵器來和不懂此道的人相對打，就可以大獲全勝，所向無敵了。晚近又學習了七尺杖（棍）術，可以用它迎戰操持白刃、大戟的人。然而這也是不急於學習的末流本事，懂得它就像麒麟有角、鳳凰有爪，何必一定要用它呢？除此之外，就不知道別的了。

洪少有定志，決不出身㈠。每覽巢、許㈡、子州㈢、北人㈣、石戶㈤、二姜㈥、兩袁㈦、法真㈧、子龍㈨之傳，嘗廢書前席，慕其為人。念精治五經，著一部子書，令後世知其為文儒而已。後州郡及車騎大將軍辟，皆不就。薦名琅邪王丞相府㈩。

【今註】㈠出身：指當官。㈡巢、許：巢，巢父；許，許由。㈢子州：子州支父，傳說是堯時的隱士。堯嘗以天下相讓，不受。詳見皇甫謐《高士傳》。㈣北人：北人無擇，傳說中的隱士。舜欲讓天下予北人，不受，自投於淵。詳見《莊子・讓王篇》。㈤石戶：石戶之農，舜以天下欲讓之，不受。見《高士傳》。㈥二姜：指東漢姜肱、姜岐。俱見《高士傳》。㈦兩袁：疑指袁閎、袁弘兄弟。見《後漢書》卷四十五〈袁張韓周列傳〉。㈧法真：字高卿，東漢扶風郿人。博通內外圖典，為關西大儒。辟公府，舉賢良，皆不就。會順帝西巡，前後四徵，終不降屈。見《後漢書》卷八十三〈逸民列傳・法真傳〉。㈨子龍：中屠蟠，字子龍，東漢陳留外黃人。博通五經，學無常師。家貧，傭為漆工。州郡徵辟，不就。見《後漢書》卷五十三〈周黃徐姜申屠列傳〉。㊉琅邪王丞相府：司馬睿，襲封琅邪王，愍帝建興三年二月，為丞相、大都督。西晉滅亡後，即晉王位於建康，繼稱帝，諡曰元帝。

【今譯】　葛洪從小就有個堅定的志向，決意不出仕當官。每次閱讀巢父、許由、子州支父、北人無擇、石戶之農、二姜、兩袁、法真、申屠蟠這些人的傳記，曾扔掉書本離席向前，欽敬想望，仰慕他們的為人。我想要精心研治五經，寫作一部子書，使後世知道自己是個文儒（讀書人）就行了。後來州、郡和車騎大將軍徵召辟請，我都沒去就職。後來又被人推薦到琅邪王的丞相府。

昔起義兵，賊平之後，了不修名詣府，論功主者，永無賞報之冀。晉王㊀應天順人，撥亂反正，結皇綱㊁於垂絕，修宗廟之廢祀。念先朝之滯賞，並無報以勸來。洪隨例就彼。庚寅詔書，賜爵關中侯，食句容之邑二百戶。竊謂討賊以救桑梓，勞不足錄，金紫之命㊂，非其始願。本欲遠慕魯連，近引田疇㊃，上書固辭，以遂微志。適有大例，同不見許。昔仲由讓應受之賜，而沮為善㊄。醜虜未夷，天下多事，國家方欲明賞必罰，以彰憲典㈥。小子豈敢苟潔區區之懦志，而距弘通之大制？故遂息意而恭承詔命焉。

【今註】㈠晉王：指司馬睿。㈡皇綱：帝王統治天下之綱紀。㈢金紫之命：指高官厚爵。金紫，金印紫綬。㈣田疇：字子泰，右北平無終人。好讀書，善擊劍，有高義。漢末亂中，朝廷三府並辟，皆不就。曹操北征烏丸，以功封亭侯，亦固辭不受。見《三國志》卷十一〈魏書・田疇傳〉。㈤仲由讓應受之賜，而沮為善：意謂仲由推辭不受應得的賞賜，因而妨礙了後人的善舉。《呂氏春秋・先識覽・察微篇》：「魯國之法，魯人為人臣妾於諸侯，有能贖之者取其金於府。子貢贖魯人於諸侯來，而讓不取其金。孔子曰：『賜失之矣，自今以往，魯人不贖人矣。取其金，則無損於行。』」基此，「仲田」當係「子貢」之誤。㈥憲典：法典；法令。

【今譯】從前興起義兵討伐石冰之亂，直到強盜平息之後，葛洪完全不去都督府，不在主事者面前論說自己的功勞，從來沒有存心希望得到賞賜答報。晉王稟承天命，順應人心，治理亂世，恢復安定，使得將要斷絕的帝統綱紀又得到繼承，把將要廢棄的宗廟祭祀又恢復起來。晉王惦記著前朝有功而未賞賜的臣子，認為若不獎賞功臣便不能勉勵後來的人。葛洪隨例受到獎賞。在庚寅日的詔書中，葛洪被賜爵關中侯，以句容二百戶為食邑。葛洪內心認為討伐叛賊，拯救家鄉，雖有功勞，但不值得記錄在冊，金印紫綬高官厚爵的任命，也不是葛洪的最初的心願。葛洪原本想遠效援引古代的魯仲連及近代的田子泰為例，上書堅決推辭官爵，以滿足個人小小的志願。恰逢朝廷有統一的規定，辭退官爵通通不被批准。從前子貢辭讓應得的獎賞，因而妨礙了後人繼續行善事。當今兇惡的敵寇尚未掃平，天下戰事很多，國家正要賞罰分明，以便彰明國家的法典。葛洪怎麼敢隨便地為保全自己小小的怯懦的志向，而抗拒朝廷既弘偉又通行於天下的大法制呢？因此就平息了原來的打算，而恭敬地接受了詔書的任命。

洪既著〈自敘〉之篇，或人難曰：「昔王充年在耳順㈠，道窮望絕，懼身名之偕滅，故〈自紀〉終篇。先生以始立㈡之盛，值乎有道之運，方將解申公之束帛㈢，登穆生之蒲輪㈣，耀藻九五㈤，絕聲昆吾㈥，何憾芬芳之不揚，而務老生之彼務㈦？」

【今註】㈠耳順：指六十歲。《論語．為政篇》：「六十而耳順。」㈡始立：指三十而立未久。

《論語・為政篇》：「三十而立。」㊂解申公之束帛：像申公之接受徵辟，受到朝廷的重用。申公，名培，漢代魯人。少時從齊人浮丘伯學《詩經》。其後申公獨以《詩經》為訓以教。於是漢武帝時曾派遣使者束帛加璧、安車駟馬以迎申公。事跡詳見《史記》卷一百二十一〈儒林列傳〉。㊃登穆生之蒲輪：穆生，漢代魯人，曾與申公同事元王為中大夫。蒲輪，以蒲草裹輪，使車行而不震動，古代徵辟賢士，以此表示尊敬。「穆」，《藏》本作「枚」。㊄耀藻九五：意謂輔佐君王，建功立業，展露才華。九，陽爻；五，第五爻，指卦象自下而上第五位。《易經・乾卦》：「九五，飛龍在天，利見大人。」㊅絕聲昆吾：意謂將偉大的功勳銘刻在鐘鼎禮器之上。昆吾山出銅，可鑄鐘鼎。蔡邕〈銘論〉：「呂尚作周太師，其功銘於昆吾之鼎。」㊆老生之彼務：老生，老書生，指葛洪自己。彼務，言著述之事。

【今譯】葛洪撰寫〈自敘〉篇之後，有人責難說：「昔日王充年逾六十，窮途末路，不見希望，擔心身死名滅，因而撰寫了〈自紀〉，作為《論衡》的最後一篇。先生在三十剛過的風華盛年，又適逢朝廷清明的時運，正宜效法申公解開皇帝送來束帛聘禮、接受朝廷的徵辟，登上穆生曾坐過的那種蒲輪安車，去輔佐君王，展露才華，建立空前的功業，將勳績功名銘刻在鐘鼎之上，讓他的名聲連遠在昆吾的地方也可聽到，又怎麼會有美好名聲不得傳揚的遺憾，而致力於老書生那般以著作為事呢？」

洪答曰：「夫二儀㈠彌邈，而人居若寓。以朝菌之耀秀，不移晷而殄瘁；類春華之暫榮，未改旬而凋墜。雖飛飇之經霄，激電之乍照，未必速也。夫期頤㈡猶奔星之騰煙，黃髮㈢如激箭之過隙。況或未萌而殞籜㈣，逆秋而零瘁㈤者哉？故項子有含穗之嘆㈥，揚烏有夙折之哀㈦。

【今註】㈠二儀：即兩儀，指天地。㈡期頤：百歲之壽。《禮記・曲禮・上》：「百年曰期頤。」㈢黃髮：老人髮白，久則轉黃。代指高壽。㈣未萌而殞籜：猶如草卉，在萌生前就死亡了。殞，死亡。籜，音ㄊㄨㄛˋ，指草木。㈤零瘁：凋零萎謝。㈥項子有含穗之嘆：項子，指項託，又作項橐，春秋時人。傳說七歲為孔子之師，未成年而死。含穗，雖已長出穗子，卻未能開花結實，比喻少年早死。㈦揚烏有夙折之哀：揚烏，漢代辭賦家揚雄之少子，幼而聰慧，九歲時曾與其父論玄，號稱神童，亦不幸早死。夙折，少年而夭折。

【今譯】　葛洪回答說：「天地是非常久遠的，而個人只是短暫的寄居其間。人生的短暫，如同朝菌一般光彩照人，日影還沒移動，生命卻就已經消失了。就像春花只是一時間的盛開，沒過十天就凋謝了。相比之下，即使是疾風從空中一掠而過，雷電一閃即逝，也不足以形容人生短暫的快速。人活百歲就像流星在天上飛過的餘光，老人高壽也只像飛箭從縫隙當中一閃而過。何況有的花卉沒等到萌發就死掉，有的一到秋天就已凋零萎謝了呢？所以項託有未成年而死的感歎，揚烏有童年夭折的悲哀。」

歷覽遠古逸倫之士，或以文藝而龍躍，或以武功而虎踞。高勳著於盟府㈠，德音被乎管絃。形器㈡雖沈鑠於淵壤，美談飄飆而日載。故雖千百代，猶穆如㈢也。余以庸陋，沈抑婆娑，用不合時，行舛於世。發音則響與俗乖，抗足則跡與眾迕。內無金、張㈣之援，外乏彈冠之友㈤。循塗雖坦，而足無騏驎㈥；六虛㈦雖曠，而翼非大鵬。上不能鷹揚匡國，下無以顯親垂名。美不寄於良吏，聲不附乎鍾鼎。故因著述之餘，而為〈自敘〉之篇，雖無補於窮達，亦賴將來之有述焉。」

【今註】㈠盟府：朝廷收藏盟書的府所。㈡形器：指人的身體。㈢穆如：莊重而美好。㈣內無金、張之援：指朝廷內沒有達官貴人代為援引。金、張，漢金日磾、張安世，世代為內侍。以喻世族權貴。㈤外乏彈冠之友：朝廷外缺乏志同道合的友人相為薦舉。漢代有「王陽在位，貢公彈冠」之諺語，言在位者舉薦其朋友。㈥騏驎：古代駿馬名。㈦六虛：上下四方，指天地之間。

【今譯】　歷覽遠古以來超群絕倫的人士，有的以其文藝才能像龍一樣躍出，有的以武功如猛虎一般盤據，威鎮一方。他們的豐功偉業記錄在典冊上，保存在官府中，美好的聲名被於管絃。形骸雖然消失在深土中，而令人傳頌的事跡卻一直保留、每日傳頌。所以即使是千秋百代之後，還是保有莊重美好的聲譽。我因為是個平庸淺陋的人，退讓而保守，行為不合於時代，舉止與世相違。一說話就與世俗眾人相乖離、不能和諧，一舉動就與大家相抵觸、合不來。朝內沒有像金日磾、張安世這些權貴世族相援引，朝外也沒有志同道合的友人可以相推薦。所走的路途雖然平坦，卻沒有代步的駿馬；天地之間雖然遼闊，卻沒有大鵬鳥那樣的翅膀。對上不能大展雄才、匡定國難，對下不能顯耀雙親、垂名後世。史書上不能記錄自己的美名，聲譽不能被刻在鐘鼎上。所以趁著著述的剩餘時間，寫了這篇〈自敘〉，雖然對於個人仕途的升沉窮達並無幫助，但也希望藉此期待將來有人會記述它。」

古籍今註今譯

抱朴子外篇今註今譯　二冊

編　　者—中華文化總會
　　　　　國家教育研究院
註 譯 者—陳飛龍
發 行 人—王春申
總 編 輯—李進文
責任編輯—徐平
校　　對—鄭秋燕

業務組長—陳召祐
行銷組長—張傑凱
出版發行—臺灣商務印書館股份有限公司
　　　　　23141 新北市新店區民權路 108-3 號 5 樓（同門市地址）
電話：(02)8667-3712　傳真：(02)8667-3709
讀者服務專線：0800056196
郵撥：0000165-1
E-mail：ecptw@cptw.com.tw
網路書店網址：www.cptw.com.tw
Facebook：facebook.com.tw/ecptw

局版北市業字第 993 號
初版：2002 年 1 月
二版一刷：2020 年 1 月
印刷廠：沈氏藝術印刷股份有限公司
定價：新台幣 1600 元（二冊不分售）
法律顧問：何一芃律師事務所

抱朴子外篇今註今譯 ／ 陳飛龍 註譯.-- 二版. --
新北市：臺灣商務，2020. 01
面 ； 公分. --（古籍今註今譯）

ISBN 978-957-05-3238-8（一套：平裝）

1. 抱朴子 2. 注釋

123.421 108017386